Recursos digitales

Visita SavvasRealize.com

¡Usarás estos recursos digitales a lo largo del año escolar!

 **PM**
Animaciones de Prácticas matemáticas que se pueden ver en cualquier momento

 **Aprende**
Más aprendizaje visual animado con animaciones, interacción y herramientas matemáticas

 **Amigo de práctica**
Práctica personalizada en línea para cada lección

 **Evaluación**
Comprobación rápida para cada lección

 **Juegos**
Juegos de Matemáticas que te ayudan a aprender mejor

 **ACTIVe-book**
Libro del estudiante en línea, para mostrar tu trabajo

 **Resuelve**
Resuélvelo y coméntalo, problemas y herramientas matemáticas

 **Glosario**
Glosario animado en español e inglés

 **Herramientas**
Herramientas matemáticas que te ayudan a entender mejor

 **Ayuda**
Video de tareas ¡Revisemos!, como apoyo adicional

 **eText**
Libro del estudiante en línea

SAVVAS realize. Todo lo que necesitas para Matemáticas, en cualquier momento y en cualquier lugar.

CLAVE

- 🟢 Operaciones y Álgebra
- 🔵 Números y cálculos
- 🔴 Medición y datos
- 🟡 Geometría

Recursos digitales en SavvasRealize.com

¡Y recuerda que tu *eText* está disponible en SavvasRealize.com!

Contenido

TEMAS

1. **Valor de posición**
2. **Sumar y restar números decimales hasta las centésimas**
3. **Multiplicar números enteros de varios dígitos con facilidad**
4. **Usar modelos y estrategias para multiplicar números decimales**
5. **Usar modelos y estrategias para dividir números enteros**
6. **Usar modelos y estrategias para dividir números decimales**
7. **Usar fracciones equivalentes para sumar y restar fracciones**
8. **Usar la multiplicación para multiplicar fracciones**
9. **Usar la división para dividir fracciones**
10. **Conceptos de volumen**
11. **Convertir medidas**
12. **Representar e interpretar datos**
13. **Álgebra: Escribir e interpretar expresiones numéricas**
14. **Hacer gráficas de puntos en un plano de coordenadas**
15. **Álgebra: Analizar patrones y relaciones**
16. **Medición geométrica: Clasificar figuras bidimensionales**

TEMA 8 Usar la multiplicación para multiplicar fracciones

Proyecto de Matemáticas y Ciencias................................. 455
Repasa lo que sabes 456

8-1 Usar modelos para multiplicar un número entero por una fracción 457

8-2 Usar modelos para multiplicar una fracción por un número entero 463

8-3 Multiplicar fracciones y números enteros 469

8-4 Usar modelos para multiplicar dos fracciones 475

8-5 Multiplicar dos fracciones 481

8-6 Área de un rectángulo 487

8-7 Multiplicar números mixtos 493

8-8 Multiplicación como escala 499

8-9 RESOLUCIÓN DE PROBLEMAS
Entender y perseverar.. 505

Actividad de práctica de fluidez...................................... 511
Repaso del vocabulario 512
Refuerzo 513
Evaluación del tema 517
Evaluación del rendimiento en este tema.......................... 521

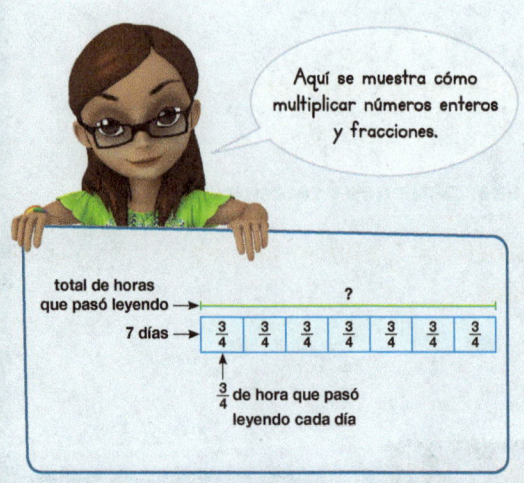

Aquí se muestra cómo multiplicar números enteros y fracciones.

TEMA 9 Usar la división para dividir fracciones

Proyecto de Matemáticas y Ciencias..................................523
Repasa lo que sabes 524
Tarjetas de vocabulario 525

9-1 Fracciones y división..527

9-2 Fracciones y números mixtos como cocientes 533

9-3 Usar la multiplicación para dividir..........................539

9-4 Dividir números enteros por fracciones unitarias..........545

9-5 Dividir fracciones unitarias por números enteros distintos de cero 551

9-6 Dividir números enteros y fracciones unitarias 557

9-7 Resolver problemas usando la división 563

9-8 RESOLUCIÓN DE PROBLEMAS
Razonamientos repetidos 569

Actividad de práctica de fluidez......................................575
Repaso del vocabulario 576
Refuerzo 577
Evaluación del tema 579
Evaluación del rendimiento en este tema.........................581

Aquí se muestra cómo usar un modelo para dividir un número entero por una fracción unitaria.

$3 \div \frac{1}{4} = 3 \times \frac{4}{1} = 12$

TEMA 10 Conceptos de volumen

Proyecto de Matemáticas y Ciencias...................................583
Repasa lo que sabes 584
Tarjetas de vocabulario 585

10-1 Representar el volumen 587

10-2 Desarrollar una fórmula de volumen 593

10-3 Volumen de los prismas 599

10-4 Combinar los volúmenes de los prismas 605

10-5 Resolver problemas verbales usando el volumen 611

10-6 RESOLUCIÓN DE PROBLEMAS
Usar herramientas apropiadas 617

Actividad de práctica de fluidez 623
Repaso del vocabulario 624
Refuerzo 625
Evaluación del tema 627
Evaluación del rendimiento en este tema............................629

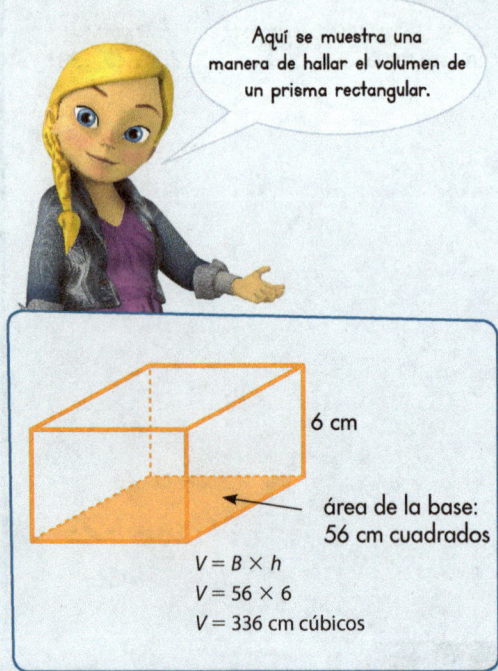

Aquí se muestra una manera de hallar el volumen de un prisma rectangular.

6 cm
área de la base: 56 cm cuadrados

$V = B \times h$
$V = 56 \times 6$
$V = 336$ cm cúbicos

Volumen 2 Temas 8 a 16

Autores

Randall I. Charles
Professor Emeritus
Department of Mathematics
San Jose State University
San Jose, California

Jennifer Bay-Williams
Professor of Mathematics Education
College of Education and Human Development
University of Louisville
Louisville, Kentucky

Robert Q. Berry, III
Associate Professor of Mathematics Education
Department of Curriculum, Instruction and Special Education
University of Virginia
Charlottesville, Virginia

Janet H. Caldwell
Professor of Mathematics
Rowan University
Glassboro, New Jersey

Zachary Champagne
Assistant in Research
Florida Center for Research in Science, Technology, Engineering, and Mathematics (FCR-STEM)
Jacksonville, Florida

Juanita Copley
Professor Emerita, College of Education
University of Houston
Houston, Texas

Warren Crown
Professor Emeritus of Mathematics Education
Graduate School of Education
Rutgers University
New Brunswick, New Jersey

Francis (Skip) Fennell
L. Stanley Bowlsbey Professor of Education and Graduate and Professional Studies
McDaniel College
Westminster, Maryland

Karen Karp
Professor of Mathematics Education
Department of Early Childhood and Elementary Education
University of Louisville
Louisville, Kentucky

Stuart J. Murphy
Visual Learning Specialist
Boston, Massachusetts

Jane F. Schielack
Professor of Mathematics
Associate Dean for Assessment and Pre K-12 Education,
College of Science
Texas A&M University
College Station, Texas

Jennifer M. Suh
Associate Professor for Mathematics Education
George Mason University
Fairfax, Virginia

Jonathan A. Wray
Mathematics Instructional Facilitator
Howard County Public Schools
Ellicott City, Maryland

Matemáticos

Roger Howe
Professor of Mathematics
Yale University
New Haven, Connecticut

Gary Lippman
Professor of Mathematics and
Computer Science
California State University,
East Bay
Hayward, California

Revisoras

Debbie Crisco
Math Coach
Beebe Public Schools
Beebe, Arkansas

Kathleen A. Cuff
Teacher
Kings Park Central School District
Kings Park, New York

Erika Doyle
Math and Science Coordinator
Richland School District
Richland, Washington

Susan Jarvis
Math and Science Curriculum
Coordinator
Ocean Springs Schools
Ocean Springs, Mississippi

Copyright © 2017 by Savvas Learning Company LLC. All Rights Reserved. Printed in the United States of America.

This publication is protected by copyright, and permission should be obtained from the publisher prior to any prohibited reproduction, storage in a retrieval system, or transmission in any form or by any means, electronic, mechanical, photocopying, recording, or otherwise. For information regarding permissions, request forms, and the appropriate contacts within the Savvas Learning Company Rights Management group, please send your query to the address below.

Savvas Learning Company LLC, 15 East Midland Avenue, Paramus, NJ 07652

Savvas® and **Savvas Learning Company**® are the exclusive registered trademarks of Savvas Learning Company LLC in the U.S. and other countries.

Savvas Learning Company publishes through its famous imprints **Prentice Hall**® and **Scott Foresman**® which are exclusive registered trademarks owned by Savvas Learning Company LLC in the U.S. and/or other countries.

enVisionMATH® and **Savvas Realize**® are exclusive trademarks of Savvas Learning Company LLC in the U.S. and/or other countries.

Unless otherwise indicated herein, any third party trademarks that may appear in this work are the property of their respective owners, and any references to third party trademarks, logos, or other trade dress are for demonstrative or descriptive purposes only. Such references are not intended to imply any sponsorship, endorsement, authorization, or promotion of Savvas Learning Company products by the owners of such marks, or any relationship between the owner and Savvas Learning Company LLC or its authors, licensees, or distributors.

ISBN-13: 978-0-328-90929-2
ISBN-10:   0-328-90929-7
3 2023

TEMA 11 Convertir medidas

Proyecto de Matemáticas y Ciencias... 631
Repasa lo que sabes 632
Tarjetas de vocabulario 633

11-1 Convertir unidades usuales de longitud 639

11-2 Convertir unidades usuales de capacidad 645

11-3 Convertir unidades usuales de peso 651

11-4 Convertir unidades métricas de longitud 657

11-5 Convertir unidades métricas de capacidad 663

11-6 Convertir unidades métricas de masa 669

11-7 Resolver problemas verbales usando
conversiones de medidas. 675

11-8 RESOLUCIÓN DE PROBLEMAS
Precisión 681

Actividad de práctica de fluidez 687
Repaso del vocabulario 688
Refuerzo 689
Evaluación del tema 691
Evaluación del rendimiento en este tema.. 693

Aquí se muestra cómo se relacionan las unidades usuales de longitud.

1 pie = 12 pulgadas (pulgs.)
1 yarda (yd) = 3 pies = 36 pulgs.
1 milla (mi) = 1,760 yd = 5,280 pies

TEMA 12 Representar e interpretar datos

Proyecto de Matemáticas y Ciencias................................695
Repasa lo que sabes..696
Tarjetas de vocabulario...697

12-1 Analizar diagramas de puntos..............................699

12-2 Hacer diagramas de puntos.................................705

12-3 Resolver problemas verbales usando datos sobre medidas......................................711

12-4 RESOLUCIÓN DE PROBLEMAS
Evaluar el razonamiento.....................................717

Actividad de práctica de fluidez....................................723
Repaso del vocabulario..724
Refuerzo..725
Evaluación del tema...727
Evaluación del rendimiento en este tema.............................729

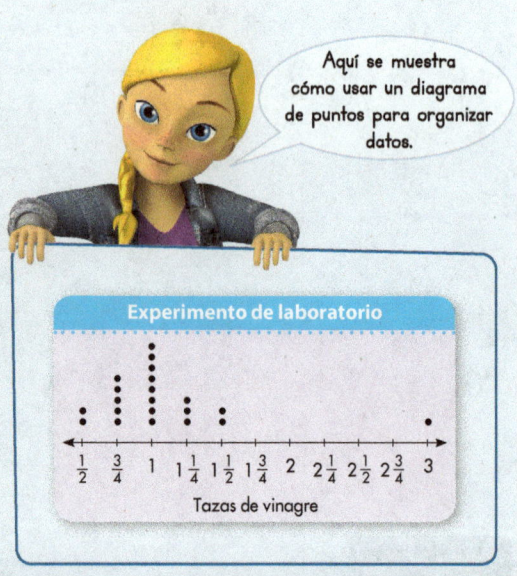

Aquí se muestra cómo usar un diagrama de puntos para organizar datos.

TEMA 13 Álgebra: Escribir e interpretar expresiones numéricas

Proyecto de Matemáticas y Ciencias................................731
Repasa lo que sabes...732
Tarjetas de vocabulario...733

13-1 Orden de las operaciones....................................735

13-2 Evaluar expresiones...741

13-3 Escribir expresiones numéricas.............................747

13-4 Interpretar expresiones numéricas..........................753

13-5 RESOLUCIÓN DE PROBLEMAS
Razonar...759

Actividad de práctica de fluidez...................................765
Repaso del vocabulario...766
Refuerzo..767
Evaluación del tema...769
Evaluación del rendimiento en este tema............................771

Aquí se muestra cómo usar el orden de las operaciones para evaluar una expresión.

SavvasRealize.com Contenido F11

TEMA 14 Hacer gráficas de puntos en un plano de coordenadas

Proyecto de Matemáticas y Ciencias................................773
Repasa lo que sabes..774
Tarjetas de vocabulario...775

14-1 Sistema de coordenadas..777

14-2 Hacer gráficas de datos usando pares ordenados.............783

14-3 Resolver problemas usando pares ordenados..................789

14-4 RESOLUCIÓN DE PROBLEMAS
Razonar...795

Actividad de práctica de fluidez.....................................801
Repaso del vocabulario...802
Refuerzo...803
Evaluación del tema..805
Evaluación del rendimiento en este tema..............................807

Esta gráfica muestra pares ordenados en una gráfica de coordenadas.

TEMA 15 Álgebra: Analizar patrones y relaciones

Proyecto de Matemáticas y Ciencias....................................809
Repasa lo que sabes 810
Tarjetas de vocabulario 811

15-1 Patrones numéricos..813

15-2 Más sobre patrones numéricos..................................819

15-3 Analizar y hacer gráficas de relaciones......................825

15-4 RESOLUCIÓN DE PROBLEMAS
Entender y perseverar..831

Actividad de práctica de fluidez...837
Repaso del vocabulario 838
Refuerzo 839
Evaluación del tema 841
Evaluación del rendimiento en este tema.............................843

Aquí se muestra cómo los pares ordenados forman un patrón en la gráfica de coordenadas.

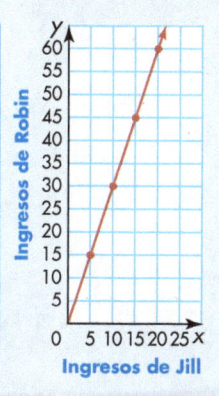

TEMA 16 Medición geométrica: Clasificar figuras bidimensionales

Proyecto de Matemáticas y Ciencias...................................845
Repasa lo que sabes 846
Tarjetas de vocabulario 847

16-1 Clasificar triángulos 851

16-2 Clasificar cuadriláteros 857

16-3 Más sobre clasificar cuadriláteros 863

16-4 RESOLUCIÓN DE PROBLEMAS
Construir argumentos 869

Actividad de práctica de fluidez 875
Repaso del vocabulario 876
Refuerzo 877
Evaluación del tema 879
Evaluación del rendimiento en este tema............................881

Estos son diferentes tipos de cuadriláteros.

UN PASO ADELANTE HACIA EL GRADO 6

Contenido 883

1 Enteros 885

2 Comparar y ordenar enteros 889

3 Números racionales en el plano de coordenadas 893

4 Razones 897

5 Tasas 901

6 Porcentajes 905

7 Fracciones, números decimales y porcentajes 909

8 División de fracciones 913

9 Dividir números enteros por fracciones 917

10 Área de los paralelogramos y los rombos 921

Glosario G1

Manual de resolución de problemas

Manual de resolución de problemas F17

Manual de resolución de problemas

Prácticas matemáticas

1. **Entender problemas y perseverar en resolverlos.**

2. **Razonar de manera abstracta y cuantitativa.**

3. **Construir argumentos viables y evaluar el razonamiento de otros.**

4. **Representar con modelos matemáticos.**

5. **Usar herramientas apropiadas de manera estratégica.**

6. **Prestar atención a la precisión.**

7. **Buscar y usar la estructura.**

8. **Buscar y expresar uniformidad en los razonamientos repetidos.**

Existen buenos Hábitos de razonamiento para cada una de estas prácticas matemáticas.

 **1** Entender problemas y perseverar en resolverlos.

"Los que razonan correctamente en matemáticas entienden los problemas y piensan en maneras de resolverlos."

"Si se encuentran en aprietos, no se dan por vencidos."

Anton compra 2 computadoras portátiles a $600 cada una, y una impresora que cuesta $99. Tiene un cupón de descuento por $50. ¿Cuánto dinero paga Anton en total?

"Aquí hice una lista de lo que sé y de lo que intento hallar."

Lo que sé:
- Anton tiene un cupón de descuento por $50.
- Anton compra 2 computadoras portátiles a $600 cada una.
- Anton compra una impresora a $99.

Lo que necesito hallar:
- La cantidad total de dinero que va a pagar Anton.

Hábitos de razonamiento

¡Razona correctamente! Estas preguntas te pueden ayudar.

- ¿Qué necesito hallar?
- ¿Qué sé?
- ¿Cuál es mi plan para resolver el problema?
- ¿Qué más puedo intentar si no puedo seguir adelante?
- ¿Cómo puedo comprobar si mi solución tiene sentido?

Manual de resolución de problemas   F19

Razonar de manera abstracta y cuantitativa.

"Los que razonan correctamente en matemáticas saben pensar en las palabras y los números del problema para resolverlo."

"Dibujé un diagrama de barras que muestra cómo se relacionan los números del problema."

Derrick compra 6 juegos que cuestan $150 en total. ¿Cuánto cuesta cada juego?

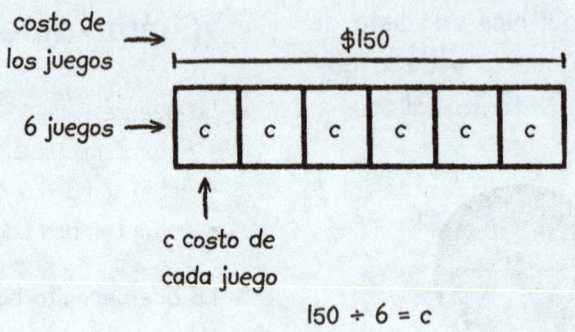

$150 \div 6 = c$

Hábitos de razonamiento

¡Razona correctamente! Estas preguntas te pueden ayudar.

- ¿Qué significan los números y los signos o símbolos del problema?
- ¿Cómo están relacionados los números o las cantidades?
- ¿Cómo puedo representar un problema verbal usando dibujos, números o ecuaciones?

Manual de resolución de problemas

Construir argumentos viables y evaluar el razonamiento de otros.

Los que razonan correctamente en matemáticas usan las matemáticas para explicar por qué tienen razón. También pueden opinar sobre los problemas de matemáticas hechos por otras personas.

Molly dice que todas las fracciones cuyo denominador es el doble del numerador son equivalentes a $\frac{1}{2}$. ¿Estás de acuerdo? Explícalo.

Escribí un argumento claro usando palabras, números y signos o símbolos.

Sí, Molly tiene razón. Todas las fracciones cuyo denominador es el doble del numerador se pueden escribir como una fracción equivalente si el numerador y el denominador se dividen por el mismo número distinto de cero.

$$\frac{5}{10} = \frac{5 \div 5}{10 \div 5} = \frac{1}{2}$$

Hábitos de razonamiento

¡Razona correctamente! Estas preguntas te pueden ayudar.

- ¿Cómo puedo usar números, objetos, dibujos o acciones para justificar mi argumento?
- ¿Estoy usando los números y los signos o símbolos correctamente?
- ¿Es mi explicación clara y completa?

- ¿Qué preguntas puedo hacer para entender el razonamiento de otros?
- ¿Hay errores en el razonamiento de otros?
- ¿Puedo mejorar el razonamiento de otros?
- ¿Puedo usar contraejemplos en mi argumento?

Manual de resolución de problemas F21

Representar con modelos matemáticos.

Los que razonan correctamente en matemáticas escogen y aplican lo que saben de matemáticas para mostrar y resolver problemas de la vida diaria.

Jasmine tiene una tabla de madera que mide 75 centímetros de longitud. Va a cortar la tabla en 5 pedazos iguales. ¿Cuál será la longitud de cada pedazo de madera si la tabla se corta en 5 pedazos iguales?

Puedo usar lo que sé sobre división para resolver este problema. Puedo hacer un dibujo como ayuda.

$75 \div 5 = ?$

Hábitos de razonamiento

¡Razona correctamente! Estas preguntas te pueden ayudar.

- ¿Cómo puedo usar lo que sé de matemáticas para resolver este problema?
- ¿Cómo puedo usar dibujos, objetos y ecuaciones para representar el problema?
- ¿Cómo puedo usar números, palabras y símbolos para resolver este problema?

5. Usar herramientas apropiadas de manera estratégica.

Los que razonan correctamente en matemáticas saben cómo escoger las herramientas adecuadas para resolver problemas matemáticos.

Decidí usar un transportador porque así puedo medir los ángulos directamente.

Harry dice que el ángulo que se forma en la parte de atrás del *home* es un ángulo agudo. ¿Tiene razón Harry? Justifica tu argumento.

Harry no tiene razón. El ángulo es un ángulo recto porque mide 90°.

Hábitos de razonamiento

¡Razona correctamente! Estas preguntas te pueden ayudar.

- ¿Qué herramientas puedo usar?
- ¿Por qué debo usar esta herramienta como ayuda para resolver el problema?
- ¿Hay alguna otra herramienta que podría usar?
- ¿Estoy usando la herramienta correctamente?

Manual de resolución de problemas

  # Prestar atención a la precisión.

"Los que razonan correctamente en matemáticas prestan atención a lo que escriben y dicen, para así poder expresar con claridad sus ideas sobre matemáticas."

Bill tiene 125 naranjas. Pone 6 naranjas en cada caja. ¿Cuántas cajas necesita?

125 ÷ 6 = 20 R5

En 20 cajas entrarán 120 naranjas.
Por tanto, Bill necesita 21 cajas para 125 naranjas.

"Fui preciso con mi trabajo y con la manera en que escribí la solución."

Hábitos de razonamiento

¡Razona correctamente! Estas preguntas te pueden ayudar.

- ¿Estoy usando los números, las unidades y los signos o símbolos correctamente?
- ¿Estoy usando las definiciones correctas?
- ¿Estoy haciendo los cálculos con precisión?
- ¿Es clara mi respuesta?

Buscar y usar la estructura.

Los que razonan correctamente en matemáticas buscan patrones o relaciones matemáticas como ayuda para resolver problemas.

Descompuse números para multiplicar.

En 1 milla, hay 5,280 pies.
¿Cuántos pies hay en 3 millas?

5,280 pies = 1 milla

3 × 5,280 = 3 × (5,000 + 200 + 80)
= (3 × 5,000) + (3 × 200) + (3 × 80)
= 15,000 + 600 + 240
= 15,840

En 3 millas, hay 15,840 pies.

Hábitos de razonamiento

¡Razona correctamente! Estas preguntas te pueden ayudar.

- ¿Qué patrones puedo ver y describir?
- ¿Cómo puedo usar los patrones para resolver el problema?
- ¿Puedo ver las expresiones y los objetos de una manera diferente?
- ¿Qué expresiones equivalentes puedo usar?

Manual de resolución de problemas   F25

Buscar y expresar uniformidad en los razonamientos repetidos.

Los que razonan correctamente en matemáticas buscan cosas que se repiten y hacen generalizaciones.

Usé el razonamiento para hacer generalizaciones sobre los cálculos.

Usa <, > o = para comparar las expresiones sin hacer el cálculo.
600 ÷ 10 ◯ 600 × 10

600 ÷ 10 < 600 × 10
Cuando dividimos por 10 obtenemos un número menor que cuando multiplicamos por 10.

Hábitos de razonamiento

¡Razona correctamente! Estas preguntas te pueden ayudar.

- ¿Se repiten algunos cálculos?
- ¿Puedo hacer generalizaciones a partir de los ejemplos?
- ¿Qué métodos cortos puedo ver en el problema?

Manual de resolución de problemas
Guía para la resolución de problemas

Estas preguntas te pueden ayudar a resolver problemas.

Entender el problema

Razonar de manera abstracta y cuantitativa
- ¿Qué necesito hallar?
- ¿Qué información conocida puedo usar?
- ¿Cuál es la relación entre las cantidades?

Pensar en problemas similares
- ¿He resuelto antes problemas como este?

Perseverar en resolver el problema

Representar con modelos matemáticos
- ¿Cómo puedo usar lo que sé de matemáticas?
- ¿Cómo puedo representar el problema?
- ¿Hay un patrón o estructura que pueda usar?

Usar herramientas apropiadas de manera estratégica
- ¿Qué herramientas matemáticas puedo usar?
- ¿Cómo puedo usar esas herramientas de manera estratégica?

Comprobar la respuesta

Entender la respuesta
- ¿Es razonable mi respuesta?

Verificar la precisión
- ¿Revisé mi trabajo?
- ¿Es clara mi respuesta?
- ¿Construí un argumento viable?
- ¿Hice generalizaciones correctamente?

Algunas maneras de representar problemas
- Hacer un dibujo
- Hacer un diagrama de barras
- Hacer una tabla o gráfica
- Escribir una ecuación

Algunas herramientas matemáticas
- Objetos
- Papel cuadriculado
- Reglas
- Tecnología
- Papel y lápiz

Manual de resolución de problemas

Resolución de problemas: Hoja de anotaciones

Esta página te ayuda a organizar tu trabajo.

Nombre Carlos

Elemento didáctico 1

Resolución de problemas: Hoja de anotaciones

Problema
Una tienda vendió 20 sudaderas de distintos colores. 8 eran rojas, y la cantidad de sudaderas verdes era dos veces la cantidad de sudaderas amarillas. ¿Cuántas sudaderas de cada color vendió la tienda?

ENTIENDE EL PROBLEMA

Necesito hallar
¿Cuántas sudaderas se vendieron de cada color?

Puesto que...
Se vendieron 20 sudaderas en total. 8 eran rojas. La cantidad de sudaderas verdes era dos veces la cantidad de sudaderas amarillas.

PERSEVERA EN RESOLVER EL PROBLEMA

Algunas maneras de representar problemas
- ☐ Hacer un dibujo
- ☐ Hacer un diagrama de barras
- ☑ Hacer una tabla o una gráfica
- ☑ Escribir una ecuación

Algunas herramientas matemáticas
- ☐ Objetos
- ☐ Papel cuadriculado
- ☐ Reglas
- ☐ Tecnología
- ☐ Papel y lápiz

Solución y respuesta
20 − 8 = 12; por tanto, hay 12 sudaderas verdes y amarillas. Si hay 2 sudaderas verdes, habrá 1 sudadera amarilla.

verdes	amarillas	total
2	1	3
4	2	6
6	3	9
8	4	12

Por tanto, hay 8 sudaderas verdes y 4 sudaderas amarillas.

COMPRUEBA LA RESPUESTA

Puedo sumar para comprobar mi trabajo. 8 sudaderas rojas, 8 verdes y 4 amarillas. 8 + 8 + 4 = 20. Hay 20 sudaderas en total.

Manual de resolución de problemas
Diagramas de barras

Puedes dibujar un **diagrama de barras** para mostrar cómo se relacionan las cantidades de un problema. Luego, puedes escribir una ecuación para resolver el problema.

Sumar

Dibuja este **diagrama de barras** para situaciones en las que se necesita *sumar* algo a una cantidad.

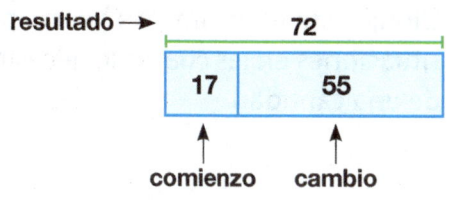

Resultado desconocido

Mónica compró una bicicleta nueva a $279. También compró una bicicleta usada a $125. ¿Cuánto dinero gastó en total?

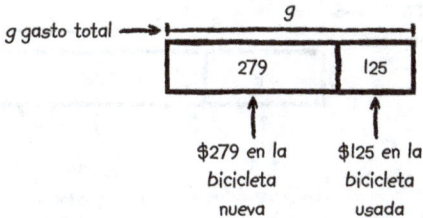

$279 + 125 = g$

Mónica gastó $404 en las dos bicicletas.

Comienzo desconocido

Vanessa depositó $750 en su cuenta bancaria. Después de hacer el depósito, tenía $2,200 en su cuenta. ¿Cuánto dinero tenía Vanessa en su cuenta al comienzo?

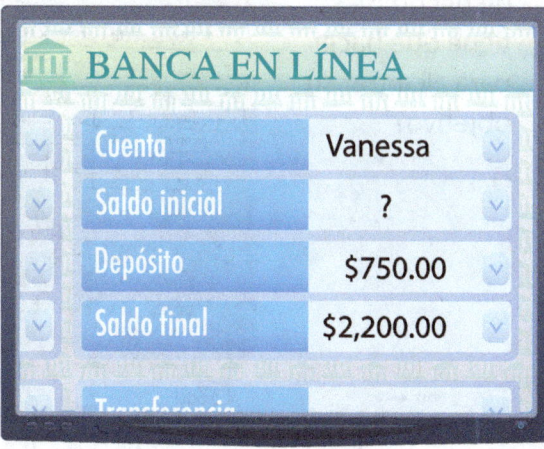

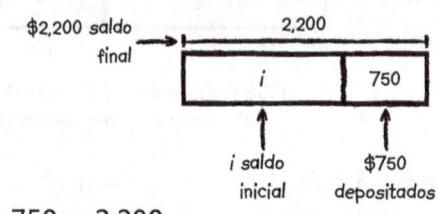

$i + 750 = 2,200$

Vanessa tenía $1,450 al comienzo.

Manual de resolución de problemas F29

Manual de resolución de problemas
Diagramas de barras

Puedes usar diagramas de barras para entender mejor los problemas de suma y resta.

Restar

Dibuja este **diagrama de barras** para situaciones en las cuales se necesita *restar* de una cantidad.

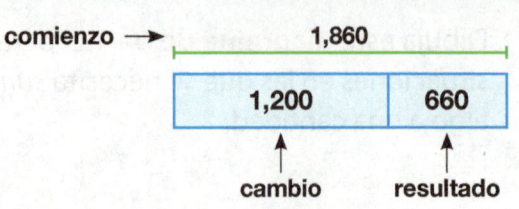

Resultado desconocido

Nicolás tiene como objetivo hacer 2,600 flexiones de pecho este año. Hasta ahora, hizo 1,775. ¿Cuántas flexiones de pecho más tiene que hacer para alcanzar su objetivo?

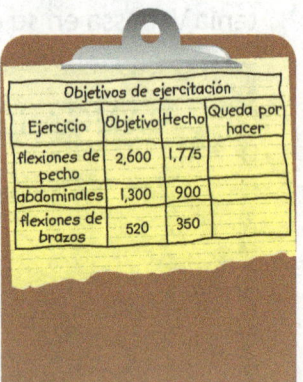

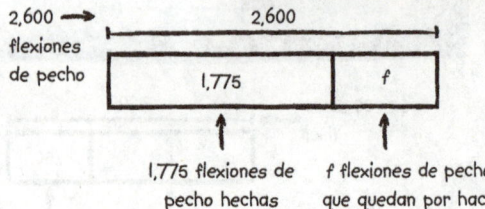

$2,600 - 1,775 = f$

Nicolás tiene que hacer 825 flexiones de pecho más para alcanzar su objetivo.

Comienzo desconocido

Una tienda tenía una colección de DVD. Durante un fin de semana de rebajas, se vendieron 645 DVD. ¿Cuántos DVD había en la tienda antes del fin de semana de rebajas?

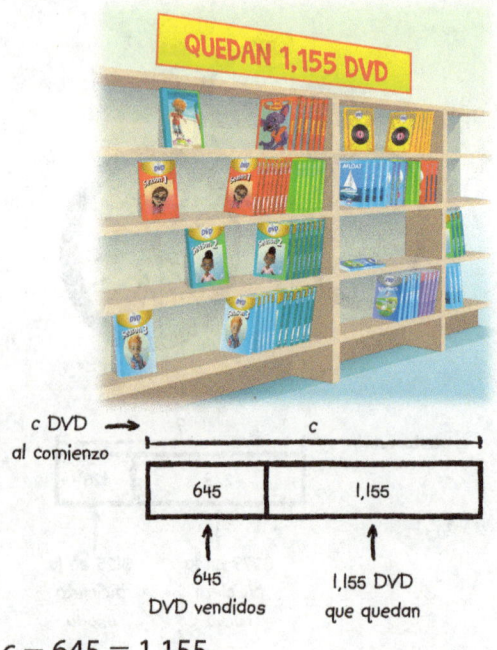

$c - 645 = 1,155$

En la tienda había 1,800 DVD antes del fin de semana de rebajas.

Los **diagramas de barras** de esta página te pueden ayudar a entender mejor otras situaciones de suma y resta.

Unir/Separar

Dibuja este **diagrama de barras** para situaciones en las que haya que *unir* o *separar* cantidades.

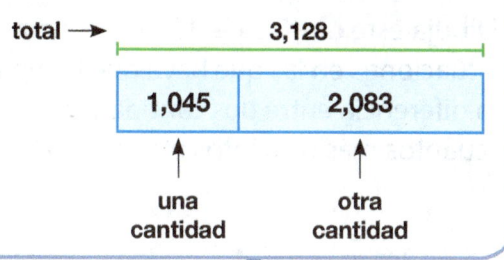

Total desconocido

Rhode Island es el estado que menos territorio abarca de todos los estados de los EE. UU. ¿Cuál es el área total que ocupa Rhode Island, incluidos la tierra y el agua?

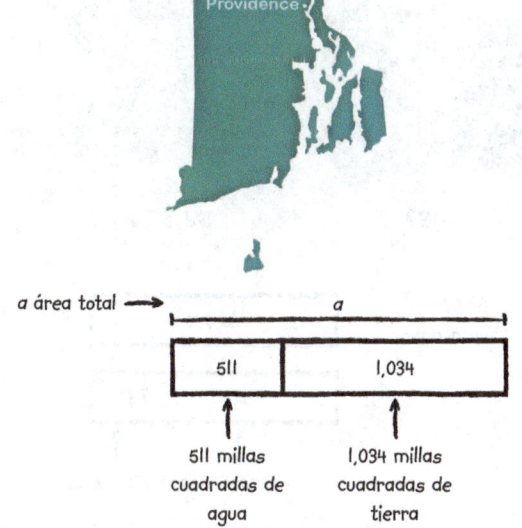

$511 + 1{,}034 = a$

El área total que ocupa Rhode Island, incluidos la tierra y el agua, es 1,545 millas cuadradas.

Cantidad desconocida

Un granjero cosechó 150 pimientos el sábado. El domingo, cosechó más pimientos. Cosechó 315 pimientos en total entre los dos días. ¿Cuántos pimientos cosechó el domingo?

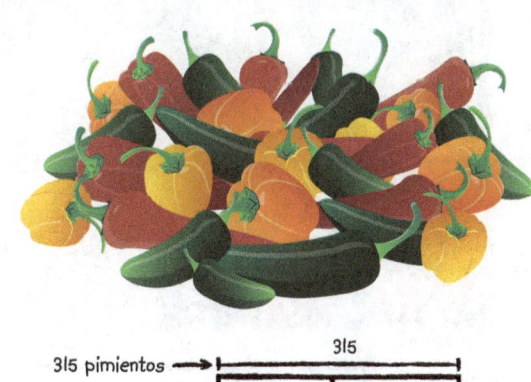

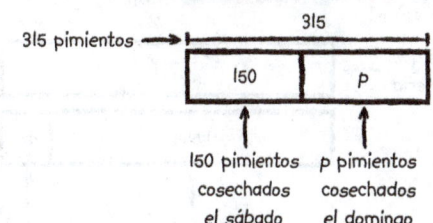

$150 + p = 315$ o $315 - 150 = p$

Cosechó 165 pimientos el domingo.

Manual de resolución de problemas

Manual de resolución de problemas
Diagramas de barras

Los dibujos te ayudan a entender.

Comparar: Suma y resta

Dibuja este **diagrama de barras** para situaciones en las que haya que *comparar* la diferencia entre dos cantidades (cuántos más o cuántos menos hay).

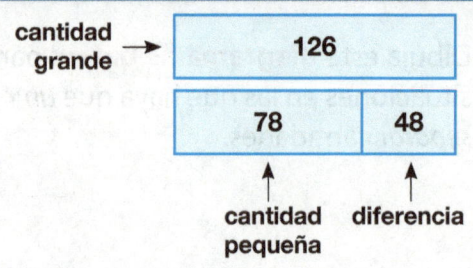

Diferencia desconocida

El año pasado, 1,796 personas visitaron la feria del condado. Este año, la visitaron 1,544 personas. ¿Cuántas personas más visitaron la feria del condado el año pasado que este año?

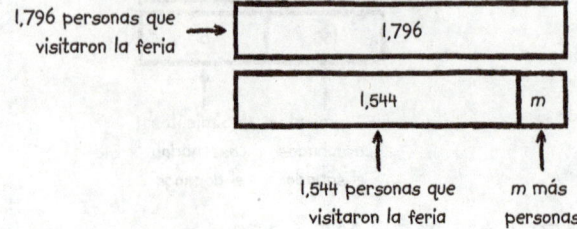

$1,796 - 1,544 = m$

El año pasado, 252 personas más visitaron la feria.

Parte pequeña desconocida

La escuela de Ann recaudó $2,375 para una obra benéfica. La escuela de Brian recaudó $275 menos que la escuela de Ann. ¿Cuánto dinero recaudó la escuela de Brian?

$2,375 - b = 275$ o $b + 275 = 2,375$

La escuela de Brian recaudó $2,100.

Los **diagramas de barras** de esta página te pueden ayudar a resolver problemas de multiplicación y división.

Grupos iguales: Multiplicación y división

Dibuja este **diagrama de barras** para situaciones en las que haya *grupos iguales*.

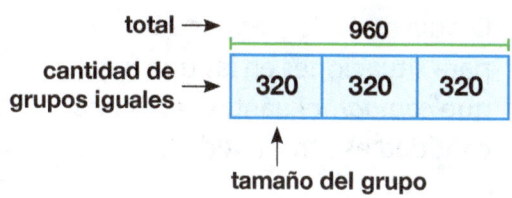

Cantidad de grupos desconocida

Tom gastó $135 en algunos videojuegos nuevos. Cada juego costó la misma cantidad de dinero. ¿Cuántos videojuegos compró?

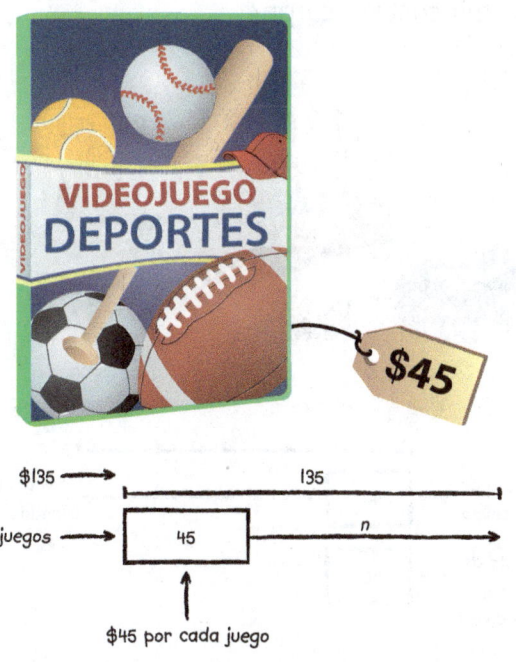

$135 \div n = 45$ o $n \times 45 = 135$

Tom compró 3 videojuegos.

Tamaño de grupo desconocido

Los trabajadores de un huerto cosecharon 480 manzanas. Pusieron igual cantidad de manzanas en 4 recipientes. ¿Cuántas manzanas pusieron en cada recipiente?

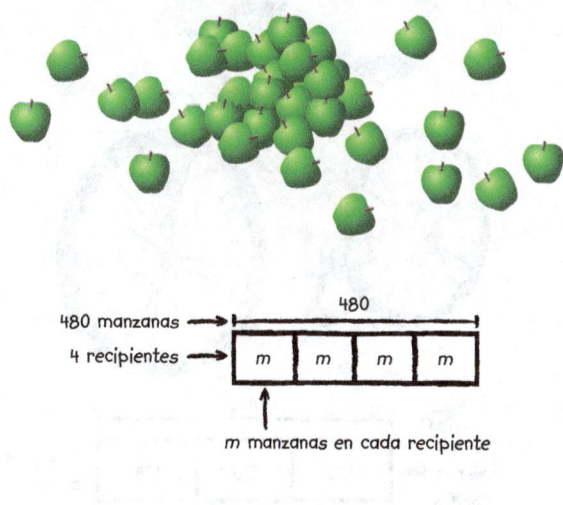

$4 \times m = 480$ o $480 \div 4 = m$

Pusieron 120 manzanas en cada recipiente.

Manual de resolución de problemas   F33

Manual de resolución de problemas
Diagramas de barras

Los diagramas de barras se pueden usar para mostrar la relación entre las cantidades que se están comparando.

Comparar: Multiplicación y división

Dibuja este **diagrama de barras** para situaciones en las que haya que *comparar* cuántas veces una cantidad es otra cantidad.

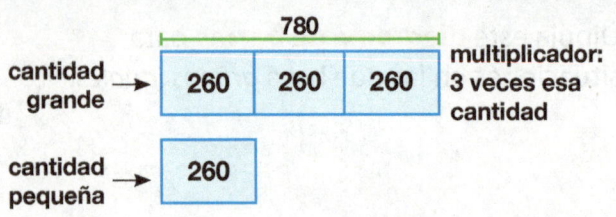

Cantidad grande desconocida

Laura recorrió 175 millas en bicicleta el verano pasado. Kendra recorrió 3 veces la cantidad de millas que recorrió Laura. ¿Cuántas millas recorrió Kendra?

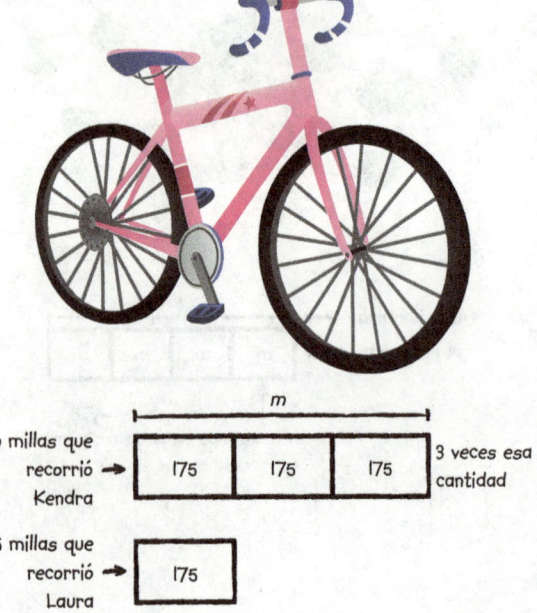

$3 \times 175 = m$

Kendra recorrió 525 millas.

Multiplicador desconocido

Joe compró una carpa y una bolsa de dormir nuevas. ¿Cuántas veces la cantidad de dinero que costó la bolsa de dormir costó la carpa?

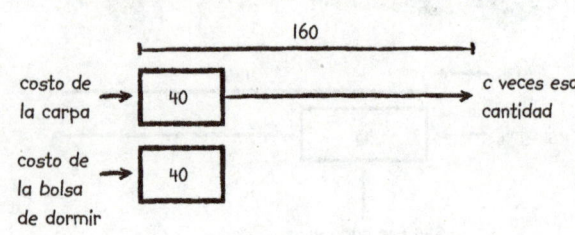

$160 \div 40 = c$ o $40 \times c = 160$

La carpa costó 4 veces la cantidad de dinero que costó la bolsa de dormir.

TEMA 8

Usar la multiplicación para multiplicar fracciones

Preguntas esenciales: ¿Qué significa multiplicar los números enteros y las fracciones? ¿Cómo se pueden usar los modelos y los signos y símbolos para mostrar la multiplicación con los números enteros y las fracciones?

Recursos digitales

Los cambios físicos son reversibles.

Puedes cambiar una sustancia de modo que se vea y se sienta diferente, pero siga siendo la misma sustancia. Las moléculas no han cambiado.

Una sustancia puede actuar diferente debido a un cambio físico. Este es un proyecto sobre las ciencias en la cocina.

Proyecto de Matemáticas y Ciencias: Ciencia en la cocina

Investigar Usa Internet u otros recursos para aprender acerca de los cambios físicos en las sustancias. Busca ejemplos de cambios físicos que ocurren mientras cocinas. Cuando condensas, congelas, derrites, vaporizas o bates para incorporar aire en una sustancia, realizas un cambio físico en esa sustancia.

Diario: Escribir un informe Incluye lo que averiguaste. En tu informe, también:

- da ejemplos de alimentos que normalmente se condensan, congelan, derriten, vaporizan o baten.
- escribe tu receta favorita que requiera hacer cambios físicos en los alimentos.
- inventa y resuelve problemas de multiplicación con fracciones y números mixtos.

Nombre _____

Repasa lo que sabes

Vocabulario

Escoge el mejor término del recuadro. Escríbelo en el espacio en blanco.

- factor
- fracciones de referencia
- fracciones equivalentes
- múltiplo
- número mixto

1. Para estimar la suma de dos o más fracciones, reemplaza los sumandos por _____.

2. Puedes hallar _____ multiplicando el numerador y el denominador de una fracción por el mismo número distinto de cero.

3. Un _____ de un número es un producto del número y cualquier número entero distinto de cero.

Multiplicar y dividir

Halla los productos o cocientes.

4. 108×2
5. $270 \div 30$
6. 243×20

7. $288 \div 24$
8. 456×11
9. $432 \div 24$

Sumas y diferencias de fracciones

Halla las respuestas.

10. $\frac{5}{9} + \frac{8}{9}$
11. $2\frac{2}{3} + 5\frac{1}{2}$
12. $\frac{11}{12} - \frac{2}{3}$
13. $6\frac{7}{10} - 2\frac{3}{5}$

14. En la biblioteca, Herb pasó $\frac{1}{6}$ de hora buscando un libro, $\frac{1}{4}$ de hora leyendo y $\frac{1}{2}$ hora investigando en la computadora. ¿Cuántas horas pasó Herb en la biblioteca?

Denominadores comunes

15. Explica cómo puedes hallar un común denominador para $\frac{3}{5}$ y $\frac{5}{8}$.

Nombre _____

Lección 8-1
Usar modelos para multiplicar un número entero por una fracción

Resuélvelo y coméntalo Sasha caminó $\frac{1}{2}$ milla cada día durante 5 días. ¿Cuánto caminó en total? Usa la recta numérica como ayuda.

Puedo... multiplicar un número entero por una fracción.

También puedo representar con modelos matemáticos para resolver problemas.

Representar con modelos matemáticos
Puedes usar una recta numérica para representar la multiplicación.

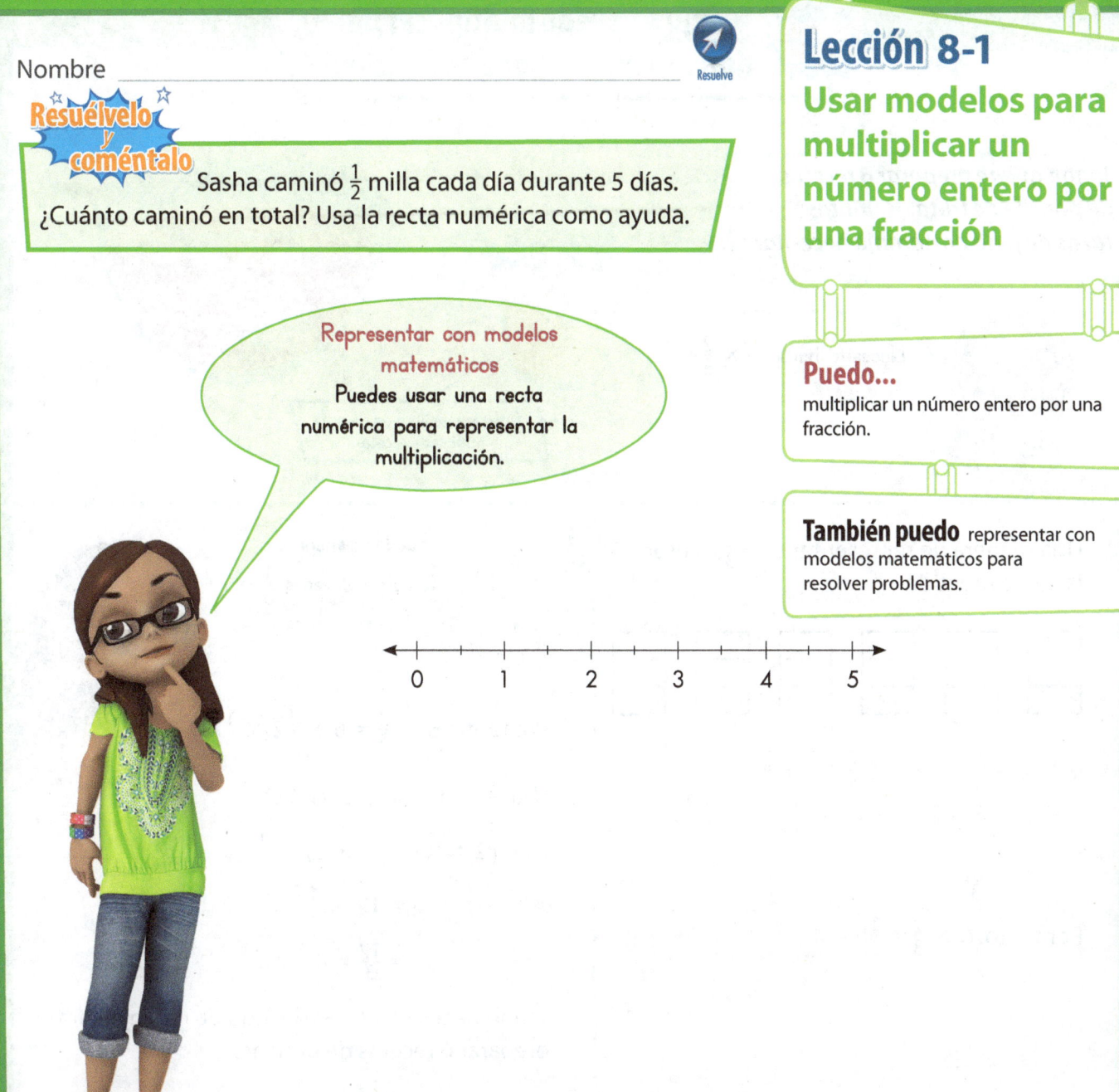

¡Vuelve atrás! **Razonar** ¿Cómo te ayuda usar un modelo a multiplicar un número entero por una fracción?

Pregunta esencial: ¿Cómo se puede multiplicar un número entero por una fracción?

A

Joann quiere preparar 6 recetas de ponche de fruta. ¿Cuántas tazas de jugo de naranja necesita?

Necesito hallar $6 \times \frac{2}{3}$.

$\frac{2}{3}$ de taza de jugo de naranja por cada receta

B Una manera de representar $6 \times \frac{2}{3}$ es usar la suma repetida.

$6 \times \frac{2}{3} = \frac{2}{3} + \frac{2}{3} + \frac{2}{3} + \frac{2}{3} + \frac{2}{3} + \frac{2}{3}$

$= \frac{6 \times 2}{3}$

$= \frac{12}{3}$

Por tanto, $6 \times \frac{2}{3} = \frac{12}{3} = 4$.

C

Puedes pensar en $\frac{2}{3}$ como 2 veces $\frac{1}{3}$.

$\frac{2}{3} = 2 \times \frac{1}{3}$

Por tanto, $6 \times \frac{2}{3} = 6 \times \left(2 \times \frac{1}{3}\right)$.

Usa la propiedad asociativa.

$6 \times \left(2 \times \frac{1}{3}\right) = (6 \times 2) \times \frac{1}{3}$

$= 12 \times \frac{1}{3}$

$= \frac{12}{3} = 4$

Joann necesita 4 tazas de jugo de naranja para preparar 6 recetas de ponche.

¡Convénceme! Usar la estructura Halla $10 \times \frac{3}{5}$. Usa la suma repetida para comprobar tu respuesta. Muestra todo tu trabajo.

458 Tema 8 | Lección 8-1

Nombre _____

✯ Práctica guiada

¿Lo entiendes?

1. Micah quiere usar la receta de Joann para preparar 9 recetas de ponche. ¿Cuántas tazas de jugo de naranja necesita?

2. **Construir argumentos** Explica por qué $8 \times \frac{3}{4}$ es lo mismo que sumar $\frac{3}{4} + \frac{3}{4} + \frac{3}{4} + \frac{3}{4} + \frac{3}{4} + \frac{3}{4} + \frac{3}{4} + \frac{3}{4}$.

¿Cómo hacerlo?

Halla los productos en los Ejercicios **3** y **4**. Sombrea el modelo como ayuda para hallar la respuesta.

3. $3 \times \frac{2}{3}$

4. $2 \times \frac{3}{5}$

✯ Práctica independiente

Práctica al nivel Completa las ecuaciones para hallar los productos en los Ejercicios **5** a **7**.

5. $6 \times \frac{3}{4} = \frac{\square}{\square} + \frac{\square}{\square} + \frac{\square}{\square} + \frac{\square}{\square} + \frac{\square}{\square} + \frac{\square}{\square} = \frac{\square \times \square}{\square} = \frac{18}{4} = \square$

6. $16 \times \frac{3}{8} = 16 \times \square \times \frac{1}{8} = \frac{\square \times 1}{8} = \frac{\square}{\square} = \square$

7. $500 \times \frac{2}{5} = \square \times 2 \times \frac{\square}{5} = \frac{\square \times 1}{5} = \frac{1{,}000}{\square} = \square$

Halla los productos en los Ejercicios **8** a **15**. Usa modelos como ayuda.

8. $35 \times \frac{2}{5}$

9. $7 \times \frac{5}{12}$

10. $9 \times \frac{2}{3}$

11. $300 \times \frac{1}{2}$

12. $64 \times \frac{3}{8}$

13. $900 \times \frac{2}{3}$

14. $84 \times \frac{1}{4}$

15. $42 \times \frac{2}{7}$

*Puedes encontrar otro ejemplo en el Grupo A, página 513.

Resolución de problemas

16. Razonamiento de orden superior Explica cómo hallarías $36 \times \frac{3}{4}$ mentalmente.

17. Los leones pasan $\frac{5}{6}$ del día durmiendo. ¿Cuántas horas al día duerme un león? Escribe una ecuación para representar tu trabajo.

18. Matemáticas y Ciencias En Marte, tu peso es aproximadamente $\frac{1}{3}$ de tu peso en la Tierra. Si Helena pesa 96 libras en la Tierra, aproximadamente ¿cuántas libras pesará en Marte?

19. Bradley prepara ensalada de frutas. Para cada tazón de ensalada de frutas, necesita $\frac{3}{4}$ de taza de uvas. ¿Cuántas tazas de uvas usará si prepara 24 tazones de ensalada de frutas?

20. Construir argumentos ¿Piensas que la diferencia 1.4 − 0.95 es menor que 1 o mayor que 1? Explícalo.

21. Escribe una expresión de multiplicación que represente 10^6.

22. Hacerlo con precisión La tabla muestra la cantidad de millas que corrió cada persona esta semana. ¿Quién corrió más millas al terminar la semana? ¿Cuántas más?

DATOS	Lunes	Miércoles	Sábado
Pat	2.75 mi	3 mi	2.5 mi
Toby	2 mi	2.25 mi	3.5 mi

✓ Evaluación

23. Escoge Sí o No para indicar si la fracción $\frac{3}{8}$ hará verdadera la ecuación.

96 × ☐ = 36   ○ Sí   ○ No
38 × ☐ = 14   ○ Sí   ○ No
16 × ☐ = 6   ○ Sí   ○ No
56 × ☐ = 21   ○ Sí   ○ No

24. Escoge Sí o No para indicar si el número 56 hará verdadera la ecuación.

☐ × $\frac{1}{2}$ = 28   ○ Sí   ○ No
☐ × $\frac{2}{7}$ = 16   ○ Sí   ○ No
☐ × $\frac{8}{9}$ = 49   ○ Sí   ○ No
☐ × $\frac{1}{4}$ = 14   ○ Sí   ○ No

Nombre _____

Tarea y práctica 8-1
Usar modelos para multiplicar un número entero por una fracción

¡Revisemos!

Juan necesita $\frac{3}{4}$ de yarda de tela para hacer una funda de almohada. ¿Cuántas yardas de tela necesita Juan para coser 5 fundas de almohada?

Multiplica el número entero por el numerador.

$5 \times 3 = 15$

Escribe el producto sobre el denominador.

$\frac{15}{4} = 3\frac{3}{4}$

Juan necesita $3\frac{3}{4}$ yardas de tela.

Recuerda que puedes comprobar tu respuesta usando la suma repetida.

Práctica al nivel Halla los productos en los Ejercicios **1** a **11**. Usa modelos como ayuda.

1. $72 \times \frac{5}{12} = \square \times 5 \times \frac{1}{12} = \frac{\square \times 1}{12} = \frac{360}{\square} = \square$

2. $35 \times \frac{2}{5} = \square \times 2 \times \frac{1}{\square} = \frac{\square \times 1}{5} = \frac{\square}{\square} = \square$

3. $12 \times \frac{3}{4} = \frac{\square}{\square} + \frac{\square}{\square} + \frac{\square}{\square} + \frac{\square}{\square} + \frac{\square}{\square} + \frac{\square}{\square} + \frac{\square}{\square} + \frac{\square}{\square} + \frac{\square}{\square} + \frac{\square}{\square} + \frac{\square}{\square} + \frac{\square}{\square} = \frac{\square}{4} = \square$

4. $13 \times \frac{2}{3}$
5. $70 \times \frac{9}{10}$
6. $81 \times \frac{2}{9}$
7. $57 \times \frac{2}{3}$

8. $600 \times \frac{3}{10}$
9. $16 \times \frac{3}{5}$
10. $400 \times \frac{1}{4}$
11. $48 \times \frac{5}{6}$

12. Representar con modelos matemáticos Mira el dibujo. Escribe y resuelve una ecuación para representar el dibujo. Muestra tu respuesta como una ecuación de multiplicación con $\frac{1}{2}$ como factor.

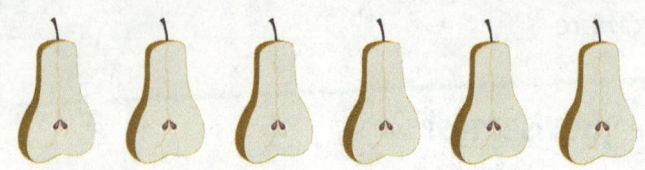

13. Razonamiento de orden superior Explica cómo hallas $45 \times \frac{7}{9}$ mentalmente.

14. Construir argumentos ¿Piensas que la diferencia $2.99 - 0.01$ es mayor que 3 o menor que 3? Explícalo.

15. Yara ahorró $440. Gastó $\frac{3}{4}$ de esa cantidad en una tableta digital. ¿Cuánto dinero gastó Yara en la tableta digital?

16. Escribe una expresión de multiplicación que represente 10^5.

17. Álgebra Tina tenía $145. Gastó $40 en frutas en la feria local. Resuelve la ecuación $40 + c = 145$ para hallar la cantidad que le queda a Tina.

$145
| $40 | c |

18. Los hipopótamos pasan la mayor parte del día en el agua. ¿Cuántas horas al día pasa un hipopótamo en el agua?

Los hipopótamos pasan alrededor de $\frac{2}{3}$ del día en el agua.

✓ Evaluación

19. Escoge Sí o No para indicar si el número 34 hará verdadera la ecuación.

☐ $\times \frac{1}{2} = 17$ ○ Sí ○ No

$51 \times \frac{2}{3} =$ ☐ ○ Sí ○ No

☐ $\times \frac{3}{8} = 12$ ○ Sí ○ No

$300 \times \frac{1}{9} =$ ☐ ○ Sí ○ No

20. Escoge Sí o No para indicar si la fracción $\frac{2}{9}$ hará verdadera la ecuación.

$81 \times$ ☐ $= 18$ ○ Sí ○ No

$900 \times$ ☐ $= 200$ ○ Sí ○ No

$72 \times$ ☐ $= 16$ ○ Sí ○ No

$450 \times$ ☐ $= 100$ ○ Sí ○ No

462 Tema 8 | Lección 8-1

Nombre _____

Resuélvelo y coméntalo

Brandon tiene 6 huevos. Necesita $\frac{2}{3}$ de los huevos para hacer una tortilla de huevos. ¿Cuántos huevos necesita?

Lección 8-2
Usar modelos para multiplicar una fracción por un número entero

Puedo...
multiplicar una fracción por un número entero.

También puedo representar con modelos matemáticos para resolver problemas.

Representar con modelos matemáticos
¿Te ayudaría un dibujo a representar la situación?

¡Vuelve atrás! Razonar ¿Tu respuesta debe ser menor o mayor que 6? ¿Cómo lo sabes?

Pregunta esencial: ¿Cómo se puede representar la multiplicación de una fracción por un número entero?

A

Claudia tiene 8 yardas de tela. Necesita $\frac{3}{4}$ de la tela para hacer un banderín. ¿Cuántas yardas de tela necesita?

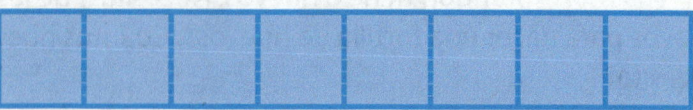

Puedes usar **modelos** para representar el problema.

Necesitas hallar $\frac{3}{4}$ de 8.

B Paso 1

Dado que debes hallar $\frac{3}{4}$ de 8, divide el modelo en 4 partes iguales.

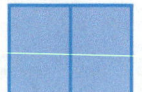 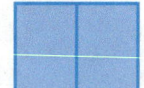  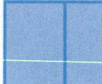

C Paso 2

Dado que debes hallar $\frac{3}{4}$ de 8, quita 3 de esas partes para formar 6.

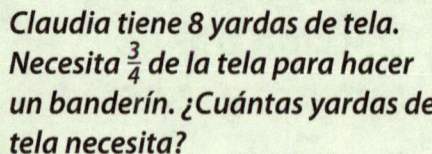

Por tanto, $\frac{3}{4} \times 8 = 6$.

Claudia necesita 6 yardas de tela para hacer un banderín.

¡Convénceme! **Representar con modelos matemáticos** Lydia halló así el producto $\frac{4}{5} \times 10$.

$\frac{4}{5} \times 10 = 4 \times \frac{1}{5} \times 10$

$= 4 \times \frac{10}{5}$

$= 4 \times 2 = 8$

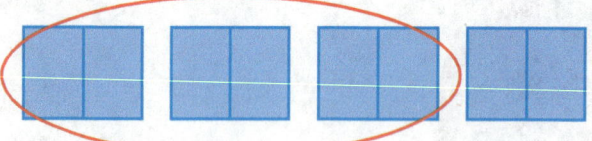

Usa el modelo de la derecha para demostrar que la respuesta de Lydia es correcta.

Nombre _____

Otro ejemplo

Halla $\frac{3}{4} \times 2$.

Divide 2 en 4 partes iguales.

Cada parte es $\frac{1}{2}$.

Encierra en un círculo 3 partes para obtener $\frac{3}{2}$.

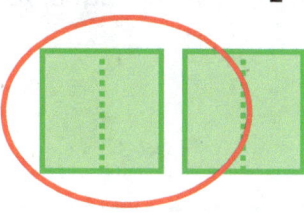

Piensa en tres cuartos de 2 enteros.

Por tanto, $\frac{3}{4} \times 2 = \frac{3}{2}$.

Práctica guiada

¿Lo entiendes?

1. **Construir argumentos** Explica por qué el producto de $4 \times \frac{2}{3}$ es igual al producto de $\frac{2}{3} \times 4$.

2. En el problema de la parte superior de la página 464, ¿qué ecuación de multiplicación se podría usar para hallar cuántas yardas de tela no usó Claudia?

¿Cómo hacerlo?

Usa el modelo para hallar los productos en los Ejercicios **3** y **4**.

3. $\frac{2}{3} \times 6$

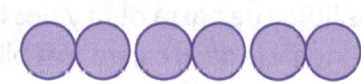

4. $\frac{3}{8} \times 4$

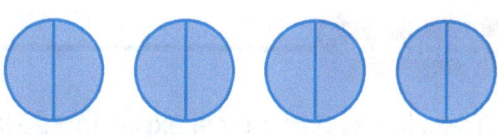

Práctica independiente

Halla los productos en los Ejercicios **5** a **7**. Dibuja modelos como ayuda.

5. $\frac{2}{3} \times 15$

6. $\frac{11}{12} \times 6$

7. $\frac{5}{8} \times 16$

Puedes encontrar otro ejemplo en el Grupo B, página 513.

Tema 8 | Lección 8-2   **465**

Resolución de problemas

8. Construir argumentos Janice dijo que cuando multiplicas una fracción menor que 1 por un número entero distinto de cero, el producto siempre es menor que el número entero. ¿Estás de acuerdo?

9. Matemáticas y Ciencias Un científico quiere investigar cómo cambian las propiedades del agua cuando se le agrega sal. Por cada taza de agua que tiene, reemplaza $\frac{1}{8}$ con sal. Si tiene 24 tazas de agua, ¿cuántas tazas reemplazará con sal?

10. Shanna va a la escuela 1 semana más que $\frac{3}{4}$ del año. ¿Cuántas semanas al año va a la escuela?

Un año tiene 52 semanas.

11. Razonamiento de orden superior Gina tiene 48 calcomanías. $\frac{3}{8}$ de las calcomanías tienen dibujos de flores. $\frac{1}{8}$ tienen dibujos de plantas. El resto de las calcomanías tiene dibujos de personas. ¿Cuántas calcomanías tienen dibujos de personas? Explica cómo hallaste tu respuesta.

12. Dos libros de pasta blanda cuestan $10 en total. ¿Cuánto cambio recibirá Stacy si compra dos libros de pasta dura y dos libros de pasta blanda y le da al cajero tres billetes de $20?

Oferta: Libros de pasta dura a $18.25 cada uno

Evaluación

13. Traza líneas para unir la expresión de la izquierda con su producto de la derecha.

$\frac{3}{4} \times 16$

$\frac{5}{12} \times 12$

$\frac{9}{10} \times 5$

$\frac{2}{3} \times 15$

10

5

12

$4\frac{1}{2}$

14. Traza líneas para unir las ecuaciones de la izquierda con el número de la derecha que hace verdadera la ecuación.

$\frac{2}{3} \times \square = \frac{8}{3}$

$\frac{5}{6} \times \square = 10$

$\frac{1}{12} \times \square = 4$

$\frac{1}{2} \times \square = \frac{13}{2}$

4

13

12

48

Nombre

Ayuda Amigo de práctica Herramientas Juegos

Tarea y práctica 8-2

Usar modelos para multiplicar una fracción por un número entero

¡Revisemos!

Tyler usó $\frac{2}{3}$ de una tela de 9 yardas de longitud para hacer una chaqueta. ¿Cuál es la longitud de la tela, en yardas, que usó?

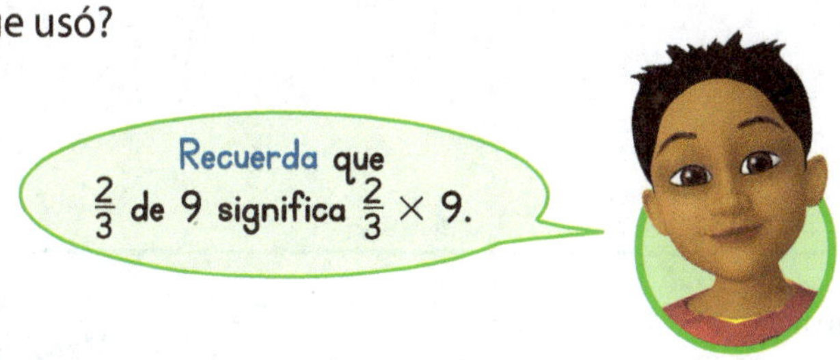

Recuerda que $\frac{2}{3}$ de 9 significa $\frac{2}{3} \times 9$.

Paso 1

Dibuja 9 círculos y sepáralos en 3 grupos iguales.

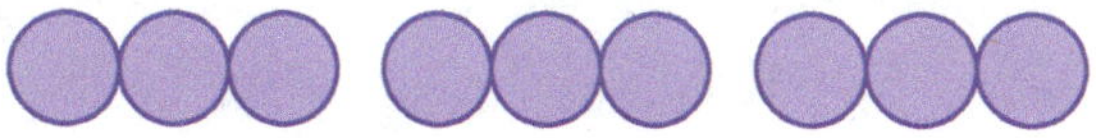

Paso 2

Encierra en un círculo 2 de los grupos.

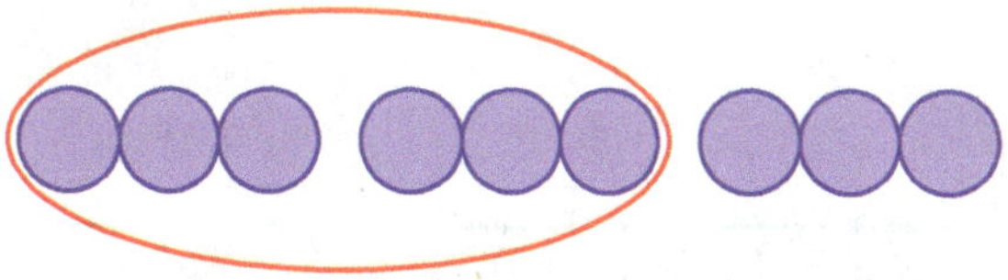

Por tanto, Tyler usó 6 yardas de tela

Práctica al nivel Halla los productos en los Ejercicios **1** a **8.** Usa modelos como ayuda.

1. $\frac{5}{10} \times 5$

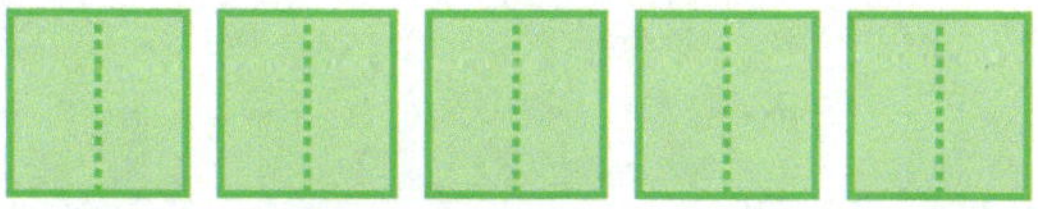

2. $\frac{3}{5} \times 10$

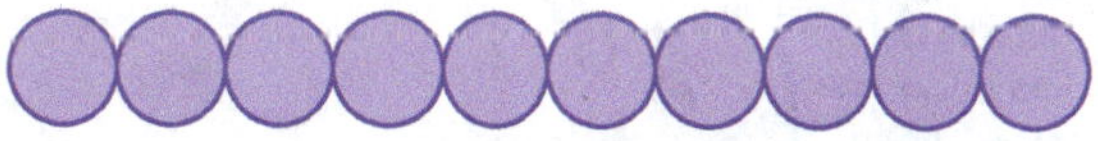

3. $\frac{5}{6} \times 3$

4. $\frac{5}{6}$ de 12

5. $\frac{3}{5}$ de 20

6. $\frac{2}{3}$ de 8

7. $\frac{2}{9} \times 3$

8. $\frac{4}{7} \times 21$

9. **Evaluar el razonamiento** Halla el error en el trabajo de abajo. Luego, muestra el cálculo correcto.

$\frac{8}{12} \times 6 = 8 \times \frac{1}{12} \times 6 = 8 \times \frac{1}{72} = \frac{8}{72} = \frac{1}{9}$

10. Un científico midió la cantidad de lluvia que cayó en una tarde. Llovió 0.43 de pulgada cada hora. ¿Cuál fue la cantidad total de lluvia en 3 horas?

11. **Razonar** Una jirafa puede correr a una velocidad de 32 millas por hora. ¿Qué animal de la tabla tiene una velocidad que es $\frac{15}{16}$ de la velocidad de la jirafa? Explica cómo hallaste tu respuesta.

DATOS	Animal	Velocidad (en millas por hora)
	Gato	30
	Guepardo	70
	Chacal	35

12. Si un clamidosaurio mide 90 centímetros de longitud, ¿cuánto mide la cola?

La cola del clamidosaurio mide $\frac{2}{3}$ de su longitud

13. **Razonamiento de orden superior** Eric tiene 240 monedas en su colección. $\frac{11}{20}$ de las monedas son de 1¢, $\frac{4}{20}$ son de 5¢. El resto de las monedas son de 25¢. ¿Cuántas monedas son de 25¢? Explica cómo hallaste tu respuesta.

✓ Evaluación

14. Traza líneas para unir las ecuaciones de la izquierda con la fracción de la derecha que hace verdadera la ecuación.

☐ × 4 = $\frac{8}{3}$ $\frac{1}{2}$

☐ × 15 = 12 $\frac{2}{3}$

☐ × 21 = 15 $\frac{5}{7}$

$\frac{1}{6}$ × 3 = ☐ $\frac{4}{5}$

15. Traza líneas para unir la expresión de la izquierda con su producto de la derecha.

$\frac{11}{12}$ × 12   9

$\frac{7}{9}$ × 18   6

$\frac{3}{8}$ × 16   14

$\frac{3}{4}$ × 12   11

468 Tema 8 | Lección 8-2

Nombre _____

Resuélvelo y coméntalo

Julia tiene 10 yardas de cinta. Divide la cinta en 3 pedazos iguales y usa 2 pedazos para regalos. ¿Cuánta cinta usa? *Resuelve este problema de la manera que prefieras.*

Lección 8-3
Multiplicar fracciones y números enteros

Puedo...
multiplicar fracciones y números enteros.

También puedo representar con modelos matemáticos para resolver problemas.

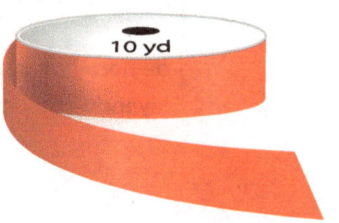

Representar con modelos matemáticos Puedes usar palabras, dibujos y ecuaciones para resolver el problema. ¡Muestra tu trabajo en el espacio de arriba!

¡Vuelve atrás! Razonar ¿Tu respuesta debe ser menor o mayor que 5? ¿Cómo lo sabes?

Pregunta esencial: ¿Cómo se pueden multiplicar fracciones y números enteros?

A

Hal pasó $\frac{3}{4}$ de hora leyendo todos los días durante 7 días. ¿Cuánto tiempo pasó leyendo en total?

Necesito hallar $7 \times \frac{3}{4}$.

Total de horas que pasó leyendo → ?
7 días → $\frac{3}{4}$ $\frac{3}{4}$ $\frac{3}{4}$ $\frac{3}{4}$ $\frac{3}{4}$ $\frac{3}{4}$ $\frac{3}{4}$
$\frac{3}{4}$ de hora que pasó leyendo cada día

B Una manera

Multiplica para hallar la cantidad de cuartos.

$7 \times \frac{3}{4} = 7 \times 3 \times \frac{1}{4}$
$= 21 \times \frac{1}{4}$
$= \frac{21}{4}$

Para expresar $\frac{21}{4}$ de otra manera, divide el numerador por el denominador.

Vuelve a escribir la fracción como un número mixto.

$\frac{21}{4} = 5\frac{1}{4}$

Hal pasó $5\frac{1}{4}$ horas leyendo.

C Otra manera

Expresa el número entero como una fracción. Multiplica los numeradores, multiplica los denominadores y, luego, escribe el producto como un número mixto.

$\frac{7}{1} \times \frac{3}{4} = \frac{7 \times 3}{1 \times 4} = \frac{21}{4} = 5\frac{1}{4}$

Hal pasó $5\frac{1}{4}$ horas leyendo.

Cualquier número entero se puede escribir como una fracción con denominador 1.

¡Convénceme! **Hacerlo con precisión** Halla $6 \times \frac{4}{9}$. Luego, usa la suma repetida para justificar tu respuesta.

470 Tema 8 | Lección 8-3

Nombre _____

Práctica guiada

¿Lo entiendes?

1. **Razonar** En el ejemplo de la parte superior de la página anterior, ¿cómo puede ayudarte hallar $\frac{1}{4}$ de 7 a hallar $\frac{3}{4}$ de 7?

2. Si Hal pasó $\frac{2}{3}$ de hora leyendo todos los días durante 7 días, ¿cuánto tiempo pasó leyendo en total? Muestra cómo hallaste tu respuesta.

¿Cómo hacerlo?

Halla los productos en los Ejercicios 3 a 5. Escribe el producto como un número mixto.

3. $\frac{3}{8} \times 4 = \frac{\square \times \square}{\square} = \frac{\square}{\square} = \square\frac{\square}{\square} = \square\frac{\square}{\square}$

4. $8 \times \frac{5}{6} = \frac{\square \times \square}{\square} = \frac{\square}{\square} = \square\frac{\square}{\square} = \square\frac{\square}{\square}$

5. $5 \times \frac{4}{7} = \frac{\square \times \square}{\square} = \frac{\square}{\square} = \square\frac{\square}{\square}$

Práctica independiente

Práctica al nivel Halla los productos en los Ejercicios 6 a 16. Escribe el producto como un número mixto.

Recuerda que puedes usar la división para expresar una fracción como un número mixto.

6. $\frac{3}{4} \times 14 = \frac{\square \times \square}{\square} = \frac{\square}{\square} = \square\frac{\square}{\square} = \square\frac{\square}{\square}$

7. $600 \times \frac{2}{3} = \frac{\square \times \square}{\square} = \frac{\square}{\square} = \square$

8. $\frac{5}{9} \times 37 = \frac{\square \times \square}{\square} = \frac{\square}{\square} = \square\frac{\square}{\square}$

9. $\frac{4}{5} \times 500$

10. $5 \times \frac{2}{3}$

11. $17 \times \frac{6}{8}$

12. $\frac{9}{10} \times 25$

13. $\frac{7}{8} \times 320$

14. $28 \times \frac{7}{12}$

15. $\frac{2}{3} \times 1,287$

16. $900 \times \frac{2}{9}$

*Puedes encontrar otro ejemplo en el Grupo B, página 513.

Tema 8 | Lección 8-3

Resolución de problemas

17. Alrededor del 0.6 del cuerpo humano está compuesto de agua. Si una persona tiene una masa de 75 kilogramos, ¿qué masa de agua tiene el cuerpo de esta persona?

18. Sentido numérico ¿Cómo puedes calcular mentalmente para hallar $25 \times \frac{3}{10}$?

19. Durante una caminata de observación de la naturaleza, Jill identificó 20 especies de animales y plantas.

   a Construir argumentos Jill dijo que $\frac{1}{3}$ de las especies que identificó eran animales. ¿Puede ser correcto esto? Explícalo.

   b Si $\frac{3}{5}$ de las especies que identificó Jill fueron animales, ¿cuántas plantas identificó?

20. Una pintura rectangular mide 2 pies de longitud y $\frac{5}{6}$ de pie de ancho. ¿Cuál es el área de la pintura?

21. Razonamiento de orden superior Una maestra de arte prepara una tanda de pintura morada mezclando $\frac{3}{4}$ de taza de pintura roja con $\frac{3}{4}$ de taza de pintura azul. Si prepara 13 tandas, ¿cuántas tazas de pintura morada obtendrá?

22. Matemáticas y Ciencias Una molécula de agua está formada por 3 átomos. Un tercio de los átomos son de oxígeno y el resto son de hidrógeno. Si hay 114 moléculas de agua, ¿cuántos átomos de hidrógeno hay? Muestra tu trabajo.

Evaluación

23. ¿Qué opción es el producto de 14 y $\frac{3}{7}$?

  Ⓐ $2\frac{3}{7}$
  Ⓑ 5
  Ⓒ 6
  Ⓓ $32\frac{2}{3}$

24. ¿Qué opción es el producto de $\frac{11}{12}$ y 4?

  Ⓐ $1\frac{1}{4}$
  Ⓑ $3\frac{2}{3}$
  Ⓒ $4\frac{1}{3}$
  Ⓓ 33

Nombre _____

Tarea y práctica 8-3

Multiplicar fracciones y números enteros

¡Revisemos!

Lorena tiene una bufanda de 16 pulgadas de longitud y $\frac{2}{3}$ de su longitud es de color rojo. ¿Cuántas pulgadas de longitud mide la parte roja de la bufanda?

Dado que multiplicas 16 por una fracción menor que 1, la respuesta será menos que 16.

Paso 1

Multiplica.

$\frac{2}{3} \times 16 = \frac{2 \times 16}{3} = \frac{32}{3}$

Paso 2

Vuelve a escribir la fracción como un número mixto.

$\frac{32}{3} = 10\frac{2}{3}$

Paso 3

Responde la pregunta.

La parte roja de la bufanda mide $10\frac{2}{3}$ pulgadas de longitud.

Práctica al nivel Halla los productos en los Ejercicios **1** a **16**. Escribe los productos como números mixtos.

1. $26 \times \frac{3}{4} = \frac{\square \times \square}{\square} = \frac{\square}{\square} = \square\frac{\square}{\square}$

2. $9 \times \frac{7}{10} = \frac{\square \times \square}{\square} = \frac{\square}{\square} = \square\frac{\square}{\square}$

3. $\frac{2}{5} \times 32 = \frac{\square \times \square}{\square} = \frac{\square}{\square} = \square\frac{\square}{\square}$

4. $\frac{1}{8} \times 400 = \frac{\square \times \square}{\square} = \frac{\square}{\square} = \square$

5. $15 \times \frac{4}{5}$

6. $\frac{3}{11} \times 66$

7. $45 \times \frac{3}{8}$

8. $\frac{3}{10} \times 12$

9. $55 \times \frac{2}{5}$

10. $\frac{5}{6} \times 40$

11. $\frac{7}{9} \times 54$

12. $600 \times \frac{5}{12}$

13. $\frac{2}{3} \times 21$

14. $500 \times \frac{3}{5}$

15. $72 \times \frac{5}{8}$

16. $\frac{2}{9} \times 35$

17. **Representar con modelos matemáticos** Halla $6 \times \frac{3}{5}$. Usa el modelo de la derecha para hallar el producto.

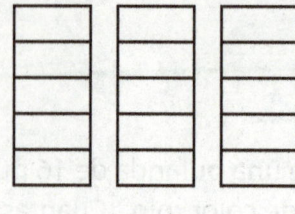

18. ¿Qué número mixto representa la parte del modelo que **NO** sombreaste en el Ejercicio 17?

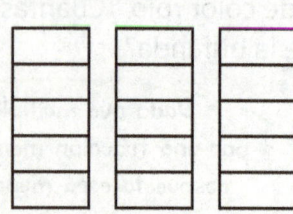

19. **Razonar** Sin multiplicar, indica qué producto es mayor: 0.75×81 o 0.9×81. Explícalo.

20. **Razonar** Sin multiplicar, indica qué producto es mayor: $\frac{4}{5} \times 45$ o $\frac{2}{3} \times 45$. Explícalo.

21. **Razonamiento de orden superior** La biblioteca de la escuela tiene 2,469 libros. Dos tercios de los libros son de pasta blanda. ¿Cuántos libros son de pasta blanda?

¿Cómo puedes hacer una estimación para comprobar si tu respuesta es razonable?

22. La tabla muestra la cantidad de salsa de manzana que se hace con una manzana de cada tamaño. Patrice tiene 17 manzanas medianas y 23 manzanas grandes. ¿Cuál es la cantidad total de salsa que puede preparar con estas manzanas?

Tamaño de manzanas	Cantidad de salsa de manzana
Pequeña	$\frac{1}{3}$ de taza
Mediana	$\frac{1}{2}$ taza
Grande	$\frac{3}{4}$ de taza

✓ **Evaluación**

23. ¿Qué opción es el producto de $\frac{4}{9}$ y 72?

Ⓐ 12
Ⓑ 32
Ⓒ $32\frac{4}{9}$
Ⓓ 36

24. ¿Qué opción es el producto de 56 y $\frac{5}{9}$?

Ⓐ $1\frac{4}{9}$
Ⓑ 30
Ⓒ 31
Ⓓ $31\frac{1}{9}$

Nombre _____

Resuélvelo y coméntalo La maestra de arte entregó a cada estudiante la mitad de una hoja de papel. Luego, les pidió que colorearan un cuarto de sus pedazos de papel. ¿Qué parte de la hoja original colorearon los estudiantes? *Resuelve este problema de la manera que prefieras.*

Lección 8-4
Usar modelos para multiplicar dos fracciones

Puedo...
usar modelos para multiplicar dos fracciones.

También puedo representar con modelos matemáticos para resolver problemas.

Representar con modelos matemáticos
Puedes hacer un dibujo para representar el problema.

¡Vuelve atrás! Razonar ¿Tu respuesta debe ser menor o mayor que 1? ¿Cómo lo sabes?

Tema 8 | Lección 8-4   475

Pregunta esencial: ¿Cómo se puede usar un modelo para multiplicar fracciones?

A

Sobró $\frac{1}{4}$ de una bandeja de lasaña.
Tom comió $\frac{1}{3}$ de esa cantidad. ¿Qué fracción de toda la bandeja de lasaña comió?

Halla $\frac{1}{3}$ de $\frac{1}{4}$ para resolver el problema.

B Una manera

Divide un entero en cuartos.

Divide $\frac{1}{4}$ en 3 partes iguales.

Divide los otros $\frac{1}{4}$ en 3 partes iguales.

12 partes forman un entero; por tanto, una parte es $\frac{1}{12}$.

$$\frac{1}{3} \times \frac{1}{4} = \frac{1}{12}$$

C Otra manera

Sombrea 1 fila de amarillo para representar $\frac{1}{3}$.
Sombrea 1 columna de rojo para representar $\frac{1}{4}$.
La parte anaranjada muestra el producto.

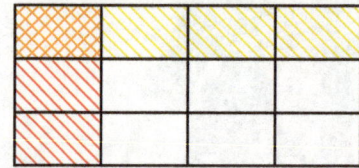

1 de las 12 partes está sombreada de anaranjado.

$$\frac{1}{3} \times \frac{1}{4} = \frac{1 \times 1}{3 \times 4} = \frac{1}{12}$$

Tom comió $\frac{1}{12}$ de la fuente de lasaña.

¡Convénceme! **Representar con modelos matemáticos** Halla $\frac{1}{4} \times \frac{1}{5}$ usando el modelo de área. Explica tu trabajo.

476 Tema 8 | Lección 8-4

Nombre _____

Otro ejemplo

Halla $\frac{2}{3} \times \frac{3}{4}$ usando una recta numérica.

$\frac{1}{3}$ significa 1 de 3 partes iguales; por tanto, $\frac{1}{3}$ de $\frac{3}{4}$ es $\frac{1}{4}$.

$\frac{2}{3}$ significa 2 de 3 partes iguales; por tanto, $\frac{2}{3}$ de $\frac{3}{4}$ es 2 veces $\frac{1}{4}$.

$\frac{2}{3} \times \frac{3}{4} = \frac{2}{4}$, o $\frac{1}{2}$

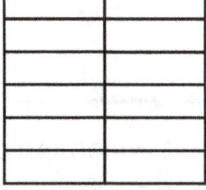

Práctica guiada

¿Lo entiendes?

1. Tina tiene $\frac{1}{2}$ bandeja de pan de maíz que sobró de una fiesta. Comió $\frac{1}{2}$ de lo que quedaba la noche siguiente. ¿Qué parte de toda la bandeja comió? Escribe una ecuación para representar tu trabajo.

2. En el ejemplo de la página 476, halla qué fracción de toda la bandeja de lasaña comió Tom, si habían quedado $\frac{7}{8}$ de la bandeja.

¿Cómo hacerlo?

3. Halla $\frac{5}{6} \times \frac{1}{2}$. Sombrea el modelo como ayuda para resolver el problema.

4. Halla $\frac{3}{4}$ de $\frac{4}{9}$.

Práctica independiente

Halla los productos en los Ejercicios **5** y **6**. Sombrea el modelo como ayuda para resolverlo.

5. $\frac{1}{3} \times \frac{5}{6}$

6. $\frac{2}{3} \times \frac{1}{12}$

Halla los productos en los Ejercicios **7** a **14**. Usa modelos como ayuda.

7. $\frac{7}{8} \times \frac{1}{2}$

8. $\frac{2}{5} \times \frac{1}{12}$

9. $\frac{5}{7}$ de $\frac{7}{9}$

10. $\frac{1}{2} \times \frac{3}{4}$

11. $\frac{1}{4} \times \frac{7}{8}$

12. $\frac{5}{6}$ de $\frac{9}{10}$

13. $\frac{1}{4} \times \frac{1}{8}$

14. $\frac{1}{3}$ de $\frac{3}{7}$

*Puedes encontrar otro ejemplo en el Grupo C, página 514.

Resolución de problemas

15. Razonar ¿Serán suficientes $50 para comprar 6 latas de pintura? Explícalo.

16. Una científica tenía $\frac{3}{4}$ de una botella de una solución. Usó $\frac{1}{6}$ de la solución en un experimento. ¿Qué parte de la botella usó?

17. Álgebra ¿Qué valor de n hace verdadera la ecuación $\frac{2}{3} \times n = \frac{4}{9}$?

18. Escribe una expresión que represente 10^4.

19. Un plomero cobra $45 por la primera hora de trabajo y $30 por cada hora adicional. ¿Cuánto cobra si tarda 4 horas en hacer una reparación?

20. Razonamiento de orden superior Si $\frac{7}{8}$ se multiplica por $\frac{4}{5}$, ¿el producto será mayor que alguno de los dos factores? Explícalo.

21. En la votación para el concejo municipal del distrito 5, solo $\frac{1}{2}$ de todos los votantes habilitados emitieron su voto. ¿Qué fracción de los votantes habilitados votaron por Shelley? ¿Y por Morgan? ¿Quién recibió más votos?

DATOS	Candidato	Fracción de votos recibidos
	Shelley	$\frac{3}{10}$
	Morgan	$\frac{5}{8}$

✓ **Evaluación**

22. Majid creó este modelo para representar la multiplicación de una fracción por otra fracción. ¿Qué oración de multiplicación representa el modelo?

Ⓐ $\frac{3}{4} \times \frac{8}{9} = \frac{2}{3}$

Ⓑ $\frac{1}{3} \times \frac{1}{8} = \frac{1}{24}$

Ⓒ $\frac{3}{4} \times \frac{3}{9} = \frac{1}{4}$

Ⓓ $\frac{3}{9} \times \frac{8}{9} = \frac{8}{27}$

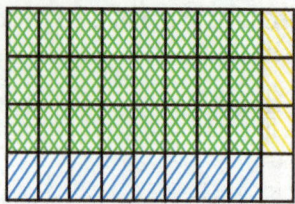

Nombre _____

¡Revisemos!

Graeme reservó $\frac{1}{2}$ de los asientos en un restaurante para una celebración. $\frac{1}{8}$ de esos asientos son para la familia y el resto para sus amigos. ¿Qué fracción de los asientos del restaurante usará la familia?

Halla $\frac{1}{2} \times \frac{1}{8}$.

Tarea y práctica 8-4

Usar modelos para multiplicar dos fracciones

Paso 1

Haz un dibujo para representar $\frac{1}{8}$. Dibuja un rectángulo con líneas que lo dividan en 8 partes iguales. Sombrea 1 de las 8 partes.

Paso 2

Luego, traza una línea horizontal para representar $\frac{1}{2}$. Sombrea $\frac{1}{2}$ de todo el rectángulo. La parte superpuesta de color morado es la respuesta.

Las dos partes sombreadas se superponen en $\frac{1}{16}$ de todo el rectángulo.

$\frac{1}{16}$ de los asientos del restaurante serán para la familia de Graeme.

Halla los productos en los Ejercicios **1** a **3**. Sombrea el modelo como ayuda para hallar la respuesta.

1. $\frac{4}{7} \times \frac{2}{3}$

2. $\frac{1}{2} \times \frac{11}{12}$

3. $\frac{2}{5}$ de $\frac{1}{4}$

Halla los productos en los Ejercicios **4** a **11**. Usa modelos como ayuda.

4. $\frac{3}{4} \times \frac{1}{8}$

5. $\frac{8}{9}$ de $\frac{9}{10}$

6. $\frac{3}{7} \times \frac{2}{3}$

7. $\frac{1}{5} \times \frac{5}{6}$

8. $\frac{1}{6}$ de $\frac{3}{4}$

9. $\frac{7}{8} \times \frac{1}{2}$

10. $\frac{1}{12} \times \frac{3}{5}$

11. $\frac{1}{2}$ de $\frac{5}{9}$

Tema 8 | Lección 8-4 479

12. **Álgebra** ¿Qué valor de *n* hace verdadera la ecuación $n \times \frac{3}{4} = \frac{3}{16}$?

13. **Razonar** $\frac{4}{9} \times \frac{7}{8} = \frac{7}{18}$ ¿Cuánto es $\frac{7}{8} \times \frac{4}{9}$? ¿Cómo lo sabes sin multiplicar?

14. **Hacerlo con precisión** El vitral que se muestra es un hexágono. ¿Cómo puedes usar la multiplicación para hallar su perímetro?

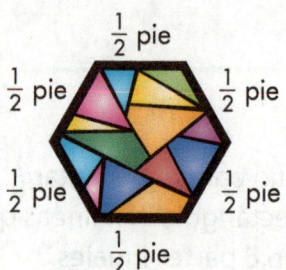

15. Vincent halló una receta de pan de plátano y nueces de macadamia que lleva $\frac{3}{4}$ de taza de nueces de macadamia. Si solo quiere hacer la mitad de la receta, ¿cuántas tazas de nueces de macadamia debe usar?

16. **Razonamiento de orden superior** Si $\frac{1}{2}$ se multiplica por $\frac{1}{2}$, ¿el producto será mayor que $\frac{1}{2}$? Explícalo.

17. En la clase de gimnasia, Matthew corre $\frac{3}{4}$ de milla. Su maestro de gimnasia corre tres veces esa distancia. ¿Cuánto corre el maestro de gimnasia de Matthew?

18. Titus tenía $\frac{1}{2}$ lata de pintura. Usó $\frac{2}{3}$ de la pintura para pintar una mesa. ¿Qué fracción de una lata entera de pintura usó?

✓ Evaluación

19. Nola hizo el modelo para representar la multiplicación de una fracción por otra fracción. ¿Qué oración de multiplicación representa el modelo?

Ⓐ $\frac{1}{2} \times \frac{1}{2} = \frac{1}{4}$

Ⓑ $\frac{1}{3} \times \frac{4}{5} = \frac{4}{15}$

Ⓒ $\frac{1}{3} \times \frac{1}{5} = \frac{1}{15}$

Ⓓ $\frac{4}{9} \times \frac{4}{5} = \frac{16}{45}$

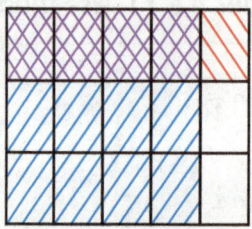

Nombre _____

Resuélvelo y coméntalo

En el lector de libros electrónicos de Daniel, $\frac{2}{3}$ de los libros son de ficción. De estos, $\frac{4}{5}$ son novelas de misterio. ¿Qué fracción de los libros electrónicos de Daniel son novelas de misterio? *Resuelve este problema de la manera que prefieras.*

Lección 8-5
Multiplicar dos fracciones

Puedo...
multiplicar dos fracciones.

También puedo representar con modelos matemáticos para resolver problemas.

Puedes representar con modelos matemáticos escribiendo una oración de multiplicación para representar el problema.

¡Vuelve atrás! **Razonar** ¿Qué fracción de los libros no son novelas de misterio? Explícalo.

Pregunta esencial: ¿Cómo se puede hallar el producto de dos fracciones?

A

Amelia toma fotos con su teléfono celular. De las fotos, $\frac{5}{6}$ son de animales. ¿Qué fracción de todas sus fotos son de perros?

$\frac{3}{4}$ de las fotos de animales son de perros.

Necesitas hallar $\frac{3}{4}$ de $\frac{5}{6}$ para responder la pregunta.

B **Paso 1**

Estima $\frac{3}{4} \times \frac{5}{6}$.

Dado que las dos fracciones son menores que 1, el producto será menor que 1.

C **Paso 2**

Multiplica los numeradores. Luego, multiplica los denominadores.

$\frac{3}{4} \times \frac{5}{6} = \frac{3 \times 5}{4 \times 6} = \frac{15}{24}$

Dado que $\frac{15}{24} < 1$, la respuesta es razonable.

Por tanto, $\frac{15}{24}$, o $\frac{5}{8}$ de todas las fotos de Amelia son de perros.

$\frac{15}{24}$ y $\frac{5}{8}$ son fracciones equivalentes.

¡Convénceme! **Representar con modelos matemáticos** $\frac{1}{10}$ de las fotos de animales del teléfono celular de Amelia son de gatos. Escribe y resuelve una ecuación para hallar qué fracción de todas sus fotos son de gatos.

Nombre _____

★Práctica guiada★

¿Lo entiendes?

1. **Razonar** ¿El producto de $\frac{3}{6} \times \frac{5}{4}$ es igual al producto de $\frac{3}{4} \times \frac{5}{6}$? Explica cómo lo sabes.

2. **Construir argumentos** ¿Por qué es distinto sumar $\frac{3}{9}$ y $\frac{6}{9}$ de multiplicar las dos fracciones? Explícalo.

¿Cómo hacerlo?

Halla los productos en los Ejercicios **3** a **10**.

3. $\frac{2}{3} \times \frac{1}{2}$

4. $\frac{5}{9}$ de $\frac{1}{9}$

5. $\frac{7}{10} \times \frac{3}{4}$

6. $\frac{1}{3} \times \frac{1}{4}$

7. $\frac{5}{6}$ de $\frac{3}{7}$

8. $\frac{3}{5} \times \frac{11}{12}$

9. $\frac{4}{10} \times \frac{2}{5}$

10. $\frac{3}{4} \times \frac{2}{9}$

★Práctica independiente★

Halla los productos en los Ejercicios **11** a **30**.

11. $\frac{9}{10} \times \frac{1}{2}$

12. $\frac{5}{6} \times \frac{1}{3}$

13. $\frac{4}{7}$ de $\frac{7}{9}$

14. $\frac{3}{4} \times \frac{4}{5}$

15. $\frac{2}{3} \times \frac{7}{8}$

16. $\frac{5}{6}$ de $\frac{11}{12}$

17. $\frac{1}{3}$ de $\frac{3}{4}$

18. $\frac{6}{7} \times \frac{3}{8}$

19. $\frac{2}{5}$ de $\frac{5}{12}$

20. $\frac{2}{3} \times \frac{4}{5}$

21. $\frac{1}{2} \times \frac{1}{2}$

22. $\frac{1}{2}$ de $\frac{8}{9}$

23. $\left(\frac{1}{6} + \frac{1}{6}\right) \times \frac{3}{4}$

24. $\left(\frac{3}{7} + \frac{2}{7}\right) \times \frac{2}{3}$

25. $\frac{1}{2} \times \left(\frac{1}{3} + \frac{1}{3}\right)$

26. $\left(\frac{9}{10} - \frac{3}{10}\right) \times \frac{1}{4}$

27. $\frac{2}{3} \times \left(\frac{3}{5} + \frac{1}{5}\right)$

28. $\left(\frac{8}{9} - \frac{1}{3}\right) \times \frac{3}{4}$

29. $\left(\frac{5}{12} + \frac{1}{6}\right) \times \frac{5}{6}$

30. $\frac{11}{12} \times \left(\frac{3}{4} - \frac{1}{2}\right)$

*Puedes encontrar otro ejemplo en el Grupo D, página 514.

Tema 8 | Lección 8-5   483

Resolución de problemas

31. Eduardo corre 6 vueltas alrededor de la pista de la Escuela Lincoln Park. Luego, corre $3\frac{1}{2}$ millas para ir a su casa. ¿Cuánto correrá en total? Muestra tu trabajo.

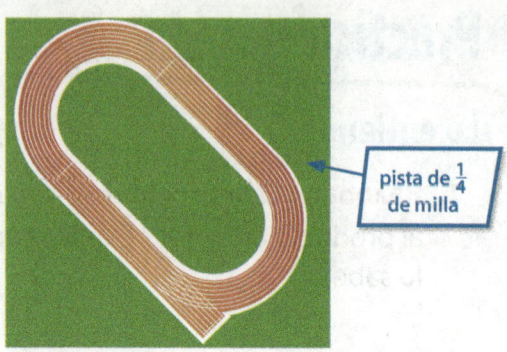

pista de $\frac{1}{4}$ de milla

32. Hacerlo con precisión Para enmendar la Constitución de los EE.UU., $\frac{3}{4}$ de los 50 estados deben aprobar la enmienda. Si 35 estados aprueban una enmienda, ¿se enmendará la Constitución?

33. Razonamiento de orden superior En la clase de la Sra. Barclay, $\frac{2}{5}$ de los estudiantes juegan ajedrez. De los estudiantes que juegan ajedrez, $\frac{5}{6}$ también juegan sudoku. Si hay 30 estudiantes en su clase, ¿cuántos juegan ajedrez y sudoku?

34. A la derecha se muestra un bloque de estampillas. Emma necesita comprar 50 estampillas para enviar invitaciones a su fiesta de graduación. ¿Serán suficientes 2 bloques de estampillas? ¿Cómo lo sabes?

✓ Evaluación

35. Marca todas las expresiones que tienen $\frac{3}{4}$ como producto.

☐ $\frac{1}{2} \times \frac{1}{2}$

☐ $\frac{9}{10} \times \frac{5}{6}$

☐ $\frac{7}{8} \times \frac{6}{7}$

☐ $\frac{3}{4} \times \frac{3}{4}$

☐ $\frac{1}{4} \times \frac{1}{2}$

36. Marca todas las oraciones de multiplicación en las que $\frac{1}{3}$ es la parte que falta.

☐ $\frac{4}{5} \times \frac{5}{12} = \square$

☐ $\frac{1}{4} \times \square = \frac{1}{6}$

☐ $\frac{7}{8} \times \square = \frac{7}{24}$

☐ $\frac{5}{6} \times \frac{2}{5} = \square$

☐ $\frac{1}{6} \times \frac{2}{3} = \square$

Nombre _____

Tarea y práctica 8-5
Multiplicar dos fracciones

¡Revisemos!

Halla $\frac{3}{4} \times \frac{2}{3}$.

Puedes multiplicar los numeradores y los denominadores para hallar el producto.

Paso 1

Multiplica los numeradores, y luego multiplica los denominadores.

$\frac{3 \times 2}{4 \times 3} = \frac{6}{12} = \frac{1}{2}$

Paso 2

Comprueba que la respuesta sea razonable.

Dado que $\frac{1}{2}$ es menos que 1, la respuesta es razonable.

Práctica al nivel Halla los productos en los Ejercicios **1** a **24**.

1. $\frac{7}{8} \times \frac{2}{3} = \frac{\square \times 2}{8 \times \square} = \frac{\square}{24} = \frac{\square}{\square}$

2. $\frac{3}{4} \times \frac{5}{9} = \frac{\square \times 5}{4 \times \square} = \frac{15}{\square} = \frac{\square}{\square}$

3. $\frac{4}{5} \times \frac{1}{8} = \frac{\square \times 1}{5 \times \square} = \frac{\square}{\square} = \frac{\square}{\square}$

4. $\frac{4}{7} \times \frac{1}{2} = \frac{\square \times \square}{\square \times \square} = \frac{\square}{\square}$

5. $\frac{3}{5} \times \frac{3}{7} = \frac{\square \times \square}{\square \times \square} = \frac{\square}{\square}$

6. $\frac{4}{9} \times \frac{2}{3} = \frac{\square \times \square}{\square \times \square} = \frac{\square}{\square}$

7. $\frac{11}{12} \times \frac{2}{5}$

8. $\frac{2}{3} \times \frac{4}{5}$

9. $\frac{1}{6} \times \frac{2}{3}$

10. $\frac{3}{4}$ de $\frac{1}{2}$

11. $\frac{6}{7} \times \frac{1}{5}$

12. $\frac{2}{3} \times \frac{5}{9}$

13. $\frac{1}{3}$ de $\frac{3}{10}$

14. $\frac{4}{5}$ de $\frac{5}{6}$

15. $\frac{3}{7} \times \frac{2}{7}$

16. $\frac{1}{2}$ de $\frac{2}{3}$

17. $\frac{4}{5} \times \frac{2}{3}$

18. $\frac{3}{10} \times \frac{3}{10}$

19. $\left(\frac{1}{2} + \frac{1}{3}\right) \times \frac{8}{9}$

20. $\left(\frac{2}{3} - \frac{1}{6}\right) \times \frac{11}{12}$

21. $\left(\frac{3}{5} + \frac{1}{4}\right) \times \frac{2}{3}$

22. $\frac{7}{8} \times \left(\frac{1}{3} + \frac{1}{3}\right)$

23. $\left(\frac{11}{12} - \frac{5}{6}\right) \times \frac{3}{4}$

24. $\frac{1}{3} \times \left(\frac{9}{10} - \frac{3}{5}\right)$

Recursos digitales en SavvasRealize.com Tema 8 | Lección 8-5 485

25. **Entender y perseverar** Una botella llena contiene $\frac{1}{4}$ de galón de jugo. Si se sirvieron $\frac{3}{5}$ del jugo, ¿cuánto jugo queda en la botella?

26. Natasha tiene 3 libras de manzanas y $2\frac{1}{2}$ libras de uvas. Si le entrega $\frac{1}{3}$ de sus manzanas a Silvia, ¿cuántas libras de manzanas le quedan?

27. Keyshia recorre en bicicleta el sendero para bicicletas Vista de la Bahía. Se le pinchó una llanta a los $\frac{2}{3}$ del sendero y tuvo que detenerse. ¿Qué distancia recorrió Keyshia?

Sendero para bicicletas Vista de la Bahía: $\frac{7}{8}$ de milla

28. De las aplicaciones que hay en la tableta digital de Juan, $\frac{3}{4}$ son de juegos, y $\frac{5}{7}$ de los juegos son de acción. ¿Qué fracción de las aplicaciones que hay en la tableta digital de Juan son de juegos de acción?

29. **Razonamiento de orden superior** En la clase de la Sra. Hu, $\frac{4}{5}$ de los estudiantes tienen un perro como mascota. De los estudiantes que tienen un perro, $\frac{2}{3}$ también tienen un gato. Si hay 45 estudiantes en su clase, ¿cuántos tienen tanto un perro como un gato como mascotas?

30. Patrick camina $\frac{9}{10}$ de milla hasta el gimnasio. ¿Cuánto caminó cuando recorrió $\frac{2}{3}$ de la distancia hasta el gimnasio?

31. **Construir argumentos** ¿Qué producto es mayor: $\frac{4}{7} \times \frac{1}{4}$ o $\frac{4}{7} \times \frac{1}{6}$? Explícalo.

Evaluación

32. Marca todas las oraciones de multiplicación en las que $\frac{5}{6}$ sea la parte que falta.

    ☐ $\square \times \frac{2}{3} = \frac{5}{9}$
    ☐ $\frac{2}{3} \times \square = \frac{7}{9}$
    ☐ $\frac{11}{12} \times \frac{10}{11} = \square$
    ☐ $\square \times \frac{1}{5} = \frac{1}{6}$
    ☐ $\frac{3}{4} \times \square = \frac{5}{8}$

33. Marca todas las expresiones que tienen $\frac{8}{15}$ como producto.

    ☐ $\frac{2}{3} \times \frac{4}{5}$
    ☐ $\frac{8}{9} \times \frac{3}{5}$
    ☐ $\frac{3}{15} \times \frac{5}{15}$
    ☐ $\frac{7}{10} \times \frac{1}{5}$
    ☐ $\frac{11}{15} \times \frac{8}{11}$

Nombre _____

Resuélvelo y coméntalo

Un cartel rectangular mide $\frac{1}{4}$ de yarda de ancho y $\frac{3}{4}$ de yarda de altura. ¿Cuál es su área? *Resuelve este problema de la manera que prefieras.*

Lección 8-6
Área de un rectángulo

Puedo...
hallar el área de un rectángulo.

También puedo escoger y usar una herramienta matemática para resolver problemas.

Puedes usar herramientas apropiadas, como papel cuadriculado, para resolver el problema.

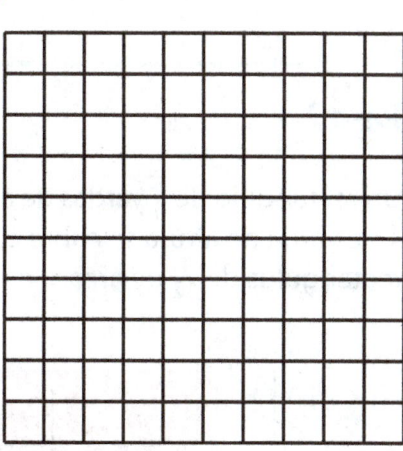

¡Vuelve atrás! **Razonar** ¿El área de un cartel que mide $\frac{3}{4}$ de yarda de ancho y $\frac{1}{4}$ de yarda de altura es igual al área del cartel del problema de arriba? Explícalo.

Pregunta esencial: ¿Cómo se puede hallar el área de un rectángulo con longitudes de los lados fraccionarias?

A

Jenny tiene un huerto rectangular. ¿Cuál es el área de su huerto?

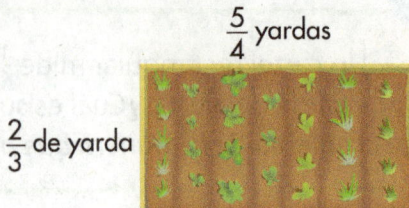

$\frac{5}{4}$ yardas

$\frac{2}{3}$ de yarda

El producto de dos fracciones se puede representar con un modelo de área.

B Paso 1

$\frac{1}{4} \times \frac{1}{3} = \frac{1}{12}$ porque 12 rectángulos que miden cada uno $\frac{1}{4}$ de ancho y $\frac{1}{3}$ de altura caben en una unidad cuadrada.

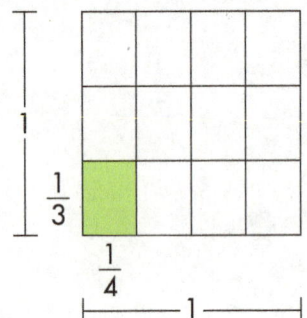

C Paso 2

Un rectángulo de $\frac{5}{4}$ yardas de ancho y $\frac{2}{3}$ de yarda de altura se cubre con 5×2 rectángulos de $\frac{1}{12}$ de área.

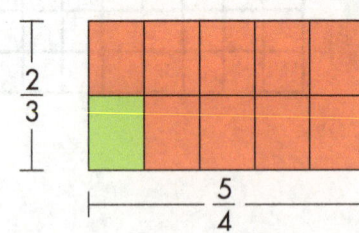

Por tanto, $\frac{5}{4} \times \frac{2}{3} = \frac{5 \times 2}{4 \times 3} = \frac{10}{12}$.

El área del huerto de Jenny mide $\frac{10}{12}$ de yarda cuadrada.

¡Convénceme! Razonar Mario tiene un huerto rectangular que mide $\frac{2}{3}$ de yarda de ancho y $\frac{7}{4}$ yardas de longitud. ¿Cuál es el área de su huerto? Haz un dibujo para mostrar tu trabajo.

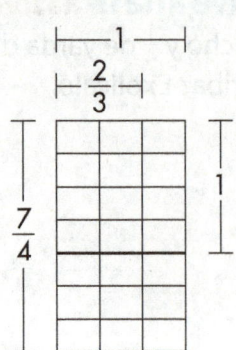

488 | Tema 8 | Lección 8-6

Nombre

Práctica guiada

¿Lo entiendes?

1. Si no recuerdas la fórmula para hallar el área de un rectángulo, ¿cómo puedes hallarla?

2. **Hacerlo con precisión** ¿Cómo puedes definir el área?

¿Cómo hacerlo?

3. Halla el área de un rectángulo con longitudes de lado de $\frac{2}{3}$ de pie y $\frac{1}{2}$ pie.

4. Halla el área de un cuadrado con longitud de lado de $\frac{5}{4}$ pulgadas.

Práctica independiente

Halla las áreas sombreadas en los Ejercicios 5 a 10.

5.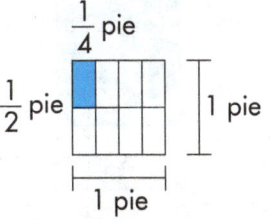

6.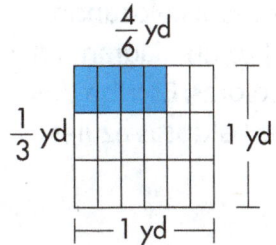

7.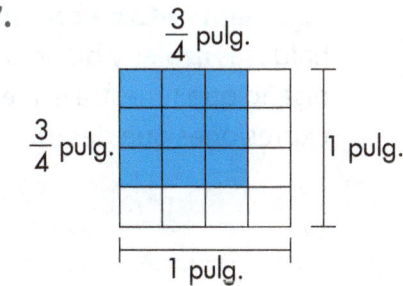

8.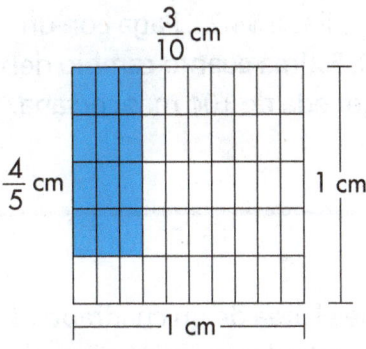

9.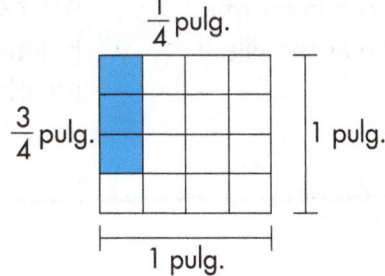

10.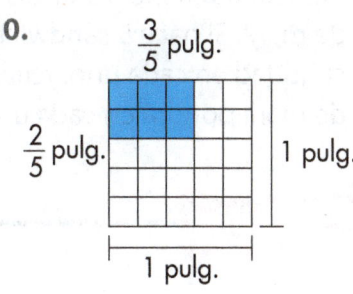

11. Halla el área de un rectángulo con longitudes de lado de $\frac{5}{3}$ pies y $\frac{3}{4}$ de pie.

12. Halla el área de un cuadrado con longitud de lado de $\frac{3}{8}$ de pulgada.

13. Halla el área de un rectángulo con longitudes de lado de $\frac{7}{2}$ centímetros y $\frac{5}{4}$ centímetros.

Resolución de problemas

14. Construir argumentos Roy y Tom resuelven un problema de multiplicación. Roy dice que $\frac{7}{4} \times \frac{3}{8} = \frac{21}{32}$. Tom dice que la respuesta correcta es $\frac{21}{8}$. ¿Quién tiene razón? Explica tu respuesta.

15. Emilio necesita saber qué área preparar para hacer un arenero cuadrado para su hijo. Cada lado del arenero mide $\frac{3}{4}$ de yarda. Halla el área que cubrirá el arenero.

16. Entender y perseverar Margaret compró un felpudo que mide $\frac{1}{2}$ yarda por $\frac{2}{3}$ de yarda para el umbral de su puerta trasera. Si el umbral mide $\frac{1}{4}$ de yarda cuadrada, ¿cabrá el felpudo? Explícalo.

17. Cada persona en una rueda de Chicago paga $6.50 por su boleto. Hay 72 pasajeros. ¿Cuánto dinero se recaudó de todos los pasajeros?

18. Razonamiento de orden superior Kim está colocando baldosas azules y blancas en su baño. Hizo un diagrama del diseño que muestra el área de los dos colores. Escribe dos expresiones que describan el área de las baldosas azules.

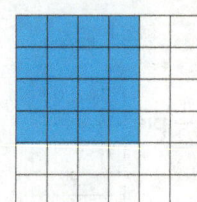

19. Wilhelmina tiene 8.3 onzas de mantequilla de maní. Si hace 5 sándwiches con la misma cantidad en cada uno, ¿cuánta mantequilla de maní pondrá en cada uno?

20. Irene compra una muñeca que habla a $10.66 y unas pilas a $4.22. Paga con un billete de $20. Estima cuánto cambio debe recibir, a la moneda de 10¢ más cercana.

✓ Evaluación

21. Juno calculó que el área de un cuadrado es $\frac{4}{9}$ de yarda cuadrada. ¿Qué opción muestra la longitud del lado del cuadrado?

Ⓐ $\frac{2}{9}$ de yarda
Ⓑ $\frac{4}{9}$ de yarda
Ⓒ $\frac{2}{3}$ de yarda
Ⓓ $\frac{8}{9}$ de yarda

22. Bo calculó que el área de un cuadrado es $\frac{25}{4}$ pulgadas cuadradas. ¿Qué opción muestra la longitud del lado del cuadrado?

Ⓐ $\frac{25}{2}$ pulgadas
Ⓑ $\frac{25}{8}$ pulgadas
Ⓒ $\frac{5}{2}$ pulgadas
Ⓓ $\frac{5}{4}$ pulgadas

Nombre _____

Tarea y práctica 8-6
Área de un rectángulo

¡Revisemos!

Sole quiere cubrir la parte de atrás de un marco para fotos con papel de colores. ¿Cuál es el área de la parte de atrás del marco?

Multiplica la longitud por el ancho para hallar el área de un rectángulo.

Multiplica para hallar el área de la parte de atrás del marco para fotos.

$A = \frac{3}{4} \times \frac{1}{2} = \frac{3}{8}$

El área de la parte de atrás del marco para fotos de Sole mide $\frac{3}{8}$ de pie cuadrado.

Halla las áreas sombreadas en los Ejercicios **1** a **5**.

1.
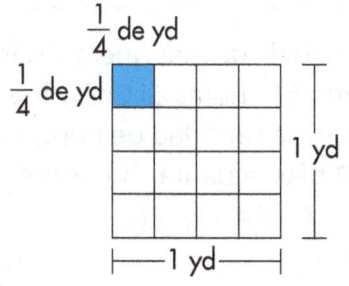

$\frac{1}{4} \times \frac{1}{4} = \frac{\square}{\square}$

2.
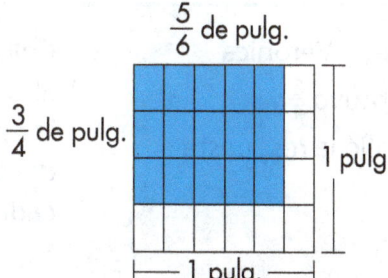

$\frac{\square}{\square} \times \frac{\square}{\square} = \frac{\square}{\square} = \frac{\square}{\square}$

3.
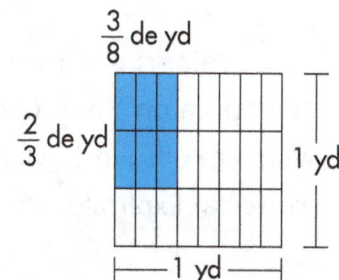

$\frac{\square}{\square} \times \frac{\square}{\square} = \frac{\square}{\square} = \frac{\square}{\square}$

4.
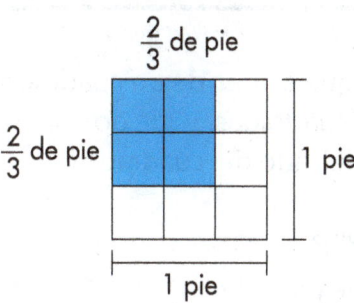

5.
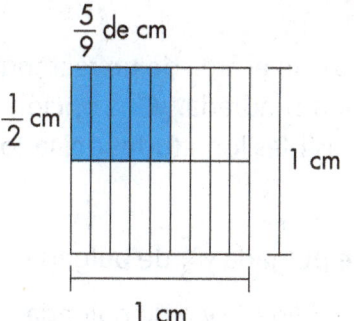

6. Halla el área de un cuadrado con longitud de lado de $\frac{3}{4}$ de yarda.

7. Halla el área de un rectángulo con longitudes de lado de $\frac{5}{4}$ pies y $\frac{5}{3}$ pies.

8. Halla el área de un cuadrado con longitud de lado de $\frac{7}{12}$ de pulgada.

9. **Entender y perseverar** Una caja mide $\frac{3}{4}$ de yarda de longitud y $\frac{2}{3}$ de yarda de ancho. De altura mide 2 pies. ¿Cuál es el área de la tapa de la caja?

10. Mike está preparando ensalada de macarrones. Para cada tazón de ensalada, necesita $\frac{1}{3}$ de taza de macarrones. ¿Cuántas tazas de macarrones usará si prepara 27 tazones?

11. **Razonamiento de orden superior** Dorothy está colocando baldosas moradas y blancas en su cocina. Hizo un diagrama de la distribución que muestra el área de los dos colores. Escribe dos expresiones que describan el área de las baldosas moradas.

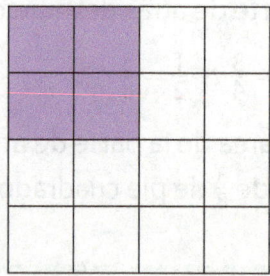

12. **Construir argumentos** Corey y Verónica multiplicaron $\frac{1}{2} \times \frac{5}{2}$. Corey obtuvo $\frac{6}{4}$ y Verónica obtuvo $\frac{5}{4}$. ¿Quién halló la respuesta correcta? Explícalo.

13. Colby va a la escuela de peluqueros. Hasta ahora, concurrió 612 horas. Si Colby fue a la escuela la misma cantidad de horas cada día durante 68 días, ¿cuántas horas fue cada día?

 Evaluación

14. Tomás calculó que el área de un rectángulo es $\frac{1}{6}$ de pulgada cuadrada. ¿Qué opción muestra las posibles longitudes del lado del rectángulo?

   Ⓐ $\frac{1}{4}$ de pulgada y $\frac{2}{3}$ de pulgada
   Ⓑ $\frac{1}{3}$ de pulgada y $\frac{1}{3}$ de pulgada
   Ⓒ $\frac{1}{6}$ de pulgada y $\frac{1}{6}$ de pulgada
   Ⓓ $\frac{1}{2}$ pulgada y $\frac{1}{12}$ de pulgada

15. Jackie halló que el área de un cuadrado es $\frac{25}{16}$ pulgadas cuadradas. ¿Qué opción muestra la longitud del lado del cuadrado?

   Ⓐ $\frac{5}{4}$ pies
   Ⓑ $\frac{5}{8}$ de pie
   Ⓒ $\frac{5}{16}$ de pie
   Ⓓ $\frac{25}{4}$ pies

Nombre _____

Lección 8-7
Multiplicar números mixtos

Resuélvelo y coméntalo Mira los ingredientes que se necesitan para preparar la receta especial de panqueques de Josie. ¿Cuánta mezcla para panqueques y cuánta leche necesitas si quieres duplicar la receta? ¿Y para triplicarla? *Resuelve este problema de la manera que prefieras.*

Puedo... multiplicar números mixtos.

También puedo hacer generalizaciones a partir de ejemplos.

Generalizar ¿Cómo puedes aplicar lo que sabes sobre multiplicar fracciones como ayuda para multiplicar números mixtos?

Receta de panqueques de Josie

$2\frac{1}{4}$ tazas de mezcla para panqueques

1 huevo

$1\frac{2}{3}$ tazas de leche

$\frac{3}{4}$ de cucharadita de vainilla

¡Vuelve atrás! **Representar con modelos matemáticos** ¿Qué oración numérica puedes escribir usando la suma repetida para mostrar cuánta mezcla para panqueques se necesita si se triplica la receta?

Tema 8 | Lección 8-7   493

Pregunta esencial: ¿Cómo se puede hallar el producto de números mixtos?

A

Una fábrica de ropa tiene máquinas que hacen chaquetas. Las máquinas funcionan $7\frac{1}{2}$ horas cada día. ¿Cuántas chaquetas puede hacer la máquina A en un día?

DATOS: Chaquetas por hora

Máquina A	Máquina B
$2\frac{3}{4}$	$3\frac{1}{3}$

$7\frac{1}{2}$ veces $2\frac{3}{4}$ es aproximadamente 8 veces 3. Por tanto, la respuesta debe ser aproximadamente 24.

B Una manera

Puedes usar un modelo de área para hallar los productos parciales. Luego, suma para hallar el producto final.

	7	$\frac{1}{2}$
2	$2 \times 7 = 14$	$2 \times \frac{1}{2} = 1$
$\frac{3}{4}$	$\frac{3}{4} \times 7 = \frac{21}{4} = 5\frac{1}{4}$	$\frac{3}{4} \times \frac{1}{2} = \frac{3}{8}$

$14 + 1 + 5\frac{1}{4} + \frac{3}{8} =$

$14 + 1 + 5\frac{2}{8} + \frac{3}{8} = 20\frac{5}{8}$

C Otra manera

También puedes usar una ecuación para hallar el producto. Expresa de otra manera los números mixtos y luego multiplica.

$$7\frac{1}{2} \times 2\frac{3}{4} = \frac{15}{2} \times \frac{11}{4}$$
$$= \frac{165}{8}$$
$$= 20\frac{5}{8}$$

La máquina A hace 20 chaquetas por día.

Dado que 20 está cerca de la estimación de 24, la respuesta es razonable.

¡Convénceme! Representar con modelos matemáticos ¿Cuántas chaquetas puede hacer la máquina B en un día? Escribe una ecuación para representar tu trabajo.

Nombre _____

Práctica guiada

¿Lo entiendes?

1. **Construir argumentos** Explica cómo multiplicarías $5 \times 2\frac{1}{2}$.

¿Cómo hacerlo?

Estima el producto en los Ejercicios **2** y **3**. Luego, completa la multiplicación.

2. $2\frac{3}{4} \times 8 = \frac{\square}{4} \times \frac{8}{1} = \square$

3. $4\frac{1}{2} \times 1\frac{1}{4} = \frac{\square}{2} \times \frac{\square}{4} = \square$

Práctica independiente

Estima los productos en los Ejercicios **4** a **9**. Luego, completa la multiplicación.

Compara tu producto con tu estimación para comprobar que sea razonable.

4. $3\frac{4}{5} \times 5 = \frac{\square}{5} \times \frac{5}{1} = \square$

5. $1\frac{3}{5} \times 2\frac{1}{4} = \frac{\square}{5} \times \frac{\square}{4} = \square$

6. $1\frac{1}{2} \times 3\frac{5}{6} = \frac{\square}{2} \times \frac{\square}{6} = \square$

7. $4\frac{2}{3} \times 4 = \frac{\square}{3} \times \frac{4}{1} = \square$

8. $3\frac{1}{7} \times 1\frac{1}{4} = \frac{\square}{7} \times \frac{\square}{4} = \square$

9. $1\frac{1}{3} \times 2\frac{1}{6} = \frac{\square}{3} \times \frac{\square}{6} = \square$

Estima los productos en los Ejercicios **10** a **20**. Luego, hállalos.

10. $2\frac{1}{6} \times 4\frac{1}{2}$

11. $\frac{3}{4} \times 8\frac{1}{2}$

12. $1\frac{1}{8} \times 3\frac{1}{3}$

13. $3\frac{1}{5} \times \frac{2}{3}$

14. $3\frac{1}{4} \times 6$

15. $5\frac{1}{3} \times 3$

16. $2\frac{3}{8} \times 4$

17. $4\frac{1}{8} \times 5\frac{1}{2}$

18. $\left(\frac{1}{6} + 2\frac{2}{3}\right) \times \left(1\frac{1}{4} - \frac{1}{2}\right)$

19. $\left(2\frac{4}{9} + \frac{1}{3}\right) \times \left(1\frac{1}{4} - \frac{1}{8}\right)$

20. $\left(1\frac{7}{8} + 2\frac{1}{2}\right) \times \left(1\frac{1}{5} - \frac{1}{10}\right)$

*Puedes encontrar otro ejemplo en el Grupo F, página 515.

Tema 8 | Lección 8-7

Resolución de problemas

Usa el diagrama de la derecha en los Ejercicios 21 a 23.

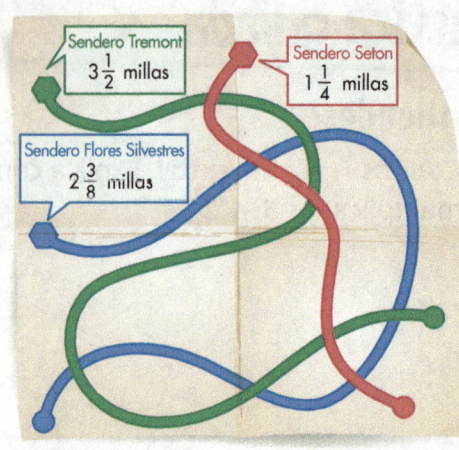

21. **Entender y perseverar** Bernie y Chloe recorrieron el sendero Tremont hasta el final y volvieron. Luego, recorrieron el sendero Flores Silvestres hasta el final antes de detenerse a almorzar. ¿Cuánto caminaron antes de almorzar?

22. **Razonamiento de orden superior** En un día, Ricardo recorrió $2\frac{2}{3}$ veces la distancia que recorrieron Bernie y Chloe antes de almorzar. ¿Qué distancia caminó?

23. La ciudad planea ampliar el sendero Flores Silvestres $2\frac{1}{2}$ veces su longitud actual en los próximos 5 años. ¿Cuánto medirá el sendero al cabo de 5 años?

24. **Razonar** ¿Cómo puedes usar la multiplicación para hallar $3\frac{3}{5} + 3\frac{3}{5} + 3\frac{3}{5}$?

25. El geco más pequeño del mundo mide $\frac{3}{4}$ de pulgada de longitud. Un geco macho adulto mide $7\frac{1}{3}$ veces esa longitud. ¿Cuánto mide un geco adulto?

26. El puente Akashi Kaikyo mide aproximadamente $1\frac{4}{9}$ veces la longitud del puente Golden Gate de San Francisco. El puente Golden Gate mide unos 9,000 pies de longitud. Aproximadamente ¿cuánto mide el puente Akashi Kaikyo?

27. Patty gastó 3.5 veces el dinero que gastó Sandy en su paseo de compras. Si Sandy gastó $20.50, ¿cuánto gastó Patty?

✓ Evaluación

28. Marca todas las opciones que sean verdaderas.
    - ☐ $4\frac{1}{12} \times 2\frac{3}{4} = 11\frac{11}{48}$
    - ☐ $5\frac{1}{2} \times 5 = 25\frac{1}{2}$
    - ☐ $1\frac{1}{2} \times 3\frac{1}{5} = 4\frac{1}{2}$
    - ☐ $\frac{3}{4} \times 8\frac{1}{5} = 6\frac{3}{20}$
    - ☐ $2\frac{1}{5} \times 6\frac{1}{4} = 13\frac{3}{4}$

29. Marca todas las opciones que sean verdaderas.
    - ☐ $15\frac{1}{4} = 5 \times 3\frac{1}{4}$
    - ☐ $4\frac{1}{3} = 4\frac{1}{3} \times 1$
    - ☐ $9\frac{3}{4} = 4\frac{1}{2} \times 2\frac{1}{6}$
    - ☐ $3\frac{1}{3} = 6\frac{2}{3} \times \frac{1}{2}$
    - ☐ $13\frac{3}{5} = 7\frac{1}{3} \times 2\frac{2}{5}$

Nombre _____

Tarea y práctica 8-7
Multiplicar números mixtos

¡Revisemos!

La ciudad de Millwood está construyendo una nueva carretera que la atraviesa. El equipo de construcción puede hacer $5\frac{3}{5}$ millas de carretera por mes. ¿Cuántas millas harán en $6\frac{1}{2}$ meses?

Paso 1

Redondea los números mixtos a números enteros para estimar el producto.

$5\frac{3}{5} \times 6\frac{1}{2}$
$6 \times 7 = 42$

Por tanto, harán aproximadamente 42 millas.

Paso 2

Expresa los números mixtos como fracciones.

$5\frac{3}{5} \times 6\frac{1}{2} = \frac{28}{5} \times \frac{13}{2}$

Paso 3

Multiplica los numeradores y los denominadores.

$\frac{28}{5} \times \frac{13}{2} = \frac{364}{10} = 36\frac{2}{5}$

El equipo de construcción hará $36\frac{2}{5}$ millas de carretera en $6\frac{1}{2}$ meses.

Paso 4

Comprueba que sea razonable.

Compara tu producto con tu estimación.

$36\frac{2}{5}$ está cerca de 42; por tanto, la respuesta es razonable.

Estima los productos en los Ejercicios **1** a **4**. Luego, completa la multiplicación.

1. $1\frac{1}{4} \times 2\frac{1}{4} = \frac{\square}{4} \times \frac{9}{\square} = \frac{5 \times \square}{\square \times 4} = \frac{45}{\square} = \square\frac{\square}{16}$

2. $3\frac{1}{2} \times 2\frac{2}{3} = \frac{7}{\square} \times \frac{\square}{3} = \frac{\square \times 8}{2 \times \square} = \frac{\square}{6} = \square\frac{1}{\square}$

3. $5\frac{1}{3} \times 2\frac{3}{4} = \frac{\square}{3} \times \frac{11}{\square} = \square$

4. $4\frac{1}{5} \times 2\frac{1}{4} = \frac{\square}{5} \times \frac{\square}{4} = \square$

Estima los productos en los Ejercicios **5** a **12**. Luego, hállalos.

5. $4 \times 6\frac{1}{4}$

6. $3\frac{2}{3} \times 2\frac{3}{4}$

7. $\frac{7}{8} \times 4\frac{1}{6}$

8. $1\frac{1}{2} \times 2\frac{3}{4}$

9. $8\frac{1}{10} \times \frac{2}{3}$

10. $4\frac{1}{12} \times 7$

11. $3\frac{4}{5} \times 7\frac{1}{2}$

12. $6\frac{2}{3} \times 4\frac{4}{5}$

13. ¿Cómo puedes hacer una estimación para hallar $9\frac{1}{2} + 9\frac{1}{2} + 9\frac{1}{2} + 9\frac{1}{2} + 9\frac{1}{2}$?

14. Un modelo de una casa se construye sobre una base que mide $7\frac{3}{4}$ pulgs. de ancho y $9\frac{1}{5}$ pulgs. de longitud. ¿Cuál es el área de la base del modelo de la casa?

15. **Álgebra** Escribe un número mixto para t de modo que $2\frac{3}{4} \times t$ sea mayor que $2\frac{3}{4}$.

16. **Vocabulario** Da un ejemplo de una fracción de referencia y un ejemplo de un número mixto.

17. **Entender y perseverar** León y Marisol recorrieron en bicicleta el Sendero Orillas del Arroyo hasta el final y volvieron. Luego, recorrieron en bicicleta el Sendero del Bosque del Valle hasta el final y volvieron antes de detenerse para comer. ¿Qué distancia recorrieron antes de comer?

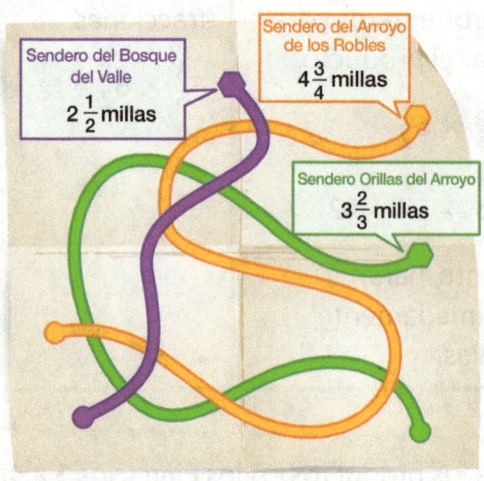

Sendero del Bosque del Valle — $2\frac{1}{2}$ millas
Sendero del Arroyo de los Robles — $4\frac{3}{4}$ millas
Sendero Orillas del Arroyo — $3\frac{2}{3}$ millas

18. El One World Trade Center en la Ciudad de Nueva York mide unas $3\frac{1}{5}$ veces la altura del Monumento a Washington, en Washington, D.C. El Monumento a Washington mide 555 pies de altura. Aproximadamente ¿qué altura tiene el One World Trade Center?

19. **Razonamiento de orden superior** Lucía camina unas $3\frac{4}{5}$ millas por hora. Aproximadamente ¿qué distancia caminará en 2 horas 45 minutos?

✓ Evaluación

20. Marca todas las opciones que sean verdaderas.
    - ☐ $\frac{1}{4} \times 1\frac{7}{8} = \frac{15}{32}$
    - ☐ $2\frac{1}{2} \times 2\frac{1}{2} = 5\frac{1}{2}$
    - ☐ $3\frac{1}{5} \times 2\frac{1}{4} = 6\frac{2}{5}$
    - ☐ $4\frac{1}{2} \times 1\frac{1}{3} = 6$
    - ☐ $5\frac{1}{4} \times \frac{1}{2} = 2\frac{5}{8}$

21. Marca todas las opciones que sean verdaderas.
    - ☐ $4\frac{1}{12} \times \frac{3}{4} = \frac{49}{16}$
    - ☐ $8\frac{5}{6} \times 2 = 17\frac{2}{3}$
    - ☐ $5\frac{1}{2} \times 5\frac{1}{2} = 30\frac{1}{4}$
    - ☐ $9\frac{1}{5} \times \frac{3}{5} = 9\frac{4}{5}$
    - ☐ $6\frac{3}{4} \times 3\frac{1}{4} = 19$

Nombre _____

Resuélvelo y coméntalo

Sin multiplicar, encierra en un círculo el problema de cada grupo que tenga el mayor producto y subraya el problema que tenga el menor producto. *Resuelve este problema de la manera que prefieras.*

Lección 8-8
Multiplicación como escala

Puedo...
usar la multiplicación para poner a escala o cambiar el tamaño de algo.

También puedo razonar sobre las matemáticas.

Grupo 1
a. $\frac{1}{2} \times 2$
b. $\frac{3}{3} \times 2$
c. $\frac{4}{4} \times \frac{5}{6}$

Grupo 2
a. $3\frac{3}{4} \times 2\frac{1}{2}$
b. $\frac{3}{4} \times 2\frac{1}{2}$
c. $\frac{4}{4} \times 2\frac{1}{2}$

Grupo 3
a. $\frac{3}{4} \times \frac{6}{6}$
b. $\frac{3}{4} \times 1\frac{5}{6}$
c. $\frac{4}{4} \times \frac{5}{6}$

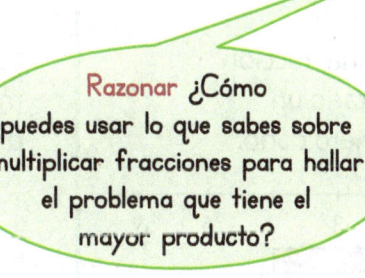

Razonar ¿Cómo puedes usar lo que sabes sobre multiplicar fracciones para hallar el problema que tiene el mayor producto?

¡Vuelve atrás! Razonar ¿En qué se parece $\frac{3}{3} \times 2$ a 1×2?

Pregunta esencial: ¿Cómo se puede usar el sentido numérico para evaluar el tamaño de un producto?

A

Sue tejió bufandas que miden 4 pies de longitud para ella y para sus amigos Joe y Alan. Después de un mes, compararon las longitudes de sus bufandas. Algunas se habían encogido y otras se habían estirado. La tabla muestra los resultados. ¿Cómo cambiaron las longitudes de las bufandas de Joe y Alan?

Piensa la multiplicación como poner en escala o cambiar de tamaño.

DATOS

Sue	4
Joe	$1\frac{1}{2} \times 4$
Alan	$\frac{3}{4} \times 4$

B Bufanda de Alan

La bufanda de Alan se encogió.

$$\frac{3}{4} \times 4 < 4$$

Multiplicar un número por una fracción menor que 1 da como resultado un producto menor que el número dado.

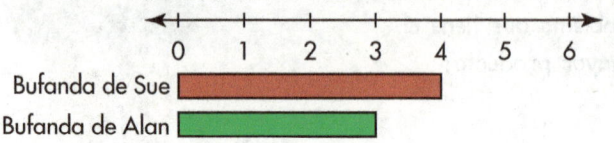

C Bufanda de Joe

La bufanda de Joe se estiró.

$$1\frac{1}{2} \times 4 > 4$$

Multiplicar un número por una fracción mayor que 1 da como resultado un producto mayor que el número inicial.

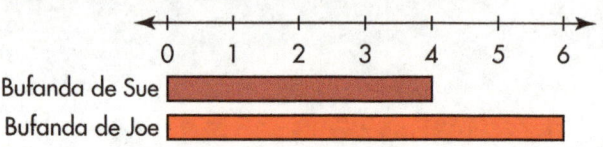

¡Convénceme! **Usar la estructura** Sue tejió una bufanda que también medía 4 pies de longitud para su amiga June. Después de un mes, la longitud de la bufanda de June se puede representar con la expresión $\frac{3}{3} \times 4$. ¿Cómo varió la longitud de la bufanda de June? Explícalo.

Nombre _____

★ Práctica guiada

¿Lo entiendes?

1. **Razonar** ¿Por qué multiplicar un número por $3\frac{1}{2}$ aumenta su valor?

2. ¿El factor de escala siempre debe ser el primer factor en una expresión?

¿Cómo hacerlo?

En los Ejercicios 3 a 5, sin multiplicar, decide qué símbolo corresponde colocar en el recuadro: <, > o =.

3. $3\frac{1}{2} \times 2\frac{2}{3}\ \square\ 2\frac{2}{3}$

4. $\frac{4}{5} \times 2\frac{2}{3}\ \square\ 2\frac{2}{3}$

5. $4\frac{3}{5} \times \frac{4}{4}\ \square\ 4\frac{3}{5}$

★ Práctica independiente

En los Ejercicios 6 a 17, sin multiplicar, decide qué símbolo corresponde colocar en el recuadro: <, > o =.

6. $2\frac{1}{2} \times 1\frac{2}{3}\ \square\ 1\frac{2}{3}$

7. $\frac{3}{5} \times 4\frac{4}{5}\ \square\ 4\frac{4}{5}$

8. $1\frac{2}{7} \times \frac{5}{5}\ \square\ 1\frac{2}{7}$

9. $\frac{1}{3} \times 2\frac{2}{5}\ \square\ 2\frac{2}{5}$

10. $3\frac{3}{5} \times \frac{2}{2}\ \square\ 3\frac{3}{5}$

11. $4\frac{1}{3} \times 2\frac{2}{7}\ \square\ 2\frac{2}{7}$

12. $2\frac{1}{5} \times \frac{1}{10}\ \square\ 2\frac{1}{5}$

13. $\frac{1}{2} \times 1\frac{2}{5}\ \square\ 1\frac{2}{5}$

14. $4\frac{3}{4} \times 3\frac{1}{4}\ \square\ 4\frac{3}{4}$

15. $1\frac{1}{12} \times 1\frac{3}{4}\ \square\ 1\frac{3}{4}$

16. $5\frac{1}{3} \times \frac{5}{6}\ \square\ 5\frac{1}{3}$

17. $\frac{5}{5} \times 4\frac{2}{3}\ \square\ 4\frac{2}{3}$

En los Ejercicios 18 y 19, sin multiplicar, ordena los siguientes productos de menor a mayor.

18. $2 \times \frac{3}{5}$ $2\frac{1}{4} \times \frac{3}{5}$ $\frac{3}{4} \times \frac{3}{5}$ $\frac{5}{5} \times \frac{3}{5}$

19. $\frac{1}{5} \times \frac{2}{3}$ $4\frac{1}{2} \times \frac{2}{3}$ $\frac{1}{3} \times \frac{2}{3}$ $4 \times \frac{2}{3}$

En los Ejercicios 20 y 21, sin multiplicar, ordena los siguientes productos de mayor a menor.

20. $3 \times \frac{3}{4}$ $\frac{2}{3} \times \frac{3}{4}$ $1\frac{1}{4} \times \frac{3}{4}$ $\frac{4}{4} \times \frac{3}{4}$

21. $\frac{3}{3} \times \frac{1}{3}$ $4 \times \frac{1}{3}$ $2\frac{2}{3} \times \frac{1}{3}$ $2\frac{1}{3} \times \frac{1}{3}$

*Puedes encontrar otro ejemplo en el Grupo G, página 516.

Resolución de problemas

22. ¿Quién corrió más al terminar la semana? ¿Cuánto más? Usa la siguiente tabla que muestra las distancias en millas.

DATOS	Lunes	Martes	Miércoles	Jueves	Viernes
Holly	$1\frac{1}{2}$	$\frac{1}{2}$	$2\frac{1}{4}$	$\frac{3}{4}$	$1\frac{1}{2}$
Yu	$1\frac{3}{4}$	$1\frac{1}{2}$	$2\frac{3}{4}$	$1\frac{1}{4}$	$\frac{1}{2}$

23. Razonar Ethan hizo una prueba con 15 preguntas. Si respondió $\frac{3}{5}$ de las preguntas correctamente, ¿cuántas respondió mal?

24. En un juego de estirar caramelo, George estiró el caramelo hasta 3 pies. José lo estiró $1\frac{1}{3}$ veces esa distancia. María lo estiró $\frac{2}{3}$ veces la distancia que lo estiró George. Sally lo estiró $\frac{6}{6}$ veces esa distancia. ¿Quién estiró más el caramelo? ¿Quién lo estiró menos?

25. Razonamiento de orden superior Sin multiplicar, decide qué símbolo corresponde colocar en el recuadro: $<$, $>$, o $=$. Explica cómo lo decidiste.

$4\frac{3}{4} \times 3\frac{1}{4}$ ☐ $4\frac{1}{2}$

26. Escribe dos números decimales cuyo producto esté cerca de 6.3.

__.__ × __.__ ≈ 6.3

≈ es un símbolo que significa *es aproximadamente igual a.*

✓ Evaluación

27. Escribe las expresiones en el espacio correcto para mostrar qué productos son menores que $4\frac{1}{2}$ y cuáles son mayores que $4\frac{1}{2}$.

Menor que $4\frac{1}{2}$	Mayor que $4\frac{1}{2}$

$4 \times 4\frac{1}{2}$ $1\frac{1}{12} \times 4\frac{1}{2}$ $4\frac{1}{2} \times \frac{3}{4}$ $\frac{4}{5} \times 4\frac{1}{2}$

28. Escribe las expresiones en el espacio correcto para mostrar qué productos son menores que $1\frac{3}{4}$ y cuáles son mayores que $1\frac{3}{4}$.

Menor que $1\frac{3}{4}$	Mayor que $1\frac{3}{4}$

$1\frac{3}{4} \times 1\frac{3}{4}$ $\frac{9}{10} \times 1\frac{3}{4}$ $1\frac{3}{4} \times \frac{1}{2}$ $5\frac{1}{6} \times 1\frac{3}{4}$

Nombre _____

Tarea y práctica 8-8
Multiplicación como escala

¡Revisemos!
Theodore y Pam estiran plastilina para una actividad en la clase de artes. Theodore estiró su plastilina hasta que alcanzó 5 pulgadas de longitud. Pam estiró la suya $\frac{2}{3}$ esa cantidad. ¿Pam estiró su plastilina más, menos o lo mismo que Theodore?

Paso 1
Usa una recta numérica para hallar cuánto estiró Pam su plastilina. Las flechas muestran $5 \times \frac{2}{3}$.

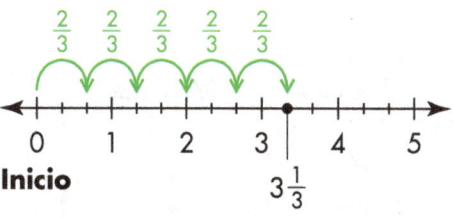
Inicio $3\frac{1}{3}$

Paso 2
Usa una recta numérica para comparar las longitudes de las plastilinas.

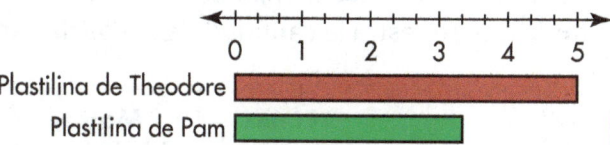

Pam estiró su plastilina menos que Theodore.

En los Ejercicios **1** y **2**, decide qué símbolo corresponde colocar en el recuadro: $<, >$ o $=$. Usa la recta numérica como ayuda para hallar la respuesta.

1. $5 \times \frac{3}{4} \square 5$

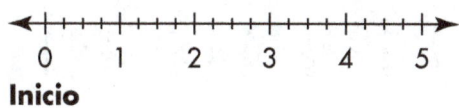
Inicio

2. $1\frac{1}{2} \times 3 \square 3$

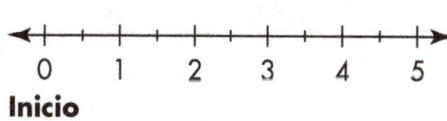
Inicio

En los Ejercicios **3** a **8**, sin multiplicar, decide qué símbolo corresponde colocar en el recuadro: $<, >$ o $=$.

3. $5\frac{1}{3} \times 2\frac{3}{4} \square 5\frac{1}{3}$

4. $10\frac{3}{4} \times \frac{2}{2} \square 10\frac{3}{4}$

5. $\frac{1}{12} \times 1\frac{6}{7} \square 1\frac{6}{7}$

6. $5\frac{1}{5} \times 5\frac{1}{10} \square 5\frac{1}{10}$

7. $\frac{1}{4} \times 4\frac{1}{2} \square 4\frac{1}{2}$

8. $3\frac{9}{10} \times 1\frac{2}{3} \square 1\frac{2}{3}$

Sin multiplicar, ordena los siguientes productos de menor a mayor en los Ejercicios **9** y **10**.

9. $\frac{5}{6} \times 1\frac{8}{9}$ $\frac{5}{6} \times \frac{1}{4}$ $\frac{5}{6} \times 10\frac{1}{12}$ $\frac{5}{6} \times \frac{6}{6}$

10. $\frac{1}{12} \times \frac{1}{4}$ $3\frac{1}{4} \times \frac{1}{4}$ $4\frac{1}{3} \times \frac{1}{4}$ $\frac{1}{10} \times \frac{1}{4}$

Tema 8 | Lección 8-8   503

11. **Razonamiento de orden superior** Sin multiplicar, decide qué símbolo corresponde colocar en el recuadro: <, > o =. Explica cómo lo decidiste.

    $2\frac{1}{3} \times \frac{1}{8}$ ☐ $2\frac{1}{2}$

12. Erin prepara ensalada de frutas. Para cada tazón de ensalada de frutas, necesita $\frac{2}{3}$ de taza de fresas. ¿Cuántas tazas de fresas usará si prepara 18 tazones?

13. ¿Quién estudió más tiempo al terminar la semana? Usa la siguiente tabla que muestra la cantidad de horas de estudio.

DATOS	Lunes	Martes	Miércoles	Jueves	Viernes
Mark	$2\frac{1}{6}$	$1\frac{5}{6}$	$3\frac{3}{4}$	$2\frac{1}{8}$	$\frac{5}{6}$
Diana	$2\frac{1}{2}$	$\frac{5}{6}$	$3\frac{2}{3}$	$3\frac{2}{3}$	$\frac{3}{4}$

14. Forma dos números decimales cuya respuesta esté cerca del producto dado.

    __.__ × __.__ = 5.5

15. **Razonar** Ordena los siguientes productos de mayor a menor sin multiplicar.

    $3\frac{1}{8} \times \frac{1}{8}$ $\frac{2}{3} \times 3\frac{1}{8}$ $3\frac{1}{8} \times 3\frac{1}{8}$ $3\frac{1}{8} \times \frac{4}{4}$

✓ **Evaluación**

16. Escribe las expresiones en el espacio correcto para mostrar qué productos son menores que $\frac{2}{3}$ y cuáles son mayores que $\frac{2}{3}$.

Menor que $\frac{2}{3}$	Mayor que $\frac{2}{3}$

$\frac{2}{3} \times 1\frac{1}{2}$ $\frac{2}{3} \times \frac{2}{3}$ $\frac{2}{3} \times \frac{1}{2}$ $2\frac{2}{3} \times \frac{2}{3}$

17. Escribe las expresiones en el espacio correcto para mostrar qué productos son menores que $10\frac{1}{2}$ y cuáles son mayores que $10\frac{1}{2}$.

Menor que $10\frac{1}{2}$	Mayor que $10\frac{1}{2}$

$1\frac{1}{12} \times 10\frac{1}{2}$ $\frac{1}{12} \times 10\frac{1}{2}$ $10\frac{1}{3} \times 10\frac{1}{2}$
$1\frac{1}{9} \times 10\frac{1}{2}$

Nombre _____

Resuélvelo y coméntalo Se construyó un parque rectangular para perros con las dimensiones que se muestran. El vallado que rodea completamente el parque cuesta $12 la yarda. Cada yarda cuadrada de pasto, que cubre la totalidad del parque, cuesta $8. ¿Cuál fue el costo total del vallado y el pasto? *Resuelve este problema de la manera que prefieras.*

Resolución de problemas

Lección 8-9
Entender y perseverar

Puedo...
entender los problemas y continuar trabajando si no puedo seguir adelante.

También puedo multiplicar fracciones y números enteros.

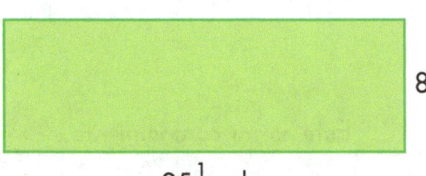

$8\frac{1}{4}$ yd

$25\frac{1}{2}$ yd

Hábitos de razonamiento

¡Razona correctamente! Estas preguntas te pueden ayudar.

- ¿Qué necesito hallar?
- ¿Qué sé?
- ¿Cuál es mi plan para resolver el problema?
- ¿Qué más puedo intentar si no puedo seguir adelante?
- ¿Cómo puedo comprobar si mi solución tiene sentido?

¡Vuelve atrás! **Entender y perseverar** Antes de resolver el problema, ¿cómo sabes que el área del parque para perros debe ser mayor que 200 yardas cuadradas?

A

Pregunta esencial ¿Cómo se pueden entender los problemas y perseverar para resolverlos?

Gwen planea colocar baldosas en todo el piso de la sala y la cocina. Las baldosas cuestan $12 el pie cuadrado. ¿Cuál es el costo total de colocar baldosas en la sala y la cocina?

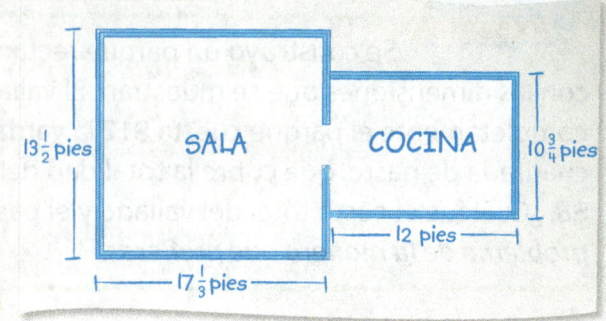

Puedes **entender** el problema respondiendo estas preguntas. ¿Qué sabes? ¿Qué tienes que hallar?

Este es mi razonamiento...

B ¿Cómo puedo **entender y resolver el problema**?

Puedo
- identificar las cantidades dadas.
- entender cómo se relacionan las cantidades.
- escoger e implementar una estrategia adecuada.
- comprobar para estar seguro de que mi trabajo y mi respuesta tienen sentido.

C Halla el área de la sala.

$A = 17\frac{1}{3} \times 13\frac{1}{2} = \frac{52 \times 27}{3 \times 2} = \frac{1,404}{6} = 234$

El área de la sala es 234 pies cuadrados.

Halla el área de la cocina.

$A = 12 \times 10\frac{3}{4} = \frac{12 \times 43}{1 \times 4} = \frac{516}{4} = 129$

El área de la cocina es 129 pies cuadrados.

Suma para calcular el área total. 234 + 129 = 363

Calcula el costo total. 363 × 12 = 4,356

El costo total es $4,356.

¡Convénceme! **Entender y perseverar** ¿Cuánto más cuesta colocar baldosas en el piso de la sala que en el de la cocina? Muestra tu trabajo.

506 Tema 8 | Lección 8-9

Nombre _____

Entender y perseverar

Un sitio Web tiene una competencia diaria sobre cultura general. Los lunes, miércoles y viernes, tienes $1\frac{1}{2}$ horas para responder. Los martes y jueves, tienes $1\frac{1}{4}$ horas. Los sábados y domingos, tienes solo $\frac{3}{4}$ de hora. ¿Cuántas horas por semana tienes para responder?

Recuerda que debes comparar tu respuesta con tu estimación.

1. Estima el total de horas por semana que tienes para responder. Escribe una ecuación para mostrar tu trabajo.

2. Escribe una ecuación en la que uses la multiplicación y una variable para representar el problema. Luego, resuelve la ecuación y responde la pregunta.

Práctica independiente

Entender y perseverar

Isabel compra un marco para colocar alrededor del perímetro de una de sus pinturas. Cada pulgada de marco cuesta $0.40. ¿Cuál es el costo total del marco para la pintura?

3. ¿Cuál es el primer paso que debes resolver? ¿Cuál es la respuesta al primer paso? Escribe una ecuación para mostrar tu trabajo.

$6\frac{1}{4}$ pulgs.

$10\frac{1}{4}$ pulgs.

4. ¿Cuál es el paso que sigue para resolver el problema? ¿Cuál es la respuesta al problema? Escribe una ecuación para mostrar tu trabajo.

5. ¿Cómo puedes comprobar que tu respuesta tiene sentido?

*Puedes encontrar otro ejemplo en el Grupo H, página 516. Tema 8 | Lección 8-9

Resolución de problemas

✓ Evaluación del rendimiento

Senderos para caminatas
La familia Fariña pasó una semana en el parque estatal. Christine recorrió el sendero Siempre Verde dos veces y el sendero Río Amarillo una vez. Brian recorrió los tres senderos más largos una vez. ¿Cuántas millas más que Christine caminó Brian?

Nombre del sendero	Longitud (millas)
Siempre Verde	$4\frac{3}{4}$
Cima de la Montaña	6
Río de las Truchas	$2\frac{1}{2}$
Río Amarillo	$5\frac{1}{4}$

6. **Entender y perseverar** ¿Qué sabes? ¿Qué tienes que hallar? ¿Qué información no necesitas?

7. **Entender y perseverar** ¿Qué información necesitas hallar antes de poder responder la pregunta final?

Lee el problema con atención para poder identificar lo que sabes y lo que tienes que hallar.

8. **Representar con modelos matemáticos** Escribe ecuaciones para representar la información del Ejercicio 7.

9. **Entender y perseverar** Resuelve el problema.

10. **Construir argumentos** Explica por qué tu respuesta tiene sentido.

508 Tema 8 | Lección 8-9

Nombre _____

Tarea y práctica 8-9
Entender y perseverar

¡Revisemos!
El último fin de semana, Troy pasó $\frac{3}{4}$ de hora resolviendo problemas de matemáticas. Dedicó tres veces ese tiempo a finalizar su proyecto de ciencias. Luego, pasó $1\frac{1}{4}$ horas escribiendo un ensayo. ¿Cuánto tiempo dedicó Troy a estas tareas?

> Entiende el problema y luego planea cómo resolverlo.

Indica cómo puedes entender el problema.

Sé que Troy dedicó $\frac{3}{4}$ de hora a resolver problemas de matemáticas y tres veces ese tiempo a su proyecto de ciencias.

Dedicó $1\frac{1}{4}$ horas a escribir un ensayo.

Indica cómo puedes perseverar para resolver el problema.

Tengo que determinar cuánto tiempo dedicó Troy a estas tareas.

Primero, tienes que hallar la cantidad de tiempo que Troy dedicó a su proyecto de ciencias.

$3 \times \frac{3}{4} = \frac{3}{1} \times \frac{3}{4} = \frac{9}{4} = 2\frac{1}{4}$ horas

Luego, suma para calcular el tiempo total.

$\frac{3}{4} + 2\frac{1}{4} + 1\frac{1}{4} = 4\frac{1}{4}$ horas

Troy dedicó $4\frac{1}{4}$ horas a estas tareas.

Entender y perseverar
El huerto rectangular de Débora mide $9\frac{1}{3}$ yardas por 12 yardas. Una botella de fertilizante cuesta $14.79. Si Débora necesita mezclar $\frac{1}{8}$ de taza de fertilizante con agua por cada yarda cuadrada de su huerto, ¿cuántas tazas de fertilizante necesita?

1. ¿Cómo puedes entender el problema?

> Recuerda que debes comprobar si tu trabajo tiene sentido.

2. ¿Hay información que no se necesite para resolver el problema?

3. ¿Cómo puedes perseverar para resolver este problema? ¿Cuál es la respuesta?

Tema 8 | Lección 8-9   509

Evaluación del rendimiento

Disfraces para niños

La Sra. Lin está cosiendo disfraces para sus nietos. Está haciendo tres disfraces de león, uno de cebra y dos de oso. La tela cuesta $7.49 la yarda. ¿Cuánta tela necesita la Sra. Lin?

DATOS

Disfraces para niños	
Disfraz	Tela (yardas)
Oso	$2\frac{1}{4}$
León	$1\frac{2}{3}$
Cebra	$2\frac{5}{8}$

4. **Entender y perseverar** ¿Qué sabes? ¿Qué tienes que hallar? ¿Hay información que no necesitas?

5. **Entender y perseverar** ¿Qué debes hallar antes de poder responder la pregunta final?

6. **Representar con modelos matemáticos** Escribe ecuaciones para representar la información que describiste en el Ejercicio 5.

7. **Entender y perseverar** Resuelve el problema.

8. **Construir argumentos** Explica por qué tu respuesta tiene sentido.

Recuerda que las personas que son buenas para resolver problemas se preguntan todo el tiempo si su trabajo tiene sentido.

510 Tema 8 | Lección 8-9

Nombre _____

 **Actividad de práctica de fluidez**

 Trabaja con un compañero. Necesitan papel y lápiz. Cada uno escoge un color diferente: celeste o azul.

El Compañero 1 y el Compañero 2 apuntan a uno de los números negros al mismo tiempo. Ambos hallan el producto de los dos números.

El compañero que escogió el color donde está ese producto, anota una marca de conteo. Sigan la actividad hasta que uno de los compañeros tenga siete marcas de conteo.

Puedo...
multiplicar números enteros de varios dígitos.

Compañero 1

| 11 |
| 93 |
| 26 |
| 82 |
| 200 |

16,016	2,600	16,275	2,343
42,600	1,925	8,200	4,550
50,512	42,036	9,300	17,466
37,064	5,538	14,350	19,809
35,000	90,400	11,752	20,000
4,972	123,200	57,288	6,776

Compañero 2

| 100 |
| 175 |
| 213 |
| 452 |
| 616 |

Marcas de conteo del Compañero 1

Marcas de conteo del Compañero 2

Tema 8 | Actividad de práctica de fluidez 511

TEMA 8 — Repaso del vocabulario

Lista de palabras
- fracciones de referencia
- modelo de área
- número mixto
- propiedad asociativa de la multiplicación
- propiedad conmutativa de la multiplicación
- redondear

Comprender el vocabulario

Escoge el mejor término del recuadro. Escríbelo en el espacio en blanco.

1. Para estimar el producto de dos números mixtos se deben _____ los factores al número entero más cercano.

2. Usar _____ puede ayudar a estimar cálculos de manera más fácil.

3. El producto de dos fracciones se puede representar con un _____.

4. Otra manera de escribir la fracción $\frac{19}{5}$ es como un _____, $3\frac{4}{5}$.

Verdadero o falso

Estima los productos para decidir si la comparación es verdadera o falsa. Escribe V si la desigualdad es verdadera o F si es falsa.

_____ 5. $6\frac{3}{5} \times 5\frac{7}{8} < 42$

_____ 6. $8\frac{2}{9} \times 9\frac{1}{4} > 90$

_____ 7. $\frac{2}{7} \times \frac{5}{8} < 1$

_____ 8. $5\frac{1}{10} \times 3 > 15$

Usar el vocabulario al escribir

9. Supón que sabes la respuesta de $\frac{4}{5} \times \left(20 \times 1\frac{7}{8}\right)$. Explica de qué manera las propiedades conmutativa y asociativa de la multiplicación pueden hacer que los cálculos sean más fáciles. Luego, halla la respuesta.

Nombre _____

Grupo A páginas 457 a 462

Halla $4 \times \frac{2}{3}$ usando la recta numérica.

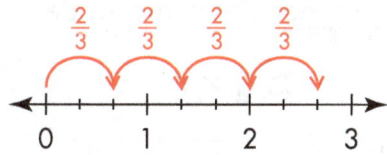

Cada salto es de $\frac{2}{3}$.

$1 \times \frac{2}{3} = \frac{2}{3}$

$2 \times \frac{2}{3} = \frac{4}{3} = 1\frac{1}{3}$

$3 \times \frac{2}{3} = \frac{6}{3} = 2$

$4 \times \frac{2}{3} = \frac{8}{3} = 2\frac{2}{3}$

Por tanto, $4 \times \frac{2}{3} = 2\frac{2}{3}$.

Esto tiene sentido porque $\frac{2}{3}$ es menos que 1; por tanto, $4 \times \frac{2}{3}$ debe ser menos que 4.

Recuerda que debes multiplicar el numerador de la fracción por el número entero.

Refuerzo

Halla los productos. Usa rectas numéricas, tiras de fracciones o dibujos como ayuda.

1. $4 \times \frac{3}{4}$
2. $7 \times \frac{1}{4}$
3. $8 \times \frac{5}{6}$
4. $10 \times \frac{1}{2}$
5. $9 \times \frac{1}{3}$
6. $9 \times \frac{2}{3}$
7. $3 \times \frac{7}{8}$
8. $7 \times \frac{3}{8}$
9. $5 \times \frac{5}{6}$
10. $12 \times \frac{2}{3}$
11. $15 \times \frac{4}{5}$
12. $2 \times \frac{9}{10}$

Grupo B páginas 463 a 468, 469 a 474

El reloj de Mary lleva $\frac{3}{4}$ de las pilas del paquete. ¿Cuántas pilas necesita el reloj?

8 pilas en cada paquete

Halla $\frac{3}{4}$ de 8.

$\frac{1}{4}$ de 8 es 2.

$\frac{3}{4}$ es tres veces $\frac{1}{4}$.

Por tanto, $\frac{3}{4}$ de 8 es tres veces 2.

$\frac{3}{4}$ de 8 es 6.

El reloj de Mary necesita 6 pilas.

Recuerda que la palabra *de* suele significar que debes multiplicar.

Halla los productos.

1. $4 \times \frac{1}{2}$
2. $\frac{3}{4}$ de 16
3. $24 \times \frac{1}{8}$
4. $\frac{4}{7}$ de 28
5. $\frac{4}{5} \times 37$
6. $\frac{7}{8} \times 219$

7. Marcos pesa 80 libras. Sus huesos representan aproximadamente $\frac{1}{5}$ de su peso. ¿Cuánto pesan sus huesos?

8. Mónica compró 12 galones de pintura. Usó $\frac{2}{3}$ de la pintura para pintar su casa. ¿Cuántos galones usó?

9. Un entrenador de futbol da a cada jugador $\frac{1}{2}$ litro de agua en el medio tiempo. Si hay 11 jugadores, ¿cuántos litros necesita?

Tema 8 | Refuerzo   513

Grupo C — páginas 475 a 480

Halla $\frac{2}{3} \times \frac{5}{6}$.

Un dibujo puede representar la multiplicación de fracciones. Comienza con un rectángulo que tenga 3 filas y 6 columnas. Hay 18 secciones en total.

Para $\frac{2}{3}$, sombrea 2 filas.

Para $\frac{5}{6}$, sombrea 5 columnas.

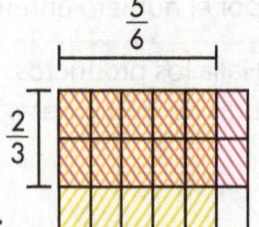

Cuenta las secciones de la parte superpuesta.

10 de los 18 cuadrados están en el área superpuesta.

Por tanto, $\frac{5}{6} \times \frac{2}{3} = \frac{10}{18}$, o $\frac{5}{9}$.

Recuerda que debes usar los denominadores para hacer la cuadrícula.

Halla los productos. Usa modelos como ayuda.

1. $\frac{2}{3} \times \frac{3}{8}$ 2. $\frac{1}{4} \times \frac{3}{5}$

 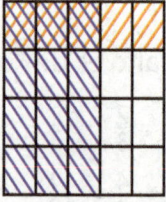

3. $\frac{1}{6} \times \frac{1}{8}$ 4. $\frac{4}{7} \times \frac{4}{7}$

Grupo D — páginas 481 a 486

Halla $\frac{4}{5} \times \frac{3}{4}$.

Multiplica los numeradores para hallar el numerador del producto. Multiplica los denominadores para hallar el denominador del producto.

$\frac{4}{5} \times \frac{3}{4} = \frac{4 \times 3}{5 \times 4} = \frac{12}{20}$, o $\frac{3}{5}$

Recuerda que debes multiplicar los numeradores entre sí y los denominadores entre sí.

1. $\frac{6}{7} \times \frac{1}{2}$ 2. $\frac{3}{8} \times \frac{8}{3}$

3. $\frac{2}{3} \times \frac{1}{3}$ 4. $\frac{7}{8} \times \frac{3}{2}$

Grupo E — páginas 487 a 492

Halla el área de un rectángulo de $\frac{3}{2}$ de longitud y $\frac{1}{3}$ de ancho.

Dado que 2×3 rectángulos de $\frac{1}{2}$ de longitud y $\frac{1}{3}$ de ancho caben en una unidad cuadrada, $\frac{1}{2} \times \frac{1}{3} = \frac{1}{2 \times 3}$.

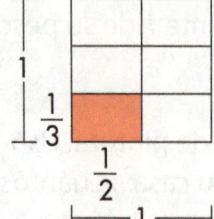 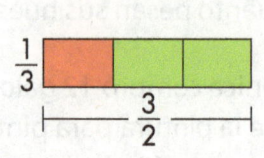

El rectángulo de longitud $\frac{3}{2}$ y ancho $\frac{1}{3}$ se cubre con 3 rectángulos de área $\frac{1}{2 \times 3}$.

Por tanto, el área del rectángulo es $\frac{3}{6}$, o $\frac{1}{2}$ unidad cuadrada.

Recuerda que una unidad cuadrada se puede usar para hallar áreas de rectángulos.

Halla el área de un rectángulo con las dimensiones dadas.

1. Longitud: $\frac{8}{5}$ unidades

   Ancho: $\frac{3}{4}$ de unidad

2. Longitud: $\frac{4}{3}$ unidades

   Ancho: $\frac{7}{10}$ de unidad

3. Gabriel tiene una lona cuadrada que mide $\frac{5}{4}$ pies de cada lado. ¿Cuál es el área de la lona de Gabriel?

Nombre _____

Grupo F páginas 493 a 498

Halla $3\frac{1}{2} \times 2\frac{7}{8}$.

Haz una estimación: $3\frac{1}{2} \times 2\frac{7}{8}$ es aproximadamente $4 \times 3 = 12$.

Expresa las fracciones de otra manera, luego multiplica.

$\frac{7}{2} \times \frac{23}{8} = \frac{161}{16} = 10\frac{1}{16}$

El producto $10\frac{1}{16}$ está cerca de la estimación, 12.

Un modelo de área también puede representar el producto de números mixtos.

Un campo de cultivo rectangular mide $4\frac{2}{3}$ millas por $2\frac{3}{4}$ millas. Calcula $4\frac{2}{3} \times 2\frac{3}{4}$ para hallar el área.

Haz una estimación: $4\frac{2}{3} \times 2\frac{3}{4}$ es aproximadamente $5 \times 3 = 15$.

Usa un modelo de área para hallar los productos parciales.

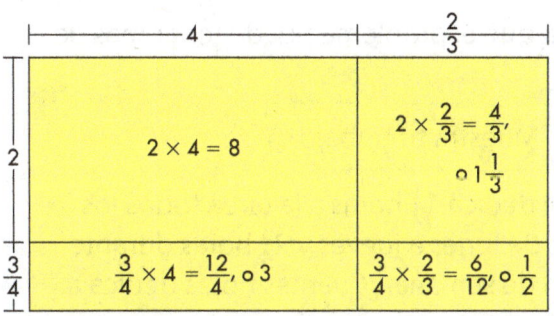

Suma los productos parciales.

$8 + 1\frac{1}{3} + 3 + \frac{1}{2} =$

$8 + 1\frac{2}{6} + 3 + \frac{3}{6} =$

$8 + 3 + 1\frac{2}{6} + \frac{3}{6} = 12\frac{5}{6}$

Por tanto, $4\frac{2}{3} \times 2\frac{3}{4} = 12\frac{5}{6}$.

El área del campo es $12\frac{5}{6}$ millas cuadradas. El producto está cerca de la estimación de 15; por tanto, la respuesta es razonable.

TEMA 8

Refuerzo Continuación

Recuerda que debes comparar tu respuesta con tu estimación.

Haz una estimación y luego halla el producto.

1. $2\frac{1}{3} \times 4\frac{1}{5}$
2. $4\frac{1}{2} \times 6\frac{2}{3}$
3. $3\frac{3}{5} \times 2\frac{5}{7}$
4. $14\frac{2}{7} \times 4\frac{3}{10}$

Usa la cuadrícula. Escribe los rótulos que faltan y halla el producto.

5. $6\frac{2}{3} \times 3\frac{3}{5}$

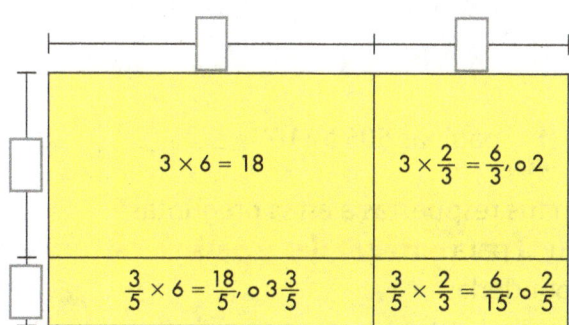

6. $2\frac{5}{12} \times 3\frac{1}{3}$

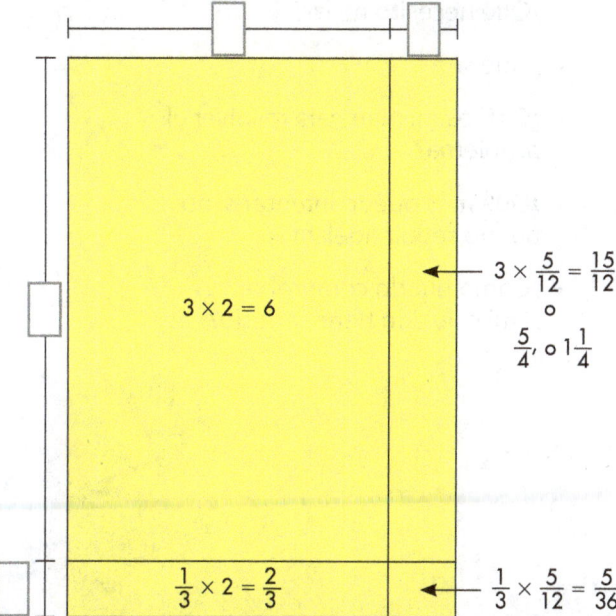

Tema 8 | **Refuerzo** 515

Grupo G — páginas 499 a 504

La multiplicación se puede pensar como poner a escala, o cambiar el tamaño, de una fracción.

¿El producto de $4\frac{1}{2} \times \frac{3}{4}$ será mayor o menor que $4\frac{1}{2}$? ¿Cómo lo sabes sin multiplicar?

Dado que $\frac{3}{4} < 1$, $4\frac{1}{2} \times \frac{3}{4} < 4\frac{1}{2} \times 1$.

Por tanto, $4\frac{1}{2} \times \frac{3}{4}$ será menor que $4\frac{1}{2}$.

¿El producto de $4\frac{1}{2} \times 2\frac{1}{3}$ será mayor o menor que $4\frac{1}{2}$? ¿Cómo lo sabes sin multiplicar?

Dado que $2\frac{1}{3} > 1$, $4\frac{1}{2} \times 2\frac{1}{3} > 4\frac{1}{2} \times 1$.

Por tanto, $4\frac{1}{2} \times 2\frac{1}{3}$ será mayor que $4\frac{1}{2}$.

Recuerda que una fracción es igual a 1 si el numerador y el denominador son iguales.

Sin multiplicar, decide qué símbolo corresponde colocar en el recuadro: <, > o =.

1. $2\frac{1}{10} \times \frac{3}{5} \;\square\; 2\frac{1}{10}$
2. $\frac{3}{4} \times \frac{5}{5} \;\square\; \frac{3}{4}$
3. $7\frac{1}{2} \times 1\frac{1}{6} \;\square\; 7\frac{1}{2}$
4. $\frac{8}{3} \times \frac{9}{10} \;\square\; \frac{8}{3}$

Ordena los grupos de números de menor a mayor.

5. $3\frac{1}{5}$, $3\frac{1}{5} \times \frac{9}{10}$, $3\frac{1}{5} \times 1\frac{1}{2}$

6. $\frac{2}{3} \times \frac{3}{4}$, $\frac{2}{3} \times \frac{5}{4}$, $\frac{2}{3}$

7. $2\frac{1}{3} \times \frac{5}{5}$, $2\frac{1}{3} \times \frac{6}{5}$, $2\frac{1}{3} \times \frac{1}{5}$

Grupo H — páginas 505 a 510

Piensa en tus respuestas a estas preguntas como ayuda para **entenderlas y perseverar** para responderlas.

Hábitos de razonamiento

- ¿Qué necesito hallar?
- ¿Qué sé?
- ¿Cuál es mi plan para resolver el problema?
- ¿Qué más puedo intentar si no puedo seguir adelante?
- ¿Cómo puedo comprobar si mi solución tiene sentido?

Recuerda que el problema puede tener más de un paso.

Resuelve. Muestra tu trabajo.

1. John dedica $1\frac{1}{2}$ horas a la tarea todos los días, de lunes a jueves y $2\frac{3}{4}$ horas durante el fin de semana. ¿Cuántas horas dedica a la tarea en una semana?

2. Elsa está comprando pisos nuevos para su cocina y su lavadero. Sabe que el área de la cocina es 132 pies cuadrados. El lavadero mide $8\frac{1}{3}$ pies por $6\frac{3}{4}$ pies. ¿Cuál es el área total de los dos cuartos?

Nombre _____

TEMA 8 — Evaluación

1. ¿Qué opción es el área de un rectángulo de $\frac{1}{12}$ de pie de longitud y $\frac{3}{4}$ de pie de ancho?

   Ⓐ $\frac{1}{16}$ pie²
   Ⓑ $\frac{1}{12}$ pie²
   Ⓒ $\frac{2}{3}$ pie²
   Ⓓ $\frac{5}{6}$ pie²

2. Alberto corre $3\frac{1}{4}$ millas cada día durante 7 días.

   n millas totales

   | $3\frac{1}{4}$ | $3\frac{1}{4}$ | $3\frac{1}{4}$ | $3\frac{1}{4}$ | $3\frac{1}{4}$ | $3\frac{1}{4}$ | $3\frac{1}{4}$ |

   Parte A

   Escribe una ecuación con la variable *n* para representar cuánto corre.

   Parte B

   ¿Cuántas millas corre en total?

3. Traza líneas para unir las expresiones de la izquierda con el producto correcto de la derecha.

   $\frac{5}{8} \times \frac{7}{6}$ $\frac{48}{35}$

   $\frac{5}{7} \times \frac{8}{6}$ $\frac{40}{42}$

   $\frac{8}{5} \times \frac{7}{6}$ $\frac{35}{48}$

   $\frac{8}{5} \times \frac{6}{7}$ $\frac{56}{30}$

4. Escoge Sí o No para indicar si el número $\frac{3}{4}$ hará verdadera la ecuación en las opciones 4a a 4d.

   4a. $12 \times \square = 9$ ○ Sí   ○ No
   4b. $18 \times \square = 12\frac{1}{2}$ ○ Sí   ○ No
   4c. $15 \times \square = 10\frac{1}{4}$ ○ Sí   ○ No
   4d. $20 \times \square = 15$ ○ Sí   ○ No

5. Marca todas las expresiones que sean iguales a $\frac{4}{7} \times 6$.

   ☐ $4 \div 6 \times 7$
   ☐ $\frac{6}{7} \times 4$
   ☐ $6 \div 4 \times 7$
   ☐ $4 \times 6 \div 7$
   ☐ $7 \div 4 \times 6$

6. Tracy hizo una prueba que tenía 24 preguntas. Respondió $\frac{5}{6}$ de las preguntas correctamente. ¿Cuántas preguntas respondió correctamente? Escribe una ecuación para representar tu trabajo.

7. Mary está haciendo una cortina para la ventana que tiene 5 secciones, cada una de $1\frac{3}{10}$ pies de ancho. ¿Cuál es el ancho de toda la cortina?

Ⓐ $6\frac{1}{2}$ pies

Ⓑ $5\frac{1}{2}$ pies

Ⓒ $5\frac{3}{10}$ pies

Ⓓ $3\frac{11}{13}$ pies

8. Eduardo tiene una receta que lleva $\frac{2}{3}$ de taza de harina. Si prepara 4 recetas, ¿cuántas tazas de harina necesita? Escribe tu respuesta como un número mixto. Usa la recta numérica como ayuda.

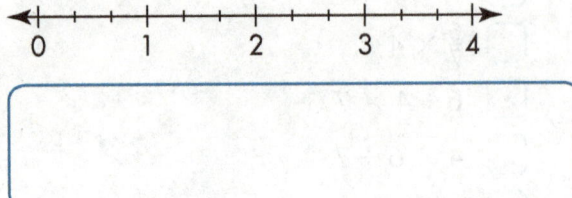

9. Escoge Sí o No para indicar si el número $\frac{2}{3}$ hará verdadera la ecuación en las opciones 9a a 9d.

9a. ☐ $\times \frac{3}{4} = \frac{1}{4}$ ○ Sí ○ No

9b. ☐ $\times \frac{5}{6} = \frac{10}{18}$ ○ Sí ○ No

9c. ☐ $\times \frac{2}{3} = \frac{4}{6}$ ○ Sí ○ No

9d. ☐ $\times \frac{3}{8} = \frac{1}{16}$ ○ Sí ○ No

10. Ted y sus amigos estiran rollos de plastilina para la clase de artes. Ted estiró su rollo hasta 2 pies de longitud. Noah estiró el suyo $\frac{3}{5}$ la longitud del de Ted. Jeannine estiró su rollo $1\frac{1}{2}$ veces la longitud del de Ted. Miguel estiró su rollo $\frac{5}{5}$ la longitud del rollo de Ted.

Parte A

Sin hacer la multiplicación, ¿qué rollo de plastilina es más largo que el de Ted? ¿Cómo lo sabes?

Parte B

Sin hacer la multiplicación, ¿qué rollo de plastilina es más corto que el de Ted? ¿Cómo lo sabes?

Parte C

¿Qué rollo de plastilina tiene la misma longitud que el de Ted? ¿Cómo lo sabes?

Nombre _____

11. Marca todas las expresiones que sean iguales a $\frac{7}{8} \times \frac{9}{10}$.

☐ $\frac{7 \times 10}{8 \times 9}$

☐ $\frac{7 \times 9}{8 \times 10}$

☐ $\frac{7 \times 8}{9 \times 10}$

☐ $\frac{63}{80}$

☐ $\frac{8 \times 9}{7 \times 10}$

12. Traza líneas para unir las expresiones de la izquierda con el producto correcto de la derecha.

$\frac{3}{8} \times 5$ $\frac{24}{5}$

$\frac{3}{5} \times 8$ $\frac{40}{3}$

$\frac{5}{3} \times 8$ $\frac{30}{8}$

$\frac{6}{8} \times 5$ $\frac{15}{8}$

13. ¿Qué opción es igual a $\frac{4}{7} \times \frac{11}{15}$?

Ⓐ $\frac{4 \times 7}{11 \times 15}$

Ⓑ $\frac{4 \times 15}{7 \times 11}$

Ⓒ $\frac{4 \times 11}{7 \times 15}$

Ⓓ $\frac{7 \times 15}{4 \times 11}$

14. Los miembros de una compañía de jardinería están construyendo un muro de contención. Usaron ladrillos para los $\frac{2}{3}$ superiores del muro.

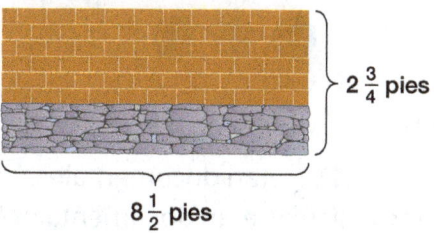

Parte A

¿Cuál es la altura de la parte de ladrillos del muro? Escribe una ecuación para representar tu trabajo.

Parte B

Estima el área de todo el muro de contención.

Parte C

¿Cuál es el área de todo el muro de contención? Escribe una ecuación para mostrar tu trabajo. Compara tu respuesta con tu estimación para ver si tu respuesta es razonable.

Tema 8 | Evaluación   519

15. La familia de Tyler alquiló 15 DVD el mes pasado.

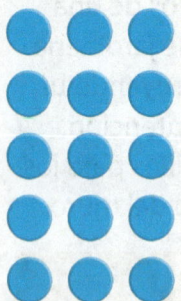

Parte A

De los 15 DVD, $\frac{1}{5}$ eran documentales. ¿Cuántas películas eran documentales? Usa el modelo como ayuda.

Parte B

De los 15 DVD, $\frac{3}{5}$ eran comedias. ¿Cuántas películas eran comedias? Usa el modelo como ayuda.

Parte C

¿Qué relación observas entre la cantidad de comedias y la cantidad de documentales?

16. Kristen y Niko compran un lienzo para su estudio de arte.

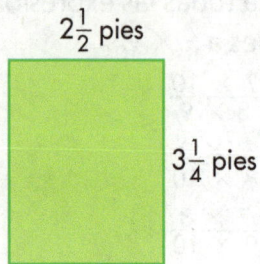

$2\frac{1}{2}$ pies

$3\frac{1}{4}$ pies

Parte A

Estima el área del lienzo. Escribe una ecuación para representar tu trabajo.

Parte B

Halla el área real del lienzo. Escribe tu respuesta como un número mixto.

Parte C

Compara tu respuesta con tu estimación para ver si tu respuesta es razonable.

520 Tema 8 | Evaluación

Nombre _____

TEMA 8

Evaluación del rendimiento

¿Qué hay para cenar?
Branden y Ashley prepararán la receta de
Guiso de atún.

1. Branden intenta decidir cuánto guiso de atún preparar.

   Parte A

   ¿Cuántas tazas de atún necesita Branden para hacer 3 veces la receta? Dibuja un modelo para mostrar cómo hallar la respuesta.

   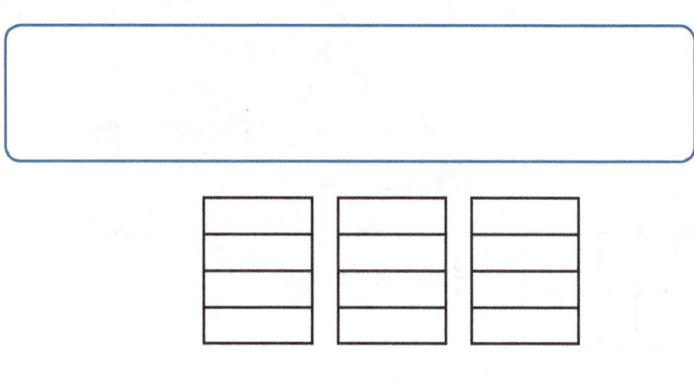

   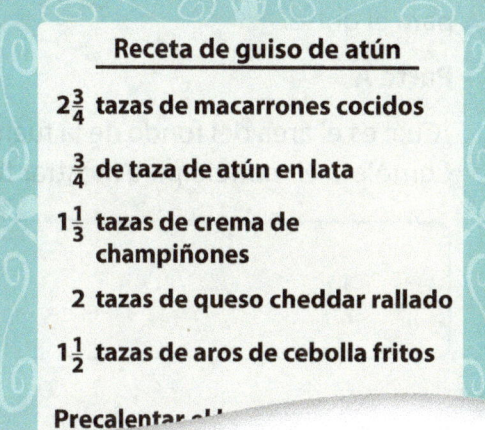

   Receta de guiso de atún

   $2\frac{3}{4}$ tazas de macarrones cocidos

   $\frac{3}{4}$ de taza de atún en lata

   $1\frac{1}{3}$ tazas de crema de champiñones

   2 tazas de queso cheddar rallado

   $1\frac{1}{2}$ tazas de aros de cebolla fritos

   Precalentar

   Parte B

   ¿Cuántas tazas de queso cheddar rallado necesita Branden para hacer $\frac{2}{3}$ de la receta? Dibuja un modelo para mostrar tu trabajo.

   Parte C

   ¿Cuántas tazas de aros de cebolla fritos necesita Branden para preparar $2\frac{1}{2}$ veces la receta? Muestra cómo usar un modelo y productos parciales para multiplicar.

   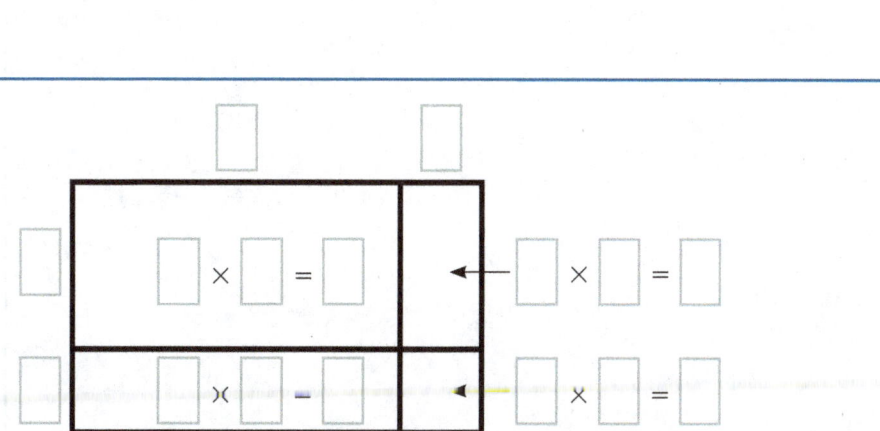

Tema 8 | Evaluación del rendimiento

Parte D

¿Cuántas tazas de macarrones cocidos necesita Branden para hacer $2\frac{1}{2}$ veces la receta? Muestra cómo expresar fracciones de otra manera, luego multiplica.

2. El dibujo muestra la **fuente de Ashley** para el guiso.

Fuente de Ashley

$\frac{5}{6}$ de pie de longitud

$\frac{3}{4}$ de pie de ancho

Parte A

¿Cuál es el área del fondo de la fuente de Ashley? Completa el modelo para mostrar tu trabajo.

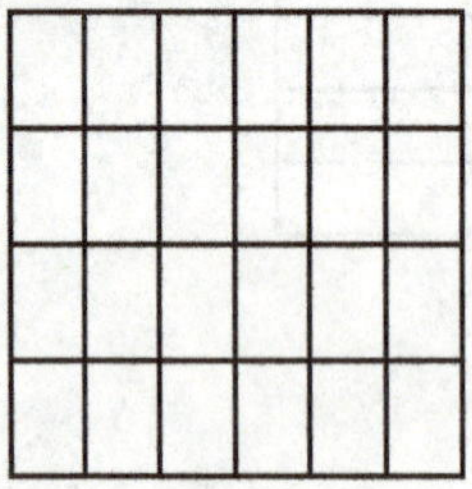

Parte B

La fuente para guiso de Branden tiene $1\frac{1}{2}$ veces el ancho y $1\frac{4}{5}$ veces la longitud de la fuente de Ashley. ¿La fuente de Branden es más larga o más corta que la fuente de Ashley? Explica tu razonamiento.

Parte C

¿Cuál es el área del fondo de la fuente de Branden? Muestra tu trabajo.

522 Tema 8 | Evaluación del rendimiento

TEMA 9: Usar la división para dividir fracciones

Pregunta esencial: ¿Cómo se relacionan las fracciones y la división? ¿Cómo se puede dividir con números enteros y fracciones unitarias?

Recursos digitales: Resuelve, Aprende, Glosario, Amigo de práctica, Herramientas, Evaluación, Ayuda, Juegos

La energía térmica de un objeto depende de su temperatura y de cuántas partículas contiene.

Una taza de chocolate caliente tiene más energía térmica que una taza de leche fría.

¡Bien! ¡Y cinco malvaviscos asándose al fuego tienen más energía térmica que uno solo! Este es un proyecto sobre la energía térmica.

Proyecto de Matemáticas y Ciencias: Energía térmica

Investigar Usa la Internet u otros recursos para aprender sobre la energía térmica. Haz una lista de 3 maneras en que usas energía térmica en casa y en la escuela. ¿Qué uso es el más importante para ti? ¿Por qué?

Diario: Escribir un informe Incluye lo que averiguaste. En tu informe, también:

- pide a todas las personas en tu casa que te digan 3 maneras en que usan la energía térmica. Organiza tus datos en una tabla.
- saca conclusiones de tus datos. ¿Cómo se usa la energía térmica en tu casa?
- inventa problemas con división de fracciones y resuélvelos.

Tema 9 523

Nombre _____

Repasa lo que sabes

Vocabulario

Escoge el mejor término de la lista de la derecha.
Escríbelo en el espacio en blanco.

- cociente
- estimación
- factor común
- fracciones equivalentes
- mismo denominador
- número mixto

1. Hallar una respuesta o solución aproximada es hacer una _____.

2. Las fracciones $\frac{3}{4}$ y $\frac{17}{4}$ son fracciones con el _____.

3. Las fracciones que representan la misma cantidad son _____.

4. La respuesta de un problema de división es el _____.

5. Un número que tiene una parte que es un número entero y una parte fraccionaria se llama _____.

Significado de las fracciones

Cada rectángulo representa un entero. Escribe la parte sombreada de cada rectángulo como una fracción.

6.

7.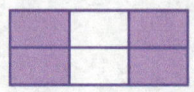

Cálculo con fracciones

Halla las sumas, diferencias o productos.

8. $\frac{2}{5} + \frac{1}{4}$

9. $\frac{5}{6} - \frac{1}{4}$

10. $2\frac{5}{8} + 7\frac{1}{4}$

11. $14 - 3\frac{5}{8}$

12. $3\frac{2}{3} + 4\frac{1}{2}$

13. $\frac{3}{8} \times 2$

14. $\frac{1}{4} \times \frac{3}{5}$

15. $8 \times \frac{9}{10}$

16. $3\frac{1}{2} \times 2\frac{3}{5}$

Mis tarjetas de palabras

Usa los ejemplos de las palabras de las tarjetas para ayudarte a completar las definiciones que están al reverso.

fracción unitaria

Ejemplos: $\frac{1}{4}, \frac{1}{3}, \frac{1}{2}$

Mis tarjetas de palabras

Completa la definición. Para ampliar lo que aprendiste, escribe tus propias definiciones.

Una fracción con 1 como numerador se llama _____.

Nombre _____

Resuélvelo y coméntalo

Cuatro personas quieren waffles para el desayuno. Quedan 6 waffles. ¿Cómo se pueden compartir 6 waffles en partes iguales entre 4 personas? ¿Cuánto recibe cada persona? Haz un dibujo y escribe una expresión de división para representar el problema.

Lección 9-1
Fracciones y división

Puedo... comprender cómo se relacionan las fracciones con la división.

También puedo representar con modelos matemáticos para resolver problemas.

Representar con modelos matemáticos Puedes representar cada waffle con un círculo.

¡Vuelve atrás! **Construir argumentos** Uno de los waffles se quemó. Explica cómo se pueden compartir 5 waffles en partes iguales.

Tema 9 | Lección 9-1 527

Pregunta esencial: ¿Cómo se pueden relacionar las fracciones con la división?

A

Tom, Joe y Sam hicieron vasijas de arcilla y usaron dos rollos de arcilla en total. Si compartieron la arcilla en partes iguales, ¿cuánta arcilla usó cada amigo?

Divide 2 por 3 para hallar qué fracción de la arcilla usó cada persona.

B Una manera

Piensa en cómo compartir 2 rollos de arcilla en partes iguales entre 3 personas. Divide cada rollo en 3 partes iguales. Cada parte es $1 \div 3$, o $\frac{1}{3}$.

Cada persona usó una parte de cada rollo de arcilla, o sea, un total de 2 partes. Eso es lo mismo que $\frac{2}{3}$ de un rollo de arcilla.

Por tanto, $2 \div 3 = \frac{2}{3}$. Cada amigo usó $\frac{2}{3}$ de un rollo de arcilla.

C Otra manera

Hallar la parte de cada amigo cuando se comparten 2 rollos de arcilla en partes iguales entre 3 personas es lo mismo que hallar $\frac{1}{3}$ de 2 enteros.

$$2 \div 3 = \frac{1}{3} \times 2$$

Puedes hallar $\frac{1}{3} \times 2$ usando una recta numérica.

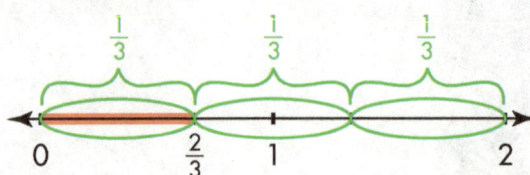

Por tanto, $2 \div 3 = \frac{2}{3}$. Cada amigo usó $\frac{2}{3}$ de un rollo de arcilla.

¡Convénceme! **Razonar** Amelia comparte 4 rebanadas de queso con 5 amigos. ¿Cuánto queso recibirá cada persona? Explica cómo lo decidiste.

528 Tema 9 | Lección 9-1

Nombre _____

Práctica guiada

¿Lo entiendes?

1. Explica cómo se escribe $\frac{3}{10}$ como una expresión de división.

2. Explica cómo se escribe $2 \div 5$ como una fracción.

3. **Representar con modelos matemáticos** Usa la recta numérica para mostrar $3 \div 4$.

¿Cómo hacerlo?

Escribe una expresión de división para cada fracción en los Ejercicios **4** y **5**.

4. $\frac{1}{9}$ 5. $\frac{7}{8}$

Di qué fracción recibe cada persona cuando comparten en partes iguales en los Ejercicios **6** y **7**.

6. Cinco amigos comparten 8 manzanas.

7. Dos amigos comparten 1 rosca.

Práctica independiente

Escribe una expresión de división para cada fracción en los Ejercicios **8** a **12**.

8. $\frac{6}{7}$ 9. $\frac{1}{4}$ 10. $\frac{6}{11}$ 11. $\frac{4}{9}$ 12. $\frac{8}{15}$

Escribe cada expresión de división como una fracción en los Ejercicios **13** a **17**.

13. $9 \div 11$ 14. $1 \div 10$ 15. $7 \div 13$ 16. $11 \div 17$ 17. $25 \div 75$

Di qué fracción recibe cada persona cuando comparten en partes iguales en los Ejercicios **18** a **21**.

18. 8 estudiantes comparten 6 barras de desayuno.

19. 6 jugadores de futbol comparten 5 naranjas.

20. 10 amigos comparten 7 dólares.

21. 8 amigos comparten 8 pastelitos.

*Puedes encontrar otro ejemplo en el Grupo A, página 577.   Tema 9 | Lección 9-1   529

Resolución de problemas

22. Cuatro amigos hornean pan. Comparten 3 barras de mantequilla en partes iguales. Escribe una ecuación para hallar la fracción de barra de mantequilla que usa cada amigo.

3 barras de mantequilla

23. Razonar Un grupo de amigos fue al cine. Compartieron 2 bolsas de palomitas de maíz en partes iguales. Si cada persona recibió $\frac{2}{3}$ de bolsa de palomitas, ¿cuántas personas había en el grupo?

24. Razonamiento de orden superior Missy dice que $\frac{5}{6}$ es igual a $6 \div 5$. ¿Tiene razón? ¿Por qué?

25. Entender y perseverar La tabla muestra la comida y la bebida que compró Tabitha para su fiesta, para ella y 4 amigos. ¿Cuánto gastó Tabitha por persona? Muestra tu trabajo.

DATOS	Artículo	Cantidad comprada	Costo por unidad
	Sándwiches	5	$2.89
	Papas fritas	5	$1.99
	Jarra de jugo	2	$4.95

Evaluación

26. Escoge Sí o No para indicar si el número 5 hará que cada ecuación sea verdadera.

$2 \div \square = \frac{2}{5}$ ○ Sí ○ No

$4 \div 20 = \square$ ○ Sí ○ No

$\square \div 5 = \frac{3}{5}$ ○ Sí ○ No

$\square \div 6 = \frac{5}{6}$ ○ Sí ○ No

27. Escoge Sí o No para indicar si el número 3 hará que cada ecuación sea verdadera.

$\square \div 3 = \frac{1}{3}$ ○ Sí ○ No

$2 \div \square = \frac{2}{3}$ ○ Sí ○ No

$\square \div 8 = \frac{3}{8}$ ○ Sí ○ No

$3 \div 9 = \square$ ○ Sí ○ No

530 Tema 9 | Lección 9-1

Nombre _____

Tarea y práctica 9-1
Fracciones y división

¡Revisemos!
Si se reparten 3 pizzas en partes iguales entre 8 personas, ¿qué fracción de una pizza recibe cada persona?

Paso 1
Divide cada pizza en 8 porciones iguales. Cada porción es $\frac{1}{8}$ del entero.

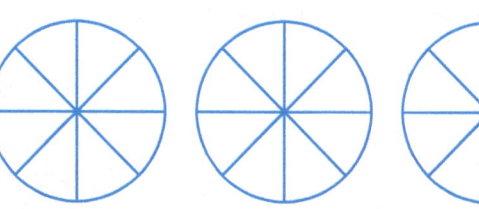

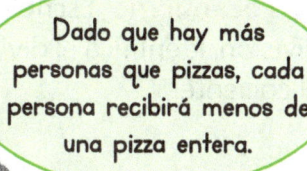
Dado que hay más personas que pizzas, cada persona recibirá menos de una pizza entera.

Paso 2
Cada persona recibe 1 porción de cada pizza. Es lo mismo que $\frac{3}{8}$ de una pizza.

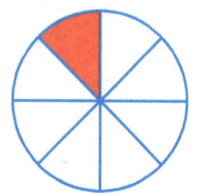 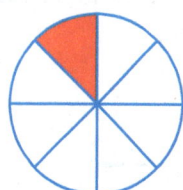 

Por tanto, $3 \div 8 = \frac{3}{8}$. Cada persona recibe $\frac{3}{8}$ de una pizza.

Escribe una expresión de división para cada fracción en los Ejercicios **1** a **5**.

1. $\frac{1}{2}$
2. $\frac{5}{6}$
3. $\frac{9}{15}$
4. $\frac{10}{25}$
5. $\frac{16}{31}$

Escribe cada expresión de división como una fracción en los Ejercicios **6** a **10**.

6. $5 \div 9$
7. $1 \div 12$
8. $4 \div 21$
9. $8 \div 30$
10. $15 \div 45$

Di qué fracción recibe cada persona cuando comparten en partes iguales en los Ejercicios **11** a **14**.

11. 6 amigos comparten 3 manzanas.
12. 8 personas comparten 1 pizza.
13. 10 estudiantes comparten 1 hora para exponer sus informes de ciencias.
14. 5 mujeres corren la misma distancia cada una en una carrera de 3 millas.

Usa la tabla en los Ejercicios **15** y **16**. La tabla muestra el peso de distintos materiales usados para construir un puente.

15. Representar con modelos matemáticos
Escribe una expresión de división que represente el peso de la estructura de acero dividido por el peso total de los materiales del puente.

Puente	Materiales
Hormigón	1,000 toneladas
Estructura de acero	400 toneladas
Vidrio y granito	200 toneladas

DATOS

16. Escribe una fracción que represente el peso del vidrio y del granito del puente comparado con el peso total de los materiales del puente.

17. Razonamiento de orden superior Un grupo de estudiantes compartieron 3 rollos de arcilla en partes iguales. Si cada estudiante recibió $\frac{1}{2}$ rollo de arcilla, ¿cuántos estudiantes había en el grupo? Explícalo.

18. Vocabulario Escribe una ecuación de división. Identifica el dividendo, el divisor y el cociente.

19. Una vuelta alrededor de la pista de la escuela tiene $\frac{1}{4}$ de milla. Si Patrick corre 7 vueltas alrededor de la pista y luego corre $1\frac{1}{2}$ millas para llegar a su casa, ¿cuánto correrá en total?

20. En una competencia de gimnasia, había 16 equipos. Cada equipo tenía 12 miembros. ¿Cuántos gimnastas participaron en la competencia?

✓ Evaluación

21. Escoge Sí o No para indicar si el número 4 hará que cada ecuación sea verdadera.

$4 \div 5 = \square$ ○ Sí   ○ No
$\square \div 4 = \frac{3}{4}$ ○ Sí   ○ No
$1 \div \square = \frac{1}{4}$ ○ Sí   ○ No
$\square \div 5 = \frac{4}{5}$ ○ Sí   ○ No

22. Escoge Sí o No para indicar si el número 10 hará que cada ecuación sea verdadera.

$\square \div 10 = \frac{1}{10}$ ○ Sí   ○ No
$3 \div \square = \frac{3}{10}$ ○ Sí   ○ No
$4 \div 40 = \square$ ○ Sí   ○ No
$\square \div 21 = \frac{10}{21}$ ○ Sí   ○ No

Nombre _____

Resuélvelo y coméntalo

Jonah tiene una bolsa de 8 libras de tierra para macetas. Jonah divide la bolsa en partes iguales entre 5 macetas. ¿Cuánta tierra hay en cada maceta? Muestra tu respuesta como una fracción o un número mixto. *Resuelve este problema de la manera que prefieras.*

Lección 9-2
Fracciones y números mixtos como cocientes

Puedo...
mostrar cocientes como fracciones y números mixtos.

También puedo representar con modelos matemáticos para resolver problemas.

Representar con modelos matemáticos Puedes escribir una ecuación o hacer un dibujo para ayudarte a hallar la respuesta.

¡Vuelve atrás! **Hacerlo con precisión** Supón que se rompe una de las macetas, entonces Jonah tiene que dividir la tierra en partes iguales entre 4 macetas. ¿Cuánta tierra hay en cada maceta ahora?

Tema 9 | Lección 9-2   533

Pregunta esencial: ¿Cómo se puede mostrar un cociente con una fracción o un número mixto?

A

Tres amigos irán de excursión. Los amigos compraron un pote de mezcla de nueces y frutas secas para compartir en partes iguales. ¿Cuánto recibirá cada amigo?

Mezcla de nueces y frutas secas
4 libras

Puedes dividir para compartir 4 libras entre 3 personas: 4 ÷ 3.

B

Divide cada libra en 3 partes iguales. Cada parte es $1 \div 3$, o $\frac{1}{3}$.

Cada amigo recibe 1 libra más $\frac{1}{3}$ de libra, o $1 + \frac{1}{3} = 1\frac{1}{3}$ libras de mezcla en total.

Por tanto, $4 \div 3 = \frac{4}{3} = 1\frac{1}{3}$.

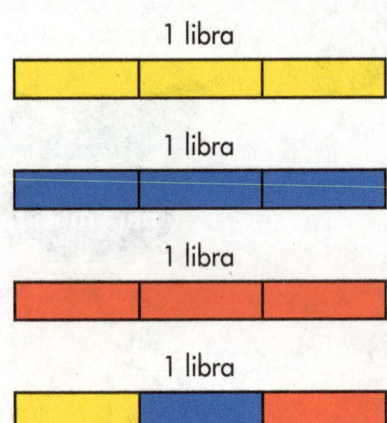

1 libra

1 libra

1 libra

1 libra

¡Convénceme! Razonar Kate comparte una botella de jugo de manzana de 64 onzas con 5 amigos. La porción de cada persona tendrá la misma cantidad de onzas. ¿Entre qué dos números enteros de onzas estará cada porción? Explícalo usando la división.

Tema 9 | Lección 9-2

Nombre _____

Práctica guiada

¿Lo entiendes?

1. ¿Cómo puedes escribir $\frac{10}{3}$ como una expresión de división y como un número mixto?

2. **Razonar** Supón que 3 amigos quieren compartir 16 carteles en cantidades iguales. En esta situación, ¿tendría más sentido el cociente 5 R1 o el cociente $5\frac{1}{3}$?

¿Cómo hacerlo?

3. Halla 11 ÷ 10 y 10 ÷ 11. Escribe cada cociente como una fracción o un número mixto.

Di cuánto recibe cada persona cuando comparten en partes iguales en los Ejercicios **4** y **5**.

4. 2 amigos comparten 3 manzanas.

5. 3 estudiantes comparten 5 barras de desayuno.

Práctica independiente

Halla los cocientes en los Ejercicios **6** a **13**. Escribe cada respuesta como fracción o número mixto.

6. 11 ÷ 6
7. 1 ÷ 5
8. 18 ÷ 4
9. 5 ÷ 9

10. 9 ÷ 8
11. 23 ÷ 10
12. 12 ÷ 17
13. 28 ÷ 20

Di cuánto recibe cada persona cuando comparten en partes iguales en los Ejercicios **14** a **17**.

14. 2 niñas comparten 7 yardas de cinta.

15. 4 amigos comparten 7 roscas.

16. 4 primos comparten 3 pasteles.

17. 8 jugadores de fútbol comparten 12 naranjas.

*Puedes encontrar otro ejemplo en el Grupo A, página 577.

Tema 9 | Lección 9-2   535

Resolución de problemas

18. Daniela hizo moños para regalo con 8 yardas de cinta. Todos los moños tienen el mismo tamaño. Si Daniela hizo 16 moños, ¿cuánta cinta usó para cada uno? Escribe la respuesta como una fracción o un número mixto.

19. Hacerlo con precisión Tammi tiene 4 libras de manzanas galas y $3\frac{1}{2}$ libras de manzanas deliciosas rojas. Si Tammi usa $1\frac{3}{4}$ libras de manzanas galas en una receta, ¿cuántas libras de manzanas le quedarán?

20. Casey compró una bolsa de 100 libras de alimento para perros. Casey le da a su perro la misma cantidad de alimento por semana. El alimento para perros duró 8 semanas. ¿Cuánto alimento le dio Casey a su perro cada semana? Escribe la respuesta como una fracción o un número mixto.

21. Razonamiento de orden superior Escribe un problema verbal que se pueda resolver dividiendo 6 por 5.

22. La cantidad de tela necesaria para un traje de espantapájaros para adultos y uno para bebés se muestran a la derecha. ¿Cuántas veces la cantidad de tela para un traje para bebés es la cantidad de tela para un traje para adultos? Escribe la respuesta como una fracción o un número mixto.

✓ Evaluación

23. ¿Cuál es el cociente de 37 ÷ 6?

  Ⓐ $\frac{6}{37}$

  Ⓑ $6\frac{1}{6}$

  Ⓒ $6\frac{5}{6}$

  Ⓓ $6\frac{1}{37}$

24. Lindsay divide 40 por 9. ¿Entre qué dos números enteros está la respuesta?

  Ⓐ 2 y 3

  Ⓑ 3 y 4

  Ⓒ 4 y 5

  Ⓓ 5 y 6

Nombre _____

Tarea y práctica 9-2

Fracciones y números mixtos como cocientes

¡Revisemos!

Max tiene 5 clementinas (un tipo de naranja pequeña). Las comparte en cantidades iguales con su amigo Tyler. ¿Cuántas clementinas recibirá cada amigo?

Halla el cociente de $5 \div 2$ como un número mixto.

Divide cada clementina en 2 partes iguales. Cada parte es $\frac{1}{2}$ entero.

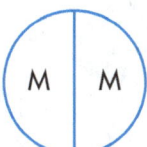 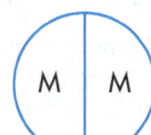 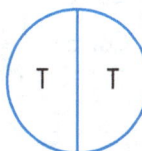  

Cada amigo recibe 2 clementinas más $\frac{1}{2}$ clementina, o $2 + \frac{1}{2} = 2\frac{1}{2}$ clementinas en total.

Por tanto, $5 \div 2 = \frac{5}{2} = 2\frac{1}{2}$.

Dado que hay más clementinas que personas, cada persona recibirá más de 1 clementina.

1. Halla $5 \div 8$ y $8 \div 5$. Escribe cada cociente como fracción o número mixto.

Halla los cocientes en los Ejercicios **2** a **9**. Escribe cada cociente como fracción o número mixto.

2. $7 \div 5$
3. $2 \div 3$
4. $15 \div 4$
5. $51 \div 25$

6. $6 \div 11$
7. $17 \div 12$
8. $16 \div 6$
9. $92 \div 30$

Di cuánto recibe cada persona cuando comparten en partes iguales en los Ejercicios **10** a **13**.

10. 3 amigos comparten 5 libras de mezcla de nueces y frutas secas.

11. 6 personas comparten 12 pastelitos.

12. 2 hermanas comparten 3 horas de cuidar niños.

13. 4 estudiantes comparten 10 yardas de tela.

Tema 9 | Lección 9-2 537

14. Carol trotó $1\frac{3}{4}$ millas diarias durante 5 días la semana pasada. Trotó $2\frac{1}{4}$ millas diarias durante 4 días esta semana. ¿Cuándo trotó más distancia: la semana pasada o esta semana? ¿Cuánto más? Explícalo.

15. **Construir argumentos** ¿Cómo puedes saber antes de hacer la división que el primer dígito del cociente 2,874 ÷ 3 está en el lugar de las centenas?

16. **Entender y perseverar** ¿Qué carro recorrió más distancia con 1 galón de combustible? Muestra tu trabajo.

	Distancia	Gasolina
Carro A	302 mi	10 gal.
Carro B	174 mi	5 gal.
Carro C	292 mi	8 gal.

17. **Vocabulario** Completa la oración con uno de los siguientes términos.

    denominador común
    fracción de referencia   **número mixto**

    Un _____ de las fracciones $\frac{1}{3}$ y $\frac{1}{4}$ es 12.

18. **Matemáticas y Ciencias** El hueso más pequeño del cuerpo humano es el estribo. Está ubicado en el oído y mide aproximadamente 2.8 milímetros de longitud. Escribe ese número en forma desarrollada.

19. En la pizzería La Cocina de Dora, se compartieron 7 pizzas en partes iguales entre 3 familias. ¿Cuánta pizza recibió cada familia? Escribe una ecuación para representar el problema.

20. **Razonamiento de orden superior** Everett dice que $1\frac{1}{4}$ es igual a 4 ÷ 5. ¿Tiene razón? Explícalo.

✓ **Evaluación**

21. ¿Cuál es el cociente de 27 ÷ 5?

    Ⓐ $\frac{5}{27}$
    Ⓑ $5\frac{1}{5}$
    Ⓒ $5\frac{2}{5}$
    Ⓓ $5\frac{3}{5}$

22. Leonard divide 70 por 8. ¿Entre qué dos números enteros está la respuesta?

    Ⓐ 11 y 12
    Ⓑ 10 y 11
    Ⓒ 9 y 10
    Ⓓ 8 y 9

Nombre _____

Lección 9-3
Usar la multiplicación para dividir

Resuélvelo y coméntalo Una sandwichería prepara *wraps* grandes que se dividen en cuartos. Cada cuarto es una porción. William compra 5 *wraps* enteros para una fiesta. ¿Cuántas porciones compra en total? *Resuelve este problema de la manera que prefieras.*

Puedo... relacionar la división por una fracción con la multiplicación.

También puedo representar con modelos matemáticos para resolver problemas.

Representar con modelos matemáticos ¿Cómo te pueden ayudar a visualizar el problema las tiras de fracciones, los diagramas de barras u otros modelos?

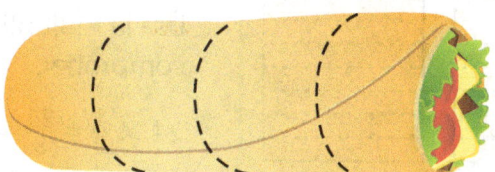

¡Vuelve atrás! **Representar con modelos matemáticos** Escribe una ecuación que represente el problema sobre los *wraps*.

Tema 9 | Lección 9-3 — 539

A

Pregunta esencial: ¿Cómo se puede relacionar dividir por una fracción con la multiplicación?

Si una botella de abono líquido para plantas contiene 3 tazas, ¿cuántas plantas podrás abonar? Explica por qué tu respuesta tiene sentido.

Necesitas hallar cuántos octavos hay en 3 tazas. $3 \div \frac{1}{8} = ?$

Use $\frac{1}{8}$ de taza por planta.

B ¿Cuántas partes de $\frac{1}{8}$ hay en 3?

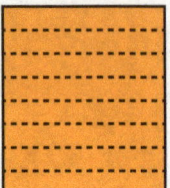 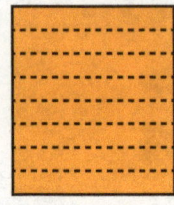 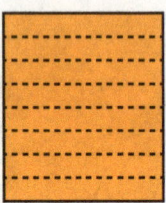

Usa un modelo y la multiplicación para resolver.

Dado que hay 8 octavos en cada entero, hay $3 \times 8 = 24$ octavos en 3 enteros.

Por tanto, $3 \div \frac{1}{8} = 24$.

El abono para plantas alcanza para 24 plantas.

C ¿La respuesta tiene sentido? ¿24 octavos es igual a 3?

Usa la multiplicación para comprobar.

$24 \times \frac{1}{8} = \frac{24}{8} = 3$

Sí, 24 octavos es igual a 3; por tanto, la respuesta tiene sentido.

La ecuación de división $3 \div \frac{1}{8} = 24$ es verdadera porque la ecuación de multiplicación $24 \times \frac{1}{8} = 3$ es verdadera.

¡La relación inversa entre la multiplicación y la división también se aplica a los cálculos con fracciones!

¡Convénceme! **Usar la estructura** Usa los mismos números en la ecuación de multiplicación $15 \times \frac{1}{3} = 5$ para escribir una ecuación de división. Dibuja un diagrama para mostrar que tu ecuación de división tiene sentido.

Nombre _____

Práctica guiada

¿Lo entiendes?

1. **Razonar** Explica cómo usar la multiplicación para hallar $4 \div \frac{1}{5}$.

2. Muestra cómo usar la multiplicación para comprobar tu respuesta al Ejercicio 1.

¿Cómo hacerlo?

3. Halla $3 \div \frac{1}{10}$.

4. Dibuja un modelo para hallar $2 \div \frac{1}{6}$.

5. Usa una ecuación de multiplicación para comprobar tu respuesta al Ejercicio 4.

Práctica independiente

Usa el modelo para hallar los cocientes en los Ejercicios **6** a **9**.
Usa la multiplicación para comprobar tu respuesta.

6. $3 \div \frac{1}{4}$

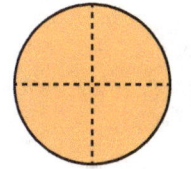 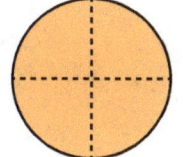 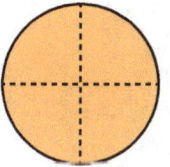

7. $2 \div \frac{1}{12}$

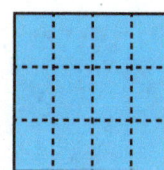 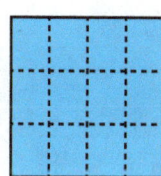

8. $4 \div \frac{1}{9}$

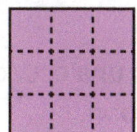 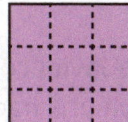 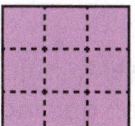 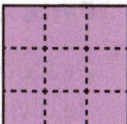

9. $3 \div \frac{1}{6}$

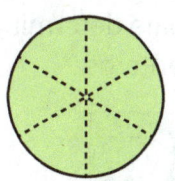 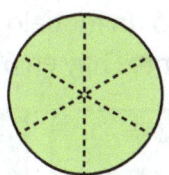 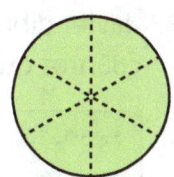

Dibuja un modelo para hallar los cocientes en los Ejercicios **10** a **12**.
Usa la multiplicación para comprobar tu respuesta.

10. $5 \div \frac{1}{6}$

11. $4 \div \frac{1}{8}$

12. $3 \div \frac{1}{3}$

*Puedes encontrar otro ejemplo en el Grupo B, página 577.

Resolución de problemas

13. Representar con modelos matemáticos
Escribe y resuelve una ecuación de división para hallar la cantidad de hamburguesas de $\frac{1}{3}$ de libra que se pueden hacer con 4 libras de carne molida.

14. Escribe y resuelve un problema verbal para la expresión $8 \div \frac{1}{2}$.

15. Usar la estructura Usa los números de la ecuación de multiplicación $28 \times \frac{1}{7} = 4$ para escribir una ecuación de división que requiera dividir por una fracción.

16. Sentido numérico Sally y Timothy tienen dos respuestas diferentes para $1{,}785 \div 35$. Sin hacer la división, ¿cómo puedes saber cuál respuesta es incorrecta?

Sally: $1{,}785 \div 35 = 51$
Timothy: $1{,}785 \div 35 = 501$

17. Razonamiento de orden superior Un restaurante cobra $3.50 por una porción de pastel que es un sexto de pastel y $3.00 por una porción que es un octavo de pastel. Un día, hornean 5 pasteles del mismo tamaño. Si venden todas las porciones, ¿ganarán más dinero dividiendo cada pastel en sextos o en octavos? ¿Cuánto más? Explícalo.

✓ Evaluación

18. Javier dibujó un modelo para determinar cuántos quintos hay en 6 enteros.

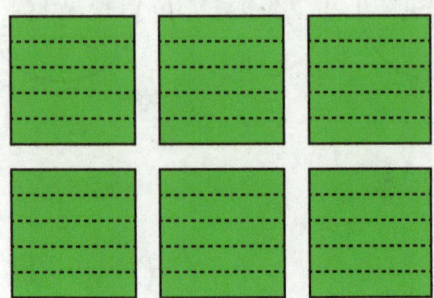

Parte A
Describe el trabajo de Javier con una ecuación de división que incluya una fracción.

Parte B
Comprueba tu respuesta usando los números de tu ecuación de división para escribir una ecuación de multiplicación.

542   Tema 9 | Lección 9-3

Nombre _____

Tarea y práctica
9-3
Usar la multiplicación para dividir

¡Revisemos!

¿Cuántos sextos hay en 4?

Halla $4 \div \frac{1}{6}$. Usa un modelo para ayudarte.

Hay 6 sextos en cada entero; por tanto, 4 enteros contienen $4 \times 6 = 24$ sextos.

$4 \div \frac{1}{6} = 24$

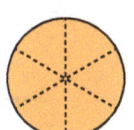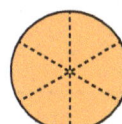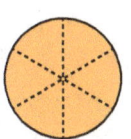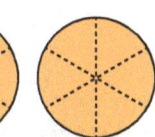

Comprueba tu respuesta.

$24 \times \frac{1}{6} = \frac{24}{6} = 4$

Se comprueba la respuesta.

Puedes usar la multiplicación para comprobar la división.

Usa el modelo para hallar los cocientes en los Ejercicios **1** a **4**. Usa la multiplicación para comprobar tu respuesta.

1. $2 \div \frac{1}{9}$

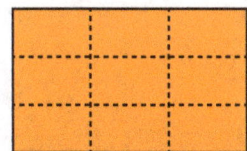

2. $4 \div \frac{1}{4}$

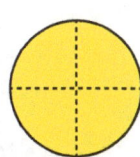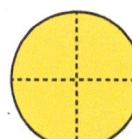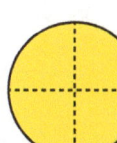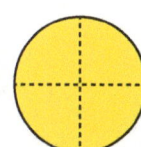

3. $7 \div \frac{1}{3}$

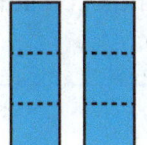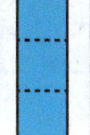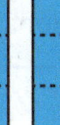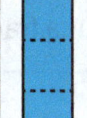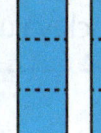

4. $3 \div \frac{1}{2}$

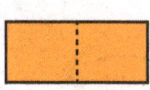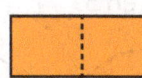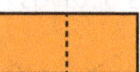

Dibuja un modelo para hallar los cocientes en los Ejercicios **5** a **7**. Usa la multiplicación para comprobar tu respuesta.

5. $4 \div \frac{1}{6}$

6. $2 \div \frac{1}{8}$

7. $3 \div \frac{1}{12}$

8. **Usar la estructura** Usa los números de la ecuación de multiplicación $45 \times \frac{1}{9} = 5$ para escribir una ecuación de división que requiera dividir por una fracción.

9. Un cuadrado tiene una longitud de lado de 6.2 centímetros. ¿Cuál es el perímetro del cuadrado?

10. Denise hace pulseras con cuentas para una feria de arte. Usa $\frac{1}{4}$ de yarda de hilo para cada pulsera. ¿Cuántas pulseras puede hacer con 10 yardas de hilo?

11. Arthur pagó $0.84 por 0.25 libras de ensalada de papas. ¿Cuánto cuesta una libra?

12. **Razonamiento de orden superior** Una empresa donó a la ciudad 5 acres de tierra. ¿Cuántos lotes pequeños más habría que lotes medianos? Explícalo.

Lotes comunitarios para jardines	Tamaño (fracción de acre)
Pequeño	$\frac{1}{6}$
Mediano	$\frac{1}{4}$
Grande	$\frac{2}{3}$

✓ Evaluación

13. Audrey dibujó un modelo para determinar cuántos octavos hay en 5.

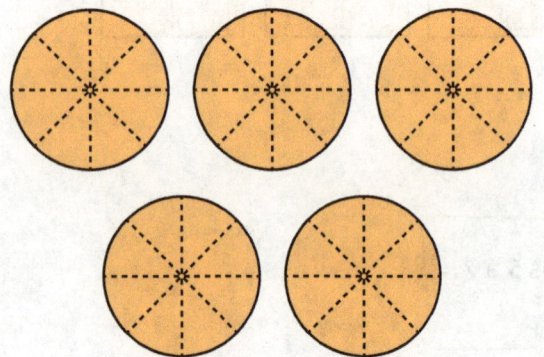

Parte A

Describe el trabajo de Audrey con una ecuación de división que incluya una fracción.

Parte B

Comprueba tu respuesta usando los números de tu ecuación de división para escribir una ecuación de multiplicación.

Nombre _____

Resuélvelo y coméntalo

Un bollo de masa se puede estirar en un círculo para hacer una pizza. Cuando la pizza está cocida, se corta en 8 porciones iguales. ¿Cuántas porciones de pizza puedes hacer con 3 bollos de masa? *Resuelve este problema de la manera que prefieras.*

Lección 9-4
Dividir números enteros por fracciones unitarias

Puedo...
dividir un número entero por una fracción unitaria.

También puedo escoger y usar una herramienta matemática para resolver problemas.

Puedes usar herramientas apropiadas para hallar la respuesta. ¡Muestra tu trabajo!

¡Vuelve atrás! **Razonar** ¿En cuántas porciones de pizza se puede dividir cada bollo? ¿Qué fracción de una pizza entera representa una porción?

Pregunta esencial: ¿Cómo se puede dividir por una fracción unitaria?

A

Joyce hace arrollados de sushi. Para cada arrollado, necesita $\frac{1}{4}$ de taza de arroz. ¿Cuántos arrollados de sushi puede hacer Joyce si tiene 3 tazas de arroz?

$\frac{1}{4}$ es una **fracción unitaria**. Una fracción unitaria es una fracción que describe una parte del entero. Por tanto, el numerador es 1.

B Una manera

Usa un modelo de área para hallar cuántos cuartos hay en 3.

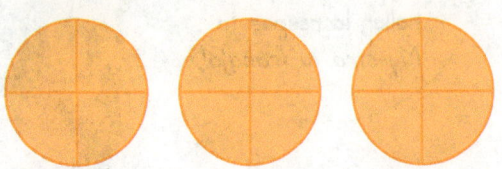

Hay cuatro partes de $\frac{1}{4}$ en una taza entera. Por tanto, hay doce cuartos en tres tazas enteras. Por tanto, Joyce puede hacer 12 arrollados de sushi.

También puedes usar una recta numérica para representar el problema.

C Otra manera

Usa una recta numérica para hallar cuántos cuartos hay en 3.

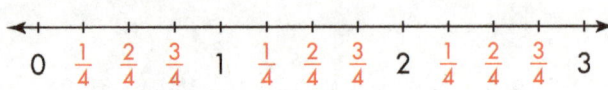

Puedes ver que hay cuatro cuartos entre cada número entero.

Hay cuatro cuartos en 1 entero, ocho cuartos en 2 enteros y doce cuartos en 3 enteros.

Por tanto, $3 \div \frac{1}{4} = 12$.

Joyce puede hacer 12 arrollados de sushi.

¡Convénceme! Representar con modelos matemáticos Usa el siguiente diagrama para hallar $4 \div \frac{1}{3}$.

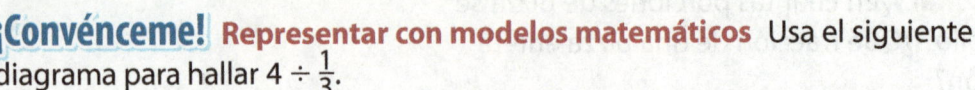

$4 \div \frac{1}{3} =$ _____

Nombre _____

Práctica guiada

¿Lo entiendes?

1. En el ejemplo del comienzo de la página 546, si Joyce tuviera 4 tazas de arroz, ¿cuántos arrollados podría hacer?

2. En el ejemplo del comienzo de la página 546, ¿cómo te ayuda la recta numérica a mostrar que $3 \div \frac{1}{4}$ es igual a 3×4?

¿Cómo hacerlo?

Usa el dibujo para hallar los cocientes en los Ejercicios 3 y 4.

3. ¿Cuántos tercios hay en 3?

   $3 \div \frac{1}{3} =$ _____

4. ¿Cuántos tercios hay en 6?

   $6 \div \frac{1}{3} =$ _____

Práctica independiente

Práctica al nivel Usa el dibujo para hallar los cocientes en los Ejercicios 5 y 6.

   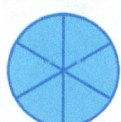 

5. ¿Cuántos sextos hay en 1?

   $1 \div \frac{1}{6} =$ _____

6. ¿Cuántos sextos hay en 5?

   $5 \div \frac{1}{6} =$ _____

Haz un dibujo o usa una recta numérica para hallar los cocientes en los Ejercicios 7 a 14.

7. $4 \div \frac{1}{2}$
8. $2 \div \frac{1}{8}$
9. $2 \div \frac{1}{3}$
10. $6 \div \frac{1}{4}$

11. $8 \div \frac{1}{3}$
12. $3 \div \frac{1}{10}$
13. $9 \div \frac{1}{8}$
14. $15 \div \frac{1}{5}$

*Puedes encontrar otro ejemplo en el Grupo B, página 577.

Resolución de problemas

15. Representar con modelos matemáticos Dan tiene 4 envases de jugo. Dan sirve $\frac{1}{8}$ de envase para cada persona en una excursión. ¿A cuántas personas puede servir jugo? Haz un dibujo para ayudarte a hallar la respuesta.

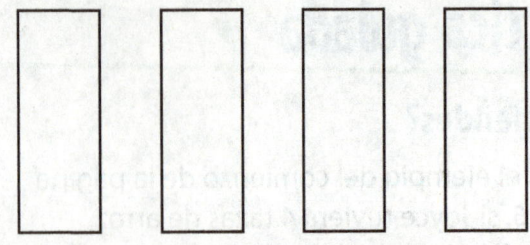

16. Razonamiento de orden superior Escribe un problema verbal que se pueda resolver dividiendo 10 por $\frac{1}{3}$. Luego, resuelve el problema.

17. Sentido numérico El río Nilo es el río más largo del mundo. Mide 4,160 millas de longitud. Tú quieres pasar tres semanas recorriendo la longitud entera del río, y quieres viajar la misma cantidad de millas por día. Estima la cantidad de millas que deberías viajar por día.

18. Entender y perseverar María usó una bolsa de harina para hornear dos panes. Luego, usó la harina restante para hacer 48 pastelitos. ¿Cuánta harina había en la bolsa cuando María comenzó?

DATOS	Receta	Cantidad de harina necesaria
	Pan	$2\frac{1}{4}$ tazas por pan
	Pastelitos	$3\frac{1}{4}$ tazas por cada 24 pastelitos
	Pizza	$1\frac{1}{2}$ tazas por pizza

Evaluación

19. Deron fabrica tapas de interruptores con trozos de madera. Comienza con una tabla que mide 18 pies de longitud. ¿Cuántas tapas de interruptores puede hacer?

Ⓐ 9 tapas de interruptores

Ⓑ 24 tapas de interruptores

Ⓒ 27 tapas de interruptores

Ⓓ 54 tapas de interruptores

DATOS	Proyectos de carpintería	
	Artículo	Cantidad necesaria por unidad
	Estante	$\frac{3}{4}$ de pie
	Tapa de interruptor	$\frac{1}{3}$ de pie
	Teja	$\frac{2}{3}$ de pie

548 Tema 9 | Lección 9-4

Nombre _____

Tarea y práctica 9-4
Dividir números enteros por fracciones unitarias

¡Revisemos!

Ned tiene una cuerda de 2 pies de longitud. Ned corta la cuerda en trozos de $\frac{1}{3}$ de pie. ¿Cuántos trozos de cuerda tiene ahora Ned?

Piensa: ¿Cuántos tercios hay en 2? Usa un modelo o una recta numérica para ayudarte.

Cuenta cuántos tercios hay en 2. Hay **tres** tercios en 1; por tanto, hay **seis** tercios en 2.

$2 \div \frac{1}{3} = 6$

Puedes usar la multiplicación para comprobar tu respuesta.

$6 \times \frac{1}{3} = 2$

Ned tiene 6 trozos de cuerda.

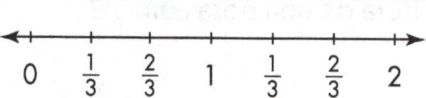
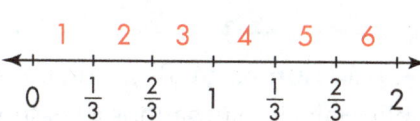

Usa el dibujo para hallar los cocientes en los Ejercicios **1** y **2**.

1. ¿Cuántos quintos hay en 1? ____

   $1 \div \frac{1}{5} =$ ____

2. ¿Cuántos quintos hay en 4? ____

   $4 \div \frac{1}{5} =$ ____

Halla los cocientes en los Ejercicios **3** a **10**. Puedes hacer un dibujo o usar una recta numérica para ayudarte.

3. $12 \div \frac{1}{2} =$

4. $9 \div \frac{1}{4} =$

5. $3 \div \frac{1}{7} =$

6. $10 \div \frac{1}{10} =$

7. $20 \div \frac{1}{3} =$

8. $7 \div \frac{1}{5} =$

9. $6 \div \frac{1}{6} =$

10. $15 \div \frac{1}{2} =$

11. Usa la recta numérica. ¿Cuántos trozos de tubería de $\frac{1}{4}$ de yarda puedes cortar de un trozo de tubería de 1 yarda?

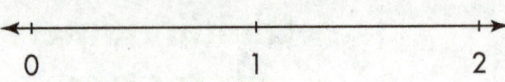

12. **Vocabulario** Define una fracción unitaria y luego da un ejemplo.

13. **Razonar** Fabricada en 2005, la bota de trabajo de cuero más grande del mundo mide 16 pies de altura. Una bota de trabajo común para hombre mide $\frac{1}{2}$ pie de altura. ¿Cuántas veces tiene la bota más grande la altura de una bota común?

14. **Razonamiento de orden superior** Explica cómo se puede hallar el cociente de la división de un número entero por una fracción unitaria.

15. **Sentido numérico** Busca un patrón en la tabla. Halla los sumandos y las sumas que faltan.

Sumandos	$\frac{1}{8}+\frac{1}{4}$	$\frac{1}{4}+\frac{1}{4}$	$\frac{3}{8}+\frac{1}{4}$	
Suma	$\frac{3}{8}$	$\frac{1}{2}$		

16. **Entender y perseverar** David hizo un diagrama de puntos de la cantidad de millas que recorrió en bicicleta durante dos semanas. ¿Cuántas millas recorrió en total?

Millas recorridas por día

Millas: 10, $10\frac{1}{2}$, 11, $11\frac{1}{2}$, 12, $12\frac{1}{2}$

✓ Evaluación

17. Omar tiene 8 tazas de harina de maíz. ¿Cuántas tandas de pastelitos de maíz puede hacer?

Ⓐ 4 tandas
Ⓑ 6 tandas
Ⓒ 16 tandas
Ⓓ 32 tandas

Recetas con harina de maíz

Plato	Cantidad necesaria
Pan de maíz	$\frac{3}{4}$ de taza por pan
Pastelitos de maíz	$\frac{1}{2}$ taza por tanda
Croquetas	$\frac{5}{8}$ de taza por tanda

Nombre _____

Resuélvelo y coméntalo

Ayer, el club de cocina hizo una bandeja de lasaña. Dejaron la mitad de la lasaña para que 4 miembros del club de fotografía la compartieran en partes iguales. ¿Qué fracción de la bandeja de lasaña recibió cada miembro del club de fotografía? *Resuelve este problema de la manera que prefieras.*

Lección 9-5
Dividir fracciones unitarias por números enteros distintos de cero

Puedo...
dividir una fracción unitaria por un número entero distinto de cero.

También puedo escoger y usar una herramienta matemática para resolver problemas.

Puedes usar herramientas apropiadas para mostrar cómo se divide lo que queda. ¡Muestra tu trabajo!

¡Vuelve atrás! **Representar con modelos matemáticos** ¿Qué ecuación puedes escribir para representar el problema?

Tema 9 | Lección 9-5   551

Pregunta esencial: ¿Cómo se puede representar la división de una fracción unitaria por un número entero?

A

Hay media bandeja de pan de maíz sobrante. Ann, Beth y Chuck compartirán lo que sobra en partes iguales. ¿Qué fracción del pan de maíz original recibe cada persona?

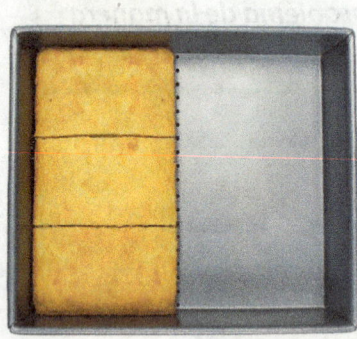

Puedes hacer un dibujo para representar $\frac{1}{2}$ pan de maíz.

B **Una manera**

Usa un modelo. Divide $\frac{1}{2}$ en 3 partes iguales.

$\frac{1}{2} \div 3$

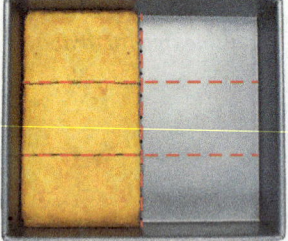

Cada parte contiene $\frac{1}{6}$ del entero.

$\frac{1}{2} \div 3 = \frac{1}{6}$

Cada persona recibe $\frac{1}{6}$ del pan de maíz.

C **Otra manera**

Usa una recta numérica. Sombrea $\frac{1}{2}$ en la recta numérica. Divide $\frac{1}{2}$ en 3 partes iguales.

$\frac{1}{2} \div 3$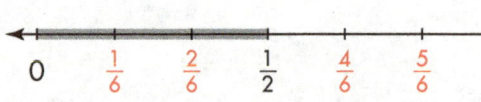

Cada parte es $\frac{1}{6}$.

$\frac{1}{2} \div 3 = \frac{1}{6}$

Cada persona recibe $\frac{1}{6}$ del pan de maíz.

¡Convénceme! **Razonar** En el ejemplo de arriba, ¿en qué se parece dividir por 3 a multiplicar por $\frac{1}{3}$?

Nombre _____

Práctica guiada

¿Lo entiendes?

1. En el ejemplo del comienzo de la página 552, supón que 4 personas compartirán la mitad del pan de maíz en partes iguales. ¿Qué fracción del pan de maíz original recibirá cada persona? Haz un dibujo o usa objetos para ayudarte.

2. **Generalizar** Cuando se divide una fracción unitaria por un número entero distinto de cero y mayor que 1, ¿el cociente será mayor o menor que la fracción unitaria?

¿Cómo hacerlo?

Halla los cocientes en los Ejercicios **3** a **6**. Usa dibujos u objetos para ayudarte.

3. $\frac{1}{4} \div 2$ 4. $\frac{1}{4} \div 4$

5. $\frac{1}{2} \div 2$ 6. $\frac{1}{2} \div 4$

Práctica independiente

Práctica al nivel Halla los cocientes en los Ejercicios **7** y **8**. Usa dibujos u objetos para ayudarte.

7. $\frac{1}{2} \div 5$

8. $\frac{1}{5} \div 2$

Dividir dibujos u objetos puede servir para dividir fracciones por un número entero.

Halla los cocientes en los Ejercicios **9** a **14**.

9. $\frac{1}{2} \div 7$ 10. $\frac{1}{4} \div 3$ 11. $\frac{1}{6} \div 2$

12. $\frac{1}{3} \div 4$ 13. $\frac{1}{4} \div 5$ 14. $\frac{1}{5} \div 3$

Puedes encontrar otro ejemplo en el Grupo C, página 577.   Tema 9 | Lección 9-5   **553**

Resolución de problemas

15. Vin, Corrie, Alexa y Joe compartieron en partes iguales un cuarto de un sándwich. ¿Qué fracción del sándwich original recibió cada amigo? Usa la recta numérica para ayudarte a hallar la respuesta.

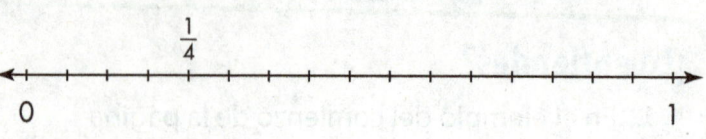

16. Sue tiene $\frac{1}{2}$ galón de leche para compartir en partes iguales entre cuatro personas. ¿Cuánta leche, en galones, debe darle a cada persona?

17. Construir argumentos Taryn dice que $\frac{1}{4}$ de una barra de cereal es más grande que $\frac{1}{3}$ de la barra de cereal. ¿Tiene razón? Explícalo.

18. Álgebra El sábado, Amir corrió $1\frac{3}{4}$ millas y Janie corrió $2\frac{1}{2}$ millas. ¿Quién corrió más? ¿Cuánto más? Escribe una ecuación para hallar d, la diferencia de las dos distancias.

19. Razonamiento de orden superior Cinco amigos compartieron en partes iguales la mitad de una pizza grande y $\frac{1}{4}$ de otra pizza grande. ¿Qué fracción de cada pizza recibió cada amigo? ¿Cómo son las dos cantidades comparadas entre sí?

✓ Evaluación

20. Jamie cortó una cuerda en tercios. Usó dos de los trozos para hacer un columpio. Usó longitudes iguales de la cuerda sobrante para hacer cuatro marcos de fotos. ¿Qué fracción de la cuerda original usó para cada marco de foto?

Ⓐ $\frac{1}{4}$

Ⓑ $\frac{1}{12}$

Ⓒ $\frac{1}{16}$

Ⓓ $\frac{3}{4}$

21. Hay medio pastel de manzana para que 5 miembros de una familia compartan en partes iguales. ¿Qué fracción del pastel original recibirá cada miembro de la familia?

Ⓐ $\frac{1}{10}$

Ⓑ $\frac{1}{7}$

Ⓒ $\frac{1}{3}$

Ⓓ $\frac{2}{5}$

Nombre _____

Tarea y práctica 9-5
Dividir fracciones unitarias por números enteros distintos de cero

¡Revisemos!

Silvio tiene $\frac{1}{3}$ de hoja de papel para carteles. Cuatro amigos compartirán el $\frac{1}{3}$ de hoja en partes iguales. ¿Qué fracción de la hoja original recibe cada amigo?

¿Cómo puedes dividir $\frac{1}{3}$ en 4 partes iguales?

Paso 1
Usa un dibujo.

Divide 1 hoja entera en 3 partes iguales.

Sombrea para mostrar el $\frac{1}{3}$ de Silvio.

Paso 2
Luego, divide cada tercio en 4 partes iguales.

Paso 3
Cuenta la cantidad total de partes. El total es el denominador.

$\frac{1}{12}$ ← la parte de cada amigo
    ← cantidad total de partes

Por tanto, cada amigo recibe $\frac{1}{12}$ de la hoja original.

Práctica al nivel Halla los cocientes en los Ejercicios **1** a **11**. Haz un dibujo o usa una recta numérica para ayudarte.

1. $\frac{1}{2} \div 4$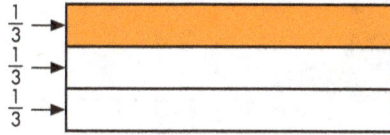

2. $\frac{1}{3} \div 2$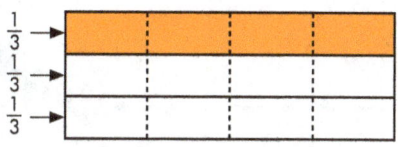

3. $\frac{1}{3} \div 5$

4. $\frac{1}{5} \div 3$

5. $\frac{1}{2} \div 5$

6. $\frac{1}{8} \div 2$

7. $\frac{1}{5} \div 4$

8. $\frac{1}{5} \div 2$

9. $\frac{1}{6} \div 4$

10. $\frac{1}{4} \div 3$

11. $\frac{1}{8} \div 2$

Tema 9 | Lección 9-5 555

12. Marge y Kimo comparten en partes iguales un cuarto que sobró de un pastel. ¿Qué fracción del pastel original recibió cada amigo? Usa el dibujo para ayudarte a hallar la solución.

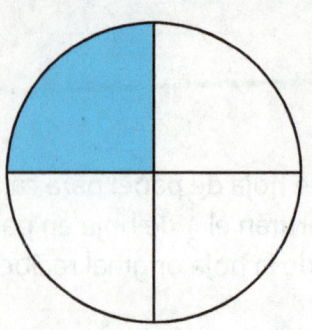

13. **Razonamiento de orden superior** Eve y Gerard tienen $\frac{1}{2}$ cartel para pintar cada uno. Eve divide su mitad en 6 secciones iguales y pinta una sección de azul. Gerard divide su mitad en 5 secciones iguales y pinta una sección de azul. ¿Quién tiene la sección azul más grande? Explícalo.

14. **Sentido numérico** ¿Qué dos números decimales tienen un producto que está cerca de 10?

    Usa números compatibles para ayudarte a hallar un producto.

15. **Razonar** Sin multiplicar, ordena los siguientes productos de menor a mayor.

    $2 \times \frac{3}{5}$ $\frac{1}{4} \times \frac{3}{5}$ $1\frac{2}{5} \times \frac{3}{5}$ $\frac{6}{6} \times \frac{3}{5}$

16. Tom quiere reemplazar una placa de yeso rectangular. Halla el área de la placa de yeso que Tom debe reemplazar.

Evaluación

17. La Sra. Sims cortó un melón en quintos. Le da una porción a cada uno de sus cuatro hijos. Luego usó cantidades iguales del melón que sobró para hacer tres copas de fruta. ¿Qué fracción del melón original usó la Sra. Sims para hacer cada copa de fruta?

    Ⓐ $\frac{1}{4}$
    Ⓑ $\frac{1}{12}$
    Ⓒ $\frac{1}{15}$
    Ⓓ $\frac{1}{20}$

18. Steven tiene $\frac{1}{3}$ de un paquete de mezcla para hacer galletas. Usará partes iguales de la mezcla para hacer tres tandas de galletas. ¿Qué fracción del paquete original usará para cada tanda?

    Ⓐ $\frac{1}{9}$
    Ⓑ $\frac{1}{6}$
    Ⓒ $\frac{1}{2}$
    Ⓓ $\frac{2}{3}$

Nombre _____

Resuélvelo y coméntalo

La familia Brown plantará flores en $\frac{1}{3}$ de su jardín, bayas en $\frac{1}{3}$ de su jardín y verduras en $\frac{1}{3}$ de su jardín. La sección de las verduras tiene partes iguales de zanahorias, cebollas, pimientos y tomates. ¿En qué fracción del jardín hay zanahorias plantadas? *Resuelve este problema de la manera que prefieras.*

Lección 9-6
Dividir números enteros y fracciones unitarias

Puedo...
dividir con fracciones unitarias.

También puedo razonar sobre las matemáticas.

Razonar
¿Cómo puedes mostrar partes iguales de cada verdura?

¡Vuelve atrás! **Representar con modelos matemáticos** Escribe una ecuación que represente el problema. Explica tu razonamiento.

Pregunta esencial: ¿Cómo se puede dividir con fracciones unitarias y números enteros?

A

Una compañía de electricidad planea instalar turbinas eólicas en 4 millas cuadradas de tierra. Cada turbina requiere $\frac{1}{6}$ de milla cuadrada de tierra. ¿Cuántas turbinas se pueden instalar?

Representa el problema con un dibujo o una ecuación para ayudarte.

B **Una manera**

Usa un modelo de área para mostrar 4 millas cuadradas. Divide cada milla cuadrada en 6 partes iguales para representar $\frac{1}{6}$ de milla cuadrada.

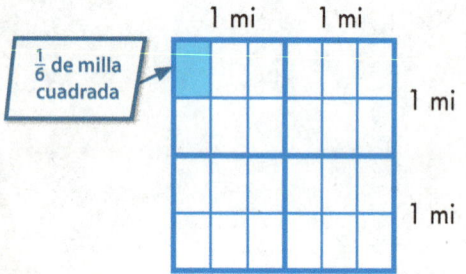

Hay 24 partes. Por tanto, cabrán 24 turbinas eólicas en el terreno.

C **Otra manera**

Usa una recta numérica para mostrar 4 enteros.

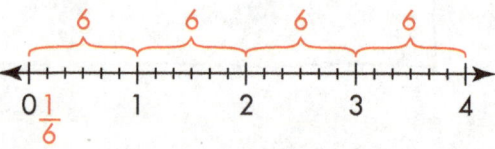

Hay 6 sextos en cada entero.

Por tanto, hay 24 sextos en 4 enteros.

Cabrán 24 turbinas eólicas en el terreno.

¡Convénceme! **Representar con modelos matemáticos** Usa un modelo de área para hallar $2 \div \frac{1}{4}$. Luego, usa la multiplicación para comprobar tu respuesta.

558   Tema 9 | Lección 9-6

Nombre _____

Otro ejemplo

Usa una recta numérica para hallar $\frac{1}{4} \div 6$.

Si divides $\frac{1}{4}$ en 6 segmentos iguales, ¿cuánto medirá cada segmento?

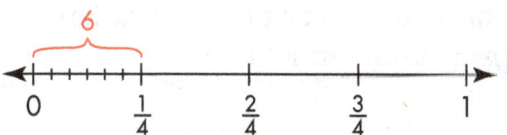

$\frac{1}{4} \div 6 = \frac{1}{24}$

Comprueba tu respuesta usando la multiplicación: $\frac{1}{24} \times 6 = \frac{1}{4}$.

Práctica guiada

¿Lo entiendes?

1. **Generalizar** Cuando divides un número entero por una fracción menor que 1, ¿el cociente será mayor o menor que el número entero?

2. Se dividen 4 millas cuadradas de tierra en secciones de $\frac{1}{2}$ milla cuadrada de área cada una. ¿Cuántas secciones hay?

   $4 \div \frac{1}{2}$

   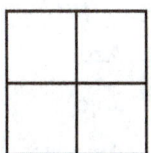

¿Cómo hacerlo?

Halla los cocientes en los Ejercicios **3** a **6**.

3. $2 \div \frac{1}{4}$ 4. $3 \div \frac{1}{4}$

5. $\frac{1}{6} \div 2$ 6. $2 \div \frac{1}{3}$

Dibuja una recta numérica o usa un modelo para ayudarte a hallar la respuesta.

Práctica independiente

Práctica al nivel Halla los cocientes en los Ejercicios **7** a **10**. Usa un modelo o una recta numérica para ayudarte.

7. $5 \div \frac{1}{2}$

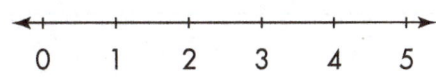

8. $\frac{1}{2} \div 5$

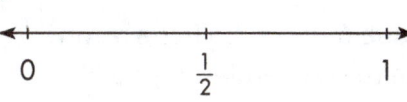

9. $6 \div \frac{1}{3}$

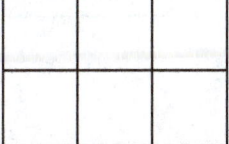

10. $\frac{1}{3} \div 6$

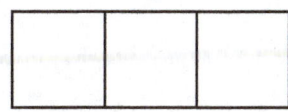

*Puedes encontrar otro ejemplo en el Grupo C, página 557.

Tema 9 | Lección 9-6   559

Resolución de problemas

11. Representar con modelos matemáticos Keiko dividió 5 tazas de leche en porciones de $\frac{1}{4}$ de taza. ¿Cuántas porciones de $\frac{1}{4}$ de taza tiene Keiko? Completa el dibujo para mostrar tu solución.

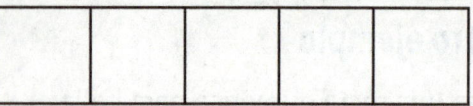

12. Álgebra La Srta. Allen tiene $\frac{1}{8}$ de bandeja de *brownies* para dividir entre 2 niños. Haz un dibujo para hallar la fracción, *f*, de la bandeja original de *brownies* que recibe cada niño. Escribe una ecuación para hallar *f* que represente la solución.

13. Un polígono regular tiene un perímetro de 2 pies. Si cada lado mide $\frac{1}{3}$ de pie, ¿cuál es el nombre del polígono?

Un polígono regular tiene lados de igual longitud y ángulos de igual medida.

14. Razonamiento de orden superior El Sr. Brent usa $\frac{1}{4}$ de taza de pintura azul y $\frac{1}{4}$ de taza de pintura amarilla para hacer una tanda de pintura verde. ¿Cuántas tandas de pintura verde puede hacer con la cantidad de pintura que le queda? Explica cómo hallaste la respuesta.

✓ Evaluación

15. Jordan dice que $6 \div \frac{1}{2} = 3$. ¿Tiene razón? Si no, justifica tu razonamiento y da el cociente correcto.

Nombre _____

Tarea y práctica 9-6
Dividir números enteros y fracciones unitarias

¡Revisemos!

Halla $8 \div \frac{1}{4}$.

Puedes usar un modelo de área para resolver el problema.

Primero, dibuja un rectángulo y divídelo en 8 partes iguales para representar 8 enteros.

Luego, usa otro color para dividir cada una de las 8 partes en cuartos, y cuenta la cantidad total de partes fraccionarias.

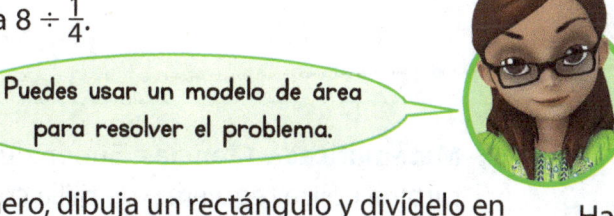

Hay 32 cuadrados pequeños; por tanto, sabes que $8 \div \frac{1}{4} = 32$.

Halla $\frac{1}{4} \div 8$.

También puedes dividir fracciones unitarias por números enteros.

Piensa: el cociente por el divisor tiene que ser igual al dividendo.

¿8 por cuánto es igual a $\frac{1}{4}$?

$\frac{1}{32} \times 8 = \frac{1}{4}$

Por tanto, $\frac{1}{4} \div 8 = \frac{1}{32}$.

Halla los cocientes en los Ejercicios **1** a **12**. Usa una recta numérica o un modelo para ayudarte.

1. $6 \div \frac{1}{2}$

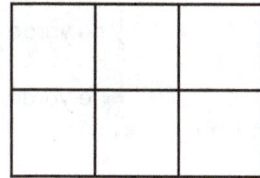

2. $4 \div \frac{1}{4}$

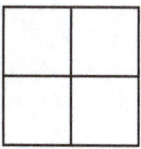

3. $5 \div \frac{1}{3}$

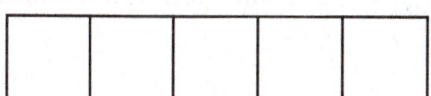

4. $\frac{1}{2} \div 6$

5. $\frac{1}{5} \div 2$

6. $\frac{1}{8} \div 3$

7. $\frac{1}{7} \div 8$

8. $5 \div \frac{1}{5}$

9. $\frac{1}{3} \div 9$

10. $\frac{1}{4} \div 8$

11. $6 \div \frac{1}{7}$

12. $\frac{1}{6} \div 5$

13. Cynthia tiene una madera que mide 6 pies de longitud. La corta en trozos de $\frac{1}{2}$ pie. ¿Cuántos trozos tiene Cynthia? Usa la recta numérica para resolver el problema.

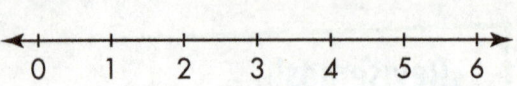

14. **Representar con modelos matemáticos** Gregg tiene una colección de monedas en un álbum de 275 páginas. Cada moneda ocupa $\frac{1}{6}$ de página. ¿Cuántas monedas llenarán el álbum?

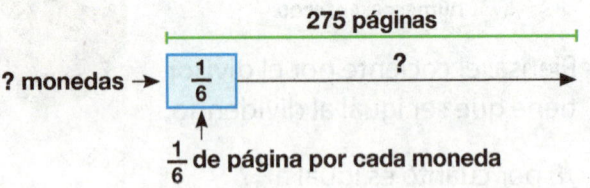

15. **Matemáticas y Ciencias** Supón que una turbina eólica requiere $\frac{1}{6}$ de milla cuadrada de tierra. ¿Cuántas turbinas se pueden construir en 8 millas cuadradas de tierra?

16. **Entender y perseverar** Meredith representó un problema de división en la recta numérica. ¿Qué problema de división representó? Halla el cociente.

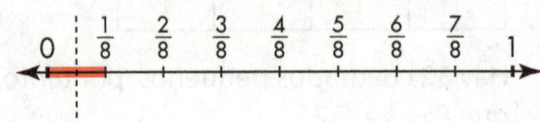

17. **Razonamiento de orden superior** Millie tiene 5 yardas de tela azul y 7 yardas de tela rosa. ¿Cuántos cuadrados de colcha puede hacer con la tela que tiene si se necesitan ambos colores para hacer un cuadrado? Explica tu razonamiento.

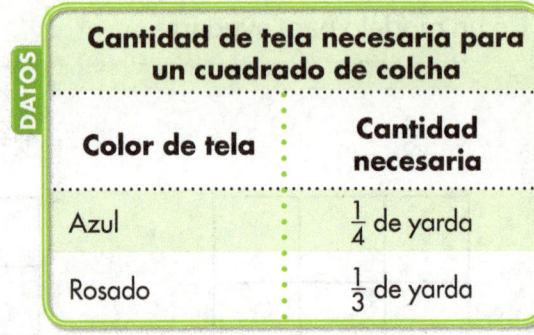

✓ Evaluación

18. Cindy dice que $\frac{1}{4} \div 12 = 3$. ¿Tiene razón? Si no, justifica tu razonamiento y da el cociente correcto.

Nombre _____

Lección 9-7
Resolver problemas usando la división

Resuélvelo y coméntalo Los organizadores de un recorrido turístico arquitectónico deben instalar mesas de informes cada $\frac{1}{8}$ de milla a lo largo del recorrido de 6 millas, con la primera ubicada a $\frac{1}{8}$ de milla del comienzo del recorrido. Cada mesa debe tener 2 carteles. ¿Cuántos carteles necesitan los organizadores? *Resuelve este problema de la manera que prefieras.*

Puedo... resolver problemas de división que tienen fracciones unitarias.

También puedo entender bien los problemas.

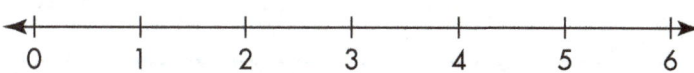

Entender y perseverar
¿Qué pasos necesitas hacer para resolver este problema?
¡Muestra tu trabajo!

¡Vuelve atrás! Razonar ¿Cómo te ayudó la recta numérica a resolver el problema?

 ¿Cómo se pueden resolver problemas de división con fracciones unitarias?

A

John quiere comprar láminas de madera prensada como las que se muestran para hacer cajas con tapas. Cada caja es un cubo que tiene aristas de $\frac{1}{3}$ de pie. ¿Cuántas láminas de madera prensada necesita John para hacer 5 cajas con tapas?

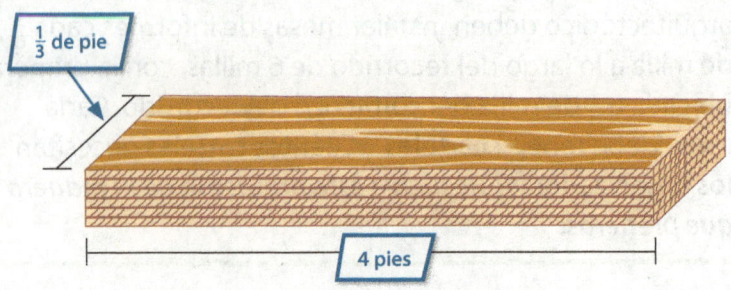

Recuerda que un cubo tiene 6 caras idénticas.

B
¿Qué sabes?
Se necesitan seis piezas de madera prensada para cada una de las 5 cajas.

Las cajas son cubos de $\frac{1}{3}$ de pie.

Cada lámina de madera prensada mide $\frac{1}{3}$ de pie de ancho y 4 pies de largo.

¿Qué se te pide que halles?
La cantidad de láminas de madera prensada que John necesita comprar.

C
Escribe una ecuación para ayudarte a responder cada pregunta.

1. ¿Cuántas piezas de madera prensada se necesitan para hacer 5 cajas con tapas?

   $5 \times 6 = 30$
   cajas   piezas   piezas
            por caja   en total

2. ¿Cuántas piezas se pueden cortar de 1 lámina de madera prensada?

   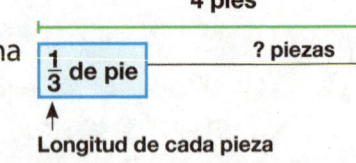

   $4 \div \frac{1}{3} = 12$

3. ¿Cuántas láminas de madera prensada necesita John para hacer 5 cajas con tapas?
   $30 \div 12 = 2 \text{ R}6$
   John necesita 3 láminas de madera prensada.

¡Convénceme! **Razonar** Escribe un problema de la vida diaria que se pueda resolver primero sumando 24 y 36 y luego, dividiendo por $\frac{1}{4}$. Halla la solución de tu problema y explica tu respuesta.

Nombre

Práctica guiada

¿Lo entiendes?

1. En el ejemplo al comienzo de la página 564, ¿por qué se respondieron preguntas adicionales para resolver el problema?

2. **Representar con modelos matemáticos** ¿Qué ecuaciones se usaron para resolver el ejemplo al comienzo de la página 564?

¿Cómo hacerlo?

3. Tamara necesita baldosas para hacer un borde en la pared de su baño. El borde tendrá 9 pies de largo y $\frac{1}{3}$ de pie de ancho. Cada baldosa mide $\frac{1}{3}$ de pie por $\frac{1}{3}$ de pie. Cada caja de baldosas contiene 6 baldosas. ¿Cuántas cajas de baldosas necesita Tamara? Escribe dos ecuaciones que se puedan usar para resolver el problema.

Práctica independiente

Escribe las ecuaciones necesarias para resolver cada problema. Luego, resuelve los problemas.

4. Robert quiere usar todos los ingredientes que se listan en la tabla para hacer una mezcla de nueces y frutas secas. ¿cuántos paquetes de $\frac{1}{2}$ libra puede hacer?

   Ecuaciones: _____

   Respuesta: _____

Ingrediente	Peso (en libras)
Manzanas secas	$2\frac{1}{2}$
Nueces	4
Pasas	$1\frac{1}{2}$

5. Rachel usó $\frac{2}{3}$ de un paquete de harina de maíz. Usará partes iguales de la mezcla sobrante para hacer 2 tandas de pan de maíz. ¿Qué fracción del paquete original usará Rachel para cada tanda?

   Ecuaciones: _____

   Respuesta: _____

*Puedes encontrar otro ejemplo en el Grupo D, página 578.

Tema 9 | Lección 9-7   565

Resolución de problemas

6. Entender y perseverar Sandra hará sopa de verduras. Si hace 12 tazas de sopa, ¿cuántas tazas de cebolla necesita? Usa la tabla de la derecha. Escribe las ecuaciones necesarias para resolver el problema. Luego, resuelve el problema.

Verdura	Cantidad necesaria para 3 tazas de sopa
Zanahorias	$\frac{1}{3}$ de taza
Cebollas	$\frac{1}{8}$ de taza
Arvejas	$\frac{1}{4}$ de taza

7. Emily debe comprar tela para hacer paños de cortina para las ventanas. Cada paño medirá 4 pies de largo y $\frac{1}{2}$ pie de ancho. Cada corte de tela que se puede comprar mide 4 pies de largo y 2 pies de ancho. ¿Cuántos paños puede hacer Emily con 1 corte de tela?

8. Álgebra Barry compra un paquete de fideos por $2.39 y un frasco de salsa de tomate por $3.09. Barry usa un cupón de $0.75 y un cupón de $0.50. ¿Cuál es el costo total de la compra de Barry? Escribe una expresión para mostrar tu trabajo.

9. Razonamiento de orden superior El Sr. Moss tenía 4 galones de pintura. Pintó 8 puertas. ¿Cuántos bancos puede pintar con la pintura que sobra? Muestra tu trabajo.

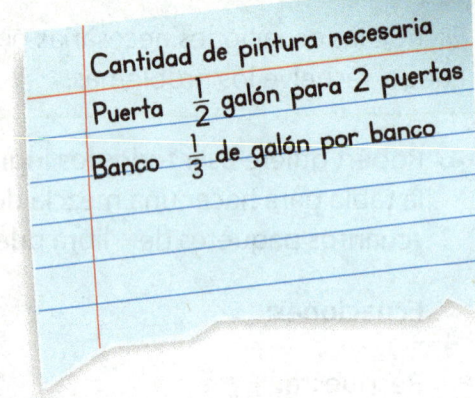

Cantidad de pintura necesaria
Puerta $\frac{1}{2}$ galón para 2 puertas
Banco $\frac{1}{3}$ de galón por banco

Evaluación

10. Sophia usa $\frac{1}{2}$ libra de harina blanca para hacer un pan y $\frac{1}{4}$ de harina repostera para hacer un pastel. ¿Qué opción muestra cuántos pasteles y panes puede hacer Sophia con la cantidad de harina que tiene?

Ⓐ 12 pasteles, 4 panes

Ⓑ 6 pasteles, 8 panes

Ⓒ 8 pasteles, 6 panes

Ⓓ 4 pasteles, 12 panes

Harina disponible	
Tipo de harina	Cantidad
Repostera	3 libras
Blanca	2 libras
Trigo integral	4 libras

Nombre _____

Tarea y práctica
9-7
Resolver problemas usando la división

¡Revisemos!

Nell participó en una caminata de beneficencia de 3 días. Por cada $\frac{1}{3}$ de milla caminada, Nell recaudó $0.50. El primer día, caminó 12 millas. El segundo día, caminó 8 millas. El tercer día, caminó 16 millas. ¿Cuánto dinero recaudó Nell?

¿Qué sabes?

Nell caminó 12 millas, 8 millas y 16 millas.

Recaudó $0.50 por cada $\frac{1}{3}$ de milla caminada.

¿Qué necesitas hallar?

Cuánto dinero recaudó Nell.

¿Cómo puedes usar lo que sabes para resolver el problema?

Escribe una ecuación para responder cada pregunta.

a ¿Cuál es la cantidad total de millas que caminó Nell?

Nell caminó $12 + 8 + 16 = 36$, o 36 millas.

b ¿Cuántos tercios de milla caminó Nell?

Nell caminó $36 \div \frac{1}{3} = 108$, o 108 tercios de milla.

c ¿Cuánto dinero recaudó Nell?

Nell recaudó $108 \times \$0.50 = \$54$.

Escribe las ecuaciones necesarias para resolver los problemas. Luego, resuélvelos.

¿Cuántos pasos necesitaste para resolver cada problema?

1. Anna planta arvejas en $\frac{3}{8}$ de su jardín, y planta hierbas en $\frac{1}{8}$ del jardín. Anna divide el resto del jardín en 6 secciones. ¿Qué fracción del jardín original representa cada sección?

   Ecuaciones: _____

   Respuesta: _____

2. Ryan tiene 4 tazas de jugo de uva, y Kelsey tiene 7 tazas de limonada. Quieren combinar lo que tienen para hacer refresco de frutas. ¿Cuántas porciones de $\frac{1}{2}$ taza de refresco pueden hacer?

   Ecuaciones: _____

   Respuesta: _____

3. **Hacerlo con precisión** Benjamín hace corbatas de moño. ¿Cuántas corbatas de moño de $\frac{1}{2}$ yarda de largo puede hacer si tiene 18 pies de tela?

4. El jardín rectangular de Cole tiene un área de 54 pies cuadrados. ¿Cuáles podrían ser las dimensiones del jardín?

5. **Entender y perseverar** Una tanda de refresco de frutas contiene $\frac{1}{4}$ de cuarto de jugo de uva y $\frac{1}{2}$ cuarto de jugo de manzana. Colby hace 9 tandas de refresco de frutas. ¿Cuánto jugo de uva usó para las 9 tandas?

6. **Razonamiento de orden superior** La Srta. James tiene un tablero de anuncios de 6 pies cuadrados y un tablero de anuncios de 12 pies cuadrados. Quiere cubrir ambos tableros con tarjetas de fichero sin que haya huecos ni tarjetas superpuestas. Cada tarjeta tiene un área de $\frac{1}{4}$ de pie cuadrado. ¿Cuántas tarjetas necesita la Srta. James?

7. **Sentido numérico** Craig tiene 36 onzas de harina sobrante en una bolsa, y 64 onzas de harina en otra bolsa. Usa la tabla de equivalencias para hallar cuántas tazas de harina tiene Craig en total.

Harina de hornear: Equivalencias

Cantidad de onzas	Cantidad de tazas
16	3.6
10	2.3
8	1.8

8. Doris usa 8 retazos cuadrados de tela para hacer una bufanda. Cada lado de un retazo cuadrado de tela mide $\frac{1}{4}$ de pie de longitud. Doris puede comprar piezas grandes de tela que miden $\frac{1}{4}$ de pie de longitud y 2 pies de ancho. ¿Cuántas piezas grandes debe comprar para hacer 7 bufandas? Muestra tu trabajo.

✓ Evaluación

9. Debbie corta una cuerda en sextos. Usa cinco de los trozos para hacer collares. Usa longitudes iguales de la cuerda que sobra para hacer cuatro pulseras. ¿Qué fracción de la cuerda original usó Debbie para cada pulsera?

Ⓐ $\frac{1}{6}$

Ⓑ $\frac{1}{12}$

Ⓒ $\frac{1}{16}$

Ⓓ $\frac{1}{24}$

Puedes hacer un dibujo para ayudarte.

Nombre _____

Resuélvelo y coméntalo

¿Qué observas con respecto a los cálculos siguientes? Haz una generalización sobre lo que observas. Completa los ejemplos restantes.

Resolución de problemas
Lección 9-8
Razonamientos repetidos

Puedo... observar la repetición en los cálculos y describir un método general para dividir números enteros y fracciones unitarias.

También puedo dividir fracciones y números enteros.

Ecuaciones de Sue	Ecuaciones de Randy
$4 \div \frac{1}{3} = 12$	$\frac{1}{3} \div 4 = \frac{1}{12}$
$8 \div \frac{1}{10} = 80$	$\frac{1}{10} \div 8 = \frac{1}{80}$
$5 \div \frac{1}{4} = 20$	$\frac{1}{4} \div 5 = \frac{1}{20}$
$12 \div \frac{1}{2} = $ ___	$\frac{1}{2} \div 12 = $ ___
$6 \div \frac{1}{100} = $ ___	$\frac{1}{100} \div 6 = $ ___

Hábitos de razonamiento

¡Razona correctamente! Estas preguntas te pueden ayudar.

- ¿Se repiten algunos cálculos?
- ¿Puedo hacer generalizaciones a partir de los ejemplos?
- ¿Qué métodos cortos puedo ver en el problema?

¡Vuelve atrás! **Generalizar** Prueba tu método general escribiendo otro par de ecuaciones como las de Sue y Randy.

Pregunta esencial: ¿Cómo se pueden usar los razonamientos repetidos para dividir números enteros y fracciones unitarias?

A

Ali cortó una tabla de 4 pies en trozos de $\frac{1}{2}$ pie. Contó 8 trozos.

Luego, cortó una tabla de $\frac{1}{2}$ pie en 4 trozos iguales. Cada trozo medía $\frac{1}{8}$ de pie.

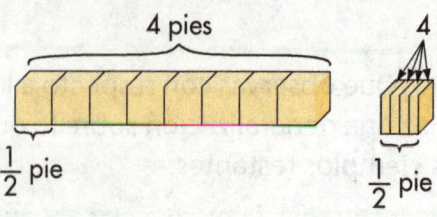

Estudia las ecuaciones siguientes. ¿Qué generalizaciones puedes hacer? Explícalo.

$$4 \div \frac{1}{2} = 8 \qquad \frac{1}{2} \div 4 = \frac{1}{8}$$

$$4 \times 2 = 8 \qquad \frac{1}{2} \times \frac{1}{4} = \frac{1}{8}$$

¿Qué necesito hacer?
Necesito entender las ecuaciones y hacer generalizaciones sobre ellas.

B
¿Cómo puedo hacer una generalización partiendo de los razonamientos repetidos?

Puedo
- buscar cosas que se repitan en el problema.
- probar si mi generalización funciona con otros números.

C
Veo que

$$4 \div \frac{1}{2} = 4 \times 2, \text{ y } \frac{1}{2} \div 4 = \frac{1}{2} \times \frac{1}{4}.$$

Comprueba si la misma relación se aplica a otros números.

$$10 \div \frac{1}{3} = 30, \text{ y } 10 \times 3 = 30$$

$$\frac{1}{3} \div 10 = \frac{1}{30}, \text{ y } \frac{1}{3} \times \frac{1}{10} = \frac{1}{30}$$

Dividir un número entero por una fracción unitaria es lo mismo que multiplicar un número entero por el denominador de la fracción unitaria.

Dividir una fracción unitaria por un número entero distinto de cero es lo mismo que multiplicar la fracción unitaria por una fracción unitaria con el número entero como denominador.

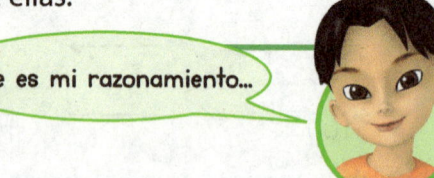
Este es mi razonamiento...

¡Convénceme! Generalizar Marcus hizo la siguiente generalización: $12 \div \frac{1}{5} = \frac{1}{12} \times \frac{1}{5}$. ¿Tiene razón? Explícalo.

570   Tema 9 | Lección 9-8

Nombre _____

✨ Práctica guiada

Razonamientos repetidos

Nathan tiene dos tablas de 8 pies. Nathan corta una tabla en trozos de $\frac{1}{4}$ de pie. Corta la otra tabla en trozos de $\frac{1}{2}$ pie.

> Los **razonamientos repetidos** te pueden ayudar a hallar un método general para resolver problemas del mismo tipo.

1. Escribe y resuelve una ecuación de división para hallar cuántos trozos de $\frac{1}{4}$ de pie se pueden cortar de una tabla de 8 pies. Explica tu razonamiento.

2. Halla cuántos trozos de $\frac{1}{2}$ pie se pueden cortar de una tabla de 8 pies. ¿Puedes repetir el método que usaste en el Ejercicio 1 para resolver este problema? Explícalo.

✨ Práctica independiente

Razonamientos repetidos

La camioneta de un paisajista está cargada con $\frac{1}{2}$ tonelada de grava. La grava se repartirá en partes iguales en 3 proyectos.

> Recuerda que el método para dividir un número entero por una fracción unitaria es diferente del método para dividir una fracción unitaria por un número entero.

3. Escribe y resuelve una ecuación de división para hallar cuánta grava recibirá cada proyecto. Explica tu razonamiento.

4. Supón que otra camioneta está cargada con $\frac{1}{2}$ tonelada de grava. Halla cuánta grava recibirá cada proyecto si la $\frac{1}{2}$ tonelada de grava se reparte en partes iguales entre 8 proyectos. ¿Puedes repetir el método que usaste en el Ejercicio 3 para resolver este problema? Explícalo.

*Puedes encontrar otro ejemplo en el Grupo E, página 578.

Resolución de problemas

Evaluación del rendimiento

Alimento para mascotas
Karl tiene un gato y un perro. Karl compra una bolsa de alimento para gatos y una bolsa de alimento para perros. ¿Cuántas porciones de $\frac{1}{4}$ de lb de alimento para gatos puede hacer con una bolsa? ¿Cuántas porciones de $\frac{1}{2}$ lb de alimento para perros puede hacer con una bolsa?

DATOS	Alimento para mascotas	Tamaño de la bolsa
	Peces	5 lb
	Gatos	12 lb
	Perros	20 lb

5. **Evaluar el razonamiento** Karl cree que podrá hacer más porciones de alimento para perros que de alimento para gatos porque la bolsa de alimento para perros pesa más que la bolsa de alimento para gatos. ¿Estás de acuerdo con el razonamiento? Explícalo.

6. **Representar con modelos matemáticos** Escribe una ecuación de división y una de multiplicación que Karl podría usar para hallar la cantidad de porciones de alimento para gatos que hay en una bolsa.

> Cuando usas los razonamientos repetidos, observas las repeticiones en los cálculos.

7. **Generalizar** ¿Qué generalización puedes hacer que relacione la ecuación de división con la ecuación de multiplicación que escribiste en el Ejercicio 6?

8. **Razonamientos repetidos** Halla cuántas porciones de alimento para perros hay en una bolsa. ¿Puedes repetir el método que usaste en el Ejercicio 6 para resolver este problema? Explícalo.

Nombre _____

Tarea y práctica 9-8
Razonamientos repetidos

¡Revisemos!
Estudia cada grupo de problemas. Luego, haz una generalización sobre cada grupo.

Grupo A

$\frac{1}{4} \div 6 = \frac{1}{24}$ $\frac{1}{4} \times \frac{1}{6} = \frac{1}{24}$

$\frac{1}{3} \div 5 = \frac{1}{15}$ $\frac{1}{3} \times \frac{1}{5} = \frac{1}{15}$

Grupo B

$6 \div \frac{1}{4} = 24$ $6 \times 4 = 24$

$5 \div \frac{1}{3} = 15$ $5 \times 3 = 15$

Los **razonamientos repetidos** te pueden ayudar a hallar métodos generales para resolver problemas de división que tengan fracciones unitarias y números enteros.

Grupo A

$\frac{1}{4} \div 6 = \frac{1}{4} \times \frac{1}{6}$

$\frac{1}{3} \div 5 = \frac{1}{3} \times \frac{1}{5}$

Generalización:
Dividir una fracción unitaria por un número entero distinto de cero es lo mismo que multiplicar la fracción unitaria por una fracción unitaria con el número entero como denominador.

Grupo B

$6 \div \frac{1}{4} = 6 \times 4$

$5 \div \frac{1}{3} = 5 \times 3$

Generalización:
Dividir un número entero por una fracción unitaria es lo mismo que multiplicar un número entero por el denominador de la fracción unitaria.

La Sra. Miller llevó 7 manzanas a un picnic. Cortó cada manzana por la mitad. ¿Cuántas partes tiene ahora la Sra. Miller?

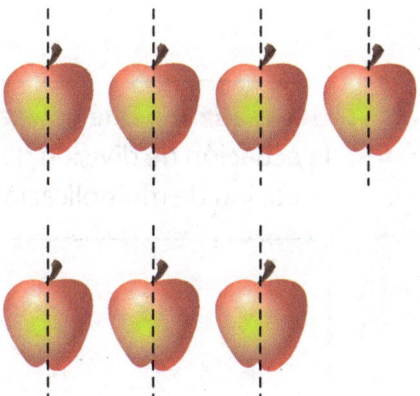

1. Escribe y resuelve una ecuación de división para hallar la cantidad total de partes de manzana. Explica tu razonamiento.

2. Supón que la Sra. Miller decide cortar cada manzana en cuartos en vez de en mitades. Halla cuántas partes de manzana tendría. ¿Puedes repetir el método que usaste en el Ejercicio 1 para resolver este problema? Explícalo.

3. Cuando divides un número entero por una fracción unitaria, ¿cómo es el cociente en comparación con el número entero? Explícalo.

Evaluación del rendimiento

Proyecto de manualidades
María tiene el carrete de cinta que se muestra a la derecha y $\frac{1}{2}$ yarda de tela para un proyecto de arte. Quiere cortar la cinta en 6 trozos iguales. ¿Cuánto mide de largo cada trozo de cinta?

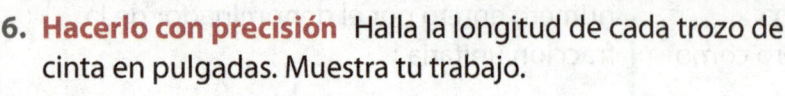

4. **Representar con modelos matemáticos** Halla la longitud de cada trozo de cinta en yardas. Escribe una ecuación de división para representar el problema.

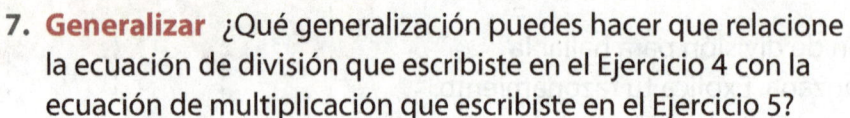

5. **Razonar** Explica cómo puedes usar la multiplicación para comprobar tu respuesta del Ejercicio 4.

6. **Hacerlo con precisión** Halla la longitud de cada trozo de cinta en pulgadas. Muestra tu trabajo.

7. **Generalizar** ¿Qué generalización puedes hacer que relacione la ecuación de división que escribiste en el Ejercicio 4 con la ecuación de multiplicación que escribiste en el Ejercicio 5?

Los **razonamientos repetidos** te pueden ayudar a hallar métodos cortos.

8. **Razonamientos repetidos** María tiene $\frac{1}{3}$ de yarda de cinta dorada. Quiere cortar la cinta en 2 partes iguales. ¿Cuánto medirá cada parte de cinta dorada en yardas? ¿Puedes repetir el método que usaste en el Ejercicio 4 y 5 para resolver este problema? Explícalo.

574 Tema 9 | Lección 9-8

Nombre _____

Resuelve cada problema. Sigue los problemas cuya respuesta sea 3,456 para sombrear una ruta que vaya desde la **SALIDA** hasta la **META**. Solo te puedes mover hacia arriba, hacia abajo, hacia la derecha o hacia la izquierda.

TEMA 9 — **Actividad de práctica de fluidez**

Puedo... multiplicar números enteros de varios dígitos.

Salida

576 × 6	101 × 34	350 × 16	436 × 16	127 × 28
96 × 36	462 × 13	64 × 54	48 × 72	144 × 24
108 × 32	192 × 18	288 × 12	82 × 42	216 × 16
303 × 12	317 × 48	456 × 11	2,586 × 12	128 × 27
66 × 51	286 × 40	360 × 36	230 × 56	384 × 9

Meta

Tema 9 | Actividad de práctica de fluidez 575

TEMA 9 Repaso del vocabulario

Lista de palabras
- cociente
- dividendo
- divisor
- factor
- fracción unitaria
- operaciones inversas
- producto

Comprender el vocabulario

Escribe *siempre*, *a veces* o *nunca*.

1. Un número entero dividido por una fracción menor que 1 es un número mixto. _____

2. La respuesta de un problema de división es mayor que el dividendo. _____

3. Una fracción menor que 1 dividida por un número entero es un número entero. _____

4. Dividir por $\frac{1}{2}$ significa que estás hallando cuántas mitades hay en el dividendo. _____

5. El dividendo es el número mayor en un problema de división. _____

6. Un número entero se puede escribir como una fracción con 1 como denominador. _____

Traza una línea desde cada número de la columna A hasta la respuesta correcta en la columna B.

Columna A	Columna B
7. $\frac{1}{3} \div 6$	12
8. $3 \div \frac{1}{2}$	2
9. $2 \div \frac{1}{6}$	6
10. $\frac{1}{6} \div 2$	$\frac{1}{18}$
	$\frac{1}{12}$

Usar el vocabulario al escribir

11. Explica cómo usar lo que sabes sobre la división con números enteros para comprobar tu trabajo al dividir con fracciones. Usa al menos tres términos de la Lista de palabras en tu explicación.

Nombre _____

TEMA 9 — Refuerzo

Grupo A — páginas 527 a 532, 533 a 538

Puedes representar la fracción $\frac{3}{4}$ como una división.

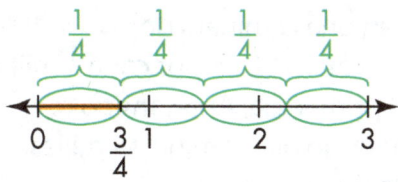

Piensa: $\frac{1}{4}$ de 3 enteros.

Por tanto, $\frac{3}{4} = 3 \div 4$.

Recuerda que cualquier fracción se puede representar como la división del numerador por el denominador.

Escribe una expresión de división para cada fracción.

1. $\frac{7}{9}$ 2. $\frac{11}{17}$ 3. $\frac{10}{3}$

Escribe las expresiones como una fracción o un número mixto.

4. $7 \div 12$ 5. $13 \div 20$

6. $9 \div 5$ 7. $17 \div 7$

Grupo B — páginas 539 a 544, 545 a 550

Una tabla de 4 pies se corta en trozos que miden $\frac{1}{2}$ pie de longitud. ¿Cuántos trozos hay?

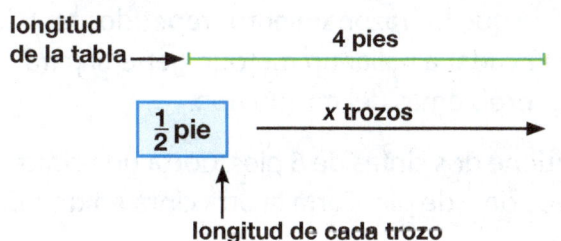

$4 \div \frac{1}{2} = 4 \times 2 = 8$

Hay 8 trozos.

Recuerda que puedes usar la multiplicación para comprobar tu respuesta.

1. Un área de juego de 12 pies de largo está marcada en secciones de $\frac{1}{5}$ de pie de largo para un juego. ¿Cuántas secciones hay?

2. Un paquete de maníes de 4 libras se divide en paquetes de $\frac{1}{4}$ de libra. ¿Cuántos paquetes de $\frac{1}{4}$ de libra hay?

Grupo C — páginas 551 a 556, 557 a 562

Halla $\frac{1}{2} \div 4$.

Usa una recta numérica. Divide $\frac{1}{2}$ en 4 partes iguales.

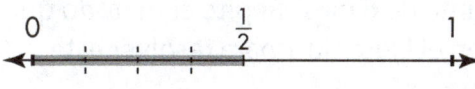

Cada parte es $\frac{1}{8}$.

Por tanto, $\frac{1}{2} \div 4 = \frac{1}{8}$.

Recuerda que puedes usar objetos o una recta numérica para ayudarte a dividir.

1. $\frac{1}{3} \div 2$ 2. $\frac{1}{7} \div 7$

3. $\frac{1}{2} \div 8$ 4. $\frac{1}{8} \div 2$

5. $7 \div \frac{1}{2}$ 6. $25 \div \frac{1}{6}$

Tema 9 | Refuerzo   577

Grupo D — páginas 563 a 568

Helen tiene $97 en monedas de 25¢ y 50¢. Tiene $13 en monedas de 25¢. ¿Cuántas monedas de 50¢ tiene Helen?

¿Cuánto dinero tiene Helen en monedas de 50¢?

$97	
$13	?

$97 − $13 = $84

¿Cuántas monedas de 50¢ hay en $84?

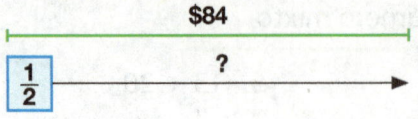

$84 ÷ $\frac{1}{2}$ = 84 × 2 = 168

Helen tiene 168 monedas de 50¢.

Recuerda que debes leer el problema con atención y asegurarte de que respondes la pregunta correcta y que tu respuesta tiene sentido.

1. Ana participó en una caminata de beneficencia. Recaudó $0.25 por cada $\frac{1}{2}$ milla que caminó. El primer día, Ana caminó 11 millas. El segundo día, caminó 14 millas. ¿Cuánto dinero recaudó Ana?

2. El Sr. Holms usó $\frac{4}{5}$ de un envase de jugo de naranja. Usó cantidades iguales del jugo que le sobró para servir dos porciones. ¿Qué fracción del envase entero de jugo usó el Sr. Holms para cada porción?

Grupo E — páginas 569 a 574

Piensa en estas preguntas para ayudarte a usar los **razonamientos repetidos** cuando resuelves problemas de división.

Hábitos de razonamiento
- ¿Se repiten algunos cálculos?
- ¿Puedo hacer generalizaciones a partir de los ejemplos?
- ¿Qué métodos cortos puedo ver en el problema?

Recuerda que los razonamientos repetidos te pueden ayudar a hallar un método general para resolver problemas del mismo tipo.

Teresa tiene dos cintas de 6 pies. Corta una cinta en trozos de $\frac{1}{4}$ de pie. Corta la otra cinta en trozos de $\frac{1}{2}$ pie.

1. ¿Cuántos trozos de $\frac{1}{4}$ de pie puede hacer Teresa con una cinta? Explícalo.

2. ¿Cuántos trozos de $\frac{1}{2}$ pie puede hacer Teresa con la cinta de 6 pies? Repite el método que usaste en el Ejercicio 1 para resolver este problema.

Nombre _____

TEMA 9 — Evaluación

1. Si el diámetro del tronco de un árbol crece $\frac{1}{4}$ de pulgada por año, ¿cuántos años tardará el tronco en crecer 8 pulgadas?

   Ⓐ 2 años
   Ⓑ 8 años
   Ⓒ 24 años
   Ⓓ 32 años

2. En las opciones 2a a 2d, escoge Sí o No para indicar si el número 4 hará que cada ecuación sea verdadera.

   2a. $1 \div 4 = \square$ ○ Sí ○ No
   2b. $5 \div \square = \frac{4}{5}$ ○ Sí ○ No
   2c. $\square \div 7 = \frac{4}{7}$ ○ Sí ○ No
   2d. $2 \div \square = \frac{1}{2}$ ○ Sí ○ No

3. La Sra. Webster quiere dividir la leche de la ilustración en porciones de $\frac{1}{3}$ de pinta. ¿Cuántas porciones se pueden hacer?

   6 pintas

4. ¿Cuántos octavos hay en 25?

5. Raven fabrica almohadas. Necesita $\frac{1}{5}$ de yarda de tela para cada almohada. Si Raven tiene 6 yardas de tela, ¿cuántas almohadas puede hacer? Usa la recta numérica.

   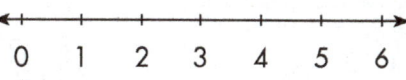

   Ⓐ $\frac{1}{30}$ de almohada
   Ⓑ $\frac{7}{5}$ almohadas
   Ⓒ 11 almohadas
   Ⓓ 30 almohadas

6. Un granjero tiene 24 acres de tierra. Quiere usar 6 acres para hacer una entrada y dividir la tierra restante en terrenos de $\frac{1}{3}$ de acre. ¿Cuántos terrenos de $\frac{1}{3}$ de acre tendrá el granjero?

   Ⓐ 6 terrenos
   Ⓑ 18 terrenos
   Ⓒ 54 terrenos
   Ⓓ 72 terrenos

7. Se compartió medio melón en partes iguales entre 3 personas. ¿Qué fracción del melón entero recibió cada persona? Explica cómo hallaste la respuesta.

8. Traza líneas para unir cada expresión de la izquierda con el cociente de la derecha.

   12 ÷ 5 — $\frac{5}{12}$

   12 ÷ $\frac{1}{5}$ — 60

   5 ÷ 12 — $\frac{1}{60}$

   $\frac{1}{5}$ ÷ 12 — $2\frac{2}{5}$

9. Escoge todas las expresiones que son igual a $\frac{1}{6}$.
   - ☐ 6 ÷ 1
   - ☐ 3 ÷ 18
   - ☐ 2 ÷ $\frac{1}{3}$
   - ☐ 1 ÷ 6
   - ☐ $\frac{1}{3}$ ÷ 2

10. Cecil y tres amigos corrieron una carrera de relevos de 15 millas. Cada amigo corrió la misma distancia. ¿Qué distancia corrió cada amigo?

    Ⓐ $\frac{4}{15}$ de milla

    Ⓑ $3\frac{1}{4}$ millas

    Ⓒ $3\frac{2}{3}$ millas

    Ⓓ $3\frac{3}{4}$ millas

11. La alfombra de Josie tiene un área de 18 pies cuadrados. Josie pondrá la alfombra en un piso que está cubierto con baldosas de $\frac{1}{3}$ de pie cuadrado. ¿Cuántas baldosas cubrirá la alfombra?

12. Ellen dice que $1\frac{2}{5}$ es igual a 5 ÷ 7. ¿Tiene razón? Explícalo.

13. Corey tiene $\frac{1}{4}$ de yarda de tela. Corey corta la tela en 2 partes iguales. Escribe una expresión para hallar la cantidad de yardas de cada parte de la tela.

14. Mira las ecuaciones siguientes.

    8 ÷ $\frac{1}{3}$ = ☐   2 ÷ $\frac{1}{9}$ = ☐

    8 × 3 = ☐   2 × 9 = ☐

    Parte A

    Escribe números en las casillas para que cada ecuación sea verdadera.

    Parte B

    ¿Qué generalización puedes hacer sobre las ecuaciones? Explícalo.

Nombre _____

Hacer muñecas de trapo

Julie y Erin harán muñecas de trapo para la feria de manualidades. La siguiente ilustración muestra algunos de los materiales que necesitan para cada muñeca.

TEMA 9

Evaluación del rendimiento

1. La tabla **Materiales de Julie y Erin** muestra las cantidades que tienen de algunos de los materiales que necesitan.

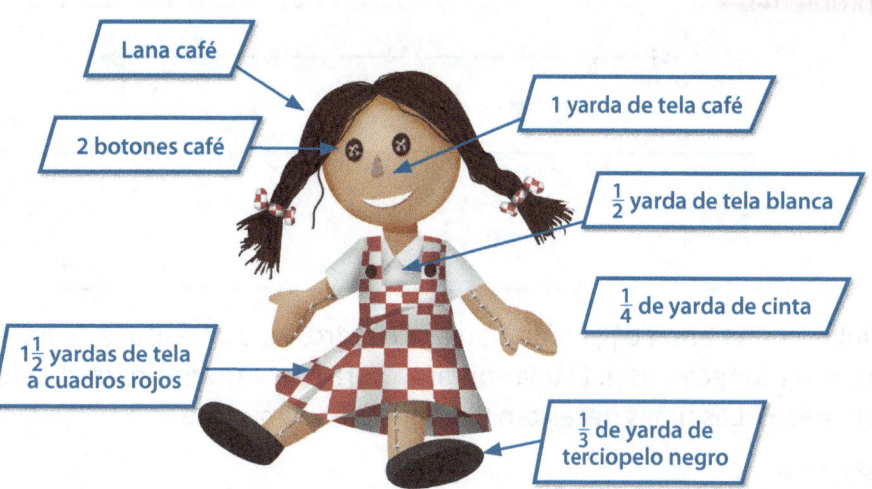

Parte A

Si Julie y Erin usan la lana café que tienen para hacer 4 muñecas, ¿cuánta lana pueden usar en cada muñeca? Muestra tu trabajo.

Materiales de Julie y Erin	
Material	**Cantidad**
Botones	9
Lana café	10 yd
Terciopelo negro	4 yd
Tela blanca	5 yd

Parte B

¿Cuántas muñecas pueden hacer Julie y Erin con la cantidad de terciopelo negro que tienen? Completa el modelo para representar el problema.

Parte C

¿Cuántas muñecas pueden hacer Julie y Erin con la cantidad de tela blanca que tienen? Escribe una ecuación para representar el problema. Usa la multiplicación para comprobar tu respuesta.

Tema 9 | Evaluación del rendimiento 581

Parte D

La cinta usada en cada muñeca se divide en 3 partes iguales. ¿Cuál es la longitud en yardas de cada parte? Completa la recta numérica para resolver el problema.

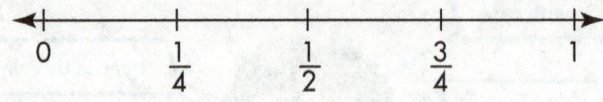

2. Julie y Erin tienen $6\frac{1}{3}$ yardas de tela a cuadros rojos. Después de hacer vestidos para 4 muñecas, usan la tela sobrante para hacer moños para el pelo de las muñecas. Las niñas necesitan 8 moños para 4 muñecas.

Parte A

¿Cuánta tela tienen Julie y Erin para cada moño? Explícalo.

Parte B

Julie escribió las ecuaciones de la derecha. ¿Cuál es el patrón de sus ecuaciones? Explica cómo se usa el patrón para hallar el cociente que hallaste en la parte A.

Ecuaciones de Julie

$\frac{1}{2} \div 3 = \frac{1}{2} \times \frac{1}{3} = \frac{1}{6}$

$\frac{1}{3} \div 3 = \frac{1}{3} \times \frac{1}{3} = \frac{1}{9}$

$\frac{1}{2} \div 4 = \frac{1}{2} \times \frac{1}{4} = \frac{1}{8}$

$\frac{1}{3} \div 4 = \frac{1}{3} \times \frac{1}{4} = \frac{1}{12}$

TEMA 10 Conceptos de volumen

Preguntas esenciales: ¿Qué significa el volumen de un sólido? ¿Cómo se puede hallar el volumen de un prisma rectangular?

Recursos digitales

 Resuelve   Aprende   Glosario   Amigo de práctica

 Herramientas   Evaluación  Ayuda Juegos

¡Usas energía las 24 horas, los 7 días de la semana! Desde que te levantas por la mañana hasta que envías mensajes de texto a tus amigos por la noche.

La energía química de los alimentos se transforma en energía mecánica para levantarse de la cama.

¡Eso sí que tiene energía! Y la energía química y mecánica mueven el autobús que me lleva a la escuela. Este es un proyecto sobre la energía diaria.

Proyecto de Matemáticas y Ciencias: Energía diaria

Investigar Usa la Internet u otros recursos para aprender más acerca de estos cinco tipos de energía: eléctrica, luminosa, mecánica, térmica y sonora. Haz una tabla sobre los distintos tipos de energía que usas todos los días. Incluye al menos un ejemplo de cómo usas cada tipo de energía.

Diario: Escribir un informe Incluye lo que averiguaste. En tu informe, también:

- dibuja un diagrama de tu salón de clases y rotula dónde y cómo se usan 3 tipos de energía.
- estima a qué distancia está tu escritorio de una fuente de energía luminosa y agrega esta dimensión a tu diagrama.
- usa tu diagrama para inventar y resolver problemas relacionados con mediciones, como el volumen de tu salón de clases.

Tema 10 583

Nombre _____

Repasa lo que sabes

Vocabulario

Escoge el mejor término del recuadro. Escríbelo en el espacio en blanco.

- compensación
- fracción unitaria
- productos parciales
- rectángulo

1. Ajustar un número para que sea más fácil calcular y equilibrar el ajuste cambiando otro número se llama _____.

2. Una fracción con un numerador de 1 se llama _____.

3. Un cuadrilátero con 2 pares de lados paralelos que tienen la misma longitud y 4 ángulos rectos es un _____.

Área

Halla el área de las figuras.

4.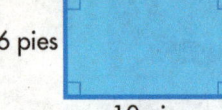
6 pies
10 pies

5.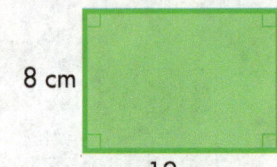
8 cm
12 cm

Operaciones

Halla los productos o cocientes.

6. 16×6

7. 3×42

8. $216 \div 3$

9. $128 \div 4$

10. $(5 \times 6) \times 3$

11. $(6 \times 6) \times 6$

12. Juani tiene dos tablas de madera de 12 pulgadas de longitud y dos tablas de madera de 16 pulgadas de longitud. ¿Cuál es la longitud combinada de todas las tablas de madera?

   Ⓐ 28 pulgadas   Ⓑ 32 pulgadas   Ⓒ 56 pulgadas   Ⓓ 192 pulgadas

Hallar el área

13. Niko usó fichas cuadradas para formar un rectángulo con dos filas y 7 fichas cuadradas en cada fila. Explica cómo puedes hallar el área del rectángulo.

584 Tema 10 | Repasa lo que sabes

Mis tarjetas de palabras

Usa los ejemplos de las palabras de las tarjetas para ayudarte a completar las definiciones que están al reverso.

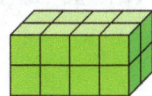

Multiplica la longitud por el ancho por la altura:
Volumen = 4 × 2 × 2 = 16 unidades cúbicas.

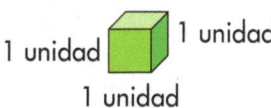

1 unidad   1 unidad
1 unidad

El volumen del cubo es 1 unidad cúbica

1 unidad   1 unidad
1 unidad

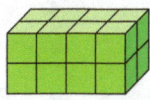

Fórmula del volumen de un prisma rectangular:
$$V = \ell \times a \times h$$
V = Volumen ℓ = longitud
a = ancho h = altura

Tema 10 | Mis tarjetas de palabras   585

Mis tarjetas de palabras

Completa cada definición. Para ampliar lo que aprendiste, escribe tus propias definiciones.

Un _____ es un sólido con seis cuadrados idénticos como caras.

El _____ es la cantidad de unidades cúbicas que se necesitan para llenar un sólido.

Un _____ es un cubo que mide 1 unidad por cada lado.

Una _____ es el volumen de un cubo que mide 1 unidad por cada lado.

Una _____ es una regla que usa símbolos para relacionar dos o más cantidades.

Un _____ es un sólido con seis caras rectangulares.

Nombre _____

Lección 10-1
Representar el volumen

Resuélvelo y coméntalo Gina construye un prisma rectangular con cubos de azúcar para el proyecto de su clase de arte. Comenzó haciendo un diagrama que tiene 4 cubos de altura y 4 cubos de longitud. ¿Cuántos cubos usa para hacer el prisma? *Resuelve este problema de la manera que prefieras.*

Puedo...
hallar el volumen de cuerpos geométricos.

También puedo escoger y usar una herramienta matemática para resolver problemas.

Usar herramientas apropiadas
Puedes hacer un dibujo para hallar la cantidad de cubos que caben en un prisma rectangular. ¡Muestra tu trabajo!

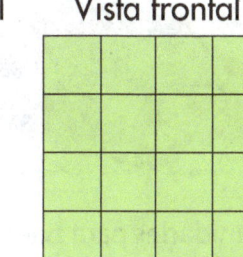

Vista lateral   Vista frontal

Vista superior

¡Vuelve atrás! **Razonar** Gina decidió cambiar su proyecto de arte y construir un prisma rectangular que mide 3 cubos de longitud, 4 cubos de ancho y 2 cubos de altura. Usa el dibujo para calcular la cantidad de cubos que usó.

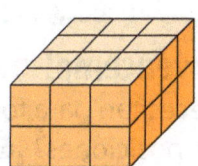

Tema 10 | Lección 10-1   587

Pregunta esencial: ¿Cómo se puede medir el espacio que hay dentro de un sólido?

A

El **volumen** es la cantidad de unidades cúbicas que se necesitan para llenar un sólido sin huecos ni superposiciones. Una **unidad cúbica** es el volumen de un **cubo** que mide 1 unidad de cada lado. ¿Cuál es el volumen de este **prisma rectangular**?

Cada cubo de un sólido es 1 unidad cúbica.

bloque de unidades

1 unidad   1 unidad
   1 unidad

B Usa bloques de unidades para hacer un modelo.

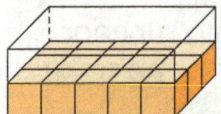

Cuenta la cantidad de bloques.

Hay 15 bloques de unidades en la capa inferior. El volumen de la capa inferior es 15 unidades cúbicas.

C Hay dos capas.

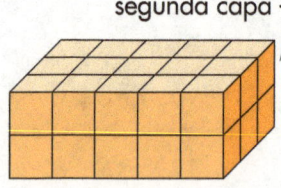

segunda capa

Multiplica el volumen de la capa inferior por 2.

El volumen del prisma es 2 × 15, o 30 unidades cúbicas.

¡Convénceme! **Razonar** En el siguiente dibujo, ¿cuántos bloques de unidades se necesitan para formar el prisma rectangular de la izquierda sin huecos ni superposiciones? ¿Cuántos bloques de 2 unidades se necesitan para hacer el prisma rectangular?

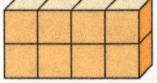

bloque de dos unidades

588   Tema 10 | Lección 10-1

Nombre _____

★Práctica guiada★

¿Lo entiendes?

1. Haz un modelo de un prisma rectangular con una capa inferior que mida 3 cubos de longitud por 3 cubos de ancho. Haz una capa superior igual a la capa inferior. Luego, dibuja tu modelo. ¿Cuál es el volumen?

2. **Vocabulario** ¿Cuál es la diferencia entre un bloque de unidades y una unidad cúbica?

¿Cómo hacerlo?

Usa bloques de unidades para hacer un modelo de los prismas rectangulares en los Ejercicios **3** y **4**. Halla el volumen.

3.

4.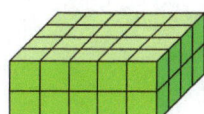

★Práctica independiente★

Halla el volumen de los sólidos en los Ejercicios **5** a **13**. Usa bloques de unidades como ayuda para resolver los problemas.

5.

6.

7.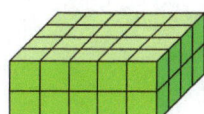

8.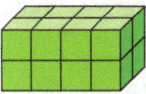

9.

10.

11.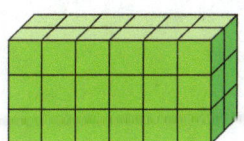

12.

13.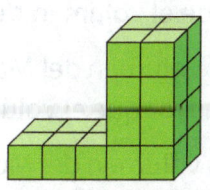

*Puedes encontrar otro ejemplo en el Grupo A, página 625.

Tema 10 | Lección 10-1   589

Resolución de problemas

Usa la tabla en los Ejercicios **14** a **18**.

Compara los volúmenes de los prismas.
Escribe >, < o = en cada ◯.

14. Prisma A ◯ Prisma B

15. Prisma B ◯ Prisma C

16. Prisma C ◯ Prisma A

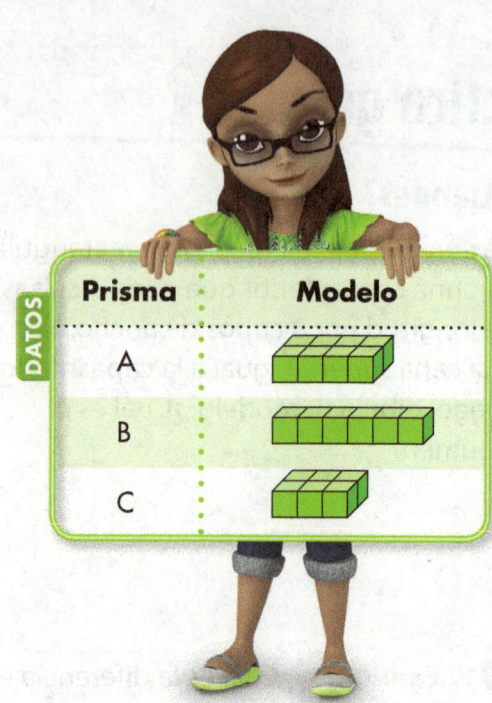

17. Si agregaras otra capa de bloques de unidades sobre el Prisma A, ¿cuál sería el volumen del nuevo sólido en unidades cúbicas?

18. Si colocaras el Prisma C encima del Prisma A, ¿cuál sería el volumen del nuevo sólido en unidades cúbicas?

19. **Razonar** En una elección, votaron 471 personas. El Candidato B recibió $\frac{2}{3}$ de los votos. ¿Cuántos votos recibió el Candidato B?

20. **Razonamiento de orden superior** El armario para guardar cosas de la Sra. Kellson mide 3 pies de longitud, 3 pies de ancho y 7 pies de altura. ¿Puede guardar en el armario 67 cajas de un volumen de 1 pie cúbico cada una? Explica tu respuesta.

Evaluación

21. Natalie hizo los siguientes sólidos con bloques de unidades. ¿Qué enunciado acerca de estos modelos es verdadero?

    Ⓐ   El Modelo X y el Modelo Y tienen el mismo volumen.

    Ⓑ   El volumen del Modelo X es 9 unidades cúbicas mayor que el volumen del Modelo Y.

    Ⓒ   El volumen del Modelo X es 19 unidades cúbicas mayor que el volumen del Modelo Y.

    Ⓓ   El volumen del Modelo X y el Modelo Y juntos es 45 unidades cúbicas.

Nombre _____

Tarea y práctica 10-1
Representar el volumen

¡Revisemos!

El **volumen** es la medida del espacio que hay dentro de un sólido.

El volumen se mide en unidades cúbicas.

Halla el volumen de este sólido contando la cantidad de bloques de unidades.

Hay 4 capas y hay 8 bloques en la capa inferior.
La cantidad total de bloques de unidades es 32.

Por tanto, el volumen es 32 unidades cúbicas.

Halla el volumen de los sólidos en los Ejercicios **1** a **9**. Usa bloques de unidades como ayuda para resolver los problemas.

1.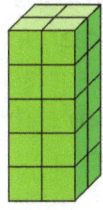

2.

3.

4.

5.

6.

7.

8.

9.

Usa la tabla en los Ejercicios **10** a **12**.

10. **Razonamiento de orden superior**
Completa la tabla. Muestra distintas maneras para que un prisma rectangular tenga un volumen de 12 unidades cúbicas.

11. **Buscar relaciones** Mira todas las filas de la tabla. ¿Qué patrón observas?

12. Usa la tabla como ayuda para resolver el problema. ¿Cuántos bloques de unidades se necesitan para hacer un modelo de un prisma rectangular de 4 unidades de longitud, 3 unidades de ancho y 2 unidades de altura?

Cantidad de bloques de longitud	Cantidad de bloques de ancho	Cantidad de bloques de altura
1	1	12
2	2	3
2	3	
2		1
3	1	
3	2	
3		1
4	1	
6		1

13. **Sentido numérico** Un edificio mide 509 pies de altura. Cada piso mide aproximadamente 14 pies de altura. Aproximadamente ¿cuántos pisos tiene el edificio?

14. **Razonar** Velma y Bruce combinaron los modelos que construyeron para crear un solo modelo. ¿Cómo pueden cambiar las partes para que los modelos tengan el mismo volumen? Explica tu razonamiento.

¿Necesitas una estimación o una respuesta exacta?

Evaluación

15. Los dos modelos que se muestran están hechos con bloques de 1 pulgada. ¿Qué enunciado sobre estos modelos es verdadero?

Ⓐ El Modelo Q y el Modelo R tienen el mismo volumen.
Ⓑ El volumen del Modelo R es mayor que el del Modelo Q.
Ⓒ El volumen del Modelo Q es 7 pulgadas cúbicas mayor que el volumen del Modelo R.
Ⓓ El volumen de los Modelos Q y R combinados es 54 pulgadas cúbicas.

Modelo Q   Modelo R

Nombre _____

Resuélvelo y coméntalo

Kevin necesita una pecera nueva para sus peces. En la tienda de mascotas hay una pecera en forma de prisma rectangular que mide 5 pies de longitud por 2 pies de ancho por 4 pies de altura. Kevin necesita una pecera con un volumen de al menos 35 pies cúbicos. ¿Será esta pecera suficientemente grande? *Resuelve este problema de la manera que prefieras.*

Lección 10-2
Desarrollar una fórmula de volumen

Puedo...
hallar el volumen de prismas rectangulares usando una fórmula.

También puedo entender bien los problemas.

Entender y perseverar Lee el problema con atención para estar seguro de que comprendes lo que debes hallar. ¡Muestra tu trabajo!

¡Vuelve atrás! **Evaluar el razonamiento** Malcolm dice que el volumen de la pecera cambiaría si las dimensiones fueran 2 pies de longitud, 4 pies de ancho y 5 pies de altura. ¿Estás de acuerdo? Explícalo.

Pregunta esencial: ¿Cómo se puede usar una fórmula para hallar el volumen de un prisma rectangular?

A

Recuerda que el volumen es la cantidad de unidades cúbicas (unidades³) que se necesitan para llenar un sólido sin huecos ni superposiciones.

Halla el volumen del prisma rectangular si cada unidad cúbica representa 1 pie cúbico.

3 unidades
4 unidades
6 unidades

Puedes hallar el volumen de un prisma rectangular contando bloques o usando una **fórmula**.

Una fórmula es una regla que usa símbolos para relacionar dos o más cantidades.

B

Si las dimensiones de un prisma rectangular se dan como longitud ℓ, ancho a y altura h, entonces usa esta fórmula para hallar el volumen V:

Volumen = longitud × ancho × altura

$V = (\ell \times a) \times h$ o $V = \ell \times (a \times h)$

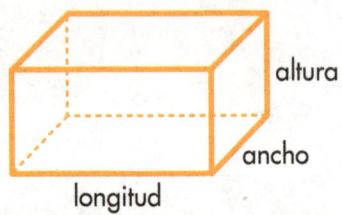
altura
ancho
longitud

Los factores de la fórmula se pueden reagrupar usando la propiedad asociativa.

C

Usa la fórmula para hallar el volumen del prisma rectangular.

$V = \ell \times a \times h$
$V = (6 \times 4) \times 3$
$V = 24 \times 3$
$V = 72$

3 pies
4 pies
6 pies

El volumen del prisma rectangular es 72 pies cúbicos o 72 pies³.

¡Convénceme! Razonar Da las dimensiones de un prisma rectangular distinto que también tenga un volumen de 72 pies³. Explica cómo lo hallaste.

594 Tema 10 | Lección 10-2

Nombre _____

★ Práctica guiada *

¿Lo entiendes?

1. En el ejemplo de la página 594, ¿puedes multiplicar primero el ancho por la altura? Explícalo.

2. **Representar con modelos matemáticos** Un bloque de madera mide 5 centímetros de longitud, 3 centímetros de ancho y 2 centímetros de altura. Dibuja un prisma rectangular para representar el bloque y rotúlalo. ¿Cuál es el volumen del bloque?

¿Cómo hacerlo?

Halla el volumen de los prismas rectangulares en los Ejercicios **3** y **4**.

3.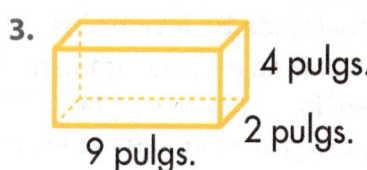

4.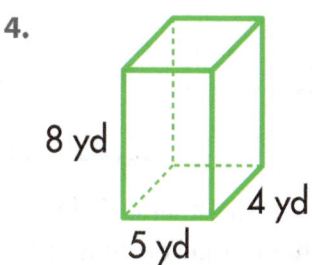

★ Práctica independiente ★

Halla el volumen de los prismas rectangulares en los Ejercicios **5** a **10**.

5.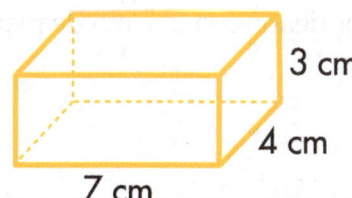

6.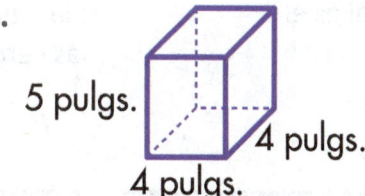

7.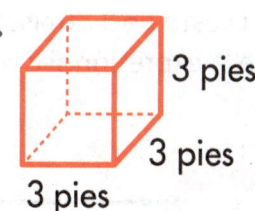

8.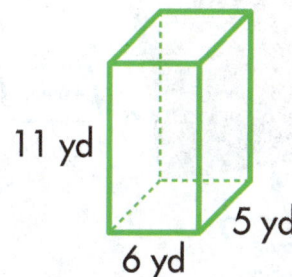

9.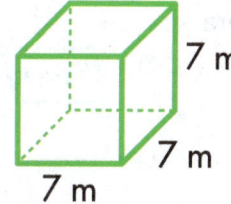

10.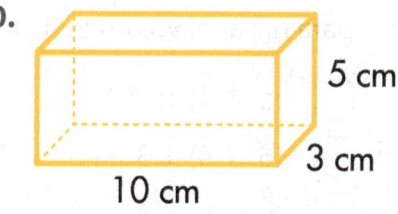

*Puedes encontrar otro ejemplo en el Grupo B, página 625. Tema 10 | Lección 10-2   595

Resolución de problemas

Usa el dibujo del diccionario en los Ejercicios 11 y 12.

11. El diccionario mide 3 pulgadas de espesor. ¿Cuál es el volumen del diccionario?

9 pulgs.

7 pulgs.

12. **Razonar** Una escuela pide 10 diccionarios. Cuestan $25 cada uno. La escuela también paga $15 por el envío. ¿Cuánto paga la escuela por los nuevos diccionarios? Muestra tu trabajo.

¿Qué operaciones debes usar para resolver este problema?

13. **Entender y perseverar** El Acuario de la Bahía de Monterrey tiene una ventana de observación que mide 56.5 pies de longitud, 17 pies de altura y 13 pulgadas de espesor. Estima el volumen en pies cúbicos. Recuerda que 12 pulgadas = 1 pie.

14. **Razonamiento de orden superior** ¿Cuál es la altura de un prisma rectangular cuyo volumen es 280 metros cúbicos y mide 8 metros de longitud y 7 metros de ancho? Muestra cómo hallaste la respuesta.

15. **Álgebra** Nat usó la expresión $3 \times c$ para hallar el costo de 3 camisetas. ¿Cuál es el valor de la expresión si $c = \$16$?

16. La altura de un árbol es 8.194 metros. ¿Cuál es la altura redondeada a la décima de metro más cercana?

 Evaluación

17. Marca todas las expresiones que se pueden usar para hallar el volumen de esta caja de madera.

- ☐ $(6 \times 4) \times 3$
- ☐ $(6 \times 4) + 3$
- ☐ 6×4
- ☐ $6 \times (4 \times 3)$
- ☐ $(4 \times 3) \times 6$

3 pulgs. 4 pulgs. 6 pulgs.

Nombre _____

Tarea y práctica 10-2
Desarrollar una fórmula de volumen

¡Revisemos!

¿Cuál es el volumen de un prisma rectangular que mide 2 centímetros de longitud, 4 centímetros de ancho y 3 centímetros de altura?

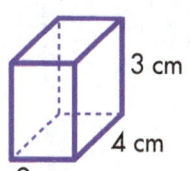

El volumen del prisma es el mismo ya sea que cuentes los bloques de unidades o multipliques sus dimensiones.

Un modelo con bloques de unidades sirve para mostrar el significado de ℓ, a y h.

ℓ = longitud
a = ancho
h = altura

ℓ = 2 cm a = 4 cm h = 3 cm

Inserta los valores de ℓ, a y h en la fórmula del volumen.

$V = \ell \times a \times h$
$V = (2 \times 4) \times 3$
$V = 8 \times 3$
$V = 24$

El volumen es 24 cm³.

Halla el volumen de los prismas rectangulares en los Ejercicios **1** a **6**.

1.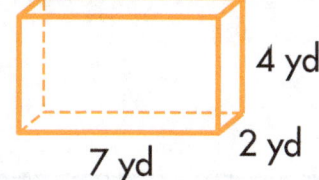
   4 yd, 2 yd, 7 yd

2.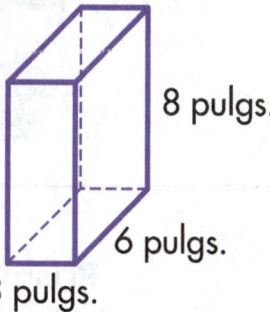
   8 pulgs., 6 pulgs., 3 pulgs.

3.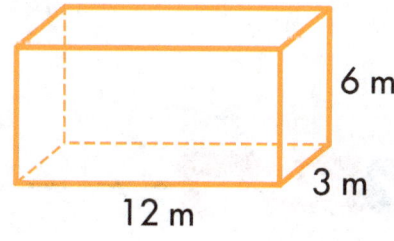
   6 m, 3 m, 12 m

4.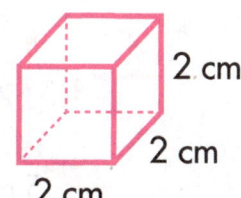
   2 cm, 2 cm, 2 cm

5.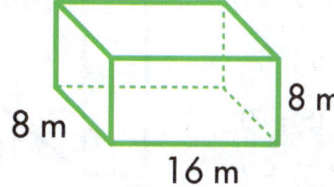
   8 m, 8 m, 16 m

6. 7 yd, 5 yd, 11 yd

Tema 10 | Lección 10-2   597

7. **Representar con modelos matemáticos** Escribe una expresión para el volumen del imán.

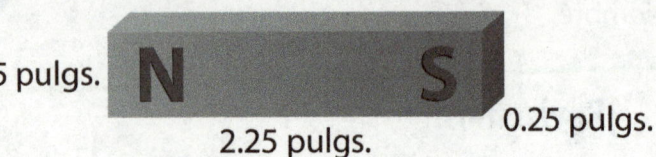

0.5 pulgs.
2.25 pulgs.
0.25 pulgs.

8. **Hacerlo con precisión** La puerta de entrada de una casa mide 80 pulgadas de altura. ¿Cuál es el volumen de la puerta?

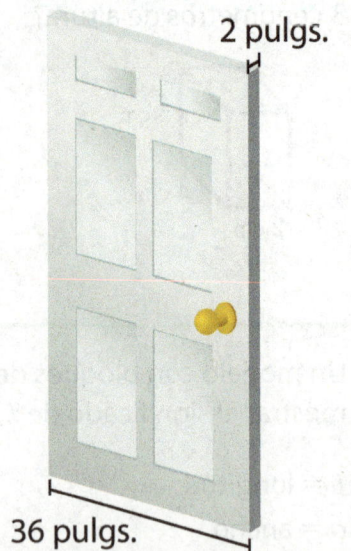

2 pulgs.
36 pulgs.

9. La puerta de un dormitorio tiene las mismas dimensiones que la puerta de entrada, pero la longitud es 30 pulgadas en lugar de 36 pulgadas. ¿Cuánto mayor es el volumen de la puerta de entrada que el de la puerta del dormitorio?

10. La sala de la casa tiene un área de 224 pies cuadrados y un ancho de 14 pies. ¿Cuál es la longitud de la sala?

11. **Razonamiento de orden superior** Un cubo tiene un volumen de 1,000 pies cúbicos. ¿Cuál es la longitud de un lado del cubo? Muestra cómo hallaste la respuesta.

12. Un cuadrilátero tiene todos los lados de la misma longitud y ningún ángulo recto. ¿Cómo se llama el cuadrilátero?

¿Qué cuadriláteros NO pueden ser este cuerpo?

✓ Evaluación

13. Marca todos los enunciados que sean verdaderos.

- ☐ Volumen del Prisma G = (4 + 10) + 12
- ☐ Volumen del Prisma G = 4 × (10 × 12)
- ☐ Volumen del Prisma H = 14 × 5 × 7
- ☐ Volumen del Prisma H = 14 × (5 + 7)
- ☐ Volumen del Prisma H = (14 × 5) + 7

Prisma rectangular G
12 m, 10 m, 4 m

Prisma rectangular H
7 m, 5 m, 14 m

Nombre _____

Resuélvelo y coméntalo

Rachel construyó un prisma rectangular con un volumen de 24 pulgadas cúbicas. Indica cinco dimensiones posibles para la longitud, el ancho y la altura del prisma. *Resuelve este problema de la manera que prefieras.*

ℓ	a	h	Volumen (pulgs.³)
			24
			24
			24
			24
			24

Lección 10-3
Volumen de los prismas

Puedo...
hallar el volumen de prismas de diferentes maneras.

También puedo buscar patrones para resolver problemas.

Puedes usar la estructura para hallar las dimensiones posibles del prisma. ¡Muestra tu trabajo!

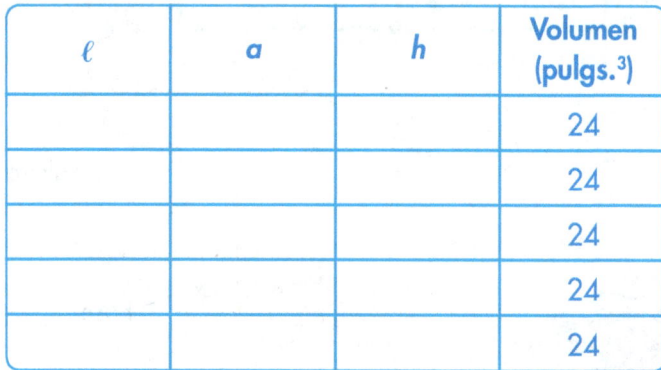

¡Vuelve atrás! **Razonar** Indica dimensiones posibles para la longitud y el ancho de la base del prisma si la altura es 2 pulgadas.

Tema 10 | Lección 10-3   599

Pregunta esencial: ¿Cómo se puede hallar el volumen de un prisma rectangular si se da el área de la base?

A

Carrie necesita saber cuánta arena se necesita para llenar un prisma rectangular para su proyecto de ciencias. El área de la base del prisma es 56 centímetros cuadrados. La altura del prisma es 6 centímetros. Sabes que $V = \ell \times a \times h$. Esta es otra fórmula para hallar el volumen de un prisma rectangular:

Volumen = $B \times h$, donde B es el área de la base.

Puedes hallar B, el área de la base del prisma rectangular, usando la fórmula del área $A = \ell \times a$.

B Halla el volumen del prisma rectangular si el área de su base es 56 centímetros cuadrados y su altura es 6 centímetros.

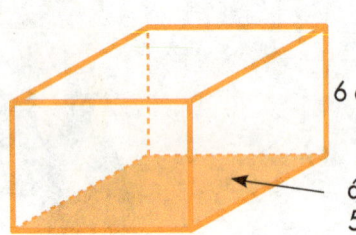

6 cm

área de la base: 56 centímetros cuadrados

$V = B \times h$
$V = 56 \times 6$
$V = 336$ cm^3

Por tanto, el volumen del prisma rectangular es 336 cm^3.

¡Convénceme! Razonar En el ejemplo de arriba, indica dimensiones posibles de la longitud y del ancho de la base del prisma rectangular. Explícalo.

Nombre

★Práctica guiada★

¿Lo entiendes?

1. **Generalizar** En el ejemplo de la parte superior de la página 600, ¿cuál es la figura de la base del prisma rectangular? ¿Cómo hallas el área de este tipo de figuras?

2. **Representar con modelos matemáticos** Una caja de cereal mide 6 pulgadas de longitud, 2 pulgadas de ancho y 10 pulgadas de altura. El área de la base es 12 pulgadas cuadradas. Dibuja y rotula un prisma rectangular para representar la caja. ¿Cuál es el volumen de la figura que dibujaste?

¿Cómo hacerlo?

Halla el volumen de los prismas rectangulares en los Ejercicios **3** y **4**.

3.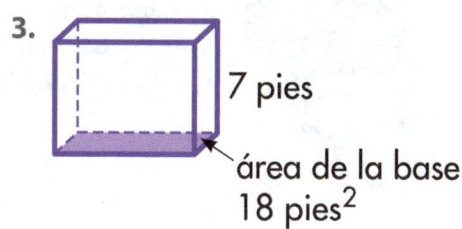
7 pies
área de la base: 18 pies^2

4.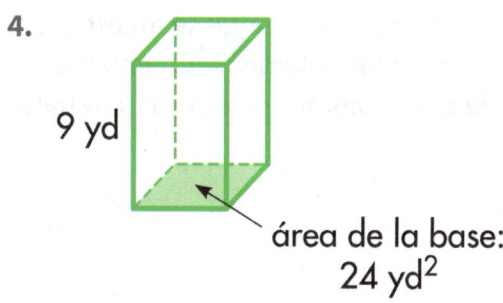
9 yd
área de la base: 24 yd^2

★Práctica independiente★

Halla el volumen de los prismas rectangulares en los Ejercicios **5** a **10**.

¡Recuerda que el volumen se mide en unidades cúbicas!

5.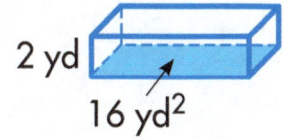
2 yd
16 yd^2

6.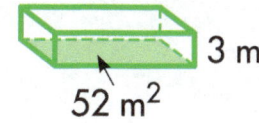
3 m
52 m^2

7.
5 pulgs.
4 pulgs.
11 pulgs.

8.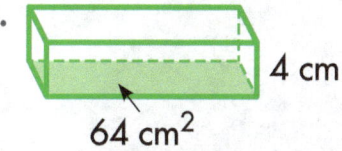
4 cm
64 cm^2

9.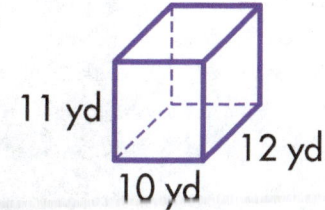
11 yd
12 yd
10 yd

10.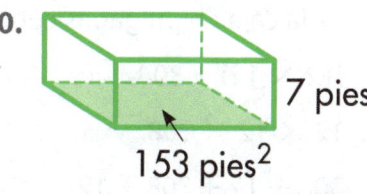
7 pies
153 pies^2

*Puedes encontrar otro ejemplo en el Grupo B, página 625.

Tema 10 | Lección 10-3   601

Resolución de problemas

11. **Entender y perseverar** Usa el dibujo de la cubeta para hacer hielo. Cada sección para un cubo de hielo tiene una base cuya área es 20 centímetros cuadrados. ¿Cuál es el volumen de todas las secciones para cubos de hielo de la cubeta?

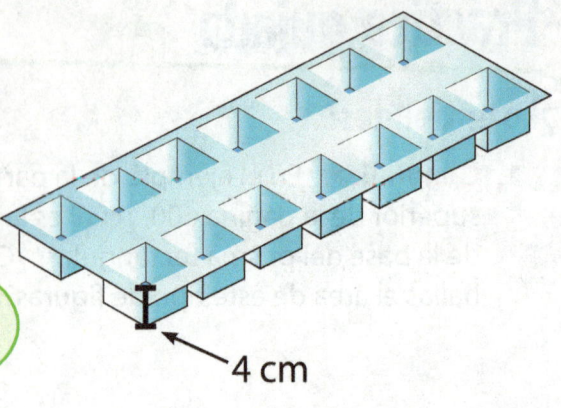

4 cm

¿Qué operación u operaciones necesitas usar para resolver este problema?

12. **Razonamiento de orden superior** Dos hornos tienen las dimensiones que se muestran. ¿Qué horno tiene más volumen? ¿Cuánto más grande es su volumen? Muestra tu trabajo.

Horno A — 15 pulgs. — área de la base: 576 pulgs.^{2}

Horno B — 14 pulgs. — área de la base: 672 pulgs.^{2}

13. **Razonar** El perímetro de un triángulo equilátero es 51 pies. ¿Cuál es la longitud de uno de sus lados? Explica tu trabajo.

14. **Sentido numérico** Harry espera en la fila de la tienda. Tiene 3 artículos que cuestan $5.95, $4.25 y $1.05. Explica cómo puede sumar Harry el costo de los artículos mentalmente antes de pagar por ellos.

Evaluación

15. ¿Qué expresión se puede usar para hallar el volumen de la caja en pulgadas cúbicas?

    Ⓐ (12 × 12) + 308
    Ⓑ 12 × 12 × 308
    Ⓒ 308 + 12 + 308 + 12
    Ⓓ 308 × 12

área de la base: 308 pulgs.^{2}

12 pulgs.

Nombre _____

Tarea y práctica
10-3
Volumen de los prismas

¡Revisemos!

¿Cuál es el volumen del prisma rectangular?

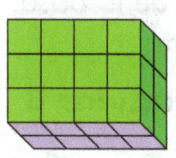

Usa la fórmula $V = B \times h$ y bloques como ayuda.

$V = B \times h$

  B = área de la base
  h = altura

¿Cuál es el área de la base?

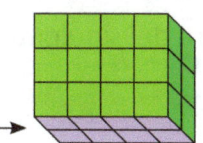

$A = \ell \times a$
$A = 4 \times 2$
$A = 8$ unidades^2

base →

¿Cuál es la altura, h?

3 unidades

El prisma mide 3 unidades de altura.

Usa los valores para completar la fórmula.

$V = B \times h$
$V = 8 \times 3$
$V = 24$ unidades^3

Halla el volumen de los prismas rectangulares en los Ejercicios **1** a **6**.

1.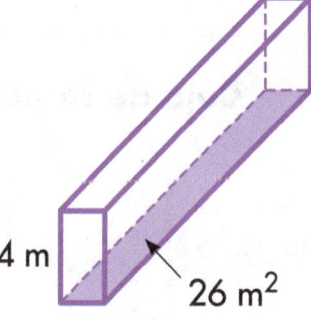
4 m, 26 m^2

2.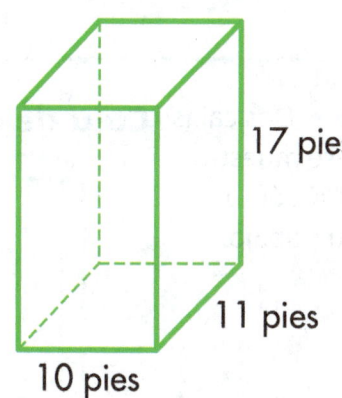
17 pies, 11 pies, 10 pies

3.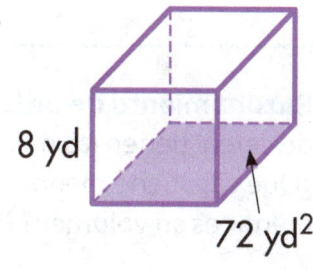
8 yd, 72 yd^2

4.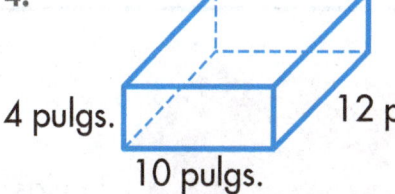
4 pulgs., 12 pulgs., 10 pulgs.

5.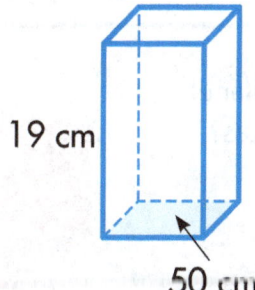
19 cm, 50 cm^2

6. 6 m, 144 m^2

Recursos digitales en SavvasRealize.com Tema 10 | Lección 10-3 603

7. **Matemáticas y Ciencias** Si la misma cantidad de fuerza empuja dos objetos, el objeto que tiene mayor masa se moverá más lentamente. Para un proyecto de ciencia, Kendra usó cubos de 1 centímetro con la misma masa y volumen para construir los dos prismas rectangulares que se muestran. Si cada prisma rectangular es empujado por la misma cantidad de fuerza, ¿cuál se moverá más lentamente? Compara los volúmenes usando > o <.

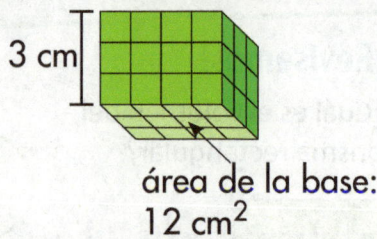
Prisma rectangular A
3 cm
área de la base: 12 cm^2

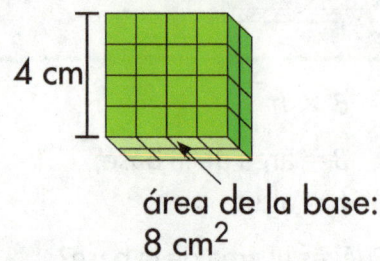
Prisma rectangular B
4 cm
área de la base: 8 cm^2

8. **Razonar** ¿Cuál es la altura de un prisma rectangular con un volumen de 192 pies cúbicos y una base con un área de 48 pies cuadrados? Explica tu trabajo.

9. ¿Cuál es el perímetro del siguiente rectángulo?

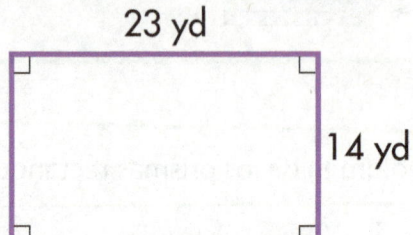
23 yd
14 yd

10. **Razonamiento de orden superior** Dos cajas de cereal tienen las medidas que se muestran. ¿Qué caja tiene menos volumen? ¿Cuánto menor es su volumen? Muestra tu trabajo.

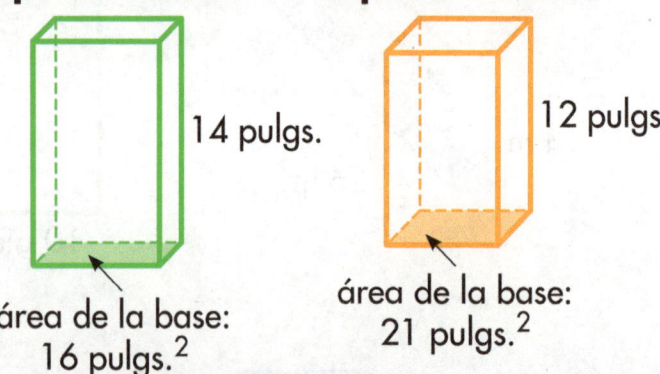
Caja de cereal A
14 pulgs.
área de la base: 16 pulgs.^{2}

Caja de cereal B
12 pulgs.
área de la base: 21 pulgs.^{2}

Evaluación

11. ¿Qué expresión se puede usar para hallar el volumen del ladrillo en pulgadas cúbicas?

Ⓐ 28 × 2

Ⓑ (2 + 2) × 28

Ⓒ (2 × 2) + 28

Ⓓ 28 + 2 + 28 + 2

2 pulgs.
área de la base: 28 pulgs.^{2}

Nombre _____

Ariel piensa en una figura de tres dimensiones formada por la combinación de dos prismas rectangulares. ¿Cuál es el volumen de esa figura de tres dimensiones? *Resuelve este problema de la manera que prefieras.*

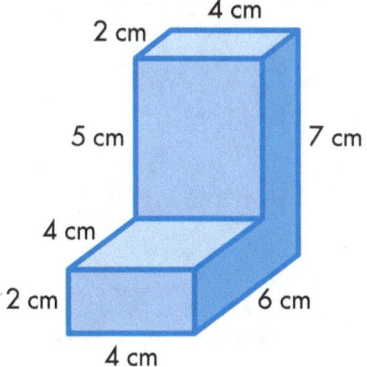

Lección 10-4
Combinar los volúmenes de los prismas

Puedo...
hallar el volumen de un sólido que es la combinación de dos o más prismas rectangulares.

También puedo buscar patrones para resolver problemas.

Usar la estructura
Puedes hallar el volumen de los prismas rectangulares que forman el sólido. ¡Muestra tu trabajo!

¡Vuelve atrás! Razonar ¿Cómo separaste el sólido en prismas rectangulares más simples? Anota las dimensiones de cada uno de los prismas.

Recursos digitales en SavvasRealize.com Tema 10 | Lección 10-4   605

Pregunta esencial: ¿Cómo se puede hallar el volumen de un sólido compuesto de dos prismas rectangulares?

A

La figura muestra la forma y el tamaño de un edificio de almacenado. El supervisor quiere hallar el volumen del edificio para calcular cuánto espacio de almacenamiento hay disponible. ¿Cuál es el volumen del edificio?

Puedes hallar el volumen de esta figura hallando el volumen de dos prismas rectangulares que forman la figura.

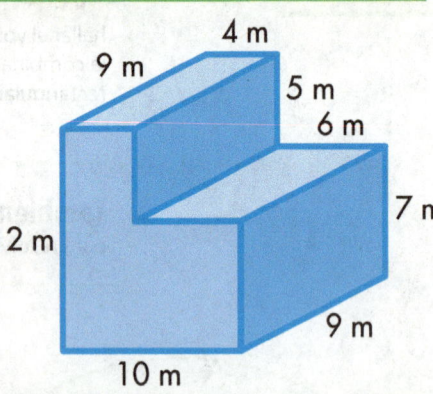

B El edificio se puede separar en dos prismas rectangulares como se muestra a continuación. Identifica las medidas de la longitud, el ancho y la altura de cada prisma.

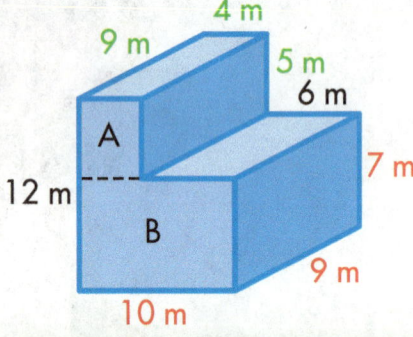

C Usa la fórmula $V = \ell \times a \times h$ para hallar el volumen de cada prisma rectangular.

Volumen del prisma A

$V = \ell \times a \times h$
$= 4 \times 9 \times 5$
$= 180$

Volumen del prisma B

$V = \ell \times a \times h$
$= 10 \times 9 \times 7$
$= 630$

Suma para hallar el volumen total.

$180 + 630 = 810$

El volumen del edificio de almacenado es 810 metros cúbicos.

¡Convénceme! Razonar ¿De qué otra manera se puede dividir el sólido de arriba en dos prismas rectangulares? ¿Cuáles son las dimensiones de cada prisma?

606 Tema 10 | Lección 10-4

Nombre _____

☆ Práctica guiada

¿Lo entiendes?

Usa el siguiente sólido en los Ejercicios **1** y **2**. La línea punteada lo separa en dos prismas rectangulares, A y B.

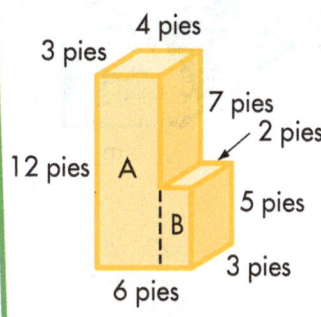

1. ¿Cuál es la longitud, el ancho y la altura del Prisma A? ¿Cuál es la longitud, el ancho y la altura del Prisma B?

2. ¿De qué otra manera se puede separar el sólido en dos prismas rectangulares? ¿Cuáles son las dimensiones de cada prisma?

¿Cómo hacerlo?

Halla el volumen de los sólidos en los Ejercicios **3** y **4**.

3.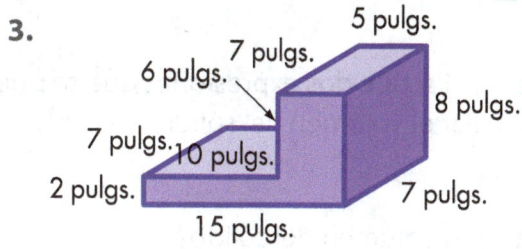

4.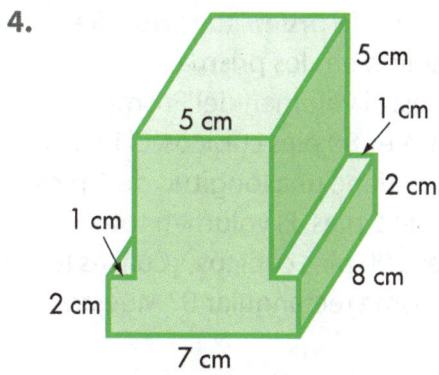

☆ Práctica independiente

Halla el volumen de los sólidos en los Ejercicios **5** a **7**.

5.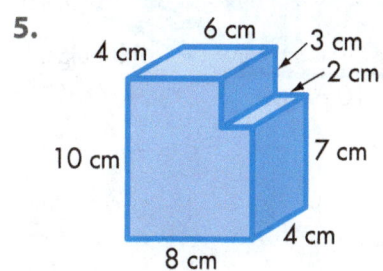

6.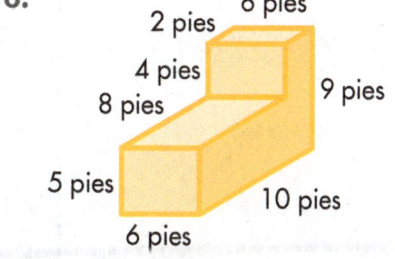

7.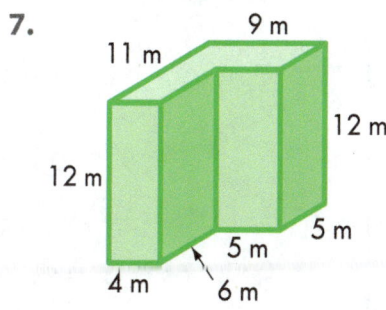

*Puedes encontrar otro ejemplo en el Grupo C, página 626.

Resolución de problemas

Usa el dibujo del sólido en los Ejercicios **8** a **10**.

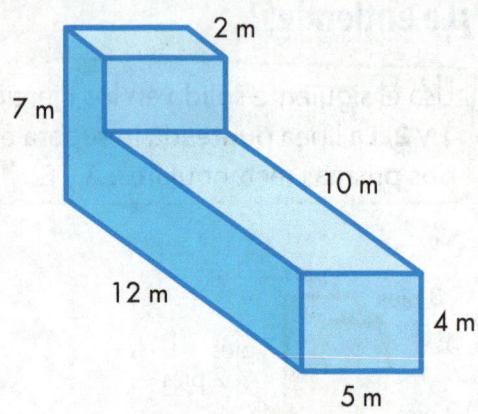

8. **Entender y perseverar** ¿Cómo hallarías el volumen de la figura que se muestra?

9. **Álgebra** Escribe dos expresiones que se puedan sumar para hallar el volumen del sólido.

10. ¿Cuál es el volumen del sólido?

11. **Razonamiento de orden superior** Se separa un sólido en dos prismas rectangulares. El volumen del Prisma rectangular A es 80 pies cúbicos. El Prisma rectangular B tiene una longitud de 6 pies y un ancho de 5 pies. El volumen total del sólido es 200 pies cúbicos. ¿Cuál es la altura del Prisma rectangular B? Muestra tu trabajo.

12. **Representar con modelos matemáticos** La familia Peters conducirá 615 millas para llegar a su lugar de vacaciones. Si conducen 389 millas el primer día, ¿cuántas millas conducirán el segundo día? Completa el diagrama de barras como ayuda.

_____ millas
_____ millas	x

Evaluación

13. Traza una recta para separar el sólido de la derecha en dos prismas rectangulares. Luego, escribe una expresión para hallar el volumen del sólido.

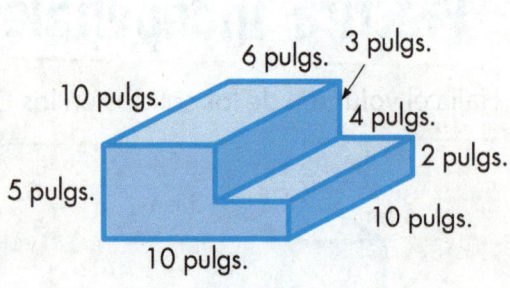

Nombre _____

¡Revisemos!
¿Cuál es el volumen del sólido?

Tarea y práctica 10-4
Combinar los volúmenes de los prismas

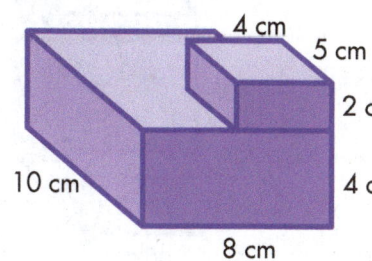

Asegúrate de hallar ℓ, a, y h de cada prisma rectangular.

| Separa el sólido en prismas rectangulares. 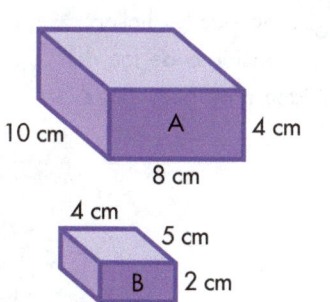 | Halla el volumen de cada prisma rectangular:

Prisma A:
$V = \ell \times a \times h$
$V = 8 \times 10 \times 4$
$V = 80 \times 4$
$V = 320$

Prisma B:
$V = \ell \times a \times h$
$V = 4 \times 5 \times 2$
$V = 20 \times 2$
$V = 40$ | Suma los volúmenes:

$320 + 40 = 360$

Por tanto, el volumen del sólido es 360 cm³. |

Halla el volumen de los sólidos en los Ejercicios **1** a **6**.

1.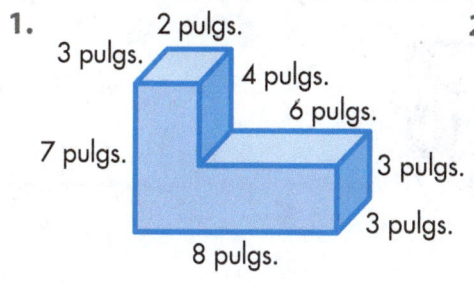

2.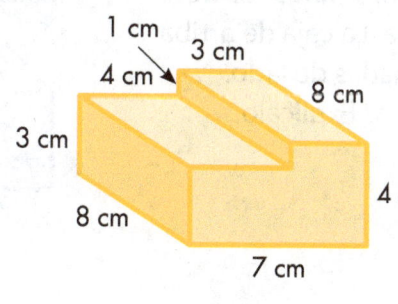

3.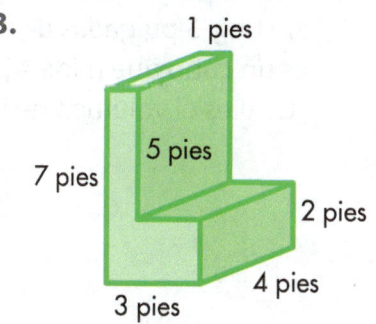

4.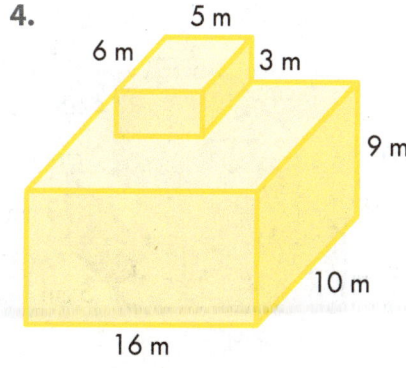

5.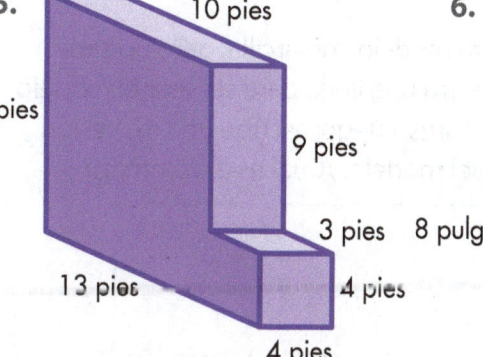

6. (7 pulgs., 9 pulgs., 15 pulgs., 8 pulgs., 3 pulgs., 16 pulgs.)

Recursos digitales en SavvasRealize.com Tema 10 | Lección 10-4 609

Usa el dibujo del sólido en los Ejercicios **7** y **8**.

7. Halla dos maneras diferentes de separar el sólido en dos prismas rectangulares. Traza una línea en las siguientes figuras para mostrar las maneras.

Una manera

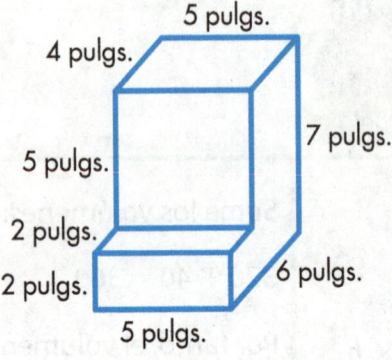

Otra manera

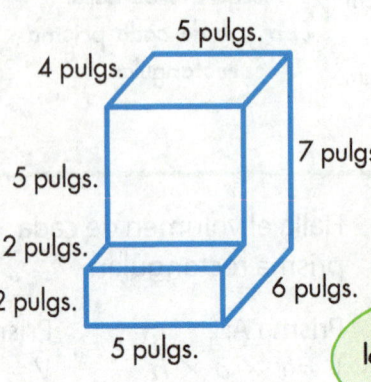

8. **Representar con modelos matemáticos** Escoge una de las maneras que hallaste. Escribe y resuelve una ecuación para el volumen de cada prisma rectangular. Luego, halla el volumen del sólido.

¿Cómo puedes hallar las dimensiones de los dos sólidos más pequeños?

9. **Razonamiento de orden superior** Ashley apila dos cajas en un estante. La caja de abajo mide 6 pulgadas de longitud, 5 pulgadas de ancho y 5 pulgadas de altura. La caja de arriba es un cubo que mide 4 pulgadas de lado. ¿Cuál es el volumen de la pila? Explícalo.

10. **Álgebra** Escribe una expresión que puedas usar para hallar el volumen del cubo. Luego, halla el volumen si $y = 9$ pies.

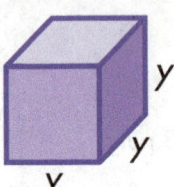

✓ Evaluación

11. Paul quiere construir este modelo con arcilla, pero no sabe cuánta arcilla comprar. Traza una línea para separar el modelo en dos prismas rectangulares. Luego, escribe una expresión para hallar el volumen del modelo. ¿Cuál es el volumen?

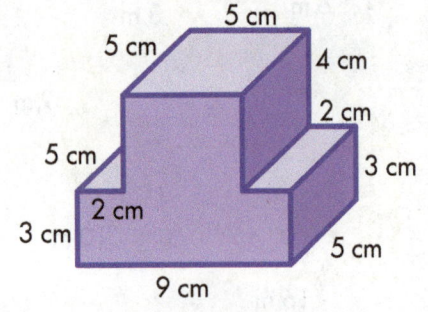

610 | Tema 10 | Lección 10-4

Nombre _____

Resuélvelo y coméntalo

Una escuela tiene dos alas, cada una con forma de prisma rectangular. El distrito escolar planea instalar aire acondicionado en la escuela y necesita conocer su volumen. ¿Cuál es el volumen de la escuela? *Resuelve este problema de la manera que prefieras.*

Lección 10-5
Resolver problemas verbales usando el volumen

Puedo...
resolver problemas verbales relacionados con el volumen.

También puedo representar con modelos matemáticos para resolver problemas.

Representar con modelos matemáticos Escribe una expresión de multiplicación para hallar el volumen de cada ala del edificio.

50 m
10 m
50 m
75 m
14 m
57 m

¡Vuelve atrás! **Representar con modelos matemáticos** Escribe una expresión matemática que se pueda usar para hallar el volumen total de la escuela.

Tema 10 | Lección 10-5 611

¿Cómo se pueden usar fórmulas de volumen para resolver problemas del mundo real?

A

El centro natural tiene una gran jaula llamada aviario formada por dos secciones, cada una en forma de prisma rectangular. Se necesitan 10 pies cúbicos de espacio para cada ave. ¿Cuántas aves se pueden poner en el aviario?

Puedes entender el problema descomponiéndolo en problemas más simples.

B Halla el volumen de las secciones. Usa la fórmula $V = \ell \times a \times h$.

Sección pequeña:
$V = 4 \times 3 \times 8 = 96$

Sección grande:
$V = 10 \times 6 \times 8 = 480$

Suma para hallar el volumen total:
$96 + 480 = 576$

El volumen combinado es 576 pies cúbicos.

C Divide para hallar la cantidad de aves que caben.

576 pies cúbicos

10 pies³   ?

$576 \div 10 = 57.6$

El centro natural puede poner 57 aves en el aviario.

¡Convénceme! **Evaluar el razonamiento** Tom resolvió el problema de otra manera. Primero, halló el área total del piso y, luego, la multiplicó por la altura. ¿Es correcto el método de Tom? Explícalo.

612 Tema 10 | Lección 10-5

Nombre _____

Práctica guiada

¿Lo entiendes?

1. ¿Cómo puedes hallar el volumen de la vitrina?

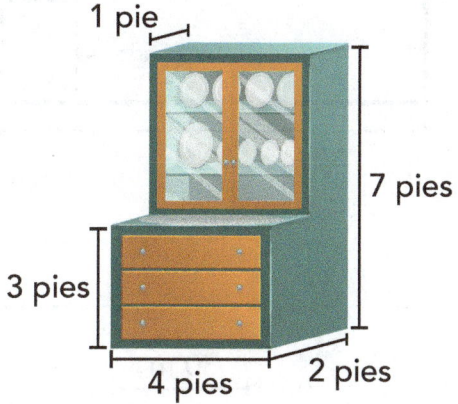

2. **Razonar** ¿Cuál es la altura de la parte superior de la vitrina? Explícalo.

3. Halla el volumen de la vitrina.

¿Cómo hacerlo?

4. Halla el volumen del siguiente edificio.

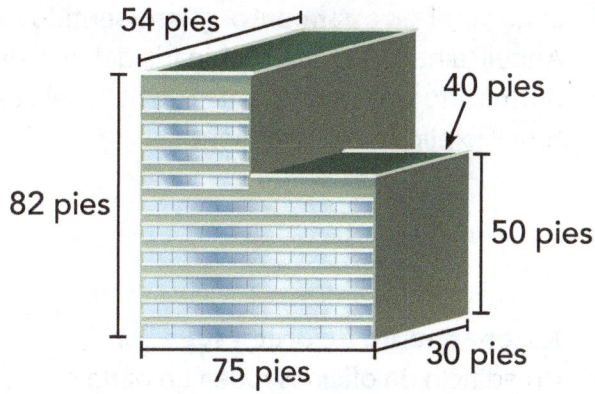

5. El centro natural tiene una pecera con forma de prisma rectangular que mide 6 pies de longitud por 4 pies de ancho por 4 pies de altura. Se pueden colocar 3 peces pequeños por cada pie cúbico de agua. ¿Cuántos peces pequeños se pueden colocar en la pecera?

Práctica independiente

6. Sophie construyó una casa con bloques de construcción. Halla el volumen de la casa.

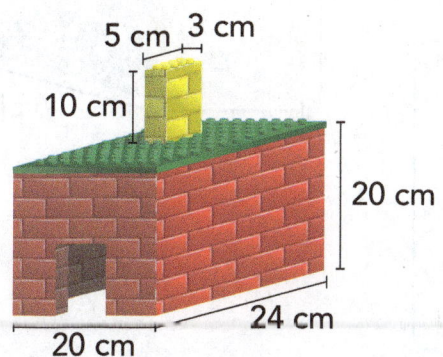

7. ¿Cuántas pulgadas cúbicas de concreto se necesitan para hacer esta escalera?

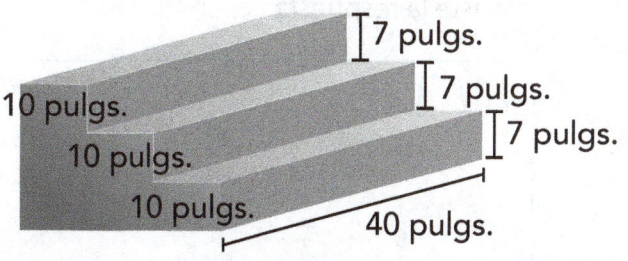

*Puedes encontrar otro ejemplo en el Grupo C, página 626.

Tema 10 | Lección 10-5   613

Resolución de problemas

8. A la derecha se muestra un plano del piso del dormitorio y el armario de Angélica. La altura del dormitorio es 9 pies. La altura del armario es 7 pies. ¿Cuál es el volumen total del dormitorio y el armario?

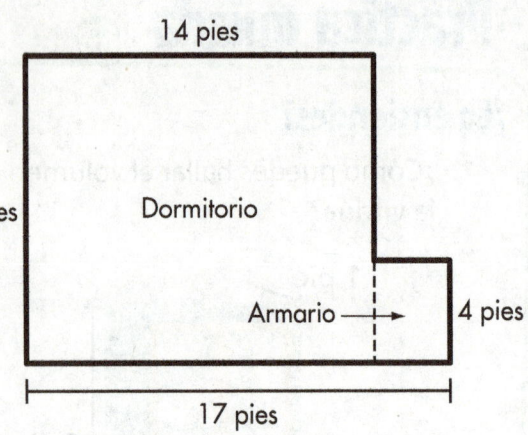

9. **Evaluar el razonamiento** ¿Tiene sentido que Angélica halle el área combinada del piso del dormitorio y el armario antes de hallar el volumen total? Explica tu razonamiento.

10. **Razonamiento de orden superior** Un edificio de oficinas rodea un patio descubierto rectangular. ¿Cuál es el volumen del edificio? ¿Cómo hallaste la respuesta?

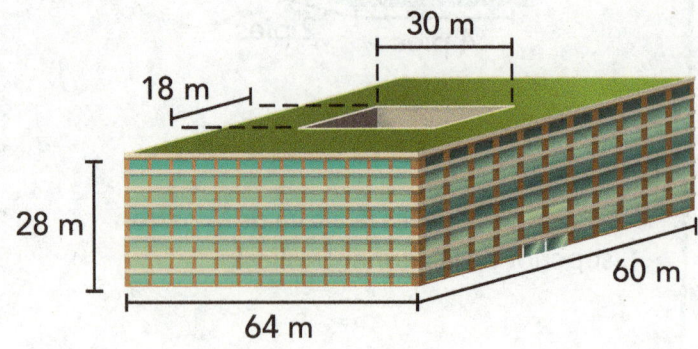

Evaluación

11. La Sra. Bhatia tiene un armario formado por dos partes, cada una con forma de prisma rectangular. Planea comprar bolas de naftalina para alejar a las polillas. Necesita una caja cada 32 pies cúbicos de espacio. ¿Cuántas cajas debe comprar? Explica cómo hallaste la respuesta.

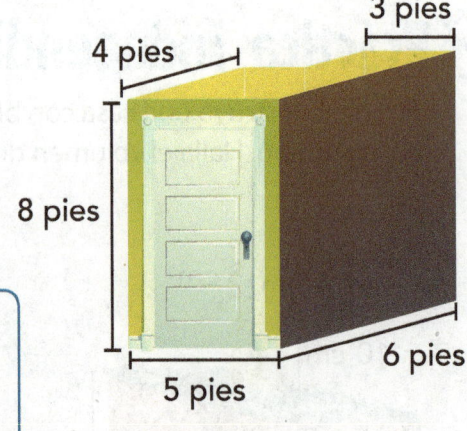

Pregunta esencial: ¿Cómo se pueden usar fórmulas de volumen para resolver problemas del mundo real?

A

El centro natural tiene una gran jaula llamada aviario formada por dos secciones, cada una en forma de prisma rectangular. Se necesitan 10 pies cúbicos de espacio para cada ave. ¿Cuántas aves se pueden poner en el aviario?

Puedes entender el problema descomponiéndolo en problemas más simples.

B Halla el volumen de las secciones. Usa la fórmula $V = \ell \times a \times h$.

Sección pequeña:
$V = 4 \times 3 \times 8 = 96$

Sección grande:
$V = 10 \times 6 \times 8 = 480$

Suma para hallar el volumen total:
$96 + 480 = 576$

El volumen combinado es 576 pies cúbicos.

C Divide para hallar la cantidad de aves que caben.

576 pies cúbicos

| 10 pies³ | ? |

$576 \div 10 = 57.6$

El centro natural puede poner 57 aves en el aviario.

¡Convénceme! Evaluar el razonamiento Tom resolvió el problema de otra manera. Primero, halló el área total del piso y, luego, la multiplicó por la altura. ¿Es correcto el método de Tom? Explícalo.

612 | Tema 10 | Lección 10-5

Nombre _____

Práctica guiada

¿Lo entiendes?

1. ¿Cómo puedes hallar el volumen de la vitrina?

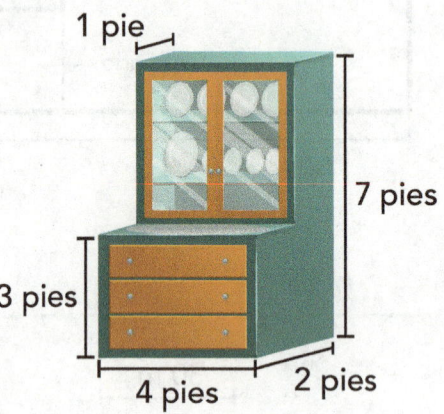

2. **Razonar** ¿Cuál es la altura de la parte superior de la vitrina? Explícalo.

3. Halla el volumen de la vitrina.

¿Cómo hacerlo?

4. Halla el volumen del siguiente edificio.

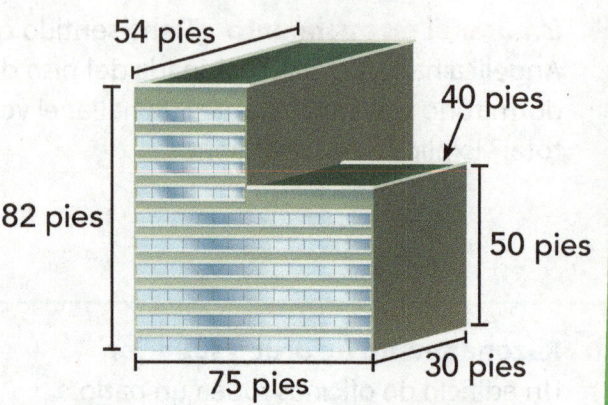

5. El centro natural tiene una pecera con forma de prisma rectangular que mide 6 pies de longitud por 4 pies de ancho por 4 pies de altura. Se pueden colocar 3 peces pequeños por cada pie cúbico de agua. ¿Cuántos peces pequeños se pueden colocar en la pecera?

Práctica independiente

6. Sophie construyó una casa con bloques de construcción. Halla el volumen de la casa.

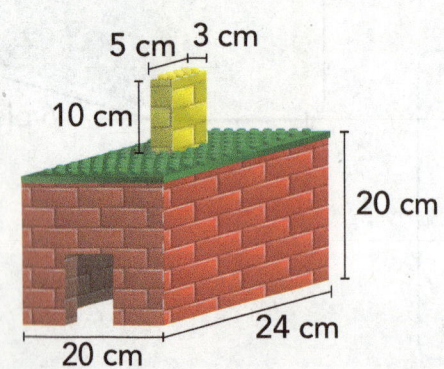

7. ¿Cuántas pulgadas cúbicas de concreto se necesitan para hacer esta escalera?

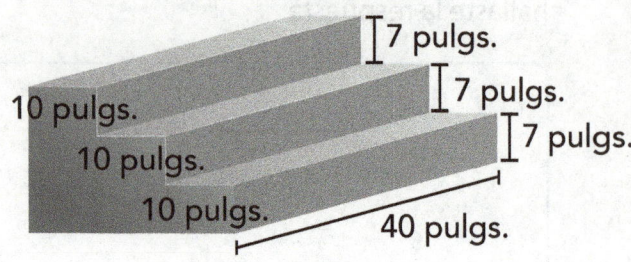

Tema 10 | Lección 10-5 | 613

Nombre _____

Tarea y práctica 10-5
Resolver problemas verbales usando el volumen

¡Revisemos!

Una piscina tiene forma de prisma rectangular. Mide 9 metros de longitud y 4 metros de ancho. Tiene capacidad para 108 metros cúbicos de agua. ¿Cuál es la profundidad de la piscina si toda la piscina tiene la misma profundidad?

Usa la fórmula del volumen.

$V = \ell \times a \times h$
$108 = 4 \times 9 \times h$
$108 = 36 \times h$

Divide para hallar la respuesta.

$108 \div 36 = 3$

La piscina tiene 3 metros de profundidad.

Piensa en la operación que te permite hallar un factor que falta.

1. Un garaje tiene forma de prisma rectangular. ¿Cuál es el volumen del garaje? Muestra tu trabajo.

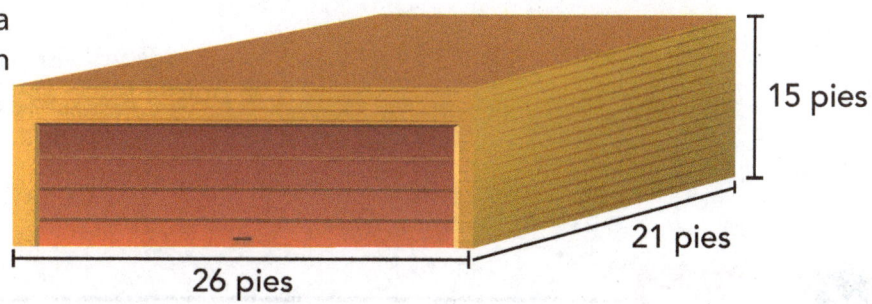

2. El arenero de Mabel mide 7 pies de ancho, 5 pies de longitud y 2 pies de profundidad. ¿Cuál es el volumen del arenero?

3. Una caja de cereal de avena mide 24 centímetros de longitud por 5 centímetros de ancho por 25 centímetros de altura. Una caja de cereal de arroz mide 26 centímetros de longitud por 4 centímetros de ancho por 28 centímetros de altura. ¿Qué caja tiene mayor volumen? ¿Cuánto mayor?

4. María tiene un alhajero con un volumen de 440 pulgadas cúbicas. La caja mide 5 pulgadas de altura y 11 pulgadas de longitud. ¿Cuál es el ancho del alhajero?

5. Walter construye un galpón en forma de prisma rectangular que medirá 7 pies de altura y 8 pies de longitud. ¿Cuál debe ser su ancho si Walter quiere tener 280 pies cúbicos de espacio para almacenaje?

6. **Generalizar** Usa la multiplicación para describir la relación entre el dividendo, el divisor y el cociente. Luego, usa esa relación para demostrar que $\frac{1}{8} \div 6 = \frac{1}{48}$.

7. **Razonamiento de orden superior** Otis empaca dos regalos en una caja para envíos. Llenará el resto de la caja con bolitas para embalaje. ¿Cuál es el volumen del espacio que hay que llenar con bolitas de embalaje? Explica cómo hallaste la respuesta.

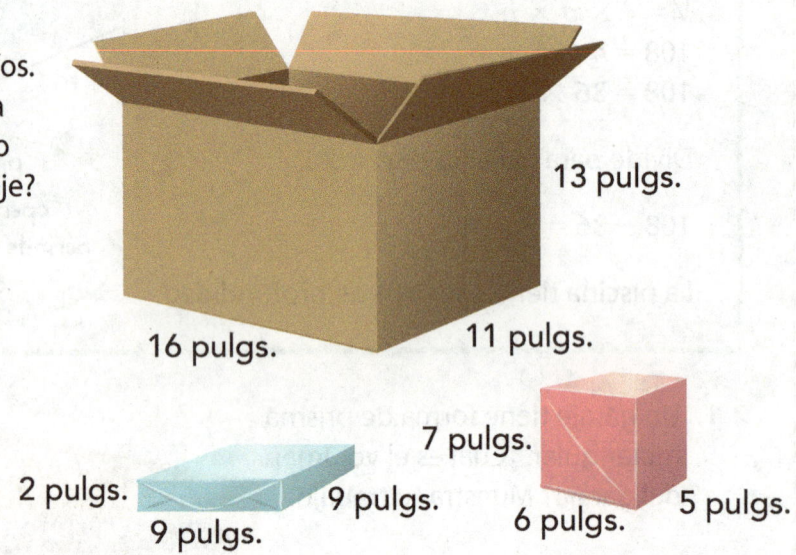

Evaluación

8. Marie construyó un castillo de arena formado por dos prismas rectangulares. Si hay 2,000 pulgadas cúbicas de arena en una bolsa de arena, ¿cuánta arena quedó después de que Marie construyó el castillo de arena? Explica cómo hallaste la respuesta.

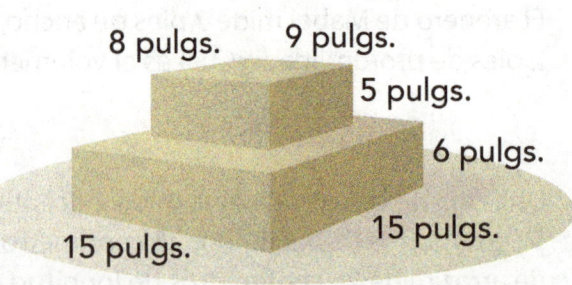

616 Tema 10 | Lección 10-5

Nombre _____

Resuélvelo y coméntalo

Se está construyendo una estación espacial a partir de 24 módulos cúbicos. La estación espacial puede tener cualquier forma pero los módulos se deben colocar de modo que las caras enteras coincidan entre sí. Escoge una herramienta para crear dos planos distintos de la estación espacial. Explica por qué escogiste esa herramienta.

Resolución de problemas

Lección 10-6
Usar herramientas apropiadas

Puedo...
usar herramientas apropiadas para resolver problemas de volumen.

También puedo resolver problemas sobre volumen.

Hábitos de razonamiento

¡Razona correctamente! Estas preguntas te pueden ayudar.

- ¿Qué herramientas puedo usar?
- ¿Por qué debo usar esta herramienta como ayuda para resolver el problema?
- ¿Hay alguna otra herramienta que podría usar?
- ¿Estoy usando la herramienta correctamente?

¡Vuelve atrás! Usar herramientas apropiadas ¿Cómo decidiste qué herramienta usar?

Recursos digitales en SavvasRealize.com Tema 10 | Lección 10-6 617

A

Pregunta esencial: ¿Cómo se pueden usar herramientas apropiadas para resolver problemas de volumen?

Jeremías tiene que construir un exhibidor de 4 pies de altura con cajas.

Las cajas que usa son cubos que miden 1 pie de cada lado. El exhibidor tiene que tener forma de pirámide, con una sola caja en la capa superior.

¿Cuántas cajas necesitará Jeremías para hacer el exhibidor?

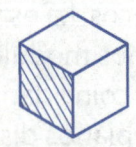
capa superior

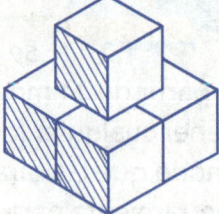
2 capas superiores

¿Qué tengo que hacer?

Tengo que escoger una herramienta apropiada para resolver este problema.

Este es mi razonamiento...

B ¿Cómo puedo **usar herramientas apropiadas estratégicamente** para resolver este problema?

Puedo
- decidir qué herramienta es apropiada.
- usar bloques para resolver este problema.
- usar la herramienta correctamente.

C Podría usar papel cuadriculado, pero usaré bloques porque si construyo un exhibidor, será más fácil contar los bloques.

Cada bloque representa 1 caja del exhibidor. Mi exhibidor tendrá 4 capas porque debe medir cuatro pies de altura, y cada caja mide 1 pie de altura.

El exhibidor tiene 1 + 4 + 9 + 16 = 30 bloques.

Por tanto, Jeremías necesita 30 cajas en total para hacer el exhibidor.

¡Convénceme! **Usar herramientas apropiadas** ¿Qué otras herramientas además de los bloques podrías usar para resolver este problema? Explícalo.

618 | Tema 10 | Lección 10-6

Nombre _____

⭐ Práctica guiada ⭐

Usar herramientas apropiadas

El gerente de una pinturería preparará un exhibidor con cubos del mismo tamaño. El exhibidor tendrá forma de escalera con 5 escalones. Cada escalón tendrá 6 cubos de longitud. El gerente de la pinturería quiere saber la cantidad total de bloques que necesita para construir el exhibidor.

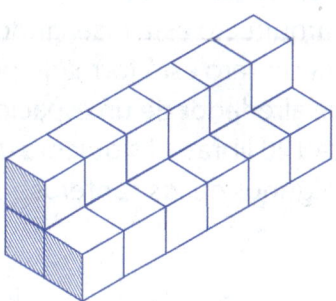

1. ¿Qué herramienta puede usar el gerente para asegurarse de que tiene suficiente espacio para el exhibidor? Explícalo.

2. El gerente de la pinturería construirá la escalera con cubos plásticos de 1 pie. ¿Cuál es el volumen del exhibidor? Explica cómo usaste herramientas para decidirlo.

⭐ Práctica independiente ⭐

Usar herramientas apropiadas

Cindy planea hacer un alhajero en forma de prisma rectangular. Quiere que tenga un volumen de 96 pulgadas cúbicas.

> Piensa en una herramienta que puedes usar para representar y resolver este problema.

3. ¿Cómo puedes hallar dimensiones posibles del alhajero?

4. ¿Cuáles pueden ser las dimensiones del alhajero?

5. ¿Puede Cindy hacer el alhajero de modo que mida el doble de ancho que de altura?

6. Cindy tiene cinta para decorar el alhajero. ¿Qué herramienta la puede ayudar a decidir cuánto del alhajero puede decorar?

Puedes encontrar otro ejemplo en el Grupo D, página 626. Tema 10 | Lección 10-6

Resolución de problemas

Evaluación del rendimiento

Canteros de flores
Un arquitecto está diseñando canteros de flores para un parque. Cada cantero está formado por un borde de cubos de concreto de 1 pie alrededor de un espacio libre cuadrado. Cada cubo de concreto pesa 120 libras. El siguiente diagrama muestra la vista desde arriba de algunos de los canteros.

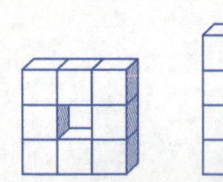
espacio libre de 1 × 1

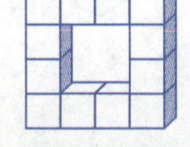
espacio libre de 2 × 2

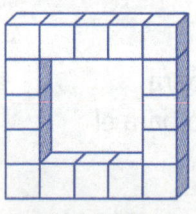
espacio libre de 3 × 3

Recuerda que debes pensar qué herramientas tiene sentido usar para resolver estos problemas.

7. **Usar la estructura** ¿Cuál es el volumen total de un cantero que tiene un espacio libre de 6 × 6?

8. **Usar la estructura** ¿Cuál es el volumen total de un cantero que tiene un espacio libre de 8 × 8?

9. **Usar herramientas apropiadas** ¿Cuál será el volumen total de un cantero que tenga un espacio libre de 12 × 12? ¿Puedes calcularlo usando solamente papel y lápiz? Explícalo.

10. **Representar con modelos matemáticos** Cada cubo de concreto para hacer los canteros cuesta $3.00. ¿Cuál es el costo total de los cubos que se necesitan para dos canteros con espacios libres de 6 × 6, dos con espacios libres de 8 × 8 y dos con espacios libres de 12 × 12? Escribe una expresión que represente el costo total.

Nombre _____

Tarea y práctica
10-6
Usar herramientas apropiadas

¡Revisemos!

Francine está diseñando una casita para aves en forma de prisma rectangular. La casita debe tener un volumen de 120 pulgadas cúbicas. Francine quiere que la altura sea de 10 pulgadas. ¿Cuál puede ser la longitud y el ancho del piso?

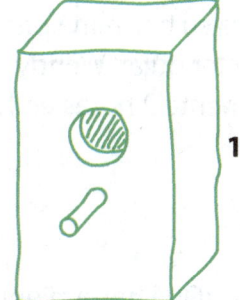

10 pulgs.

Una manera

Construye un modelo con bloques. Como el volumen es 120 pulgadas cúbicas, usa 120 cubos.

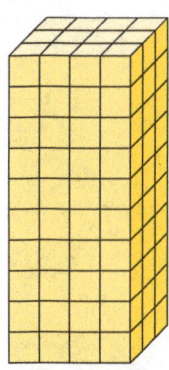

Por tanto, una posibilidad es que la longitud sea 4 pulgadas y el ancho 3 pulgadas.

Otra manera

Usa papel cuadriculado para diseñar el piso.

La altura es 10 pulgadas; por tanto, el área del piso es 120 ÷ 10 = 12. Usa papel cuadriculado para dibujar algunos pisos posibles con un área de 12 pulgadas cuadradas.

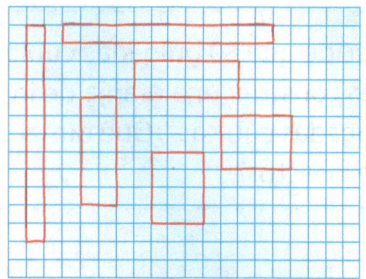

Una posibilidad es que la longitud sea 4 pulgadas y el ancho 3 pulgadas.

Usar herramientas apropiadas

Un arquitecto está diseñando distintas cabañas para vacaciones en forma de prisma rectangular, ubicadas una junto a la otra.

1. La altura de una cabaña será 3 metros y el volumen será 108 metros cúbicos. ¿Qué herramienta te puede ayudar a hallar distintas dimensiones para el piso? Da dos pares de dimensiones posibles distintas para el piso. Explícalo.

   A veces hay más de una herramienta que te puede ayudar a resolver problemas.

2. ¿Se te ocurre otra herramienta que puedes usar para resolver este problema? Explícalo.

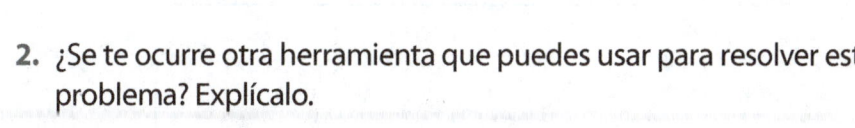

Evaluación del rendimiento

Una granja de insectos
Wendy usará una red de mosquitero y madera para hacer una granja de insectos para su hermana pequeña. Tendrá la forma de un prisma rectangular. Wendy piensa que tardará aproximadamente 2 horas en hacer la granja de insectos.

3. **Usar herramientas apropiadas** ¿Qué herramientas podría usar Wendy?

4. **Razonar** Wendy quiere que el volumen sea 80 pulgadas cúbicas. ¿Qué dimensiones puede tener la granja de insectos?

5. **Razonar** Wendy decide que 80 pulgadas cúbicas es muy poco, de modo que planea construir una granja de insectos con un volumen de 108 pulgadas cúbicas. ¿Qué dimensiones podría tener esta granja de insectos?

6. **Entender y perseverar** Wendy busca en la Internet y encuentra una granja de insectos que mide 7 pulgadas de longitud, 4 pulgadas de ancho y 3 pulgadas de altura. Si quiere construir una granja de insectos con un volumen mayor que este, ¿le sirve alguna de las granjas de los ejercicios de arriba? Explícalo.

7. **Evaluar el razonamiento**. Wendy piensa que si duplica todas las dimensiones de una granja de insectos, el volumen también se duplicará. ¿Estás de acuerdo? Usa una de las granjas de los ejercicios anteriores para mostrar tu trabajo.

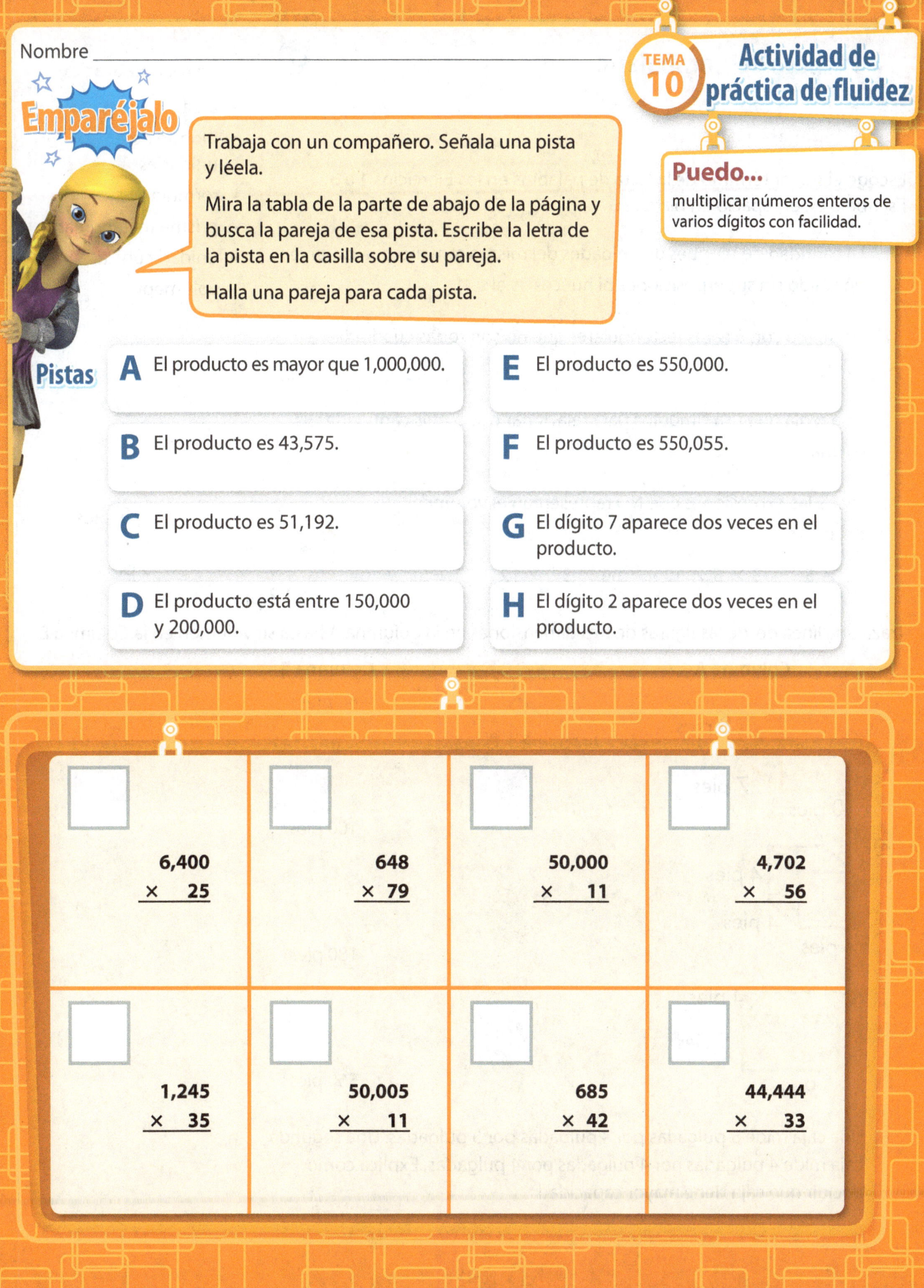

TEMA 10 — Repaso del vocabulario

Lista de palabras
- área
- bloque de unidades
- fórmula
- prisma rectangular
- unidad cúbica
- volumen

Comprender el vocabulario

Escoge el mejor término de la Lista de palabras en los Ejercicios **1** a **3**. Escríbelo en el espacio en blanco.

1. La cantidad de bloques de unidades del mismo tamaño que caben en un sólido sin superposiciones ni huecos es el _____ .

2. Un sólido con 6 caras rectangulares que no son todas cuadradas es un _____ .

3. Una regla que usa símbolos para relacionar dos o más cantidades es una _____ .

4. Tacha las expresiones que NO representan el volumen del prisma.

   36 × 5   3 × 5 × 12   60 × 3   12 × (3 + 5)

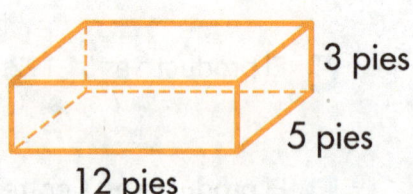

Traza una línea desde las figuras de tres dimensiones en la Columna A hasta su volumen en la Columna B.

Columna A   **Columna B**

5. 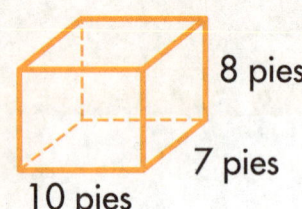   64 pies^3

   (8 pies, 7 pies, 10 pies)

                                         100 pies^3

6. [cubo: 4 pies, 4 pies, 4 pies]

                                         180 pies^3

7. [prisma: 4 pies, 5 pies, 9 pies]

                                         560 pies^3

8. Una caja mide 3 pulgadas por 4 pulgadas por 5 pulgadas. Una segunda caja mide 4 pulgadas por 4 pulgadas por 4 pulgadas. Explica cómo decidir qué caja tiene mayor capacidad.

Nombre _____

Grupo A páginas 587 a 592

Halla la cantidad de bloques que se necesitan para hacer este prisma rectangular.

Hay 3 filas de 5 cubos en la capa de abajo. Hay 3 capas.

Multiplica para hallar la cantidad total de cubos.

$3 \times 5 \times 3 = 45$

El volumen es 45 unidades cúbicas.

¡Recuerda que puedes multiplicar los números en cualquier orden!

Recuerda que puedes hallar la cantidad de bloques que hay en cada capa y, luego, multiplicarla por la cantidad de capas.

Halla los volúmenes. Puedes usar bloques como ayuda.

1.

2.

3.

Grupo B páginas 593 a 598, 599 a 604

Halla el volumen de este prisma rectangular.

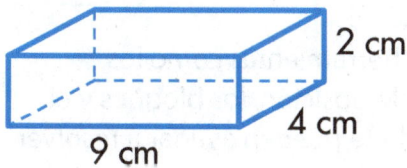

2 cm
4 cm
9 cm

Volumen = longitud × ancho × altura

$V = \ell \times a \times h$
   $= 9 \text{ cm} \times 4 \text{ cm} \times 2 \text{ cm}$
$V = 72$ centímetros cúbicos, o 72 cm³

El volumen del prisma es 72 cm³.

Recuerda que si conoces el área de la base de un prisma rectangular, puedes usar la fórmula $V = B \times h$, donde B es el área de la base.

Halla los volúmenes. Puedes usar bloques como ayuda.

1. Área de la base, $B = 42$ metros cuadrados y altura = 3 metros

2. Área de la base = 75 pulgadas cuadradas y altura 15 pulgadas

3.
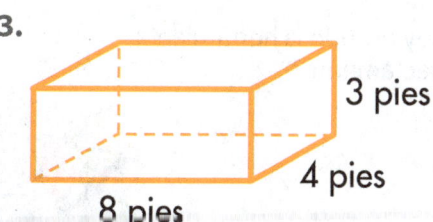
3 pies
4 pies
8 pies

Tema 10 | Refuerzo   625

Grupo C páginas 605 a 610, 611 a 616

Algunos sólidos se pueden separar en dos prismas rectangulares.

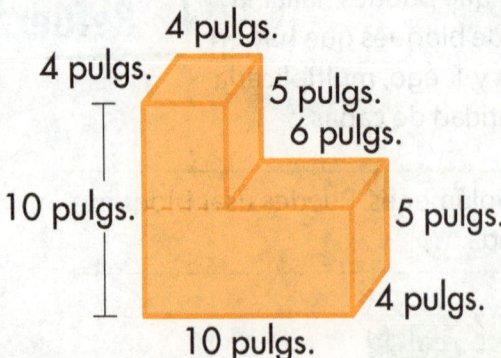

Suma el volumen de los prismas para hallar el volumen total del sólido.

$V = (4 \times 4 \times 5) + (10 \times 4 \times 5)$
$ = 80 + 200$
$ = 280$

El volumen del sólido es 280 pulgadas cúbicas.

Recuerda que debes identificar la longitud, el ancho y la altura de cada prisma, de modo que puedas calcular el volumen de cada parte.

1. Halla el volumen.

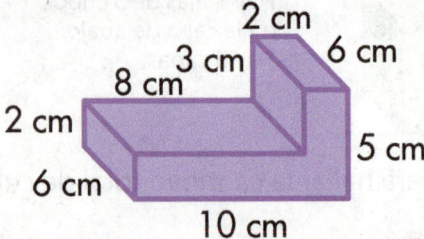

Un edificio de oficinas tiene las dimensiones que se muestran. ¿Cuál es el volumen del edificio?

2.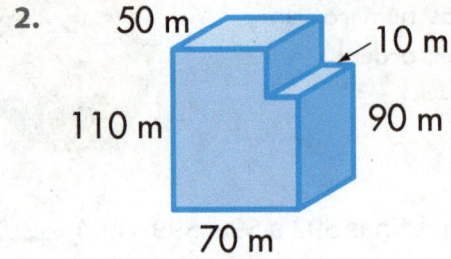

Grupo D páginas 617 a 622

Piensa en estas preguntas como ayuda para **usar herramientas apropiadas estratégicamente**.

Hábitos de razonamiento

- ¿Qué herramientas puedo usar?
- ¿Por qué debo usar esta herramienta como ayuda para resolver el problema?
- ¿Hay alguna otra herramienta que podría usar?
- ¿Estoy usando la herramienta correctamente?

Recuerda que las herramientas como los bloques de valor de posición, los bloques y el papel cuadriculado te pueden ayudar a resolver problemas de volumen.

Molly usó bloques de 1 pulgada para construir la estructura que se muestra. Dejó un espacio libre de 3 pulgadas por 1 pulgada en las dos capas de la estructura.

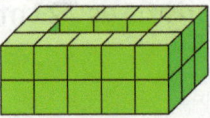

1. ¿Qué herramientas puedes usar para representar el problema?

2. ¿Cuál es el volumen total de la estructura?

Nombre _____

TEMA 10 — Evaluación

1. Julio usó bloques de unidades para hacer un prisma rectangular. ¿Cuál es el volumen del prisma?

   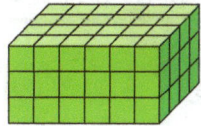

   Ⓐ 18 unidades cúbicas
   Ⓑ 54 unidades cúbicas
   Ⓒ 72 unidades cúbicas
   Ⓓ 108 unidades cúbicas

2. Traza líneas para unir el volumen de un prisma rectangular de la izquierda con sus dimensiones posibles en la derecha.

   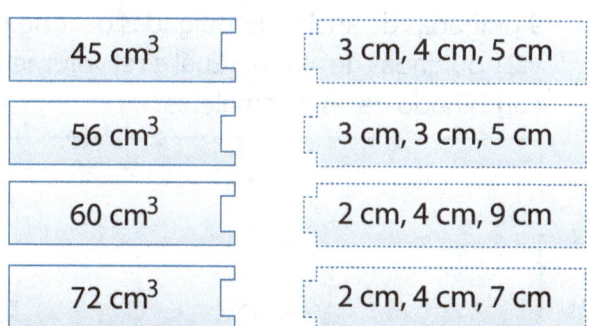

3. Una piscina mide 50 metros de longitud, 15 metros de ancho y 3 metros de profundidad. ¿Cuál es el volumen de la piscina?

   Ⓐ 4,500 metros cúbicos
   Ⓑ 2,250 metros cúbicos
   Ⓒ 900 metros cúbicos
   Ⓓ 750 metros cúbicos

4. Un edificio pequeño tiene las dimensiones que se muestran.

   Parte A

   Escribe una expresión para representar el volumen total del edificio.

   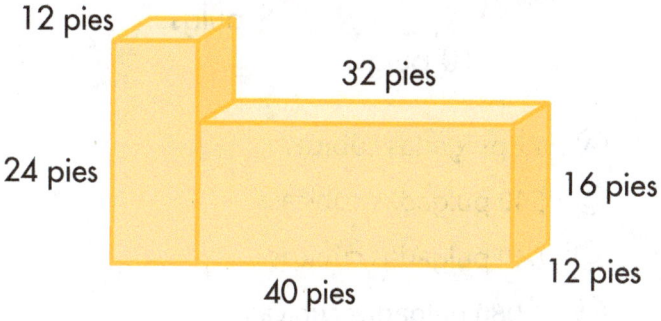

   Parte B

   ¿Cuál es el volumen del edificio?

5. Marca todas las expresiones que **NO** se pueden usar para hallar el volumen del fardo de heno.

   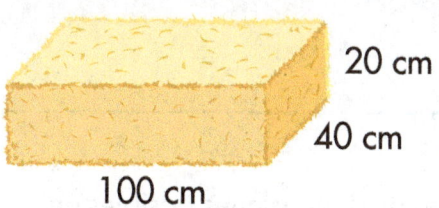

   ☐ 100 × 40
   ☐ 4,000 × 20
   ☐ (100 + 40) + 20
   ☐ (100 × 40) × 20
   ☐ (100 × 40) + 20

6. Melina hizo los escalones de madera que se muestran. ¿Cuál es el volumen de los escalones?

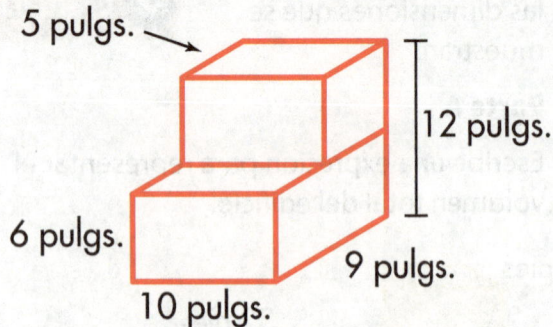

Ⓐ 72 pulgadas cúbicas

Ⓑ 540 pulgadas cúbicas

Ⓒ 840 pulgadas cúbicas

Ⓓ 1,080 pulgadas cúbicas

7. Para su proyecto de ciencias, Jada quiere construir un prisma rectangular con un bloque de goma espuma. El bloque debe tener un volumen de 350 pulgadas cúbicas y una altura de 5 pulgadas.

Parte A

¿Qué herramienta puede usar Jada para hallar las dimensiones posibles de la base del bloque? Explícalo.

Parte B

Da un par de dimensiones posibles en números enteros para la base.

8. ¿Cuál es el volumen del baúl que se muestra?

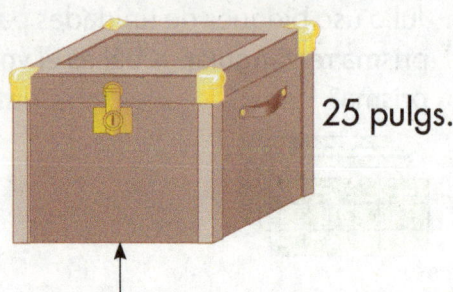

Área de la base: 750 pulgs.²

9. La maleta de Martín tiene un volumen de 1,080 pulgadas cúbicas. La maleta de Lily mide 9 pulgadas de ancho, 13 pulgadas de longitud y 21 pulgadas de altura. ¿Cuál es el volumen combinado de las dos maletas?

10. Escoge Sí o No en las opciones 10a a 10d. ¿Se puede usar la expresión para hallar el volumen de la caja en centímetros cúbicos?

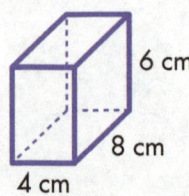

10a. 8×6 ○ Sí ○ No

10b. 32×6 ○ Sí ○ No

10c. $(4 \times 8) + 6$ ○ Sí ○ No

10d. $(4 \times 8) \times 6$ ○ Sí ○ No

Nombre _____

Artículos deportivos

Hiroto trabaja en una tienda de deportes.

1. Hiroto apila cajas idénticas de pelotas de golf para formar un prisma rectangular. Cada caja tiene forma de cubo.

   Exhibidor de pelotas de golf

   ### Parte A

   ¿Cuántas cajas hay en el **exhibidor de pelotas de golf**?

   ### Parte B

   Explica por qué la cantidad de cajas que hallaste en la Parte A es igual a la que hallarías usando la fórmula $V = \ell \times a \times h$.

   ### Parte C

   Hiroto tiene que volver a apilar las cajas para que el exhibidor tenga 2 capas de altura, menos de 14 pulgadas de ancho y menos de 30 pulgadas de longitud. A la derecha se muestra el tamaño de cada caja. Indica una manera en la que Hiroto puede apilar las cajas. Justifica tu respuesta.

   2 pulgs.
   2 pulgs.
   2 pulgs.

Tema 10 | Evaluación del rendimiento 629

Parte D

¿Cuál es el volumen del exhibidor de pelotas de golf en pulgadas cúbicas? Explica cómo lo resolviste.

2. Hiroto hace dos exhibidores con bloques de goma espuma rectangulares.

Parte A

¿Cuál es el volumen del bloque de goma espuma que usó para el **exhibidor de gorras y cascos de beisbol?** Explica cómo resolverlo usando la fórmula $V = B \times h$.

Exhibidor de gorras y cascos de beisbol

30 pulgs.
36 pulgs.
58 pulgs.

Parte B

Hiroto usó dos bloques para construir el **exhibidor de uniformes de béisbol.** ¿Cuál es el volumen combinado de los bloques? Explica cómo lo resolviste.

Exhibidor de uniformes de beisbol

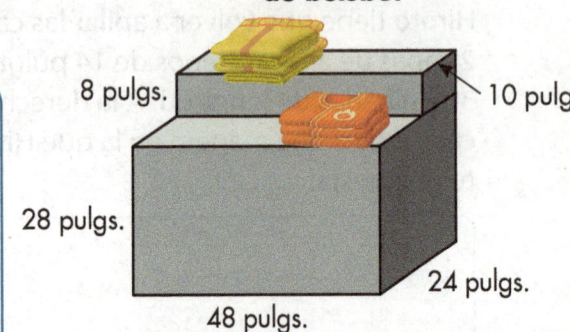

8 pulgs.
10 pulgs.
28 pulgs.
48 pulgs.
24 pulgs.

Parte C

Explica cómo supiste qué unidades usar para tu respuesta a la Parte B.

630 Tema 10 | Evaluación del rendimiento

TEMA 11

Convertir medidas

Preguntas esenciales: ¿Cuáles son las medidas del sistema usual y cómo se relacionan? ¿Cuáles son las medidas del sistema métrico y cómo se relacionan?

Recursos digitales

Resuelve · Aprende · Glosario · Amigo de práctica · Herramientas · Evaluación · Ayuda · Juegos

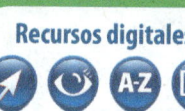

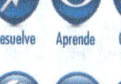

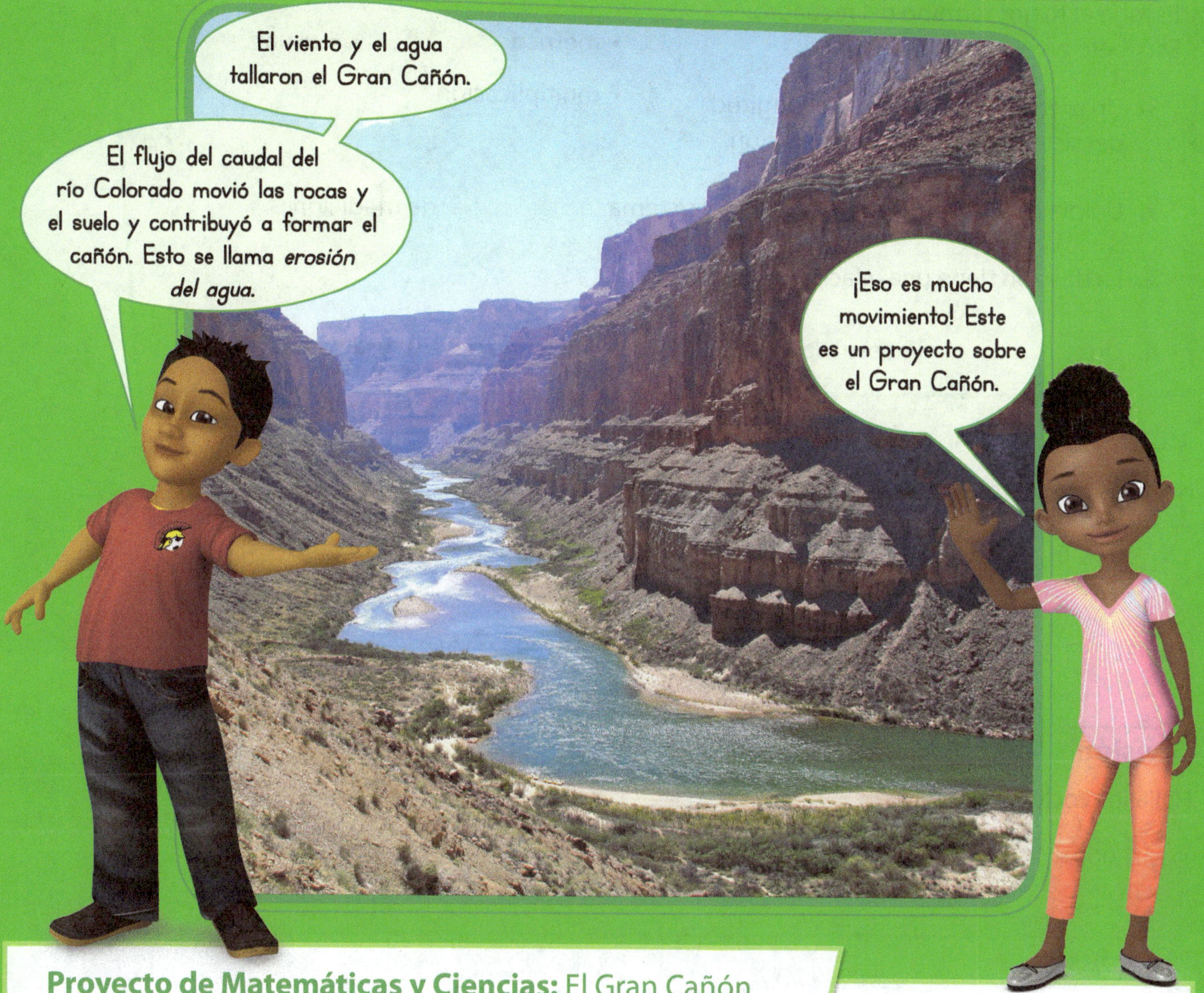
El viento y el agua tallaron el Gran Cañón.
El flujo del caudal del río Colorado movió las rocas y el suelo y contribuyó a formar el cañón. Esto se llama *erosión del agua.*
¡Eso es mucho movimiento! Este es un proyecto sobre el Gran Cañón.

Proyecto de Matemáticas y Ciencias: El Gran Cañón

Investigar Usa la Internet u otros recursos para aprender acerca del Gran Cañón y el río Colorado. ¿Dónde está el Gran Cañón? ¿Cómo se formó? ¿Qué nos indican las distintas capas de roca? Haz una predicción sobre cómo piensas que cambiarán las dimensiones del cañón en un millón de años.

Diario: Escribir un informe Incluye lo que averiguaste. En tu informe, también:

- describe las dimensiones del cañón.
- describe las dimensiones del río Colorado.
- define erosión.
- inventa y resuelve problemas que incluyan unidades de medida y conversiones.

Nombre _____

Repasa lo que sabes

Vocabulario

Escoge el mejor término del recuadro.
Escríbelo en el espacio en blanco.

- exponente
- resta
- métrico
- usual
- multiplicación

1. Un metro es una unidad de longitud del sistema _____ de medición.

2. Un pie es una unidad de longitud del sistema _____ de medición.

3. La división tiene una relación inversa con la _____.

4. Un _____ muestra la cantidad de veces que una base se usa como factor.

Multiplicación

Halla los productos.

5. 60×6

6. 24×10^3

7. 16×7

8. $10^2 \times 1.6$

9. 100×34

10. $10^4 \times 0.37$

11. 46.102×10^2

12. $10^1 \times 0.005$

División

Halla los cocientes.

13. $1,000 \div 100$

14. $176 \div 16$

15. $3,600 \div 60$

16. $120 \div 24$

Medidas

Encierra en un círculo la unidad de medida más apropiada para cada objeto.

17. La capacidad de una piscina: litros o mililitros

18. La longitud de una mazorca de maíz: yardas o pulgadas

19. La masa de un gorila: gramos o kilogramos

20. El peso de una pelota de tenis: onzas o libras

21. ¿Usarías más centímetros o metros para medir la longitud de un carro? Explícalo.

Mis tarjetas de palabras

Usa los ejemplos de las palabras de las tarjetas para ayudarte a completar las definiciones que están al reverso.

pulgada (pulg.)

12 pulgadas (pulgs.) = 1 pie

pie

1 pie = 12 pulgadas

yarda (yd)

1 yarda (yd) = 3 pies = 36 pulgs.

milla (mi)

1 milla (mi) = 1,760 yd = 5,280 pies

capacidad

Las tazas, las onzas líquidas, las pintas, los cuartos y los galones son medidas usuales de capacidad.

taza (t)

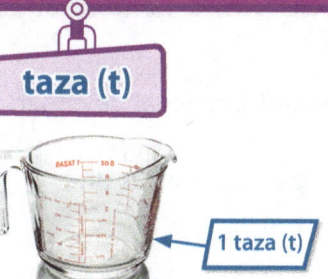

1 taza (t) = 8 onzas líquidas

onza líquida (oz líq.)

8 onzas líquidas (oz líq.) = 1 taza

pinta (pt)

1 pinta (pt) = 2 tazas

Tema 11 | Mis tarjetas de palabras 633

Mis tarjetas de palabras

Completa cada definición. Para ampliar lo que aprendiste, escribe tus propias definiciones.

Una unidad usual de longitud equivalente a 12 pulgadas es un _____.

Una unidad usual de longitud menor que 1 pie es una _____.

Una unidad usual de longitud equivalente a 5,280 pies es una _____.

Una unidad usual de longitud equivalente a 3 pies es una _____.

Una unidad usual de capacidad equivalente a 8 onzas líquidas es una _____.

La _____ es el volumen de un recipiente medido en unidades líquidas.

Una unidad usual de capacidad equivalente a 2 tazas es una _____.

Una unidad usual de capacidad equivalente a 8 _____ es una taza.

Mis tarjetas de palabras

Usa los ejemplos de las palabras de las tarjetas para ayudarte a completar las definiciones que están al reverso.

1 cuarto (cto.) = 2 pintas

1 galón (gal.) = 4 cuartos

El peso del durazno es 7 onzas.

1 tonelada (T) = 2,000 libras

1 libra (lb) = 16 onzas

16 onzas (oz) = 1 libra

1 kilómetro (km) = 1,000 metros

1 metro (m) = 100 centímetros

Tema 11 | Mis tarjetas de palabras

Mis tarjetas de palabras

Completa cada definición. Para ampliar lo que aprendiste, escribe tus propias definiciones.

Una unidad usual de capacidad equivalente a 4 cuartos es un _____.

Una unidad usual de capacidad equivalente a 2 pintas es un _____.

Una unidad usual de peso equivalente a 2,000 libras es una _____.

El _____ es una medida de cuán liviano o pesado es algo.

Una unidad usual de peso menor que 1 libra es una _____.

Una unidad usual de peso equivalente a 16 onzas es una _____.

Una unidad métrica de longitud equivalente a 100 centímetros es un _____.

Una unidad métrica de longitud equivalente a 1,000 metros es un _____.

Mis tarjetas de palabras

Usa los ejemplos de las palabras de las tarjetas para ayudarte a completar las definiciones que están al reverso.

1 centímetro (cm) = 10 milímetros

1,000 milímetros (mm) = 1 metro

1 litro (L) = 1,000 mililitros

1,000 mililitros (mL) = 1 litro

El ladrillo tiene una masa de 3 kilogramos.

1,000 miligramos (mg) = 1 gramo

gramo (g)

1 gramo (g) = 1,000 miligramos

1 kilogramo (kg) = 1,000 gramos

Tema 11 | Mis tarjetas de palabras 637

Mis tarjetas de palabras

Completa cada definición. Para ampliar lo que aprendiste, escribe tus propias definiciones.

Una unidad métrica de longitud menor que un centímetro es un _____.

Una unidad métrica de longitud equivalente a 10 milímetros es un _____.

Una unidad métrica de capacidad menor que un litro es un _____.

Una unidad métrica de capacidad equivalente a 1,000 mililitros es un _____.

Una unidad métrica de masa menor que un gramo es un _____.

La _____ es la medida de la cantidad de materia que hay en un objeto.

Una unidad métrica de masa equivalente a 1,000 gramos es un _____.

Una unidad métrica de masa equivalente a 1,000 miligramos es un _____.

Nombre _____

Resuélvelo y coméntalo

William tiene un trozo de cable que mide 1 yarda de largo. Usará cable para reparar varias tomas de corriente en su casa. ¿Cuántas pulgadas de longitud mide el cable? *Resuelve este problema usando diagramas de barras.*

Lección 11-1
Convertir unidades usuales de longitud

Puedo...
convertir unidades usuales de longitud.

También puedo representar con modelos matemáticos para resolver problemas.

Representar con modelos matemáticos Puedes mostrar la relación entre yardas y pulgadas en un diagrama de barras. ¡Muestra tu trabajo!

1 yarda

¡Vuelve atrás! *Generalizar* ¿Cómo puedes convertir pulgadas a yardas? ¿Multiplicarías o dividirías para convertir de una unidad a otra mayor? Explícalo.

Tema 11 | Lección 11-1   639

Pregunta esencial: ¿Cómo se puede convertir de una unidad de longitud a otra?

A

Algunas ranas pueden saltar $11\frac{1}{4}$ pies. ¿De qué otras maneras puedes describir la misma distancia?

La tabla muestra medidas equivalentes.

| 1 pie = 12 pulgadas (pulgs.) |
| 1 yarda (yd) = 3 pies = 36 pulgs. |
| 1 milla (mi) = 1,760 yd = 5,280 pies |

$11\frac{1}{4}$ pies

B Para convertir de una unidad a otra más pequeña, **multiplica**.

$11\frac{1}{4}$ pies = ☐ pulgs.

Sabes que 1 pie es igual a 12 pulgadas.

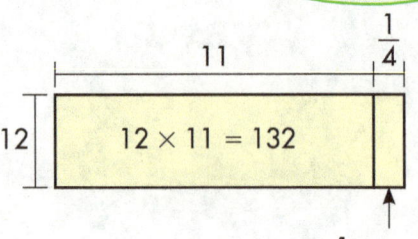

$12 \times \frac{1}{4} = 3$

$11\frac{1}{4} \times 12 = 132 + 3 = 135$

Por tanto, $11\frac{1}{4}$ pies = 135 pulgadas.

C Para convertir de una unidad a otra más grande, **divide**.

La rana de Ed saltó 11 pies. ¿Cuántas yardas son 11 pies?

11 pies = ☐ yd ☐ pies

Sabes que 3 pies es igual a 1 yarda.

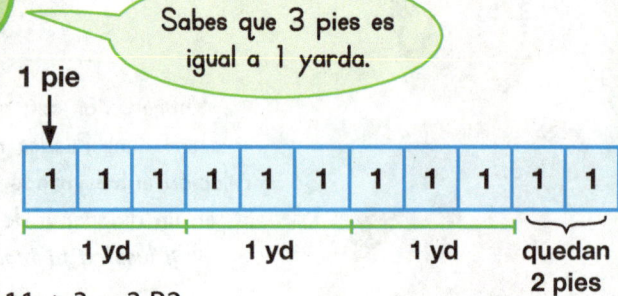

$11 \div 3 = 3$ R2

Por tanto, 11 pies = 3 yardas, con 2 pies.

¡Convénceme! Generalizar En el ejemplo de arriba, explica cómo podrías usar un número mixto para escribir 11 pies como una medida equivalente en yardas.

640 Tema 11 | Lección 11-1

Nombre _____

Práctica guiada

¿Lo entiendes?

1. Si quieres convertir yardas a pies, ¿qué operación debes usar?

2. Si quieres convertir pies a millas, ¿qué operación debes usar?

3. ¿Qué herramientas puedes seleccionar para medir la longitud? Explica en qué casos usarías cada una.

¿Cómo hacerlo?

Convierte las unidades de longitud en los Ejercicios **4** a **8**.

4. 9 pies = _____ yd

5. 8 pies 7 pulgs. = _____ pulgs.

6. $5\frac{1}{2}$ pies = _____ pulgs.

7. 288 pulgs. = _____ yd

8. 219 pulgs. = _____ pies _____ pulgs.
   o _____ pies

Práctica independiente

Completa la tabla para mostrar medidas equivalentes en los Ejercicios **9** y **10**.

9.

Pies	Pulgadas
1	
2	
	36
4	

10.

Yardas	Pies
1	
	6
3	
4	

¿Tu respuesta será mayor o menor que la medida dada?

Convierte las unidades de longitud en los Ejercicios **11** a **16**.

11. 3 yd = _____ pulgs.

12. 324 pies = _____ yd

13. 2 mi = _____ pies

14. 56 pies = _____ yd _____ pies

15. $12\frac{1}{2}$ pies = _____ pulgs.

16. 6 pulgs. = _____ pies

Compara las longitudes en los Ejercicios **17** a **19**. Escribe >, < o = en cada ◯.

17. 100 pies ◯ 3 yd

18. 74 pulgs. ◯ 2 yd 2 pulgs.

19. 5,200 pies 145 pulgs. ◯ 1 mi 40 pulgs.

*Puedes encontrar otro ejemplo en el Grupo A, página 689.

Tema 11 | Lección 11-1   641

Resolución de problemas

20. Sentido numérico ¿Qué número es mayor: la altura de un árbol en pies o la altura del mismo árbol en yardas?

21. Razonar Las dimensiones de la oficina de correos más pequeña del país son 8 pies 4 pulgadas por 7 pies 3 pulgadas. ¿Por qué usas la medida 8 pies 4 pulgadas en lugar de 7 pies 16 pulgadas?

22. Roger gana $24 por semana cortando césped. Gasta $\frac{1}{6}$ de sus ingresos en su almuerzo y $\frac{2}{3}$ de sus ingresos en música. Ahorra el resto. ¿Cuánto dinero ahorra Roger? Indica cómo hallaste la respuesta.

23. Ariana tiene 144 duraznos. Debe empacar 9 cajas con la misma cantidad de duraznos cada una. ¿Cuántos duraznos debe empacar en cada caja?

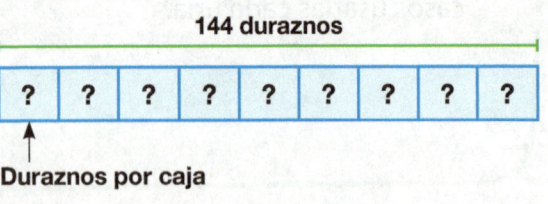

Duraznos por caja

24. Razonamiento de orden superior ¿Cómo se convierten 108 pulgadas a yardas?

25. Vocabulario ¿Cuál es una unidad usual apropiada para usar cuando se mide la longitud de una entrada para carros? Justifica tu respuesta.

✓ Evaluación

26. ¿La medida es mayor que 7 pies? Escoge Sí o No.

	Sí	No
2 yardas	○	○
2 yardas 2 pulgadas	○	○
2 yardas 2 pies	○	○
3 yardas	○	○

27. ¿La medida es menor que 435 pulgadas? Escoge Sí o No.

	Sí	No
37 pies	○	○
36 pies 2 pulgadas	○	○
12 yardas 3 pulgadas	○	○
12 pies 3 pulgadas	○	○

Nombre _____

Tarea y práctica
11-1
Convertir unidades usuales de longitud

¡Revisemos!

Recuerda que 1 pie es igual a 12 pulgadas. 1 yarda es igual a 3 pies, o 36 pulgadas. 1 milla es igual a 1,760 yardas, o 5,280 pies.

Cómo convertir de una unidad usual de longitud a otra:

Convertir de una unidad a otra más grande:

6 pies = _____ yardas

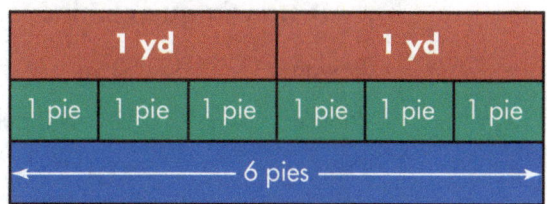

Sabes que 3 pies = 1 yd. **Divide** 6 ÷ 3.

Por tanto, 6 pies = 2 yd.

Convertir de una unidad a otra más pequeña:

2 pies = _____ pulgadas

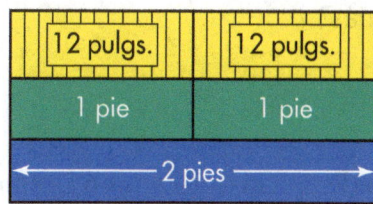

Sabes que 1 pie = 12 pulgs.
Multiplica 2 × 12.

Por tanto, 2 pies = 24 pulgs.

Convierte las unidades de longitud en los Ejercicios 1 a 9.

1. 12 pies = _____ yd
2. 2 mi = _____ yd
3. 46 pulgs. = _____ pies _____ pulgs.

4. 7 pies = _____ pulgs.
5. 3 mi = _____ pies
6. 108 pulgs. = _____ pies

7. 72 pulgs. = _____ yd
8. 2 pies 3 pulgs. = _____ pulgs.

9. 45 pulgs. = _____ yd _____ pulgs.

Compara las longitudes en los Ejercicios 10 a 15. Escribe >, < o = en cada ◯.

10. 64 pulgs. ◯ 5 pies
11. 2 mi ◯ 3,333 yd
12. 36 yd 2 pies ◯ 114 pies 2 pulgs.

13. 9 yd ◯ 324 pulgs.
14. 4 pies 7 pulgs. ◯ 56 pulgs.
15. 25 pies ◯ 8 yd 11 pulgs.

Recursos digitales en SavvasRealize.com Tema 11 | Lección 11-1 643

16. Halla el perímetro del rectángulo en yardas.

33 pulgs.
75 pulgs.

17. Lucy quiere hacer distintos tipos de pastel de queso. Cada pastel de queso lleva $\frac{2}{3}$ de libra de queso crema. Tiene 2 libras de queso crema. ¿Cuántos pasteles de queso puede hacer?

Usa la tabla en los Ejercicios **18** y **19**.

18. Cuatro amigos tomaron cada uno un camino diferente para ir del comedor al gimnasio. La tabla muestra la distancia que caminó cada uno. ¿Quién caminó más?

19. Escribe la distancia que caminó Domingo en pies y pulgadas.

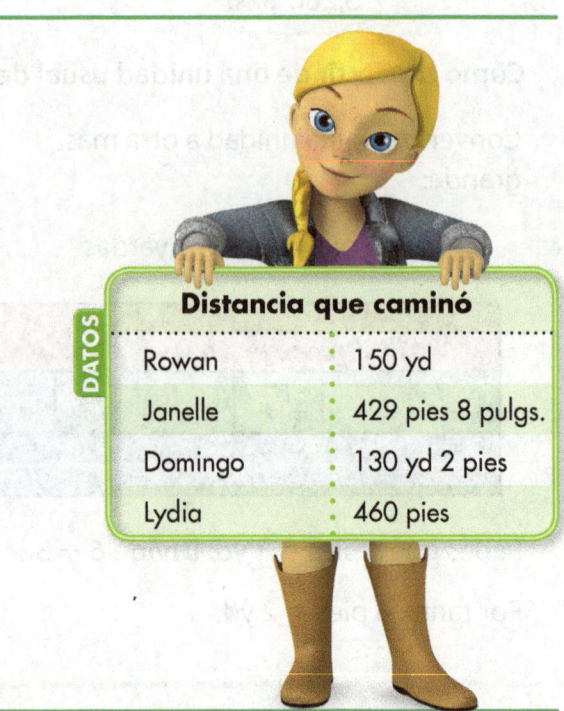

Distancia que caminó
Rowan	150 yd
Janelle	429 pies 8 pulgs.
Domingo	130 yd 2 pies
Lydia	460 pies

20. Hacerlo con precisión Jordan mide 4 pies 8 pulgadas de altura. Su mamá mide 5 pies 10 pulgadas de altura. ¿Cuánto más alta que Jordan es su mamá? Da tu respuesta en pies y pulgadas.

21. Razonamiento de orden superior ¿Cómo puedes hallar la cantidad de pulgadas que hay en 1 milla? Muestra tu trabajo.

✓ Evaluación

22. ¿La medida es mayor que 100 pulgadas? Escoge Sí o No.

8 pies 6 pulgadas	○ Sí ○ No
8 pies	○ Sí ○ No
3 yardas	○ Sí ○ No
2 yardas 19 pulgadas	○ Sí ○ No

23. ¿La medida es menor que 4 yardas? Escoge Sí o No.

143 pulgadas	○ Sí ○ No
47 pies	○ Sí ○ No
12 pies	○ Sí ○ No
11 pies	○ Sí ○ No

Nombre _____

Resuélvelo y coméntalo

Una receta rinde 16 tazas de sopa. ¿Cuántos cuartos rinde la receta? Recuerda que hay 2 tazas en una pinta y 2 pintas en un cuarto. *Resuelve este problema de la manera que prefieras.*

___ tazas = 1 cuarto

16 tazas = ___ cuartos

Lección 11-2
Convertir unidades usuales de capacidad

Puedo...
convertir unidades usuales de capacidad.

También puedo razonar sobre las matemáticas.

Puedes razonar para convertir de una unidad a otra.

¡Vuelve atrás! **Generalizar** ¿La cantidad de tazas es mayor o menor que la cantidad de cuartos? ¿Por qué piensas que es así?

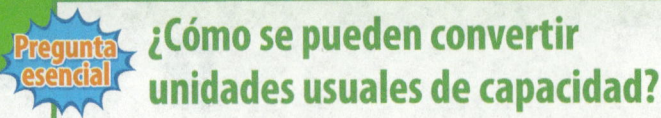

¿Cómo se pueden convertir unidades usuales de capacidad?

A

Sue quiere preparar refresco. Necesita $3\frac{3}{4}$ tazas de jugo de naranja y 5 pintas de limonada. ¿Cuántas onzas líquidas de jugo de naranja y cuántos cuartos de limonada necesita?

1 galón (gal.) = 4 cuartos (ctos.)
1 cuarto = 2 pintas (pt)
1 pinta = 2 tazas (t)
1 taza = 8 onzas líquidas (oz líq.)

Puedes multiplicar o dividir para convertir de una unidad de capacidad a otra.

1 taza 1 pinta 1 cuarto

B Para convertir de una unidad a otra más pequeña, **multiplica**.

$3\frac{3}{4}$ t = ☐ oz líq.

$3\frac{3}{4}$ tazas				
8 oz. líq.	8 oz. líq.	8 oz. líq.	6 oz. líq.

$3\frac{3}{4} \times 8 = (3 \times 8) + \left(\frac{3}{4} \times 8\right)$

$\quad\quad = 24 + 6 = 30$

Por tanto, $3\frac{3}{4}$ tazas = 30 onzas líquidas.

C Para convertir de una unidad a otra más grande, **divide**.

5 pt = ☐ ctos.

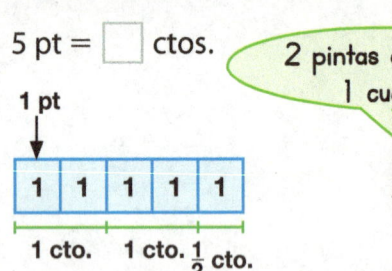

2 pintas es igual a 1 cuarto.

Halla 5 ÷ 2.

$5 \div 2 = \frac{5}{2} = 2\frac{1}{2}$

Por tanto, 5 pintas = $2\frac{1}{2}$ cuartos.

¡Convénceme! **Generalizar** Cuando conviertes de pintas a cuartos, ¿por qué divides?

Nombre _____

★Práctica guiada★

¿Lo entiendes?

1. **Razonar** ¿Por qué convertirías 4 galones 5 cuartos a 5 galones 1 cuarto?

2. ¿Por qué $\frac{1}{8}$ de taza es igual a 1 onza líquida?

¿Cómo hacerlo?

Convierte las unidades de capacidad en los Ejercicios **3** a **8**.

3. 32 t = ____ gal. 4. $\frac{1}{2}$ ctos. = ____ gal.

5. 48 ctos. = ____ pt 6. $6\frac{1}{8}$ ctos. = ____ t

7. 3 ctos. 1 pt = ____ pt

8. 9 pt = ____ ctos. ____ pt o ____ ctos.

★Práctica independiente★

Convierte las unidades de capacidad en los Ejercicios **9** a **20**.

Quizá debas hacer más de una conversión.

9. 10 pt = ____ ctos. 10. 48 oz líq. = ____ t 11. $\frac{1}{2}$ t = ____ pt

12. $9\frac{1}{4}$ pt = ____ t 13. 36 pt = ____ ctos. 14. 30 ctos. = ____ gal. ____ ctos.

15. 1 cto. = ____ gal. 16. 5 gal. = ____ t 17. 1 gal. 1 t = ____ oz líq.

18. 7 t = ____ oz líq. 19. 72 pt = ____ gal. 20. $\frac{1}{3}$ pt = ____ t

21. Completa la tabla para mostrar medidas equivalentes.

Galones	Cuartos	Pintas	Tazas	Onzas líquidas
1		8		
2				256

*Puedes encontrar otro ejemplo en el Grupo B, página 689.

Resolución de problemas

> Usa la pecera para los Ejercicios **22** y **24**.

22. La pecera de la clase contiene 2 galones de agua. ¿Cuántas tazas son? ¿Cuántas onzas líquidas son?

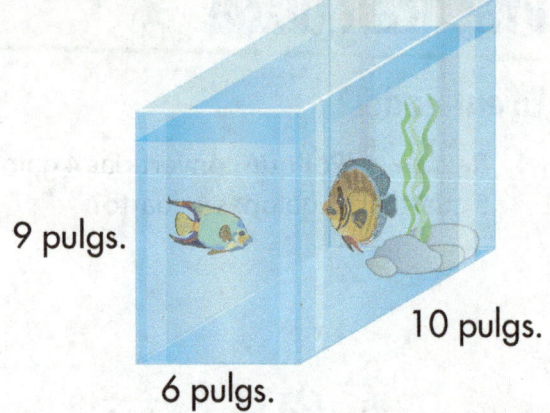

23. Susan descubre que se evaporaron 2 pintas 1 taza de agua de la pecera de la clase. ¿Cuántas pintas de agua quedan en la pecera?

24. Si todas las dimensiones de la pecera se duplicaran, ¿cuál sería el volumen de la nueva pecera?

25. Carrie tiene 3 galones de pintura. Bryan tiene 10 cuartos de pintura. ¿Cuántas más pintas de pintura que Bryan tiene Carrie?

26. Razonar Lorelei llenó su jarra con 5 galones con agua. ¿Cuántas veces puede llenar su cantimplora de 2 cuartos con el agua de la jarra? Explícalo.

27. Razonamiento de orden superior Una receta lleva 3 cucharadas de jugo de piña. Una lata de jugo de piña trae 12 onzas líquidas. ¿Cuántas cucharaditas de jugo trae la lata?

DATOS
1 cucharada (cda.) = 3 cucharaditas (cdtas.)
1 onza líquida (oz líq.) = 2 cucharadas (cdas.)

Evaluación

28. Marca todas las medidas que sean mayores que 4 tazas.

- ☐ 30 onzas líquidas
- ☐ 2 pintas
- ☐ 3 pintas
- ☐ 1 cuarto
- ☐ 1 galón

29. Marca todos los enunciados que sean verdaderos.

- ☐ 15 pt < 2 gal.
- ☐ 1 gal. < 5 ctos.
- ☐ 12 oz líq. > 2 t
- ☐ 2 ctos. 1 taza > 10 tazas
- ☐ 20 pintas = 10 cuartos

Nombre _____

Tarea y práctica 11-2
Convertir unidades usuales de capacidad

¡Revisemos!

Recuerda que 1 galón es igual a 4 cuartos, 1 cuarto es igual a 2 pintas, 1 pinta es igual a 2 tazas y 1 taza es igual a 8 onzas líquidas.

Cómo convertir de una unidad usual de capacidad a otra:

Convertir de una unidad a otra más grande:

4 pintas = _____ cuartos

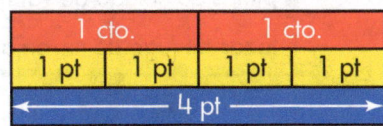

Operación: Divide.

Sabes que 2 pt = 1 cto.

Halla 4 ÷ 2; 4 pt = 2 ctos.

Convertir de una unidad a otra más pequeña:

2 galones = _____ cuartos

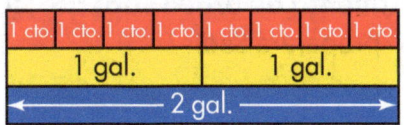

Operación: Multiplica.

Sabes que 1 gal. = 4 ctos.

Halla 2 × 4; 2 gal. = 8 ctos.

1. Convierte 2 cuartos a onzas líquidas. Escribe las cantidades que faltan en los espacios en blanco.

   2 cuartos = ____ pintas   ____ pintas = 8 tazas   ____ tazas = ____ onzas líquidas

Convierte las unidades de capacidad en los Ejercicios 2 a 13.

2. 14 oz líq. = _____ t

3. 8 gal. = _____ ctos.

4. $3\frac{1}{4}$ pt = _____ oz líq.

5. $\frac{1}{4}$ t = _____ pt

6. $6\frac{1}{4}$ ctos. = _____ pt

7. 28 t = _____ ctos.

8. 2 ctos. = _____ pt

9. 5 t = _____ pt   ____ t

10. 3 gal. = _____ pt

11. 96 oz líq. = _____ t

12. 4 ctos. = _____ t

13. $8\frac{1}{4}$ pt = _____ t

Tema 11 | Lección 11-2   649

14. **Sentido numérico** Estima la cantidad de pintas que hay en 445 onzas líquidas. Explica tu trabajo.

15. Si necesitas solo 1 taza de leche, ¿cuál es la mejor opción en la tienda de alimentos: un recipiente de un cuarto, un recipiente de una pinta o un recipiente de $\frac{1}{2}$ galón?

Usa la receta en los Ejercicios **16** y **17**.

16. Sadie prepara refresco de frutas. ¿Cuántos cuartos más de jugo de lima limón que de jugo de naranja usará?

17. **Razonamiento de orden superior** ¿Cuántos galones de refresco preparará Sadie?

Ingredientes para refresco
- 8 cuartos de jugo de lima limón
- 4 pintas de helado de vainilla
- 8 tazas de jugo de naranja

18. Callie compró 2 galones de jugo a $2.58 el galón. Vendió el jugo en porciones de 1 taza a $0.75 cada una. Cada porción es $\frac{1}{16}$ de galón. ¿Cuánto más de lo que pagó obtuvo por vender el jugo? Indica cómo hallaste la respuesta.

19. **Razonar** ¿Cómo convertirías una medida expresada en onzas líquidas a pintas?

¿Qué operación usarías?

Evaluación

20. Marca todas las medidas que sean iguales a 4 cuartos.
    - ☐ 2 galones
    - ☐ 2 pintas
    - ☐ 8 pintas
    - ☐ 16 tazas
    - ☐ 48 oz líq.

21. Marca todas las oraciones que sean verdaderas.
    - ☐ 7 pintas > 2 cuartos
    - ☐ 4 pintas 1 taza > 10 tazas
    - ☐ 1 cuarto > 40 oz líq.
    - ☐ 1 galón < 8 pintas 1 taza
    - ☐ 8 cuartos = 32 galones

Nombre _____

Lección 11-3
Convertir unidades usuales de peso

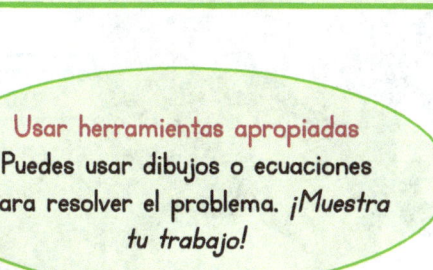

María adoptó 4 perros. Entre todos, comen $1\frac{3}{4}$ libra de alimento por día. Una libra es igual a 16 onzas. ¿Cuántas onzas de alimento comerán los perros en 5 días? *Resuelve este problema de la manera que prefieras.*

Puedo...
convertir unidades usuales de peso.

También puedo escoger y usar una herramienta matemática para resolver problemas.

Usar herramientas apropiadas
Puedes usar dibujos o ecuaciones para resolver el problema. ¡Muestra tu trabajo!

¡Vuelve atrás! **Generalizar** ¿Qué unidad de peso es mayor, una onza o una libra? ¿Cómo puedes usar esta relación para hallar la cantidad de onzas que hay en 5 libras?

Pregunta esencial: ¿Cómo se pueden convertir unidades usuales de peso?

A

1 tonelada (T) = 2,000 libras (lb)
1 libra (lb) = 16 onzas (oz)

Un elefante africano adulto pesa aproximadamente 5 toneladas. Un elefante africano bebé pesa aproximadamente 250 libras. ¿Cuántas libras pesa el elefante adulto? ¿Cómo puedes convertir 250 libras a toneladas?

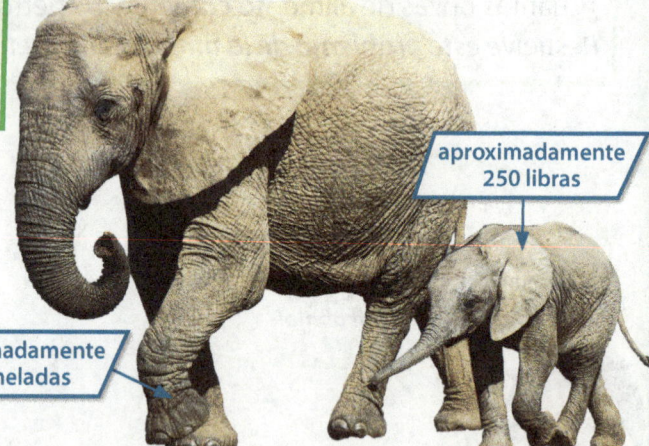

aproximadamente 250 libras

aproximadamente 5 toneladas

Para convertir de una unidad de peso a otra, puedes usar la multiplicación o la división.

B **Para convertir de una unidad a otra más pequeña, multiplica.**

5 T = ☐ lb

1 tonelada es igual a 2,000 libras.

| 5 T |
| 2,000 lb | 2,000 lb | 2,000 lb | 2,000 lb | 2,000 lb |

Halla 5 × 2,000.

5 × 2,000 = 10,000

Por tanto, 5 toneladas = 10,000 libras.

C **Para convertir de una unidad a otra más grande, divide.**

250 lb = ☐ T

2,000 libras es igual a 1 tonelada.

? T → 250 lb
1 T → 2,000 lb

Halla $\frac{250}{2,000}$.

$\frac{250 \div 250}{2,000 \div 250} = \frac{1}{8}$

Por tanto, 250 libras = $\frac{1}{8}$ de tonelada.

¡Convénceme! Generalizar Cuando conviertes 16 libras a onzas, ¿multiplicas o divides? Explícalo.

652 Tema 11 | Lección 11-3

Nombre _____

Práctica guiada

¿Lo entiendes?

1. Para medir el peso de un huevo, ¿qué unidad es mejor usar: toneladas, libras u onzas?

2. ¿Qué tipos de herramientas se pueden escoger para medir el peso? Explica tu respuesta.

¿Cómo hacerlo?

Convierte las unidades de peso en los Ejercicios 3 a 6.

3. 2,000 lb = _____ T
4. 48 oz = _____ lb
5. 6,500 lb = _____ T
6. $\frac{1}{2}$ lb = _____ oz

Compara en los Ejercicios 7 y 8. Escribe >, < o = en cada ◯.

7. 2 T ◯ 45,000 lb
8. 4 lb ◯ 64 oz

Práctica independiente

Convierte las unidades de peso en los Ejercicios 9 a 14.

¿Tu respuesta será mayor o menor que la cantidad con la que empezaste?

9. 240 oz = _____ lb
10. $7\frac{1}{10}$ T = _____ lb
11. 8 lb = _____ oz

12. 4 oz = _____ lb
13. 250 lb = _____ T
14. 1 T = _____ oz

Compara en los Ejercicios 15 a 17. Escribe >, < o = en cada ◯.

15. 5,000 lb ◯ 3 T
16. 24 lb ◯ 124 oz
17. 64,000 oz ◯ 2 T

Completa las tablas para mostrar medidas equivalentes en los Ejercicios 18 y 19.

18.
libras	$\frac{1}{2}$		5
onzas		32	

19.
toneladas	$\frac{1}{2}$	2	
libras			12,000

*Puedes encontrar otro ejemplo en el Grupo C, página 689.

Tema 11 | Lección 11-3   653

Resolución de problemas

20. Hacerlo con precisión El perímetro del jardín rectangular que se muestra abajo es 160 pies. ¿Cuál es el área del jardín?

50 pies

21. Matemáticas y Ciencias Los seres humanos que exploraron el espacio han dejado bolsas de basura, tornillos, guantes y partes de satélites. Actualmente hay unas 4,000,000 de libras de basura en órbita alrededor de la Tierra. Julia dice que esta cantidad expresada en palabras es cuatro mil millones. ¿Estás de acuerdo? Explica tu razonamiento.

Usa la tabla en los Ejercicios **22** a **25**.

22. ¿Cuál sería la unidad más apropiada para medir el peso total de 4 caballos?

23. Aproximadamente, ¿cuánto pesan 4 caballos?

24. ¿Cuántas onzas más que el simio pesa la oveja?

25. Razonamiento de orden superior ¿Cuál es la diferencia de peso entre el caballo y el peso del delfín y el simio juntos? Escribe tu respuesta en toneladas.

Evaluación

26. Parte A

La langosta más pesada del mundo pesó 44 libras 6 onzas. Escribe el peso de la langosta en onzas en el espacio de abajo.

44 lb 6 oz = _____ onzas

Parte B

Describe los pasos que seguiste para hallar la respuesta.

654 Tema 11 | Lección 11-3

Nombre _____

Tarea y práctica
11-3
Convertir unidades usuales de peso

¡Revisemos!

Recuerda que 1 tonelada es igual a 2,000 libras y 1 libra es igual a 16 onzas.

Cómo convertir de una unidad de peso a otra:

Convertir de una unidad a otra más grande:

32 onzas = _____ libras

Sabes que 16 oz = 1 lb; por tanto, divide.

Halla 32 ÷ 16; 32 oz = 2 lb.

Convertir de una unidad a otra más pequeña:

3 libras = _____ onzas

Sabes que 1 lb = 16 oz; por tanto, multiplica.

Halla 3 × 16; 3 lb = 48 oz.

Convierte las unidades de peso en los Ejercicios 1 a 6.

1. 4 T = _____ lb
2. 5 lb = _____ oz
3. 5,500 lb = _____ T
4. $2\frac{1}{2}$ lb = _____ oz
5. 90 lb = _____ oz
6. 224 oz = _____ lb

Compara en los Ejercicios 7 a 12. Escribe >, < o = en cada ◯.

7. 16 lb ◯ 16 oz
8. 1,500 lb ◯ 2 T
9. 3 T ◯ 5,999 lb
10. 1,600 oz ◯ 10 lb
11. 19 lb ◯ 300 oz
12. 8 oz ◯ $\frac{1}{2}$ lb

Completa las tablas para mostrar medidas equivalentes en los Ejercicios 13 y 14.

13.
libras	2,000	3,000	
toneladas			3

14.
onzas	16	48	
libras			10

Usa la receta en los Ejercicios **15** y **16**.

15. Aaron compró estos ingredientes para hacer la receta de mezcla de nueces y frutas secas. ¿Cuántas libras de mezcla de nueces y frutas secas hará?

16. **Representar con modelos matemáticos** Aaron quiere dividir la mezcla de nueces y frutas secas en partes iguales en 6 bolsas para darles a sus amigos. ¿Cuánta mezcla de nueces y frutas secas habrá en cada bolsa? Dibuja un diagrama de barras y escribe una ecuación para hallar la respuesta.

Receta de mezcla de nueces y frutas secas
10 onzas de plátanos secos
20 onzas de pasas
18 onzas de nueces

17. **Sentido numérico** Un fabricante de dulces compró una barra de chocolate que pesa 162 onzas. Aproximadamente, ¿cuántas libras pesa la barra?

18. **Razonamiento de orden superior** Carla compró 2 libras de brócoli, $1\frac{3}{4}$ libras de habichuelas verdes y 10 onzas de repollo rizado. ¿Cuánto pesan en total las verduras de Carla? Escribe la respuesta de dos maneras diferentes.

19. Los estudiantes fueron de excursión al zoológico. Allí aprendieron que un rinoceronte blanco adulto puede pesar hasta 6,000 libras. ¿Cuántas toneladas son?

20. **Álgebra** Completa la tabla. Escribe la expresión que se puede usar para hallar el valor que falta en la segunda fila.

n	12	15	21	28
$n +$ ___	18	21	27	

Evaluación

21. **Parte A**

El gatito de Paula pesa $3\frac{1}{2}$ libras. Escribe este peso en los espacios de abajo usando libras y onzas.

____ libras ____ onzas

Parte B

Explica cómo hallaste la respuesta.

656 Tema 11 | Lección 11-3

Nombre _____

Resuélvelo y coméntalo

Mide la longitud de tu libro en centímetros. Luego, mídela en milímetros. ¿Qué observas acerca de las dos mediciones?

Lección 11-4
Convertir unidades métricas de longitud

Puedo...
convertir unidades métricas de longitud.

También puedo escoger y usar una herramienta matemática para resolver problemas.

1 cm = ____ mm

longitud del libro: ____ cm

longitud del libro: ____ mm

Usar herramientas apropiadas ¡Puedes seleccionar unidades y herramientas apropiadas para medir la longitud de los objetos!

¡Vuelve atrás! Usar la estructura ¿Cuántos metros de longitud mide tu libro de texto? ¿Cómo lo sabes?

Tema 11 | Lección 11-4   657

Pregunta esencial: ¿Cómo se pueden convertir unidades métricas de longitud?

A

Las unidades métricas de longitud que se usan con más frecuencia son el **kilómetro (km)**, el **metro (m)**, el **centímetro (cm)** y el **milímetro (mm)**.

$1 \text{ km} = 10^3 \text{ m} = 1{,}000 \text{ m}$
$1 \text{ m} = 10^2 \text{ cm} = 100 \text{ cm}$
$1 \text{ m} = 10^3 \text{ mm} = 1{,}000 \text{ mm}$
$1 \text{ cm} = 10 \text{ mm}$

DATOS

1 kilómetro	1 hectómetro	1 decámetro	1 metro	1 decímetro	1 centímetro	1 milímetro
10^3 m	10^2 m	10 m	1 m	0.1 m	0.01 m	0.001 m

Cada unidad métrica es 10 veces más grande que la siguiente unidad más pequeña.

B La distancia entre dos ciudades es 3 kilómetros. ¿A cuántos metros de distancia están?

$3 \text{ km} = \boxed{} \text{ m}$

Para convertir de una unidad a otra más pequeña, multiplica.

Halla 3×10^3.
$3 \text{ km} = 3{,}000 \text{ m}$

Un kilómetro es igual a 1,000 metros.

Por tanto, las ciudades están a 3,000 metros de distancia.

C La distancia entre una cocina y la sala de estar es 1,200 centímetros. ¿A cuántos metros de distancia están?

$1{,}200 \text{ cm} = \boxed{} \text{ m}$

Para convertir de una unidad a otra más grande, divide.

Halla $1{,}200 \div 10^2$.
$1{,}200 \text{ cm} = 12 \text{ m}$

Por tanto, la cocina y la sala de estar están a 12 metros de distancia.

¡Convénceme! Evaluar el razonamiento Elena dice que 25 cm son iguales a 250 mm. ¿Estás de acuerdo? ¿Por qué?

Tema 11 | Lección 11-4

Nombre _____

Práctica guiada

¿Lo entiendes?

1. Para hallar la cantidad de metros que hay en seis kilómetros, ¿por qué multiplicas 6×10^3?

2. Convierte 12.5 centímetros a milímetros. Explícalo.

¿Cómo hacerlo?

Convierte las unidades de longitud en los Ejercicios **3** a **6**.

3. 10^3 cm = _____ m
4. 58 m = _____ mm
5. 1,000 mm = _____ cm
6. 3 km = _____ m

Compara las longitudes en los Ejercicios **7** y **8**. Escribe >, < o = en cada ◯.

7. 9,000 m ◯ 20 km
8. 400 cm ◯ 4 m

Práctica independiente

Convierte las unidades de longitud en los Ejercicios **9** a **14**.

9. 7.5 cm = _____ mm
10. 6 m = _____ cm
11. 0.8 km = _____ cm
12. 17,000 m = _____ km
13. 48,000 mm = _____ m
14. 4 km = _____ m

Compara las longitudes en los Ejercicios **15** a **20**. Escribe >, < o = en cada ◯.

15. 25,365 cm ◯ 30 m
16. 3.6 km ◯ 3,600 m
17. 1,200 mm ◯ 12 m
18. 52,800 cm ◯ 1 km
19. 7,500,000 m ◯ 750 km
20. 800 m ◯ 799,999 mm

Completa las tablas en los Ejercicios **21** y **22**.

21.
km	1		0.1
m		500	

22.
m		5	0.5
cm	5,000		

*Puedes encontrar otro ejemplo en el Grupo D, página 689.

Tema 11 | Lección 11-4   659

Resolución de problemas

23. Sentido numérico Sea x = la longitud de un objeto en metros e y = la longitud del mismo objeto en milímetros. ¿Qué número es más pequeño, x o y?

24. Razonamiento de orden superior ¿Cuántos milímetros son iguales a un kilómetro? Muestra tu trabajo.

25. Razonar ¿Qué fracción es mayor: $\frac{7}{8}$ o $\frac{9}{12}$? Explica cómo lo sabes.

¿Cómo comparas fracciones?

26. Hace una semana, Trudy compró el lápiz que se muestra. Ahora, el lápiz mide 12.7 centímetros.
¿Cuántos centímetros del lápiz usó?

18 cm de longitud

27. Matemáticas y Ciencias El monte Santa Helena, ubicado en Washington, hizo erupción el 18 de mayo de 1980. Antes de la erupción, el volcán medía 2.95 kilómetros de altura. Después de la erupción, el volcán pasó a medir 2.55 kilómetros de altura. Usa el diagrama de barras para hallar la diferencia en la altura del monte Santa Helena antes y después de la erupción, en metros.

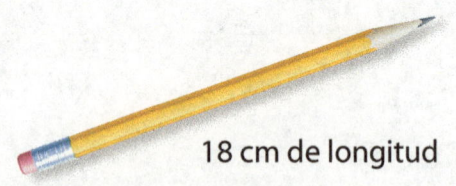

✓ Evaluación

28. Eileen planta en su patio un árbol que mide 2 metros de altura. ¿Cuál de las siguientes opciones es equivalente a 2 metros?

Ⓐ 200 mm
Ⓑ 20 cm
Ⓒ 200 km
Ⓓ 2,000 mm

29. ¿Cuál de estas oraciones numéricas **NO** es verdadera?

Ⓐ 600 cm = 6 m
Ⓑ 1 m < 9,000 mm
Ⓒ 900 mm = 9 cm
Ⓓ 10 km > 5,000 m

Nombre _____

Tarea y práctica 11-4
Convertir unidades métricas de longitud

¡Revisemos!

Recuerda que
$1 \text{ km} = 10^3 \text{ m} = 1{,}000 \text{ m}$
$1 \text{ m} = 10^2 \text{ cm} = 100 \text{ cm}$
$1 \text{ m} = 10^3 \text{ mm} = 1{,}000 \text{ mm}$
$1 \text{ cm} = 10 \text{ mm}$.

Cómo convertir de una unidad métrica de longitud a otra:

Convertir una longitud de una unidad métrica a otra más grande:

200 centímetros = _____ metros

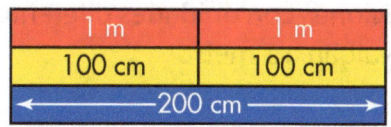

Sabes que 10^2 cm = 1 m; por tanto, divide.

Halla 200 ÷ 100; 200 cm = 2 m

Convertir una longitud de una unidad métrica a otra más pequeña:

2 kilómetros = _____ metros

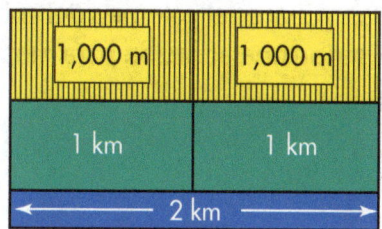

Sabes que 1 km = 10^3 m; por tanto, multiplica.

Halla 2 × 1,000; 2 km = 2,000 m

Convierte las unidades de longitud en los Ejercicios **1** a **6**.

¿Cómo puedes asegurarte de que tus respuestas son correctas?

1. 25 m = _____ cm
2. 345 cm = _____ m
3. 4.5 m = _____ cm
4. 10 m = _____ mm
5. 987 mm = _____ cm
6. 5 km = _____ m

Compara las longitudes en los Ejercicios **7** a **9**. Escribe >, < o = en cada ◯.

7. 3 km ◯ 5,000 m
8. 800 cm ◯ 8 m
9. 38.5 mm ◯ 10 cm

Compara las tablas para mostrar medidas equivalentes en los Ejercicios **10** y **11**.

10.
mm	5	85	
cm			90

11.
km	0.4		25
m		7,000	

Tema 11 | Lección 11-4 661

12. **Razonamiento de orden superior** Los guardabosques de la ladera norte del Gran Cañón registraron las cantidades de lluvia durante 12 meses. ¿Cuál fue la cantidad total de lluvia en centímetros?

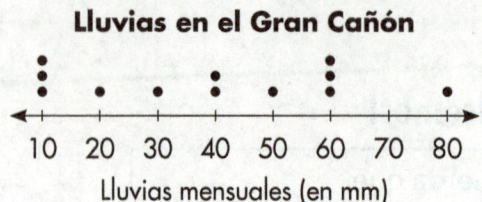
Lluvias en el Gran Cañón
Lluvias mensuales (en mm)

13. ¿Cuál es la diferencia entre la mayor y la menor cantidad de lluvia mensual? Escribe una ecuación para representar tu trabajo.

14. Arturo construye un cubo cuyos lados miden 5 pulgadas. ¿Cuál es el volumen del cubo de Arturo? Escribe una ecuación para mostrar tu trabajo.

15. **Usar la estructura** Enumera tres mediciones con unidades diferentes que equivalgan a 5 metros.

¿Qué otras unidades métricas de longitud hay?

16. Si recorres los tres senderos en un día, ¿qué distancia caminarías? Escribe la respuesta en metros y en kilómetros.

17. **Razonar** Explica cómo puedes mover el punto decimal para convertir 3,200 metros a kilómetros.

Sendero	Longitud
Hondonada del manantial	2 km
Orilla del arroyo	2,400 m
Sendero de robles	1 km 600 m

✓ **Evaluación**

18. Cory halla una hoja que mide 5 cm de longitud. ¿Qué medida es equivalente a 5 cm?

   Ⓐ 0.05 mm
   Ⓑ 0.5 mm
   Ⓒ 50 mm
   Ⓓ 500 mm

19. ¿Cuál de estas oraciones numéricas **NO** es verdadera?

   Ⓐ 4,000,000 mm = 4 km
   Ⓑ 300 mm > 3 cm
   Ⓒ 5 m > 5,000 mm
   Ⓓ 2,000 m < 20 km

Nombre _____

Resuélvelo y coméntalo

Una jarra contiene 4 litros de agua. ¿Cuántos mililitros contiene la jarra? *Resuelve este problema de la manera que prefieras.*

Lección 11-5
Convertir unidades métricas de capacidad

Puedo...
convertir unidades métricas de capacidad.

También puedo hacer generalizaciones a partir de ejemplos.

Generalizar Puedes convertir unidades métricas de capacidad usando la multiplicación o la división. ¡Muestra tu trabajo!

1 litro = _____ mililitros

4 litros = _____ mililitros

¡Vuelve atrás! **Buscar relaciones** Juanita comparte una botella de un litro de agua con 3 amigas. ¿Cuánta agua recibe cada una? Da tu respuesta en litros y mililitros.

Tema 11 | Lección 11-5   663

 ¿Cómo se pueden convertir las unidades métricas de capacidad?

A

Las unidades de capacidad que se usan con más frecuencia en el sistema métrico son el **litro (L)** y el **mililitro (mL)**.

¿Puedes hallar un litro o un mililitro en el mundo real?

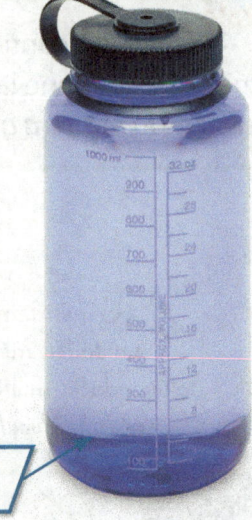

1 litro es igual a 1,000 mililitros

B Susan tiene 1.875 litros de agua. ¿Cuántos mililitros son?

$$1.875 \text{ L} = \boxed{} \text{ mL}$$

Para convertir de una unidad a otra más pequeña, multiplica.

Halla 1.875×10^3.
$1.875 \times 10^3 = 1,875$
$1.875 \text{ L} = 1,875 \text{ mL}$

Por tanto, Susan tiene 1,875 mililitros de agua.

C Jorge tiene 3,500 mililitros de agua. ¿Cuántos litros son?

$$3,500 \text{ mL} = \boxed{} \text{ L}$$

Para convertir de una unidad a otra más grande, divide.

Halla $3,500 \div 10^3$.
$3,500 \div 10^3 = 3.5$
$3,500 \text{ mL} = 3.5 \text{ L}$

Por tanto, Jorge tiene 3.5 litros de agua.

¡Convénceme! **Razonar** Ordena las siguientes medidas de mayor a menor. Explica cómo lo decidiste.

2,300 L   500 mL   3,000 mL   2 L   22 L

664 | Tema 11 | Lección 11-5

Nombre _____

✩ Práctica guiada

¿Lo entiendes?

1. **Generalizar** Explica cómo puedes convertir mililitros a litros.

2. ¿Qué tipos de herramientas escogerías para medir la capacidad? Da un ejemplo y explica cómo se podría usar esa herramienta.

¿Cómo hacerlo?

Convierte las unidades de capacidad en los Ejercicios **3** a **8**.

3. 2.75 L = _____ mL
4. 3,000 mL = _____ L
5. 5 L = _____ mL
6. 250 mL = _____ L
7. 0.027 L = _____ mL
8. 400 mL = _____ L

✩ Práctica independiente

Convierte las unidades de capacidad en los Ejercicios **9** a **20**.

9. 5,000 mL = _____ L
10. 45,000 mL = _____ L
11. 4.27 L = _____ mL
12. 13 L = _____ mL

13. 3,700 mL = _____ L
14. 0.35 L = _____ mL
15. 2,640 mL = _____ L
16. 314 mL = _____ L

17. 0.06 L = _____ mL
18. 2,109 mL = _____ L
19. 85 mL = _____ L
20. 9.05 L = _____ mL

Completa las tablas para mostrar medidas equivalentes en los Ejercicios **21** y **22**.

21.
litros	0.1	1	10
mililitros			

22.
mililitros	500	5,000	50,000
litros			

*Puedes encontrar otro ejemplo en el Grupo E, página 690.

Tema 11 | Lección 11-5   **665**

Resolución de problemas

23. Razonar El famoso refresco de Carla lleva 3 litros de jugo de mango. El único jugo de mango que consigue se vende en envases de 500 mililitros. ¿Cuántos envases de jugo de mango tiene que comprar Carla?

24. Carla prepara 6 litros de refresco. Vierte el refresco en botellas de 800 mL. ¿Cuántas botellas puede llenar?

25. Bobby llenó el termo con agua para la práctica de fútbol. Si cada jugador recibe 250 mililitros de agua, ¿para cuántos jugadores hay agua en el termo?

capacidad 5 L

26. Razonamiento de orden superior Un centímetro cúbico contiene 1 mililitro de agua. ¿Cuántos mililitros cabrán en la siguiente pecera? ¿Cuántos litros cabrán?

27. Terry compra jugo. Necesita 3 litros. Medio litro de jugo cuesta $2.39. Un recipiente de 250 mililitros de jugo cuesta $1.69. ¿Qué debe comprar Terry para tener 3 litros al menor precio? Explícalo.

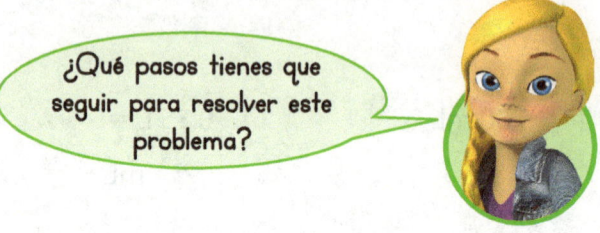

¿Qué pasos tienes que seguir para resolver este problema?

 **Evaluación**

28. Una fuente para aves tiene 4 litros de agua. ¿Cuántos mililitros de agua tiene?

Ⓐ 400 mL
Ⓑ 800 mL
Ⓒ 4,000 mL
Ⓓ 8,000 mL

29. Debes llenar una botella de 2 litros con el líquido de recipientes de 80 mililitros. ¿Cuántos recipientes se necesitan para llenar la botella de 2 litros?

Ⓐ 400
Ⓑ 250
Ⓒ 40
Ⓓ 25

666 Tema 11 | Lección 11-5

Nombre _____

¡Revisemos!

Tarea y práctica 11-5

Convertir unidades métricas de capacidad

Recuerda que para convertir de litros a mililitros, debes multiplicar por 10^3. Para convertir de mililitros a litros, debes dividir por 10^3.

Cómo convertir de una unidad métrica de capacidad a otra:

Convertir una capacidad de una unidad métrica a otra más grande:

2,000 mililitros = _____ litros

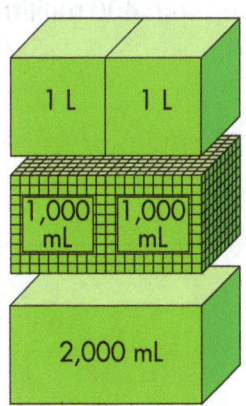

Sabes que 10^3 mL = 1 L; por tanto, divide.

Halla 2,000 ÷ 1,000; 2,000 mL = 2 L

Convertir una capacidad de una unidad métrica a otra más pequeña:

3 litros = _____ mililitros

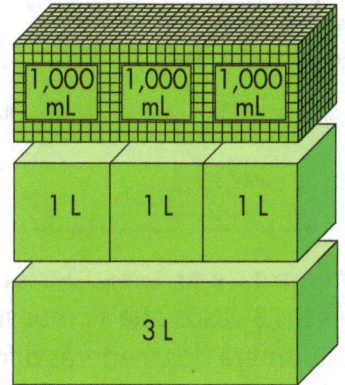

Sabes que 1 L = 10^3 mL; por tanto, multiplica.

Halla 3 × 1,000; 3 L = 3,000 mL

Convierte las unidades de capacidad en los Ejercicios 1 a 9.

1. 5 L = _____ mL
2. 13,000 mL = _____ L
3. 1.6 L = _____ mL
4. 4,750 mL = _____ L
5. 950 mL = _____ L
6. 0.4 L = _____ mL
7. 2.7 L = _____ mL
8. 8,400 mL = _____ L
9. 0.071 L = _____ mL

Compara las tablas para mostrar medidas equivalentes en los Ejercicios 10 y 11.

10.
litros	90	9	0.9
mililitros			

11.
mililitros	250	2,500	25,000
litros			

Tema 11 | Lección 11-5   667

12. **Construir argumentos** Indica si usarías la multiplicación o la división para convertir de mililitros a litros. Explica tu respuesta.

13. **Álgebra** Completa la siguiente tabla. Luego, escribe una ecuación que se pueda usar para convertir *p* libras a *o* onzas.

libras	3	4	5	6	7
onzas	48				

14. Un jardín rectangular mide 10 yardas de longitud y 10 pies de ancho. ¿Cuál es el perímetro del jardín en pies?

¿Las dos dimensiones están dadas en la misma unidad?

15. Estás preparando un desayuno con amigos y necesitas suficiente leche para 20 personas. Cada persona beberá aproximadamente 200 mililitros de leche. ¿Cuál es la mejor estimación de la cantidad de leche que debes preparar: 400 mililitros o 4 litros? ¿Por qué?

16. **Razonamiento de orden superior** Imagina que tienes los 3 vasos que se muestran a la derecha. Enumera dos maneras diferentes para medir exactamente 1 litro.

vaso de 100 mL   vaso de 300 mL   vaso de 500 mL

 Evaluación

17. Un centro comunitario tiene una piscina con capacidad para 29,000,000 mililitros de agua. ¿Para cuántos litros de agua tiene capacidad la piscina?

    Ⓐ 290,000,000 L
    Ⓑ 2,900,000 L
    Ⓒ 290,000 L
    Ⓓ 29,000 L

18. Hay 1.5 litros de refresco en una jarra. ¿Cuántos mililitros de refresco hay en la jarra?

    Ⓐ 100 mL
    Ⓑ 1,500 mL
    Ⓒ 1,000 mL
    Ⓓ 15,000 mL

Nombre _____

Resuélvelo y coméntalo En la clase de química, Olga midió 9.5 gramos de una sustancia. ¿Cuántos miligramos son? *Resuelve este problema de la manera que prefieras.*

Lección 11-6
Convertir unidades métricas de masa

Puedo...
convertir unidades métricas de masa.

También puedo buscar patrones para resolver problemas.

Buscar relaciones
Puedes usar patrones que te ayuden a encontrar una relación entre las unidades.

¡Vuelve atrás! **Usar la estructura** ¿Cuántos kilogramos midió Olga? Escribe una ecuación para representar tu trabajo.

Tema 11 | Lección 11-6   669

Pregunta esencial: ¿Cómo se pueden convertir las unidades métricas de masa?

A

Las tres unidades métricas de masa que se usan con más frecuencia son el miligramo (mg), el gramo (g) y el kilogramo (kg).

aproximadamente 5 g

aproximadamente 100 kg

Convertir unidades métricas de masa es como convertir otras unidades métricas.

10^3 mg = 1 g
10^3 g = 1 kg

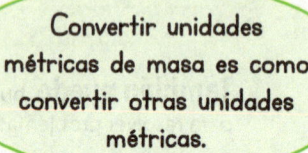

B. Un silbato tiene una masa de aproximadamente 5 gramos. ¿Cuántos miligramos son?

Para convertir una unidad a otra más pequeña, multiplica.

Halla 5×10^3.
$5 \times 10^3 = 5 \times 1{,}000 = 5{,}000$
Por tanto, 5 g = 5,000 mg.

Por tanto, un silbato tiene una masa de aproximadamente 5,000 miligramos.

C. ¿Cuántos kilogramos pesa el silbato?

Para convertir una unidad a otra más grande, divide.

Halla $5 \div 10^3$.
$5 \div 10^3 = 5 \div 1{,}000 = 0.005$
Por tanto, 5 g = 0.005 kg.

Por tanto, un silbato tiene una masa de aproximadamente 0.005 kilogramos.

¡Convénceme! Usar la estructura En la foto de arriba, ¿cuál es la masa en gramos y en miligramos del jugador de futbol americano?

Tema 11 | Lección 11-6

Nombre _____

Práctica guiada

¿Lo entiendes?

1. **Vocabulario** ¿Cómo te ayuda la relación entre metros y milímetros a comprender la relación entre gramos y miligramos?

2. ¿Qué opción tiene más masa: 1 kilogramo o 137,000 miligramos? Explica cómo hiciste la comparación.

¿Cómo hacerlo?

Convierte las unidades de masa en los Ejercicios **3** y **4**.

3. 9.25 g = _____ mg

4. 190 g = _____ kg

Compara en los Ejercicios **5** y **6**. Escribe >, < o = en cada ◯.

5. 7,000 mg ◯ 7,000 g

6. 10^2 kg ◯ 10^4 g

Práctica independiente

Convierte las unidades de masa en los Ejercicios **7** a **12**.

7. 17,000 g = _____ kg

8. 18 kg = _____ g

9. 4,200 mg = _____ g

10. 0.276 g = _____ mg

11. 4.08 kg = _____ g

12. 43 mg = _____ g

Compara en los Ejercicios **13** a **18**. Escribe >, < o = en cada ◯.

13. 2,000 g ◯ 3 kg

14. 4 kg ◯ 4,000 g

15. 10^4 mg ◯ 13 g

16. 7 kg ◯ 7,000 g

17. 9,000 g ◯ 8 kg

18. 8,000 g ◯ 5 kg

Completa las tablas en los Ejercicios **19** y **20**.

19.
gramos		10	
miligramos	1,000		100,000

20.
gramos	500		50,000
kilogramos		5	

*Puedes encontrar otro ejemplo en el Grupo F, página 690. Tema 11 | Lección 11-6   **671**

Resolución de problemas

21. Entender y perseverar Sheryl tiene una receta de pasta con vegetales. La receta lleva 130 gramos de vegetales y el doble de pasta que vegetales. ¿Cuál es la masa total de la receta en gramos?

22. Terri comienza un experimento de ciencias en el laboratorio. Según las instrucciones, necesita 227 miligramos de potasio. Calcula la diferencia entre esa cantidad y 1 gramo.

23. Sentido numérico Una de las piedras de granizo más pesadas del mundo pesó 2.2 libras. ¿Qué unidad es más apropiada para expresar su masa: 1 kilogramo o 1 gramo?

24. Razonamiento de orden superior Un cocinero tiene 6 cebollas con una masa total de 900 gramos y 8 manzanas con una masa total de 1 kilogramo. Todas las cebollas tienen el mismo tamaño, y todas las manzanas tienen el mismo tamaño. ¿Qué tiene más masa, una cebolla o una manzana? Explícalo.

Usa la información dada y la ilustración en los Ejercicios **25** y **26**.

Matemáticas y Ciencias Si un hombre pesa 198 libras en la Tierra, su masa en la Tierra es 90 kilogramos.

25. ¿Cuál es el peso de este hombre en la Luna?

26. ¿Cuál es su masa en la Luna? Explícalo.

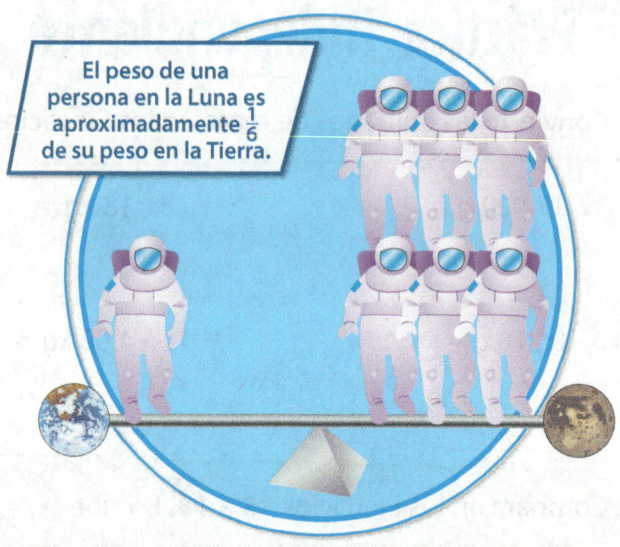

El peso de una persona en la Luna es aproximadamente $\frac{1}{6}$ de su peso en la Tierra.

Evaluación

27. Escribe las siguientes masas de menor a mayor en los espacios en blanco.
500 g   50 kg   5,000 mg

_____ < _____ < _____

28. ¿Qué operación usas para convertir de gramos a miligramos?

Nombre _____

Tarea y práctica 11-6
Convertir unidades métricas de masa

¡Revisemos!

Recuerda que 10^3 miligramos es igual a 1 gramo y 10^3 gramos es igual a 1 kilogramo.

Cómo convertir de una unidad métrica de masa a otra:

De una unidad métrica a otra más grande:

6,000 gramos = _____ kilogramos

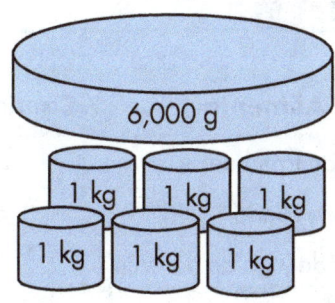

Sabes que 10^3 g = 1 kg; por tanto, divide.

Halla 6,000 ÷ 1,000; 6,000 g = 6 kg.

De una unidad métrica a otra más pequeña:

2 gramos = _____ miligramos

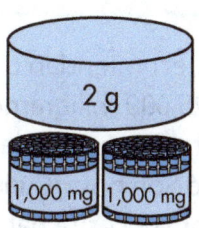

Sabes que 1 g = 10^3 mg; por tanto, multiplica.

Halla 2 × 1,000; 2 g = 2,000 mg.

Convierte las unidades de masa en los Ejercicios 1 a 6.

1. 72 g = _____ mg
2. 8,000 g = _____ kg
3. 2,000 mg = _____ kg

4. 490 g = _____ kg
5. 0.648 g = _____ mg
6. 0.061 kg = _____ g

Compara en los Ejercicios 7 a 12. Escribe >, < o = en cada ◯.

7. 4,000 mg ◯ 5 g
8. 64 kg ◯ 64,000 g
9. 3 kg ◯ 40,000 mg

10. 6,000 g ◯ 6 kg
11. 93 g ◯ 92,000 mg
12. 90 kg ◯ 90,000 mg

Completa las tablas para mostrar medidas equivalentes en los Ejercicios 13 y 14.

13.
gramos	2		200
miligramos		20,000	

14.
gramos		1,000	
kilogramos	0.1		10

Tema 11 | Lección 11-6 673

15. **Entender y perseverar** Una receta que rinde dos porciones lleva 1,600 miligramos de bicarbonato de sodio. Quieres preparar la receta para 10 personas. ¿Cuántos gramos de bicarbonato de sodio necesitas? Escribe una ecuación para mostrar tu trabajo.

16. **Razonar** ¿Qué pasos seguirías para comparar 2 kilogramos con 3,200 gramos?

¿Hay más de una forma de compararlos?

17. Los nutricionistas recomiendan que las personas coman 25,000 miligramos de fibra todos los días. La tabla muestra la cantidad de fibra que comió Sofi hoy. ¿Cuántos gramos más de fibra necesita para llegar a la cantidad diaria recomendada?

Alimento	Cantidad de fibra
1 taza de frambuesas	8 gramos
1 taza de avena	4 gramos
2 tazas de jugo de naranja	1 gramo

18. Clasifica el triángulo por sus lados y sus ángulos.

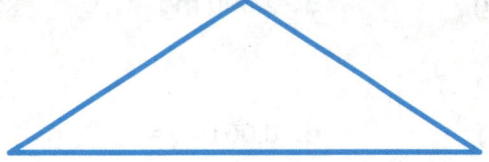

19. **Razonamiento de orden superior** ¿En qué se parece convertir de gramos a miligramos a convertir de libras a onzas? ¿En qué se diferencia?

Evaluación

20. Escribe las siguientes masas de mayor a menor en los espacios en blanco.
    30 g   2 kg   60,000 mg

    _____ > _____ > _____

21. ¿Qué operación usas para convertir de gramos a kilogramos?

Nombre _____

Resuélvelo y coméntalo

Amy quiere enmarcar un póster que tiene 8 pulgadas de ancho y 1 pie de longitud. ¿Cuál es el perímetro del póster? *Resuelve este problema de la manera que prefieras.*

Lección 11-7
Resolver problemas verbales usando conversiones de medidas

Puedo...
resolver problemas de la vida diaria con conversiones de medidas.

También puedo entender bien los problemas.

Entender y perseverar
Puedes usar conversiones de medidas en situaciones de la vida diaria. ¡Muestra tu trabajo!

1 pie = ____ pulgadas

¡Vuelve atrás! **Generalizar** ¿Qué medida convertiste? ¿Puedes hallar el perímetro convirtiendo a la otra unidad de medida?

A

Pregunta esencial: ¿Cómo se pueden convertir unidades de medida para resolver un problema?

Una piscina local tiene forma rectangular con las dimensiones que se muestran. ¿Cuál es el perímetro de la piscina?

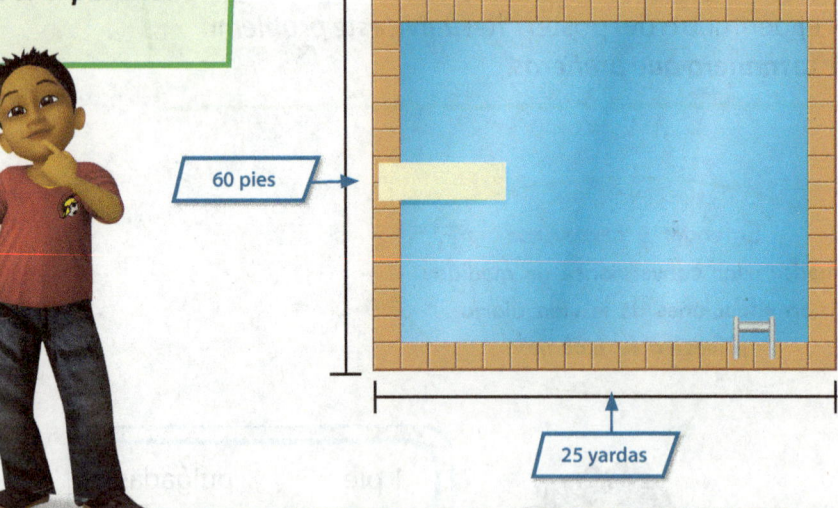

60 pies

25 yardas

Puedes convertir una de las medidas para sumar unidades semejantes.

B ¿Qué sabes?

Las dimensiones de la piscina:
$\ell = 25$ yardas
$a = 60$ pies

¿Qué se te pide que halles?

El perímetro de la piscina.

Puedes usar pies para hallar el perímetro.

C Convierte 25 yardas a pies para poder sumar unidades semejantes.

1 yarda = 3 pies

Para convertir de una unidad a otra más pequeña, multiplica.

25×3 pies = 75 pies

Por tanto, 25 yardas = 75 pies.

D Sustituye las medidas semejantes en la fórmula del perímetro.

Perímetro = (2 × longitud) + (2 × ancho)

$P = (2 \times \ell) + (2 \times a)$

$P = (2 \times 75) + (2 \times 60)$

$P = 150 + 120$

$P = 270$ pies

El perímetro de la piscina es 270 pies.

¡Convénceme! Hacerlo con precisión Si se aumenta en 3 pies el ancho de la piscina, ¿cuál sería el nuevo perímetro de la piscina? Explícalo.

676 | Tema 11 | Lección 11-7

Nombre _____

★ Práctica guiada ★

¿Lo entiendes?

1. En el ejemplo de la página anterior, ¿cómo podrías hallar el perímetro convirtiendo todas las medidas a yardas?

2. Escribe un problema de la vida diaria de varios pasos relacionado con mediciones.

¿Cómo hacerlo?

3. Stacia necesita suficiente cinta para colocar alrededor de la longitud (ℓ) y la altura (h) de una caja. Si la longitud es 2 pies y la altura es 4 pulgadas, ¿cuánta cinta necesita?

4. Si la cinta se vende en yardas enteras y cuesta $1.50 la yarda, ¿cuánto le costará a Stacia comprar la cinta?

★ Práctica independiente ★

Usa conversiones para resolver los problemas en los Ejercicios 5 a 7.

5. Becca quiere delimitar su jardín hexagonal con ladrillos. Todos los lados son iguales. Los ladrillos cuestan $6 la yarda. ¿Cuál es el perímetro del jardín? ¿Cuánto costará comprar los ladrillos para delimitarlo?

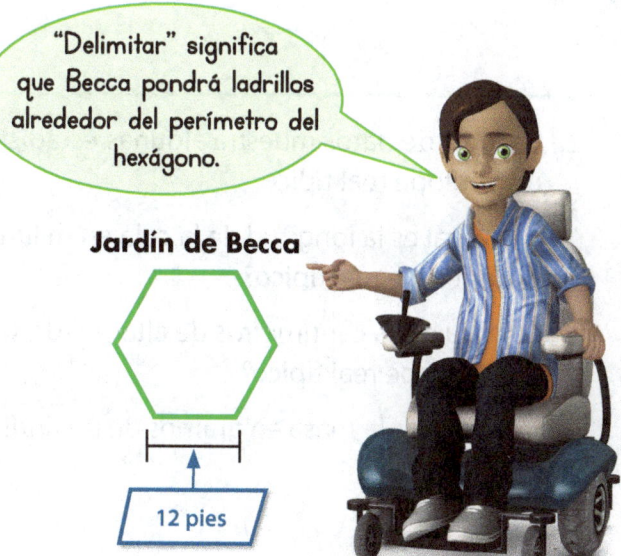

"Delimitar" significa que Becca pondrá ladrillos alrededor del perímetro del hexágono.

Jardín de Becca

12 pies

6. Isaac compró leche para preparar licuados para sus amigos. Compró 1 cuarto de leche y $\frac{1}{2}$ galón de leche. ¿Cuántas tazas de leche compró?

7. Maggie compra $1\frac{1}{2}$ libras de nueces, 8 onzas de pacanas y $\frac{3}{4}$ de libra de almendras. ¿Cuánto pesan las frutas secas en total?

*Puedes encontrar otro ejemplo en el Grupo G, página 690.

Tema 11 | Lección 11-7   677

Resolución de problemas

8. **Razonar** La familia de Matt piensa en comprar un pase familiar para la piscina local. El pase cuesta $80 para un grupo familiar de 4 personas. Los pases individuales cuestan $25 cada uno. ¿Cuánto dinero puede ahorrar la familia de Matt si compra un pase familiar en lugar de 4 pases individuales?

9. Marcia caminó 900 metros el viernes. El sábado, caminó 4 kilómetros. El domingo, caminó 3 kilómetros 600 metros. ¿Cuántos kilómetros caminó Marcia durante el fin de semana?

10. **Razonamiento de orden superior** Raúl quiere poner viruta de madera en la jaula de su conejo. El piso de la jaula mide 1 yarda de ancho por 5 pies de longitud. Una bolsa de viruta cubre 10 pies cuadrados.

    ¿Cuántas bolsas tendrá que comprar Raúl para cubrir el piso de la jaula? Explícalo.

11. La pecera de Cheryl mide 2 yardas de longitud por 24 pulgadas de ancho por 3 pies de altura. ¿Cuál es el volumen de la pecera de Cheryl en pulgadas cúbicas?

Recuerda que Volumen = $\ell \times a \times h$

12. La tabla de datos muestra algunas estadísticas sobre un antílope real típico.

    a ¿Cuál es la longitud de la cola en milímetros de un antílope real típico?

    b ¿Cuántos centímetros de alto puede saltar un antílope real típico?

    c ¿Cuál es la masa en gramos de un antílope real típico?

Antílope real adulto	
Longitud de la cabeza y el cuerpo	43 cm
Longitud de la cola	6 cm
Masa	2.4 kg
Salto vertical	2 m

Evaluación

13. Joann quiere colocar una guarda de papel tapiz alrededor de su cuarto. La guarda cuesta $3 el pie. El diagrama muestra el cuarto de Joann. ¿Cuánto dinero costará la guarda?

    Ⓐ $120
    Ⓑ $102
    Ⓒ $84
    Ⓓ $60

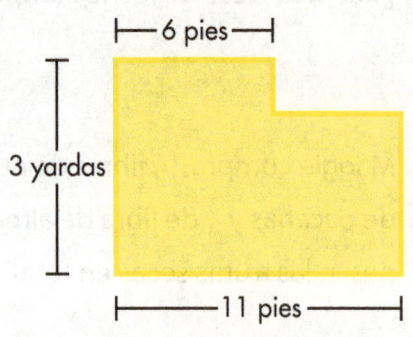

678 Tema 11 | Lección 11-7

Nombre _____

Tarea y práctica 11-7
Resolver problemas verbales usando conversiones de medidas

¡Revisemos!

Kyle caminó 10 millas el sábado. Caminó la mitad de millas el domingo. ¿Cuántas yardas caminó Kyle en total?

¿Qué pregunta es necesario responder primero?
¿Cuántas millas caminó Kyle el domingo?

Responde esta pregunta.
10 ÷ 2 = 5 millas

¿Cuál es la cantidad total de millas que caminó?
10 + 5 = 15 millas

Convierte la respuesta a yardas.
1 mi = 1,760 yd; por tanto, 15 millas es 15 × 1,760 = 26,400 yd

Kyle caminó 26,400 yardas en total.

> Lee el problema. Subraya lo que sabes. Encierra en un círculo lo que se te pide que halles.

1. Kendra montó 10 kilómetros en bicicleta el lunes. Montó en bicicleta el doble de kilómetros el martes. ¿Cuántos metros montó en bicicleta en total?

   Subraya lo que sabes. Encierra en un círculo lo que debes hallar.

   ¿Qué pregunta debes responder primero?

   _____

   ¿Cuántos metros en total montó Kendra en bicicleta? _____

2. Wilson preparó refresco de frutas. Usó 2 cuartos de jugo de naranja y 1 pinta de jugo de arándanos. Usó un cuarto más de ginger ale que la cantidad de jugo naranja. ¿Cuántas tazas de refresco de frutas preparó Wilson?

> Recuerda que debes comprobar tus cálculos y asegurarte de responder la pregunta correcta.

3. El patio trasero de Claire tiene forma rectangular y una longitud de 19.5 pies. Le cuesta $945 vallar el patio. Si el vallado cuesta $15 el pie, ¿cuál es el ancho del patio trasero de Claire?

4. Zayna coloca cinta alrededor de una foto de su perro. La foto mide 300 milímetros de ancho y 150 milímetros de altura. ¿Cuántos metros de cinta necesita?

5. Ann está colocando alfombra en un cuarto que mide 12 pies de longitud y 10 pies de ancho. La alfombra cuesta $3.00 el pie cuadrado. ¿Cuánto costará la alfombra para el cuarto?

6. Por cada 3 latas de verduras que se compran, recibes 1 lata gratis. Tessie llevó a su casa 32 latas de verduras. ¿Cuántas latas tuvo que pagar?

7. **Entender y perseverar** Isabel corrió alrededor de la pista 6 veces a la misma velocidad. Tardó 24 minutos. John tardó 3 minutos en correr alrededor de la pista una vez. ¿Qué estudiante corrió más rápido? Explícalo.

8. **Construir argumentos** Badal tiene 120 centímetros cúbicos de agua. Quiere verterla en un florero rectangular que mide 4 centímetros de altura, 40 milímetros de ancho y 5 centímetros de longitud. ¿Cabrá toda el agua en el florero? Explícalo.

9. **Razonamiento de orden superior** Nancy ahorra $2 de su mesada por semana. Marco ahorra $1 la primera semana, $2 la segunda semana, $3 la tercera semana y así sucesivamente. Al final de 10 semanas, ¿quién habrá ahorrado más dinero? ¿Cuánto más?

10. José está pintando un telón de fondo para la obra de teatro de la escuela. El telón de fondo rectangular mide 60 pulgadas por 45 pulgadas. Si su recipiente de pintura alcanza para cubrir 25 pies cuadrados, ¿tiene suficiente pintura para el telón de fondo?

PISTA: Convierte las dimensiones de pulgadas a pies.

 Evaluación

11. Darin quiere colocar una valla alrededor de su jardín. ¿Cuánto vallado debe comprar?

    Ⓐ 26 yardas
    Ⓑ 40 yardas
    Ⓒ 46 pies
    Ⓓ 120 pies

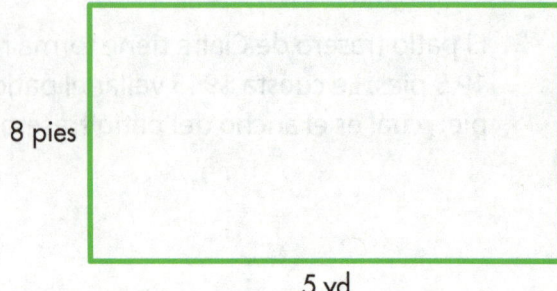

Nombre _____

Beth quiere hacer un marco para fotos como el que se muestra. Anotó las dimensiones exteriores como 5 cm por 7 cm. Mide las dimensiones exteriores del marco en milímetros. Compara tus mediciones con las de Beth. ¿Piensas que sus mediciones son suficientemente precisas? Explícalo.

Resolución de problemas
Lección 11-8
Precisión

Puedo...
ser preciso cuando resuelvo problemas de mediciones.

También puedo convertir unidades de medida.

Hábitos de razonamiento

*Pensar en estas preguntas te puede ayudar a **prestar atención a la precisión**.*

- ¿Estoy usando los números, las unidades y los signos correctamente?
- ¿Estoy usando las definiciones correctas?
- ¿Estoy haciendo los cálculos con precisión?
- ¿Es clara mi respuesta?

¡Vuelve atrás! **Hacerlo con precisión** ¿Cuál es la diferencia entre el perímetro basado en las mediciones de Beth y el perímetro basado en tus mediciones? Explica cómo hallaste la respuesta.

Pregunta esencial: ¿Cómo se pueden resolver problemas matemáticos con precisión?

A

Chad y Rhoda están colgando un columpio. Chad cortó un trozo de cadena de 6 pies 2 pulgadas de longitud. Rhoda cortó un trozo de cadena de 72 pulgadas de longitud. Cuando colgaron el columpio, estaba torcido.

Usa lenguaje preciso para explicar por qué.

6 pies 2 pulgs.   72 pulgs.

Hacerlo con precisión significa que usas las palabras, los símbolos y las unidades de matemáticas apropiados así como cálculos exactos cuando resuelves problemas.

B ¿Cómo puedo **resolver este problema con precisión**?

Puedo
- hacer cálculos exactos.
- dar una respuesta clara.
- usar las unidades correctas.

C Este es mi razonamiento...

Convierte 6 pies 2 pulgadas a pulgadas para ver si Chad y Rhoda cortaron la misma longitud de cadena.

6 pies 2 pulgs. = ☐ pulgs.

$6 \times 12 = 72$; por tanto, 6 pies = 72 pulgs.

6 pies 2 pulgs. = 72 + 2 = 74 pulgs.

La cadena de Chad mide 74 pulgadas de longitud, pero la cadena de Rhoda mide solo 72 pulgadas de longitud. Como Chad y Rhoda usaron distintas longitudes de cadena, el columpio quedó torcido.

¡Convénceme! **Hacerlo con precisión** ¿Qué recomendaciones les harías a Chad y a Rhoda para que el columpio cuelgue parejo?

682 | Tema 11 | Lección 11-8

Nombre _____

Práctica guiada

Precisión

Mary necesita una tabla de 4 pies 8 pulgadas de longitud. Cortó una tabla de 56 pulgadas de longitud.

Recuerda que para convertir medidas con exactitud debes hacerlo con precisión.

1. ¿Qué medidas se dan? ¿Se usan las mismas unidades para todas las mediciones? Explícalo.

2. Explica cómo puedes convertir una de las medidas para que en las dos se use la misma unidad.

3. ¿La tabla que cortó Mary tiene la longitud correcta? Da una respuesta clara y adecuada.

Práctica independiente

Hacerlo con precisión

Silvio prepara pastel de carne. Usó la cantidad de salsa de tomate que se muestra en la taza de medir.

4. ¿Las unidades que usó Silvio para medir son las mismas que las de la receta? Explícalo.

Pastel de carne
- 2 lb de carne molida
- 1 huevo
- 6 oz líq. de salsa de tomate
- $\frac{1}{2}$ t de migas de pan
- sal y pimienta a gusto

5. ¿Cómo puedes convertir una de las medidas para que en las dos se use la misma unidad?

6. ¿Usó Silvio la cantidad correcta de salsa de tomate? Da una respuesta clara y adecuada.

*Puedes encontrar otro ejemplo en el Grupo H, página 690.

Tema 11 | Lección 11-8   683

Resolución de problemas

✓ Evaluación del rendimiento

Enviar un paquete
Un cliente usa un servicio de entrega común para enviar un paquete. La Empresa de Transportes del Norte descubrió que su balanza vieja no es muy precisa: registra 2 onzas de más. Una balanza nueva y precisa muestra que el peso real del paquete del cliente es 2 libras 11 onzas.

> **Empresa de Transportes del Norte**
> **Entrega común**
> $0.75 primera onza
> $0.60 cada onza adicional
>
> **Entrega rápida**
> $1.45 primera onza
> $0.75 cada onza adicional

7. **Entender y perseverar** ¿Qué información necesitas para determinar el costo total del envío según cada balanza?

8. **Hacerlo con precisión** ¿Por qué tienes que convertir medidas para determinar los costos totales de envío?

> Para hacerlo con precisión, debes comprobar que las palabras, los números, los símbolos y las unidades que usas sean correctas y que tus cálculos sean exactos.

9. **Representar con modelos matemáticos** Muestra cómo convertir las medidas que describiste en el Ejercicio 8.

10. **Hacerlo con precisión** ¿Cuál sería el costo total si se pesara el paquete en la balanza nueva? ¿Cuál sería el costo total si se pesara el paquete en la balanza vieja? Muestra tu trabajo.

Nombre _____

Tarea y práctica 11-8
Precisión

¡Revisemos!
Meg y Rita midieron la longitud de su salón de clases. Se preguntan cómo se comparan las mediciones.

Meg
Nuestro salón de clases mide $9\frac{1}{3}$ yardas de largo

Rita
Longitud del salón = 28 pies

Indica cómo puedes usar la precisión para comparar las mediciones.

- Puedo usar los números, las unidades y los símbolos correctamente.
- Puedo hacer cálculos exactos.
- Puedo dar una respuesta clara.

Usa la precisión para comparar las mediciones.

Convierte $9\frac{1}{3}$ yardas a pies.

$9\frac{1}{3}$ yd = _____ pies

$9\frac{1}{3} \times 3 = \frac{28}{3} \times \frac{3}{1} = \frac{84}{3} = 28$

Por tanto, $9\frac{1}{3}$ yd = 28 pies.

Como $9\frac{1}{3}$ yd = 28 pies, las mediciones son iguales.

Hacerlo con precisión
William compró una botella de 0.5 litros de alimento líquido para plantas. Usa 40 mililitros por semana.

Hazlo con precisión cuando trabajas con mediciones y comunica tu razonamiento de manera clara.

1. ¿Qué medidas se dan? ¿Se usan las mismas unidades en cada medida?

2. Explica cómo puedes convertir una de las medidas para que en las dos se use la misma unidad.

3. ¿Cuánto alimento para plantas necesita William para 12 semanas? Explícalo.

4. ¿Una botella es suficiente para 12 semanas? Da una respuesta clara.

Evaluación del rendimiento

Comprar cinta
Mimi necesita once trozos de 18 pulgadas de cinta de imitación de diamante. Compró 5 yardas de la cinta que se muestra a la derecha.

10 yd

$6 la yarda
o
$55 la bobina completa

5. **Hacerlo con precisión** ¿Qué cantidad de cinta necesita Mimi en total? Explícalo.

6. **Razonar** ¿Necesitas convertir medidas para determinar si Mimi compró la cantidad correcta de cinta? Explícalo.

7. **Representar con modelos matemáticos** Muestra cómo convertir las medidas que describiste en el Ejercicio 6.

Para hacerlo con precisión, debes comprobar que estés usando las unidades de medida correctamente y que tus conversiones sean exactas.

8. **Hacerlo con precisión** ¿Compró Mimi la cantidad correcta de cinta? Explícalo.

9. **Entender y perseverar** Si Mimi compra la cinta adicional que necesita, ¿cuál será el costo total de toda la cinta? Muestra dos maneras diferentes de hallar la respuesta.

686   Tema 11 | Lección 11-8

Nombre _____

TEMA 11 Actividad de práctica de fluidez

Trabaja con un compañero. Necesitan papel y lápiz. Cada uno escoge un color diferente: celeste o azul.

El Compañero 1 y el Compañero 2 apuntan a uno de los números negros al mismo tiempo. Ambos hallan el producto de los dos números.

El compañero que escogió el color donde está ese producto anota una marca de conteo. Sigan la actividad hasta que uno de los compañeros tenga siete marcas de conteo.

Puedo...
multiplicar números enteros de varios dígitos.

Compañero 1

1,000
25
57
75
100

14,250	275,937	363,075	4,841,000
64,650	18,750	652,700	121,025
6,527,000	750,000	57,000	22,550
42,750	56,250	163,175	75,000
484,100	90,200	372,039	489,525
32,490	51,414	570,000	902,000

Compañero 2

570
750
902
4,841
6,527

Marcas de conteo del Compañero 1

Marcas de conteo del Compañero 2

Tema 11 | Actividad de práctica de fluidez 687

TEMA 11 Repaso del vocabulario

Lista de palabras
- capacidad
- centímetro
- cuarto
- galón
- gramo
- kilogramo
- kilómetro
- libra
- litro
- masa
- metro
- miligramo
- mililitro
- milímetro
- milla
- onza
- onza líquida
- peso
- pie
- pinta
- pulgada
- taza
- tonelada
- yarda

Comprender el vocabulario

Escoge el mejor término de la Lista de palabras. Escríbelo en el espacio en blanco.

1. Un _____ es equivalente a doce _____.

2. La medida de la cantidad de materia que tiene un objeto se conoce como _____.

3. El volumen de un recipiente medido en unidades líquidas es su _____.

4. Hay 1,000 metros en un _____.

5. Hallar cuán liviano o cuán pesado es un objeto es medir su _____.

6. Hay 2 tazas en una _____.

Para los siguientes objetos, da un ejemplo y un contraejemplo de una unidad de medida que se pueda usar para describirlo.

	Ejemplo	Contraejemplo
7. Leche	_____	_____
8. Estatura de una persona	_____	_____
9. Talla de zapatos	_____	_____

Usar el vocabulario al escribir

10. Explica la relación entre las unidades métricas de masa de la Lista de palabras.

Nombre _____

TEMA 11 — Refuerzo

Grupo A — páginas 639 a 644

Convierte 3 yardas a pulgadas.

1 pie = 12 pulgadas (pulgs.)
1 yarda (yd) = 3 pies = 36 pulgs.
1 milla (mi) = 1,760 yd = 5,280 pies

1 yarda = 36 pulgadas. Para convertir de una unidad a otra más pequeña, multiplica:
3 × 36 = 108.

Por tanto, 3 yardas = 108 pulgadas.

Recuerda que debes dividir cuando conviertes de una unidad a otra más grande.

Convierte.

1. 7 pies = ____ pulgs.   2. $1\frac{1}{2}$ mi = ____ pies
3. $5\frac{2}{3}$ yd = ____ pies   4. 54 pulgs. = ____ pies

Grupo B — páginas 645 a 650

Convierte 16 tazas a pintas.

2 tazas = 1 pinta. Para convertir de una unidad a otra más grande, divide: 16 ÷ 2 = 8.

Por tanto, 16 tazas = 8 pintas.

Recuerda que 1 galón = 4 ctos., 1 cto. = 2 pt, 1 pt = 2 t y 1 taza = 8 oz líq.

Convierte.

1. 36 t = ____ gal.   2. 7 pt = ____ ctos.
3. $1\frac{1}{2}$ gal = ____ oz líq.   4. 6 pt = ____ t

Grupo C — páginas 651 a 656

Convierte 6 libras a onzas.

1 libra = 16 onzas. Para convertir de una unidad a otra más pequeña, multiplica: 6 × 16 = 96.

Por tanto, 6 libras = 96 onzas.

Recuerda que 2,000 libras = 1 tonelada.

Convierte.

1. $2\frac{3}{4}$ lb = ____ oz   2. 56 oz = ____ lb
3. 4,000 lb = ____ T   4. $6\frac{1}{2}$ T = ____ lb
5. $\frac{1}{4}$ T = ____ oz   6. 200 lb = ____ T

Grupo D — páginas 657 a 662

Convierte 2 metros a centímetros.

1 km = 1,000 m   1 m = 100 cm
1 m = 1,000 mm   1 cm = 10 mm

1 metro = 100 centímetros. Para convertir de una unidad a otra más pequeña, multiplica:
2 × 100 = 200.

Por tanto, 2 metros = 200 centímetros.

Recuerda que debes multiplicar o dividir por una potencia de 10 para convertir medidas métricas.

Convierte.

1. 5.4 m = ____ cm   2. 2.7 km = ____ m
3. 0.02 km = ____ cm   4. 0.025 m = ____ mm
5. 675 mm = ____ m   6. 7,435 cm = ____ m

Grupo E — páginas 663 a 668

Convierte 6,000 mililitros a litros.

1,000 mililitros = 1 litro. Para convertir de mililitros a unidades más grandes, divide:
6,000 ÷ 1,000 = 6.

Por tanto, 6,000 mililitros = 6 litros.

Recuerda que las unidades métricas de capacidad más usadas son el litro y el mililitro.

Convierte.

1. 6 L = _____ mL
2. 0.15 L = _____ mL
3. 2,000 mL = __ L
4. 900 mL = __ L

Grupo F — páginas 669 a 674

Convierte 6 kilogramos (kg) a gramos (g).

1 kilogramo = 1,000 gramos. Para convertir de una unidad a otra más pequeña, multiplica:
6 × 1,000 = 6,000.

Por tanto, 6 kg = 6,000 g.

Recuerda que para convertir unidades métricas, puedes agregar ceros y mover el punto decimal.

Convierte.

1. 30 kg = _____ g
2. 3,000 mg = __ g
3. 560 g = __ kg
4. 0.17 g = _____ mg

Grupo G — páginas 675 a 680

En una competencia, Lina saltó 3 yardas y Ed saltó 8 pies. ¿Quién saltó más?

Convierte las medidas a la misma unidad. Luego, compara.

Halla cuántos pies hay en 3 yardas:
1 yd = 3 pies; por tanto, 3 yd = 9 pies.

Lina saltó 9 pies, Ed saltó 8 pies. Por tanto, Lina saltó más.

Recuerda que debes comprobar si las unidades del problema son las mismas.

1. Max quiere poner una valla alrededor de su jardín triangular. Si cada lado mide 6 yardas, ¿cuántos pies de vallado necesita Max?

Grupo H — páginas 681 a 686

Pensar en estas preguntas te puede ayudar a **prestar atención a la precisión** en tu trabajo.

Hábitos de razonamiento

- ¿Estoy usando los números, las unidades y los signos correctamente?
- ¿Estoy usando las definiciones correctas?
- ¿Estoy haciendo los cálculos con precisión?
- ¿Es clara mi respuesta?

Recuerda que el problema puede tener más de un paso.

Resuelve. Muestra tu trabajo.

1. Mónica compró una bolsa de 40 libras de alimento para perros para su mascota. Dos veces al día le da a su perro 6 onzas de alimento. ¿Cuánto alimento para perros usará en 1 semana? Explícalo.

Nombre _____

TEMA 11 Evaluación

1. La etiqueta de valores nutricionales de un envase de leche de soja dice que un vaso contiene 7 gramos de proteína. ¿Cuántos miligramos de proteína contiene un vaso?

   Ⓐ 7 miligramos
   Ⓑ 70 miligramos
   Ⓒ 700 miligramos
   Ⓓ 7,000 miligramos

2. El jardín de Justin se muestra a continuación.

   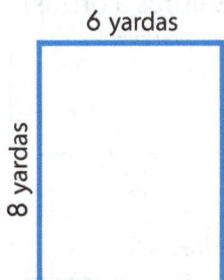

   Parte A

   ¿Cómo puedes convertir las dimensiones del jardín de Justin de yardas a pulgadas?

   Parte B

   ¿Cuál es el perímetro del jardín de Justin en pulgadas?

3. ¿Qué expresión se puede usar para hallar cuántos kilogramos de batatas se necesitan para la receta?

   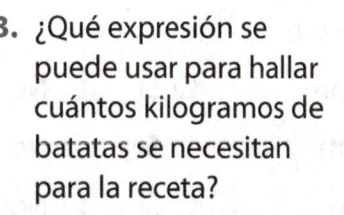

   Ⓐ 1,000 ÷ 2,000
   Ⓑ 2,000 ÷ 1,000
   Ⓒ 2,000 × 1,000
   Ⓓ 2,000 × 100

4. Diez fardos de algodón pesan aproximadamente 5,000 libras. ¿Qué comparación es verdadera?

   Ⓐ 5,000 libras < 10,000 onzas
   Ⓑ 5,000 libras = 3 toneladas
   Ⓒ 5,000 libras < 3 toneladas
   Ⓓ 5,000 libras > 3 toneladas

5. Tyrell compró 4 litros de refresco de fruta para una fiesta. Servirá el refresco en vasos con capacidad para 200 mililitros. ¿Cuántos vasos llenos de refresco de frutas puede servir?

Tema 11 | Evaluación   691

6. Escoge Sí o No para indicar si el número 10^3 hará que la ecuación sea verdadera en las preguntas 6a a 6d.

6a. ☐ km = 1 mm ○ Sí ○ No
6b. ☐ mm = 1 m ○ Sí ○ No
6c. ☐ cm = 1 m ○ Sí ○ No
6d. ☐ m = 1 km ○ Sí ○ No

7. Traza líneas para unir las medidas de la izquierda con su medida equivalente de la derecha.

1 galón	2 tazas
1 taza	2 pintas
1 cuarto	8 oz líq.
1 pinta	4 cuartos

8. Marca todas las longitudes que sean iguales a 6 pies 12 pulgadas.

☐ 3 yd 1 pie
☐ 7 pies
☐ 7 pies 2 pulgs.
☐ 2 yd 1 pie
☐ 1 yd 4 pies

9. Juanita tiene un balde con una capacidad de 3.4 litros. ¿De cuántos mililitros es la capacidad del balde?

10. Mason preparó 5 cuartos de salsa. ¿Qué opción se puede usar para hallar la cantidad de tazas de salsa que hizo Mason?

Ⓐ 5 × 2 × 2
Ⓑ 5 × 4 × 4
Ⓒ 5 ÷ 2 ÷ 2
Ⓓ 5 × 4 ÷ 2

11. Alicia compró 5 libras de tierra para macetas. Quiere colocar 10 onzas de tierra en cada maceta.

Parte A
¿Cómo puede convertir 5 libras a onzas?

Parte B
¿Cuántas macetas puede llenar?

12. La cola de un Boeing 747 mide $63\frac{2}{3}$ pies. ¿Cuántas pulgadas de alto mide la cola?

13. Un barco a escala mide 0.38 metros de longitud. ¿Cuál es la longitud del barco en centímetros?

Nombre _____

Jugo de naranja

Heidi vende vasos de jugo de naranjas recién exprimidas en su tienda **El jugo de naranja de Heidi.**

1. Usa la **Información sobre naranjas.** Responde las siguientes preguntas para hallar cuántas libras de naranjas necesita Heidi para su jugo de naranja.

   Parte A

   ¿Cuántas naranjas necesita Heidi para hacer un jugo de naranja grande? Explícalo. Muestra tu trabajo.

   Parte B

   ¿Cuántas libras de naranjas necesita Heidi para hacer un jugo de naranja grande? Muestra tu trabajo.

2. Responde lo siguiente para hallar el área del **Exhibidor de Heidi.**

   Parte A

   ¿Qué unidades puedes usar para el área? Explícalo.

Jugo de naranja de Heidi

Grande = $2\frac{1}{4}$ tazas

Información sobre naranjas

Una naranja mediana tiene unas 2 oz líq. de jugo y pesa aproximadamente 5 onzas.

Exhibidor de Heidi

4 pies
15 pulgs.

Tema 11 | Evaluación del rendimiento   693

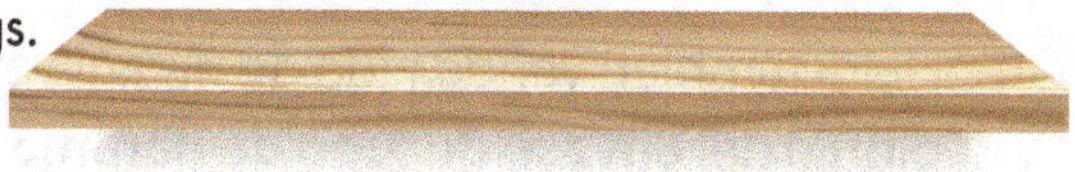

Parte B

¿Cuál es el área del **exhibidor de Heidi?** Muestra tu trabajo.

3. La tabla de **Información nutricional de las naranjas** muestra los nutrientes de una naranja mediana que pesa 5 onzas o 140 gramos. Todos los nutrientes de la naranja también están presentes en el jugo de naranja de Heidi.

| Información nutricional de las naranjas ||
Nutriente	Cantidad
Carbohidratos	16 g
Fibra	3.5 g
Potasio	250 mg

Parte A

¿Cuántos gramos de potasio hay en un vaso grande del jugo de naranja de Heidi? Explica cómo lo resolviste.

Parte B

¿Cuántos miligramos de fibra hay en un vaso grande del jugo de naranja de Heidi? Usa un exponente para explicar los cálculos que usaste para resolverlo.

4. Heidi también vende jugo de naranja en envases de cartón. Usa el dibujo del **envase de jugo de naranja de Heidi.** Halla el volumen del envase de cartón en centímetros cúbicos. Explícalo.

Envase de jugo de naranja de Heidi

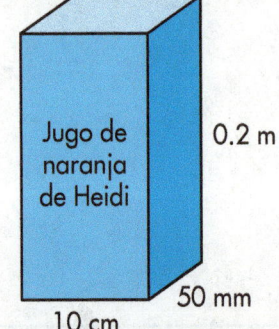

694 Tema 11 | Evaluación del rendimiento

TEMA 12 Representar e interpretar datos

Pregunta esencial: ¿Cómo se puede usar un diagrama de puntos para representar datos y responder a preguntas?

Los incendios forestales ayudan a la naturaleza porque queman las plantas muertas.

Un rayo puede causar un incendio forestal. ¿Pero sabías que las actividades humanas causan 9 de cada 10 incendios de ese tipo?

¡Estoy sorprendido! ¡Es hora de hacer una investigación innovadora! Este es un proyecto sobre los incendios forestales.

Proyecto de Matemáticas y Ciencias: Incendios forestales

Investigar Usa la Internet u otras fuentes para aprender más sobre los incendios forestales. Investiga cómo afectan a los ecosistemas. Explora los costos y los beneficios de esos incendios. Haz una lista de cinco seres vivos de un ecosistema. Investiga cuánto tarda cada uno en recuperarse de un incendio forestal.

Diario: Escribir un informe Incluye lo que averiguaste. En tu informe, también:

- haz un folleto para mostrar cómo afectan los incendios forestales a los ecosistemas.
- sugiere maneras de prevenir esos incendios.
- haz un diagrama de puntos para mostrar tus datos.
- inventa y resuelve problemas usando diagramas de puntos.

Tema 12   695

Nombre _____

Repasa lo que sabes

Vocabulario

Escoge el mejor término de la Lista de palabras. Escríbelo en el espacio en blanco.

- comparar
- estimación por defecto
- estimación por exceso
- gráfica de barras
- tabla de frecuencias

1. Una representación que muestra cuántas veces ocurre un evento es una _____.

2. Una representación que usa barras para mostrar datos es una _____.

3. Redondear cada factor de una multiplicación a un número más grande da una _____ del producto real.

4. Puedes usar la longitud de las barras de una gráfica de barras para _____ dos conjuntos de datos similares.

Cálculo de fracciones

Halla las respuestas.

5. $2\frac{1}{2} + 5\frac{1}{3}$

6. $13\frac{3}{10} - 8\frac{1}{5}$

7. $8\frac{1}{3} + 7\frac{11}{12}$

8. $15 - 5\frac{2}{9}$

9. $7\frac{5}{8} + 13\frac{11}{20}$

10. $15\frac{4}{5} + 1\frac{2}{3}$

11. $\frac{7}{8} \times 4$

12. $5 \times 1\frac{2}{3}$

13. $2\frac{1}{8} \times \frac{2}{3}$

Gráficas de barras

Usa la gráfica de barras para responder a las preguntas.

14. ¿Qué animal tiene aproximadamente 34 dientes?

15. Aproximadamente, ¿cuántos dientes más tiene un perro que una hiena?

16. Aproximadamente, ¿cuántos dientes más tiene una hiena que una morsa?

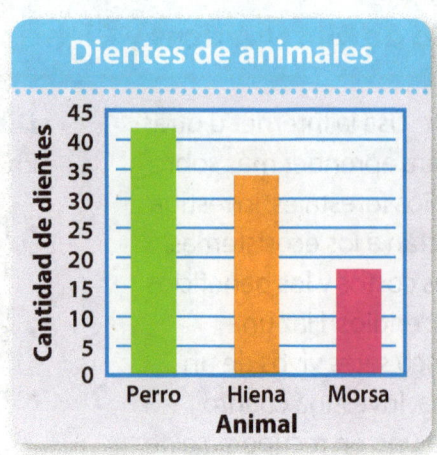
Dientes de animales

Mis tarjetas de palabras

Usa los ejemplos de las palabras de las tarjetas para ayudarte a completar las definiciones que están al reverso.

diagrama de puntos

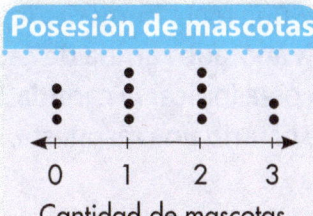

Posesión de mascotas
Cantidad de mascotas

datos

Cantidad de lluvia (pulgs.):

$\frac{1}{4}, \frac{1}{2}, 1, 1\frac{1}{2}, \frac{3}{4}, 0, \frac{5}{8}, 0$

$0, 1\frac{1}{4}, \frac{7}{8}, \frac{1}{2}, 1$

valor extremo

2, 3, 3, 1, 4, 15, 4, 1, 2, 2

15 es un valor extremo.

Mis tarjetas de palabras

Completa cada definición. Para ampliar lo que aprendiste, escribe tus propias definiciones.

La información recopilada se llama _____.

Una representación de respuestas a lo largo de una recta numérica, con puntos o X anotados arriba de cada respuesta para indicar la cantidad de veces que ocurrió una respuesta, se llama _____.

Un _____ es un valor que es mucho más grande o mucho más pequeño que los otros valores en un conjunto de datos.

Nombre _____

Resuélvelo y coméntalo

Se les preguntó a varios estudiantes cuántas cuadras caminan desde su casa hasta la escuela cada día. Los resultados se muestran en el siguiente diagrama de puntos. ¿A cuántos estudiantes se les hizo la pregunta? *Usa el diagrama de puntos para resolver este problema.*

Lección 12-1
Analizar diagramas de puntos

Puedo...
leer un diagrama de puntos.

También puedo entender bien los problemas.

Distancia desde casa hasta la escuela

[Diagrama de puntos: 1: 4 puntos; 2: 5 puntos; 3: 5 puntos; 4: 6 puntos; 5: 2 puntos; 6: 0 puntos; 7: 1 punto]
Cantidad de cuadras

Entender y perseverar ¿Cómo puedes analizar datos en un diagrama de puntos? ¡Muestra tu trabajo!

¡Vuelve atrás! Razonar ¿Qué puedes decir sobre la distancia que la mayoría de los estudiantes del grupo camina hasta la escuela cada día?

Recursos digitales en SavvasRealize.com Tema 12 | Lección 12-1 699

Pregunta esencial: ¿Cómo se pueden analizar datos representados en un diagrama de puntos?

A

Un diagrama de puntos muestra **datos** a lo largo de una recta numérica. Cada punto o X representa un valor del conjunto de datos.

En la clase de Ciencias, Abby y sus compañeros hicieron un experimento en el que usaron diferentes cantidades de vinagre.

La siguiente tabla muestra cuánto vinagre usó cada persona.

Un **diagrama de puntos** muestra qué frecuencia tiene cada valor.

Tazas de vinagre

DATOS						
$\frac{1}{2}$	1	1	$1\frac{1}{2}$	$\frac{3}{4}$	1	$\frac{3}{4}$
$1\frac{1}{4}$	$\frac{3}{4}$	$\frac{1}{2}$	3	1	$\frac{3}{4}$	$1\frac{1}{2}$
1	1	$1\frac{1}{4}$	$\frac{3}{4}$	1	$1\frac{1}{4}$	1

B Lee el diagrama de puntos.

Un diagrama de puntos puede usarse para organizar la cantidad de vinagre que usó cada persona.

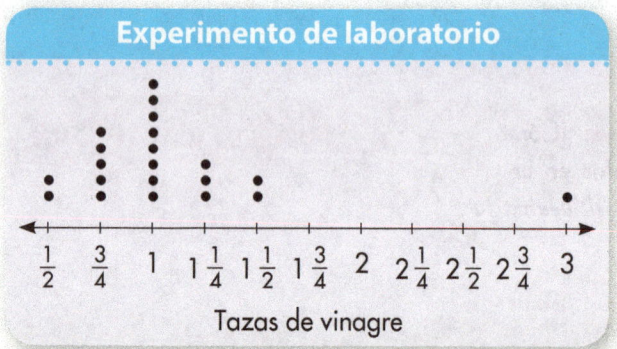

C Analiza los datos.

Identifica cualquier valor extremo.

Un **valor extremo** es cualquier valor que sea muy diferente del resto de los valores.

El punto arriba del 3 está alejado del resto de los puntos. Ese valor es un valor extremo.

¡Convénceme! **Razonar** ¿Cómo muestra el diagrama de puntos qué cantidad de vinagre se usó con mayor frecuencia en el experimento?

700 Tema 12 | Lección 12-1

Nombre _____

✩ Práctica guiada ✩

¿Lo entiendes?

1. **Vocabulario** ¿Qué es un valor extremo en un conjunto de datos?

2. En el diagrama de puntos de la página anterior, ¿hay valores que ocurran la misma cantidad de veces? Explícalo.

3. **Buscar relaciones** Describe cualquier patrón que haya en el diagrama de puntos de la página anterior.

¿Cómo hacerlo?

Usa el conjunto de datos para responder a las preguntas en los Ejercicios **4** y **5**.

4. Los estudiantes del Sr. Rice corrieron una carrera de 40 yardas en los siguientes tiempos, en segundos.

   6.8 7.3 7.1 7.0 7.2 7.3 7.0 6.9
   6.9 7.1 7.1 7.2 7.1 7.0 7.1 7.2

   ¿Cuántos tiempos de carrera hay anotados?

5. Usa el diagrama de puntos que muestra los datos.

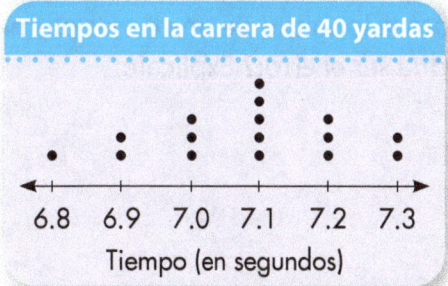

¿Qué tiempo ocurrió con mayor frecuencia?

✩ Práctica independiente ✩

Usa el diagrama de puntos para responder a las preguntas en los Ejercicios **6** a **8**.

6. ¿Cuántos pedidos de queso muestra el diagrama de puntos?

7. ¿Qué cantidad de queso se pidió con mayor frecuencia?

8. ¿Cuántos pedidos de queso más fueron de $\frac{3}{4}$ de libra o menos que de 1 libra o más?

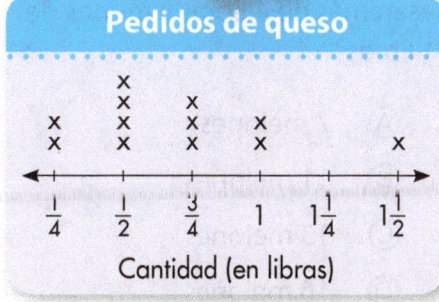

*Puedes encontrar otro ejemplo en el Grupo A, página 725.

Tema 12 | Lección 12-1

Resolución de problemas

Usa el conjunto de datos y el diagrama de puntos en los Ejercicios **9** a **11**.

9. **Hacerlo con precisión** Jerome estudió la longitud de las plumas de algunos gorriones adultos. ¿Qué longitud tienen las plumas más largas del conjunto de datos?

10. ¿Cuántas plumas miden $2\frac{1}{4}$ pulgadas o más de longitud? Explícalo.

11. **Razonamiento de orden superior** Jerome descubrió que cometió un error cuando anotó la longitud de una de las plumas. ¿Cuál podría ser el error? Explícalo.

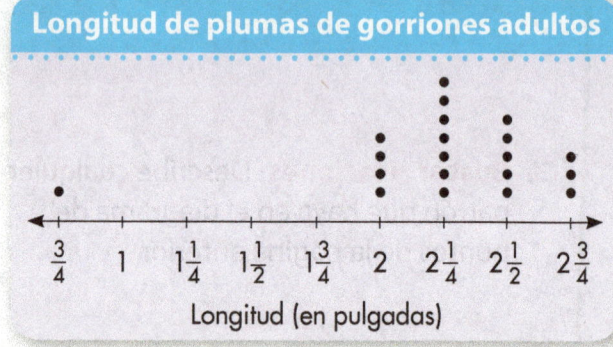

12. **Razonar** ¿Cómo puedes hallar el valor que ocurre con mayor frecuencia mirando un diagrama de puntos?

13. **Usar herramientas apropiadas** Dibuja y rotula un rectángulo con un perímetro de 24 pulgadas.

Evaluación

14. Usa la información que se muestra en el diagrama de puntos. ¿Cuántos melones pesan más de 4 libras y menos de $5\frac{1}{2}$ libras?

    Ⓐ 7 melones
    Ⓑ 11 melones
    Ⓒ 13 melones
    Ⓓ 16 melones

702   Tema 12 | Lección 12-1

Nombre _____

Tarea y práctica 12-1
Analizar diagramas de puntos

¡Revisemos!

Para un experimento, Bea anotó cuánto creció cada una de 14 plantas en un mes. Hizo un diagrama de puntos para mostrar los datos. ¿Qué valor ocurrió con mayor frecuencia?

Paso 1
Lee los rótulos del diagrama de puntos. Los valores están puestos en orden en la recta numérica.

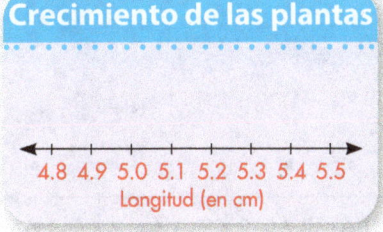

Paso 2
Cada punto representa 1 vez que el valor ocurrió. Los puntos se enciman cuando un valor ocurre más de una vez.

Paso 3
Usa el diagrama de puntos para resolver.

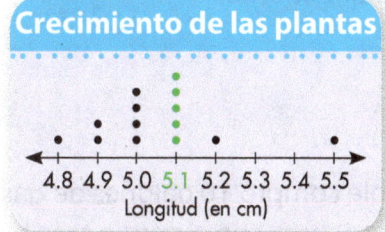

El valor 5.1 tiene la mayor cantidad de puntos; por tanto, el crecimiento de 5.1 cm ocurrió con mayor frecuencia.

Usa los diagramas de puntos para resolver los Ejercicios 1 a 4.

1. Ani y sus amigas anotaron el tamaño de sus zapatos de bolos. ¿Qué dos tamaños de zapatos de bolos ocurren con mayor frecuencia?

2. Un buscador de perlas anotó los tamaños de las perlas de una tanda. ¿Qué tres tamaños de perlas ocurrieron con menor frecuencia?

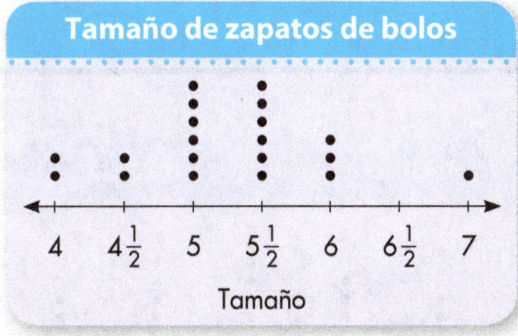

3. En el Ejercicio 1, ¿cuántas amigas de Ani tienen zapatos de $6\frac{1}{2}$? Explica cómo lo sabes.

4. En el Ejercicio 2, ¿cuántas perlas hay en la tanda? Explica cómo lo sabes.

Usa el conjunto de datos y el diagrama de puntos en los Ejercicios **5** a **8**.

5. El jueves, Cole reunió datos sobre el precio de la gasolina en diferentes gasolineras. ¿Cuántas gasolineras hay en el conjunto de datos de Cole?

6. ¿Qué precio de gasolina ocurrió con mayor frecuencia?

7. **Razonamiento de orden superior** ¿Cuál es el valor extremo de los datos? Da una razón de por qué piensas que ocurrió ese valor extremo.

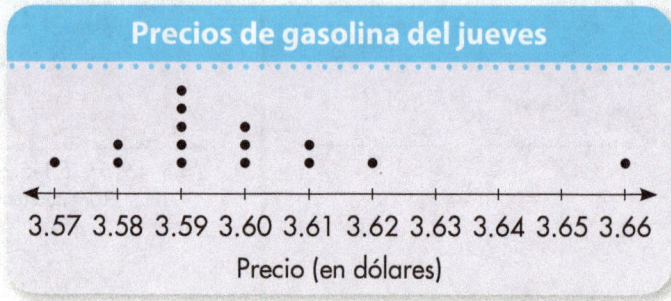

Precio de 1 galón de gasolina el jueves (en dólares)

3.61	3.60	3.59	3.58	3.59
3.59	3.60	3.61	3.62	3.66
3.58	3.57	3.59	3.60	3.59

8. Cole compró 10 galones de gasolina en la gasolinera con el precio más bajo. Pagó con dos billetes de $20. Escribe y resuelve una ecuación para hallar el cambio.

9. **Hacerlo con precisión** La Sra. Dugan tiene que preparar 100 sándwiches de barbacoa para el picnic de la compañía. ¿Cuántos paquetes de panes de barbacoa va a necesitar si los panes vienen en paquetes de 8? ¿Y si vienen en paquetes de 12?

10. **Álgebra** Janet tenía $9.25 esta mañana. Gastó $4.50 en el almuerzo y luego gastó $3.50 en útiles escolares. Escribe y resuelve una ecuación para hallar d, la cantidad de dinero que le queda a Janet al final del día.

Evaluación

11. Usa el diagrama de puntos de la derecha. ¿Cuántos jugadores del equipo de futbol tienen más de 11 años y menos de $11\frac{3}{4}$ años?

    Ⓐ 6 jugadores
    Ⓑ 9 jugadores
    Ⓒ 10 jugadores
    Ⓓ 13 jugadores

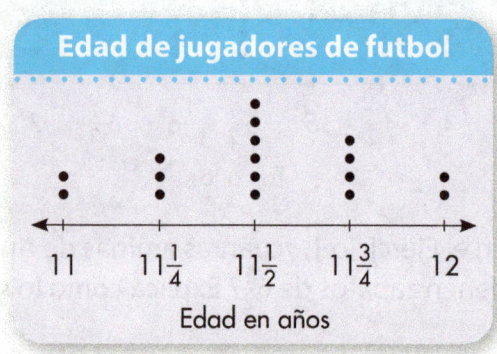

Nombre _____

Resuélvelo y coméntalo

Una clase de quinto grado anotó la estatura de cada estudiante. ¿Cómo puedes organizar los datos? *Haz un diagrama de puntos para resolver este problema.*

Lección 12-2
Hacer diagramas de puntos

Puedo...
mostrar datos en un diagrama de puntos.

También puedo entender bien los problemas.

Estatura de estudiantes de 5.º grado
(a la $\frac{1}{2}$ pulgada más cercana)

55, 52, $50\frac{1}{2}$, $50\frac{1}{2}$, 55, $50\frac{1}{2}$,
50, 55, $50\frac{1}{2}$, 55, $58\frac{1}{2}$, 60, 52,
$50\frac{1}{2}$, $50\frac{1}{2}$, 50, 55, 55, $58\frac{1}{2}$, 60

Entender y perseverar Puedes hacer un diagrama de puntos para organizar los datos. ¡Muestra tu trabajo!

¡Vuelve atrás! **Generalizar** ¿Cómo te ayuda organizar los datos a ver la altura que ocurre con mayor frecuencia? Explícalo.

Pregunta esencial: ¿Cómo se puede usar un diagrama de puntos para organizar y representar datos sobre medidas?

A

La tabla de abajo muestra el peso de los perros de la tienda de mascotas de Paulina. Están expresados en libras.

¿Cómo puedes organizar esta información en un diagrama de puntos?

Los datos sobre medidas organizados son más fáciles de usar.

Peso de perros (en libras)

$8\frac{1}{2}$	$12\frac{1}{4}$	6	$11\frac{1}{2}$	$7\frac{1}{4}$	$12\frac{1}{4}$
$8\frac{1}{2}$	$12\frac{1}{4}$	$8\frac{1}{2}$	$12\frac{1}{4}$	$12\frac{1}{4}$	6

B **Organiza los datos.**

Escribe los pesos de menor a mayor.

6, 6, $7\frac{1}{4}$, $8\frac{1}{2}$, $8\frac{1}{2}$, $8\frac{1}{2}$, $11\frac{1}{2}$, $12\frac{1}{4}$, $12\frac{1}{4}$, $12\frac{1}{4}$, $12\frac{1}{4}$, $12\frac{1}{4}$

También puedes organizar los datos en una tabla de frecuencias. La frecuencia indica cuántas veces ocurre una respuesta determinada.

Peso de perros (libras)	Conteo	Frecuencia
6	||	2
$7\frac{1}{4}$	|	1
$8\frac{1}{2}$	|||	3
$11\frac{1}{2}$	|	1
$12\frac{1}{4}$	⊬⊬⊬	5

C **Haz un diagrama de puntos.**

Primero, dibuja la recta numérica usando un intervalo de $\frac{1}{4}$. Luego, marca un punto por cada valor del conjunto de datos. Escribe un título para el diagrama de puntos.

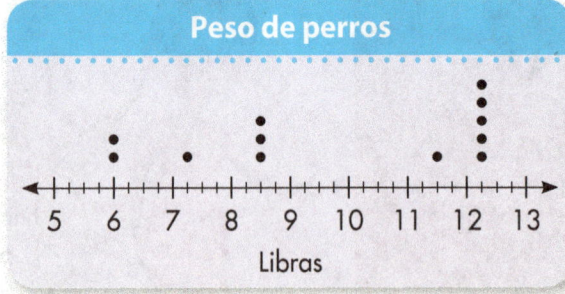

¡Convénceme! Razonar ¿Qué peso ocurre con mayor frecuencia? ¿Qué peso ocurre con menor frecuencia? ¿Cómo lo sabes por el diagrama de puntos?

Nombre _____

Práctica guiada

¿Lo entiendes?

1. En el diagrama de puntos sobre el peso de los perros de la página anterior, ¿qué representa cada punto?

2. En un diagrama de puntos, ¿cómo determinas los valores que hay que mostrar en la recta numérica?

¿Cómo hacerlo?

3. Dibuja un diagrama de puntos para representar los datos.

Peso de calabazas	Conteo	Frecuencia
$3\frac{1}{2}$ lb	||	2
$5\frac{1}{4}$ lb	|||	3
7 lb	||||	4
$8\frac{1}{2}$ lb	|	1

Práctica independiente

Completa los diagramas de puntos en los Ejercicios 4 y 5.

Revisa bien que tengas un punto por cada valor.

4. $11\frac{1}{4}, 12\frac{1}{2}, 11\frac{1}{4}, 14\frac{3}{4}, 10\frac{1}{2}, 11\frac{1}{4}, 12$

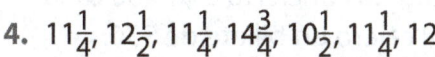

5. $1\frac{1}{8}, 2, 1\frac{1}{2}, 1\frac{1}{4}, 1\frac{1}{8}, 1, 2, 1\frac{1}{2}, 1\frac{1}{4}$

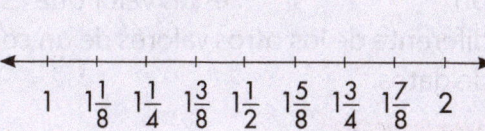

Construye diagramas de puntos en los Ejercicios 6 y 7.

6. $\frac{1}{2}, \frac{3}{4}, \frac{3}{4}, 1, 1, 0, \frac{1}{2}, \frac{1}{2}, \frac{3}{4}$

7. $5\frac{1}{2}, 5, 5, 5\frac{1}{8}, 5\frac{3}{4}, 5\frac{1}{4}, 5\frac{1}{2}, 5\frac{1}{8}, 5\frac{1}{2}, 5\frac{3}{8}$

*Puedes encontrar otro ejemplo en el Grupo B, página 725. Tema 12 | Lección 12-2   **707**

Resolución de problemas

Usa el conjunto de datos en los Ejercicios **8** a **10**.

8. **Entender y perseverar** El servicio de cuidado de árboles de Martín compró varios árboles jóvenes. Dibuja un diagrama de puntos con los datos para mostrar la altura de los árboles jóvenes.

Altura de los árboles (pulgs.)

$26\frac{1}{2}$	27	$26\frac{3}{4}$	$27\frac{1}{2}$	$26\frac{3}{4}$
$27\frac{1}{2}$	$27\frac{3}{4}$	$27\frac{1}{4}$	$27\frac{1}{2}$	$27\frac{1}{4}$
$27\frac{3}{4}$	$27\frac{1}{2}$	$26\frac{1}{2}$	$26\frac{1}{2}$	$27\frac{1}{2}$
$27\frac{1}{4}$	$27\frac{1}{4}$	$27\frac{1}{2}$	27	$26\frac{3}{4}$

9. **Buscar relaciones** ¿Cuántos más árboles jóvenes de $27\frac{1}{4}$ pulgadas o menos hay que árboles jóvenes de más de $27\frac{1}{4}$ pulgadas?

10. **Razonamiento de orden superior** Supón que el servicio de cuidado de árboles de Martín compró dos árboles más de $27\frac{1}{4}$ pulgadas de altura cada uno. ¿Cambiaría el valor que ocurre con más frecuencia?

---

11. **Vocabulario** Completa la oración usando uno de los siguientes términos.

    diagrama de puntos   dato   valor extremo

    Un _____ es un valor que es muy diferente de los otros valores de un conjunto de datos.

12. **Hacerlo con precisión** Randall compra 3 boletos para un concierto a $14.50 cada uno. Le da al cajero un billete de $50. ¿Cuánto cambio recibe? Escribe ecuaciones para mostrar tu trabajo.

 Evaluación

13. Amy midió cuántos centímetros crecieron las hojas de sus plantas en julio. Usa los siguientes datos sobre el crecimiento de las hojas para completar el diagrama de puntos de la derecha.

    $2\frac{1}{2}$, $4\frac{1}{2}$, 4, 4, 3, 1, 3, $3\frac{1}{2}$, $3\frac{1}{2}$, $3\frac{1}{2}$, $2\frac{1}{2}$, 3, $3\frac{1}{2}$, $3\frac{1}{2}$, $5\frac{1}{2}$

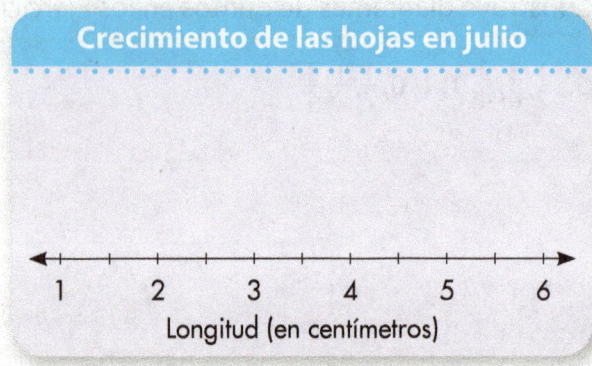

Nombre _____

Tarea y práctica 12-2
Hacer diagramas de puntos

¡Revisemos!

Mick anotó la longitud de 10 leones marinos. ¿Qué longitud ocurre con mayor frecuencia?

Longitud de los leones marinos (en pies)

| $9\frac{1}{4}$ | $9\frac{1}{8}$ | $8\frac{3}{4}$ | $9\frac{1}{4}$ | $9\frac{1}{4}$ |
| $9\frac{3}{8}$ | $9\frac{1}{4}$ | $9\frac{1}{8}$ | $9\frac{1}{4}$ | $9\frac{1}{8}$ |

Paso 1

Haz una tabla de frecuencias para organizar los datos.

Valor	Conteo	Frecuencia
$8\frac{3}{4}$	I	1
$9\frac{1}{8}$	III	3
$9\frac{1}{4}$	IIII I	5
$9\frac{3}{8}$	I	1

Paso 2

Haz un diagrama de puntos. Dibuja un punto por cada valor. Encima puntos sobre los valores que ocurren más de una vez.

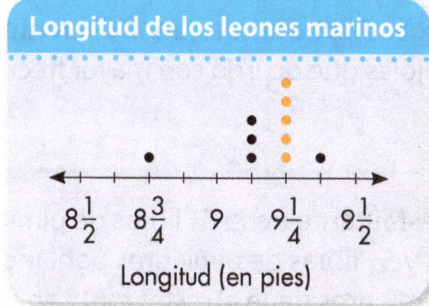

La longitud $9\frac{1}{4}$ pies ocurre con mayor frecuencia.

1. Jacob y su padre midieron la longitud de restos de maderas que había en su patio. Haz un diagrama de puntos de sus datos.

Longitud de las maderas (en pulgadas)

$4\frac{1}{2}$	$4\frac{7}{8}$	5	$4\frac{1}{4}$	$4\frac{1}{2}$	$4\frac{3}{8}$
$4\frac{1}{8}$	$4\frac{1}{2}$	$4\frac{1}{4}$	$4\frac{3}{4}$	$4\frac{1}{2}$	$4\frac{1}{2}$
$4\frac{5}{8}$	$4\frac{3}{4}$	$4\frac{1}{4}$	$4\frac{1}{8}$	$4\frac{1}{2}$	$4\frac{7}{8}$

2. ¿Cuál es la diferencia entre el pedazo de madera más largo y el más corto?

Usa la tabla que muestra los datos de las recetas usadas en un concurso de cocina con *chili* para los Ejercicios **3** y **4**.

3. **Entender y perseverar** Dibuja un diagrama de puntos de los datos.

Tazas de frijoles en 1 tanda				
5	$5\frac{1}{2}$	$4\frac{1}{2}$	$4\frac{1}{2}$	$4\frac{1}{2}$
$4\frac{1}{2}$	$4\frac{1}{2}$	$4\frac{1}{2}$	$4\frac{3}{4}$	$4\frac{1}{2}$

4. **Razonamiento de orden superior** Supón que se les pidió a los participantes que prepararan dos tandas de sus recetas en lugar de una tanda. ¿Sería diferente el valor de la cantidad de frijoles que ocurrió con mayor frecuencia? Explícalo.

5. Un restaurante tiene $6\frac{1}{2}$ libras de pimientos jalapeños, $4\frac{3}{4}$ libras de pimientos rojos y $5\frac{1}{4}$ libras de pimientos poblanos. ¿Cuántas libras de pimientos tiene el restaurante en total?

6. **Representar con modelos matemáticos** Jessica y su amiga midieron la longitud de los pescados que atraparon. Haz un diagrama de puntos con sus datos.

Longitud de pescados (en cm)			
10.25	10.50	11.75	12.00
10.75	11.00	11.25	11.50
11.25	11.25	11.50	11.00

Evaluación

7. La siguiente lista muestra el peso en onzas de varias muestras de rocas. Usa los datos para completar el diagrama de puntos de la derecha.

$8\frac{1}{4}$, $7\frac{1}{2}$, $5\frac{1}{4}$, $6\frac{3}{4}$, 7, 7, $8\frac{1}{4}$, $5\frac{1}{4}$,

$5\frac{1}{4}$, $7\frac{1}{2}$, 7, 7, $6\frac{3}{4}$, 7

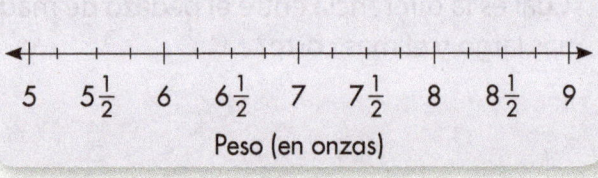

Peso de las muestras de rocas

Peso (en onzas)

710 Tema 12 | Lección 12-2

Nombre _____

Resuélvelo y coméntalo

Se midió y registró la lluvia caída en el Amazonas durante 30 días. Los resultados se mostraron en un diagrama de puntos. ¿Qué puedes decir sobre las diferencias en las cantidades de lluvia? *Usa el diagrama de puntos para resolver este problema.*

Lección 12-3
Resolver problemas verbales usando datos sobre medidas

Puedo...
resolver problemas usando datos en un diagrama de puntos.

También puedo entender bien los problemas.

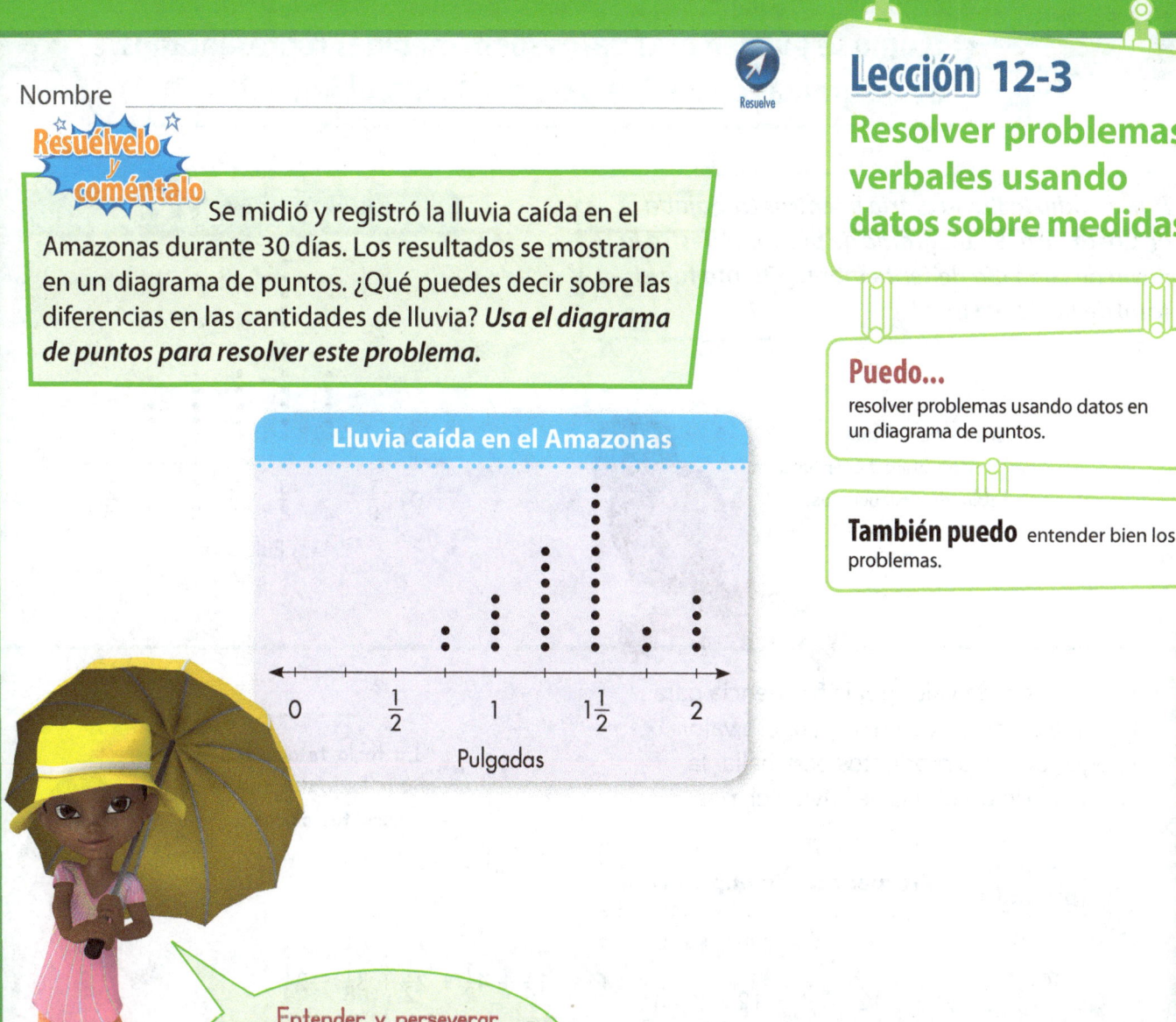

Lluvia caída en el Amazonas

0    $\frac{1}{2}$ 1 $1\frac{1}{2}$ 2
Pulgadas

Entender y perseverar
Puedes usar una representación para analizar datos. ¡Muestra tu trabajo!

¡Vuelve atrás! **Razonar** ¿Cuál es la diferencia entre la mayor cantidad de lluvia en un día y la menor cantidad de lluvia en un día? ¿Cómo lo sabes?

Pregunta esencial: ¿Cómo se pueden usar datos sobre medidas representados en diagramas de puntos para resolver problemas?

A

Bruce midió la lluvia diaria mientras trabajaba en Costa Rica. Su diagrama de puntos muestra la lluvia de cada día de septiembre. ¿Cuánto fue el total de lluvia del mes?

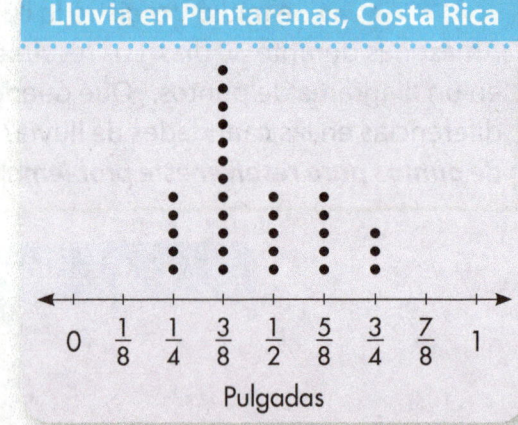

Lluvia en Puntarenas, Costa Rica
Pulgadas

Puedes usar el diagrama de puntos para hacer una tabla de frecuencias.

B Multiplica cada valor por la frecuencia para hallar la cantidad de lluvia para ese valor. Luego suma los productos para hallar la cantidad de pulgadas de lluvia del mes.

La tabla te ayuda a organizar los datos numéricos para tus cálculos.

Lluvia (pulgadas)	Frecuencia	Multiplicación
$\frac{1}{4}$	5	$5 \times \frac{1}{4} = 1\frac{1}{4}$
$\frac{3}{8}$	12	$12 \times \frac{3}{8} = 4\frac{1}{2}$
$\frac{1}{2}$	5	$5 \times \frac{1}{2} = 2\frac{1}{2}$
$\frac{5}{8}$	5	$5 \times \frac{5}{8} = 3\frac{1}{8}$
$\frac{3}{4}$	3	$3 \times \frac{3}{4} = 2\frac{1}{4}$

DATOS

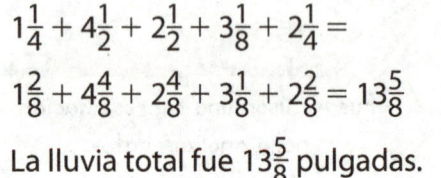

$1\frac{1}{4} + 4\frac{1}{2} + 2\frac{1}{2} + 3\frac{1}{8} + 2\frac{1}{4} =$
$1\frac{2}{8} + 4\frac{4}{8} + 2\frac{4}{8} + 3\frac{1}{8} + 2\frac{2}{8} = 13\frac{5}{8}$

La lluvia total fue $13\frac{5}{8}$ pulgadas.

¡Convénceme! Evaluar el razonamiento Rosie dice que puede hallar la lluvia total del ejemplo anterior sin multiplicar. ¿Estás de acuerdo? Explícalo.

712 | Tema 12 | Lección 12-3

Nombre _____

Práctica guiada

¿Lo entiendes?

En los Ejercicios **1** a **4**, usa el diagrama de puntos que muestra cuántos gramos de sal quedaron luego de la evaporación del líquido de diferentes recipientes.

Cantidad de sal que quedó
Gramos

1. ¿Cómo puedes hallar la diferencia entre la mayor cantidad y la menor cantidad de sal que quedó?

¿Cómo hacerlo?

2. Escribe un problema que se pueda resolver usando el diagrama de puntos.

3. **Representar con modelos matemáticos** Escribe y resuelve una ecuación que represente la cantidad total de gramos de sal que quedaron.

4. ¿Cuántos gramos de sal quedarían si se usaran dos de cada recipiente?

Práctica independiente

En los Ejercicios **5** y **6**, usa el diagrama de puntos que hizo Allie para mostrar la longitud de unas cuerdas que cortó para su proyecto de arte.

5. Escribe una ecuación para la cantidad total de cuerda.

6. ¿Cuál es la diferencia de longitud entre la cuerda más larga y la cuerda más corta?

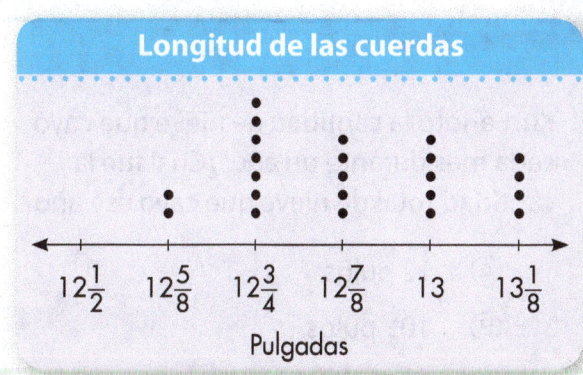

Longitud de las cuerdas

$12\frac{1}{2}$ $12\frac{5}{8}$ $12\frac{3}{4}$ $12\frac{7}{8}$ 13 $13\frac{1}{8}$

Pulgadas

*Puedes encontrar otro ejemplo en el Grupo C, página 726.

Resolución de problemas

En los Ejercicios **7** y **8**, usa el diagrama de puntos que hizo Susana para mostrar cuánto llovió en una semana.

7. **Álgebra** Escribe y resuelve una ecuación para hallar la cantidad total de lluvia, *l*, que registró Susana.

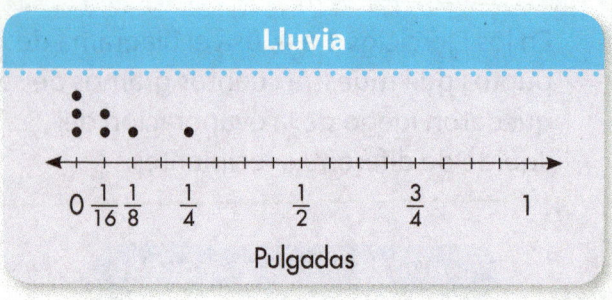
Lluvia
Pulgadas

8. **Razonamiento de orden superior** Supón que la semana siguiente cayó la misma cantidad de lluvia y que cada día cayó la misma cantidad de lluvia. ¿Cuál es la cantidad de lluvia que cayó cada día?

9. **Entender y perseverar** El área de una terraza cuadrada es 81 pies cuadrados. ¿Qué longitud tiene cada lado de la terraza?

¿Cómo te ayuda saber la forma que tiene la terraza?

10. Althea anotó la cantidad de dinero que ganó cada día, durante 14 días, en una venta de camisetas. Hizo una tabla de frecuencias para organizar los datos. Escribe un problema que se pueda resolver usando la tabla de frecuencias.

Dinero ganado (en $)	Frecuencia	Multiplicación
7.50	3	3 × 7.50 = 22.50
15.00	4	4 × 15.00 = 60.00
22.50	5	5 × 22.50 = 112.50
30.00	1	1 × 30.00 = 30.00
37.50	1	1 × 37.50 = 37.50

 Evaluación

11. Kurt anotó la cantidad de nieve que cayó cada mes durante un año. ¿Cuál fue la cantidad total de nieve que cayó ese año?

Ⓐ 12 pulgs.

Ⓑ $10\frac{1}{4}$ pulgs.

Ⓒ $7\frac{3}{4}$ pulgs.

Ⓓ $7\frac{1}{2}$ pulgs.

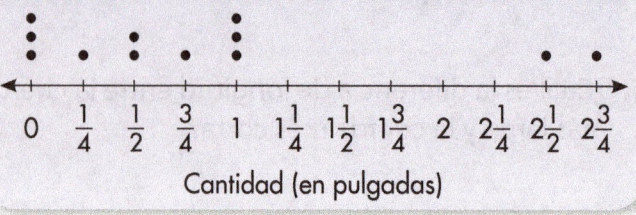
Cantidad mensual de nieve en un año
Cantidad (en pulgadas)

Nombre _____

Tarea y práctica 12-3
Resolver problemas verbales usando datos sobre medidas

¡Revisemos!

El Sr. Culver hizo un diagrama de puntos para mostrar la cantidad de horas que los estudiantes trabajaron en un proyecto. ¿Cuál fue la cantidad total de horas que trabajaron los estudiantes?

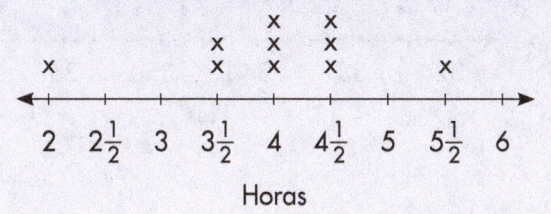
Cantidad de horas dedicadas al proyecto

Recuerda que cada X representa a un estudiante.

Usa el diagrama de puntos para hacer una tabla de frecuencias.

Multiplica cada cantidad de horas por su frecuencia. El producto es la cantidad total para ese valor.

Suma los productos.

$$2 + 7 + 12 + 13\frac{1}{2} + 5\frac{1}{2} = 40$$

Los estudiantes dedicaron un total de 40 horas al proyecto.

Horas	Frecuencia	Multiplicación
2	1	$1 \times 2 = 2$
$3\frac{1}{2}$	2	$2 \times 3\frac{1}{2} = 7$
4	3	$3 \times 4 = 12$
$4\frac{1}{2}$	3	$3 \times 4\frac{1}{2} = 13\frac{1}{2}$
$5\frac{1}{2}$	1	$1 \times 5\frac{1}{2} = 5\frac{1}{2}$

Usa los diagramas de puntos para responder a las preguntas en los Ejercicios **1** y **2**.

1. Wai anotó la longitud de cada alambre necesario para un proyecto de Ciencias. ¿Cuál es la longitud total de alambre que se necesita?

2. Trey midió la masa de unas piedritas. ¿Cuál es la masa total de las piedritas que pesan $4\frac{1}{2}$ gramos o más?

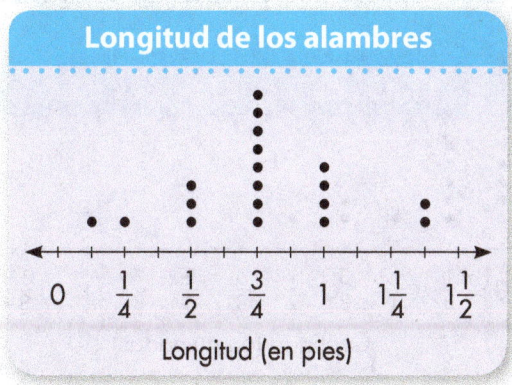
Longitud de los alambres

Masa de las piedritas

Tema 12 | Lección 12-3 715

La clase de Dominick hizo volar avioncitos de juguete en los Ejercicios **3** y **4**. Dominick anotó las distancias que volaron los avioncitos en un diagrama de puntos.

3. ¿Cuál es la diferencia entre la distancia más larga y la más corta que volaron los avioncitos?

4. **Razonamiento de orden superior** Dominick dice que $32\frac{1}{2}$ es un valor extremo. ¿Estás de acuerdo? Explícalo.

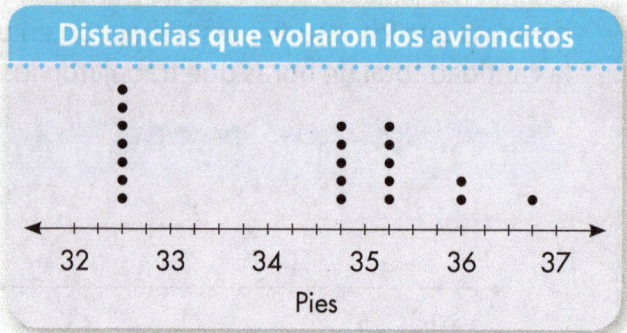

5. **Matemáticas y Ciencias** El 1 de junio de 2013, la cantidad de horas con luz del sol en Anchorage, Alaska, fue $18\frac{1}{4}$ horas. ¿Cuántas horas hubo sin luz del sol?

6. **Sentido numérico** ¿Cómo podrías estimar el cociente de $162 \div 19$?

7. **Razonar** Nolan hizo una lista con el peso de las naranjas de una caja en una tabla de frecuencias. ¿Cuál es mayor: el peso total de las naranjas de 6.25 onzas o el peso total de las naranjas de 7.25 onzas? ¿Cuánto mayor es? Explícalo.

Peso (en onzas)	Frecuencia	Multiplicación
6.25	13	?
6.5	16	$16 \times 6.5 = 104$
6.75	20	$20 \times 6.75 = 135$
7.0	14	$14 \times 7.0 = 98$
7.25	9	?

Evaluación

8. Anita anotó la cantidad de lluvia de cada día durante 14 días. ¿Cuál fue la cantidad total de lluvia de los 14 días?

Ⓐ $6\frac{7}{8}$ pulgs.

Ⓑ $4\frac{1}{2}$ pulgs.

Ⓒ $3\frac{3}{8}$ pulgs.

Ⓓ $\frac{1}{8}$ de pulg.

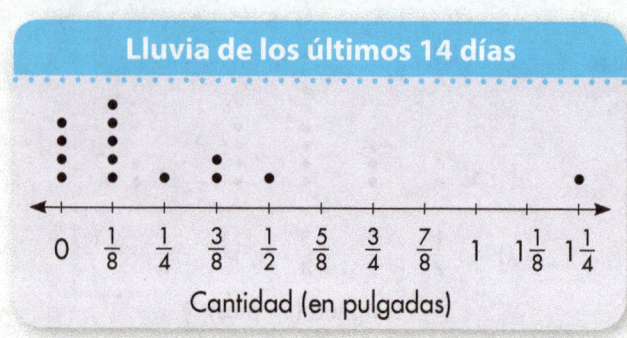

Nombre _____

Resuélvelo y coméntalo

Un entrenador de carreras anotó las distancias de práctica del equipo e hizo el siguiente diagrama de puntos. El entrenador pidió a cada corredor que analizara el diagrama de puntos y escribiera una observación. Lee los enunciados y explica si te parecen razonables.

Resolución de problemas

Lección 12-4
Evaluar el razonamiento

Puedo... evaluar el razonamiento de otros usando lo que sé sobre diagramas de puntos y fracciones.

También puedo usar diagramas de puntos para resolver problemas.

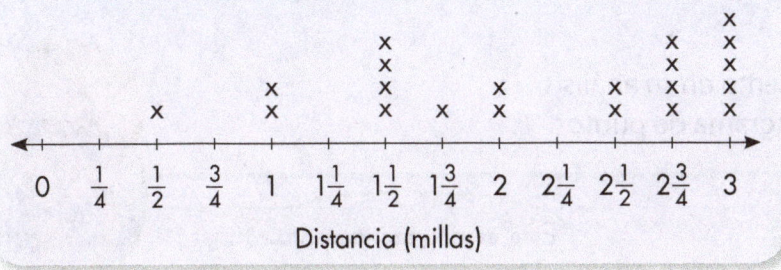

Olivia: La distancia que corrimos con mayor frecuencia fue 3 millas.

Natalie: El equipo corrió 8 veces diferentes, una distancia diferente cada vez.

Michelle: El equipo corrió diferentes distancias en diferentes días. Generalmente, corrimos 2 millas o más.

Peter: Cada día, el equipo corrió la misma distancia o un poco más que el día anterior.

Hábitos de razonamiento

¡Razona correctamente! Estas preguntas te pueden ayudar.

- ¿Qué preguntas puedo hacer para entender el razonamiento de otros?
- ¿Hay errores en el razonamiento de otros?
- ¿Puedo mejorar el razonamiento de otros?

¡Vuelve atrás! **Evaluar el razonamiento** Quinn dice que, para hallar la distancia total que corrió el equipo en septiembre, hay que sumar cada número que tenga una X arriba: $\frac{1}{2} + 1 + 1\frac{1}{2} + 1\frac{3}{4} + 2 + 2\frac{1}{2} + 2\frac{3}{4} + 3$. ¿Estás de acuerdo? ¿Por qué?

Pregunta esencial: ¿Cómo se puede evaluar el razonamiento de otros?

A

La clase de la Sra. Kelly hizo un diagrama de puntos para mostrar cuántas horas pasó cada estudiante mirando la televisión la tarde anterior. Amanda dijo: "Nadie miró TV durante 3 horas". Drake dijo: "No, 3 estudiantes no miraron TV". ¿Quién tiene razón? Explica tu razonamiento.

Tiempo mirando TV

¿Qué información usaron Amanda y Drake para razonar?

Amanda y Drake basaron su razonamiento en su análisis de los datos que se muestran en el diagrama de puntos.

B

¿Cómo puedo evaluar el razonamiento de otros?

Puedo

- decidir si los enunciados tienen sentido.
- buscar errores en los cálculos.
- aclarar o corregir defectos en el razonamiento.

C

Este es mi razonamiento...

El enunciado de Amanda es incorrecto. Su razonamiento tiene defectos. Ella ve las 3 X arriba del cero y piensa que eso significa que cero personas miraron 3 horas de TV. Los rótulos de la recta numérica indican cuántas horas y las X indican cuántos estudiantes. Por tanto, Amanda debería haber dicho: "Hay 3 personas que miraron 0 horas de TV".

El enunciado de Drake es correcto. Dado que hay 3 X arriba del 0, tiene razón cuando dice que 3 personas no miraron TV.

¡Convénceme! Evaluar el razonamiento Andre dice: "Más de la mitad miró TV durante menos de 2 horas". Explica cómo puedes evaluar el razonamiento de Andre para ver si tiene sentido.

Nombre _____

Práctica guiada

Evaluar el razonamiento

Renee trabaja para una compañía de arena y grava. Hizo un diagrama de puntos para mostrar el peso de la grava en los pedidos de la semana pasada. Concluyó que un tercio de los pedidos fueron por más de 6 toneladas.

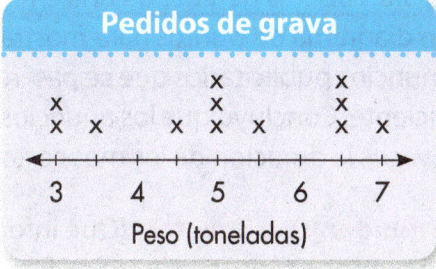

1. ¿Cuál es la conclusión de Renee? ¿Cómo la defiende?

2. Describe por lo menos una cosa que harías para evaluar el razonamiento de Renee.

3. ¿La conclusión de Renee tiene sentido? Explícalo.

Práctica independiente

Evaluar el razonamiento

Aaron hizo un diagrama de puntos que muestra el peso de los repollos que cosechó de su jardín. Dice que, dado que $1\frac{1}{2} + 2 + 2\frac{1}{4} + 2\frac{3}{4} = 8\frac{1}{2}$, el peso total de los repollos es $8\frac{1}{2}$ libras.

4. Describe por lo menos una cosa que harías para evaluar el razonamiento de Aaron.

5. ¿Es acertada la suma de Aaron? Muestra cómo lo sabes.

> Cuando **evalúas un razonamiento**, tienes que explicar si el método de alguien tiene sentido.

6. ¿Puedes identificar defectos en el razonamiento de Aaron? Explícalo.

7. ¿Tiene sentido la conclusión de Aaron? Explícalo.

Puedes encontrar otro ejemplo en el Grupo D, página 726.   Tema 12 | Lección 12-4   719

Resolución de problemas

✓ Evaluación del rendimiento

Anuncios publicitarios de televisión
La Sra. Fazio es gerente de una emisora de televisión. Preparó un diagrama de puntos para mostrar la duración de los anuncios publicitarios que se pasaron durante una emisión reciente. Concluyó que los anuncios más largos tuvieron 3 veces la duración de los más cortos porque $3 \times \frac{1}{2} = 1\frac{1}{2}$.

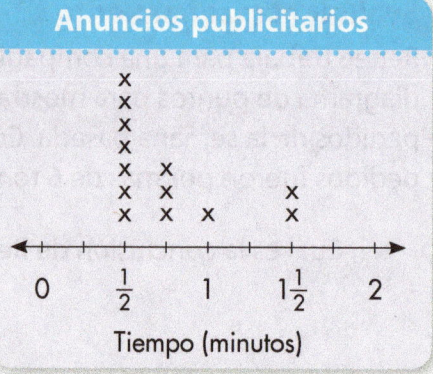

8. **Entender y perseverar** ¿Qué información del diagrama de puntos necesitó usar la Sra. Fazio para llegar a su conclusión?

9. **Razonar** ¿Influyó en la conclusión la cantidad de X que hay arriba de la recta numérica? Explícalo.

Para usar las matemáticas con precisión, necesitas comprobar que las palabras, números, símbolos y unidades que usas sean correctos y que tus cálculos sean acertados.

10. **Representar con modelos matemáticos** ¿La Sra. Fazio usó la operación correcta para defender su conclusión? Explícalo.

11. **Hacerlo con precisión** ¿Son acertados los cálculos de la Sra. Fazio? Muestra cómo lo sabes.

12. **Evaluar el razonamiento** ¿Es lógica la conclusión de la Sra. Fazio? ¿Cómo lo sabes? Si no lo es, ¿qué puedes hacer para mejorar su razonamiento?

720 Tema 12 | Lección 12-4

Nombre _____

Tarea y práctica 12-4
Evaluar el razonamiento

¡Revisemos!

Una clase de cocina necesita 20 cuartos de frambuesas. El maestro, el Sr. Romano, hizo un diagrama de puntos para mostrar cuántos cuartos de frambuesas cosechó cada estudiante en un huerto. Luego dijo: "Necesitamos otros $\frac{3}{4}$ de cuarto". Le mostró a la clase:

$(2 \times 3) + 3\frac{1}{4} + \left(2 \times 3\frac{3}{4}\right) + 4\frac{1}{4} =$
$\quad 6 \quad + 3\frac{1}{4} + \quad 5\frac{3}{4} \quad + 4\frac{1}{4} = 19\frac{1}{4}.$

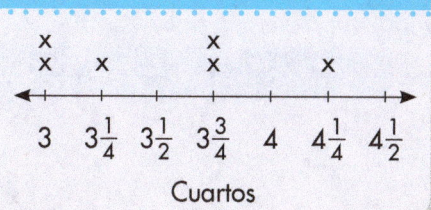

Frambuesas cosechadas

Indica cómo puedes evaluar el razonamiento del Sr. Romano.

- Puedo decidir si su estrategia tiene sentido.
- Puedo buscar defectos en sus cálculos.
- Puedo aclarar o corregir su razonamiento.

Evalúa el razonamiento del Sr. Romano.

La estrategia del Sr. Romano tiene sentido, pero cometió un error por descuido en sus cálculos. $\left(2 \times 3\frac{3}{4}\right) = 7\frac{1}{2}$, no $5\frac{3}{4}$. Por tanto, la clase cosechó $6 + 3\frac{1}{4} + 7\frac{1}{2} + 4\frac{1}{4} = 21$ cuartos. Tienen suficientes frambuesas.

Cuando **evalúas el razonamiento**, explicas por qué el razonamiento de alguien es correcto o incorrecto.

Evaluar el razonamiento

Gillian dijo que, si todos los estudiantes y el Sr. Romano hubiesen cosechado solo $2\frac{1}{2}$ cuartos de frambuesas, tendrían suficientes. Gillian estimó $7 \times 3 = 21$.

1. Indica cómo puedes evaluar el razonamiento de Gillian.

2. Evalúa el razonamiento de Gillian.

3. Identifica el defecto del razonamiento de Gillian.

Recursos digitales en SavvasRealize.com Tema 12 | Lección 12-4 721

Evaluación del rendimiento

Videojuego
Lydia está jugando al *Galaxia 8RX*. Después de perder tres veces, el juego termina. La semana pasada, Lydia llevó el registro de cuánto duraron sus juegos. Hizo un diagrama de puntos con sus datos. Lydia dijo: "Mi mejor tiempo es $2\frac{3}{4}$ minutos más que mi peor tiempo, porque $4\frac{1}{4} - 1\frac{1}{2} = 2\frac{3}{4}$".

4. **Representar con modelos matemáticos** ¿Es correcto usar la resta para comparar el mejor tiempo de Lydia y su peor tiempo? Explícalo.

5. **Hacerlo con precisión** ¿Son acertados los cálculos de Lydia? Muestra cómo lo sabes.

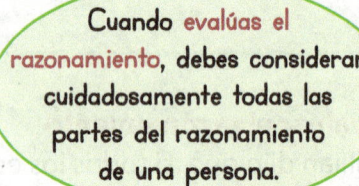

Cuando evalúas el razonamiento, debes considerar cuidadosamente todas las partes del razonamiento de una persona.

6. **Entender y perseverar** En el diagrama de puntos, ¿qué representan los números que Lydia restó?

7. **Evaluar el razonamiento** ¿Tiene sentido la conclusión de Lydia? ¿Cómo lo decidiste? Si no tiene sentido, ¿qué puedes hacer para mejorar su razonamiento?

Nombre _____

Resuelve los problemas. Sigue los problemas con una respuesta de 29,160 para sombrear una ruta que vaya desde la **SALIDA** hasta la **META**. Solo te puedes mover hacia arriba, hacia abajo, hacia la derecha o hacia la izquierda.

TEMA 12 — **Actividad de práctica de fluidez**

Puedo...

multiplicar números enteros de varios dígitos.

Salida

729 × 40	2,430 × 12	360 × 81	1,620 × 18	540 × 54
1,234 × 25	712 × 55	704 × 40	596 × 50	1,215 × 24
663 × 45	454 × 65	810 × 36	3,645 × 8	486 × 60
740 × 27	1,816 × 15	405 × 72	430 × 71	412 × 70
731 × 40	1,164 × 25	1,080 × 27	972 × 30	648 × 45

Meta

Tema 12 | Actividad de práctica de fluidez   723

TEMA 12 Repaso del vocabulario

Lista de palabras
- datos
- diagrama de puntos
- gráfica de barras
- tabla de frecuencias
- valor extremo

Comprender el vocabulario

Escoge el mejor término de la Lista de palabras. Escríbelo en el espacio en blanco.

1. Otro nombre para la información recopilada es _____.

2. Un valor que es muy diferente a los otros valores en un conjunto particular de datos es un _____.

3. Un _____ muestra las respuestas en una recta numérica con un punto o X para indicar cada vez que ocurre una respuesta.

Encierra en un círculo el valor extremo de cada conjunto de datos.

4. 4   16   17   20

5. 37.2   42.1   43.9   50   76.5

6. $1\frac{1}{2}$ $1\frac{3}{4}$ 0 $1\frac{2}{3}$ $13\frac{1}{2}$

7. 101.2   37.2   40   42.5   33.05

Escribe **siempre, a veces** o **nunca** en el espacio en blanco.

8. El valor más cercano a 0 en un diagrama de puntos _____ es un valor extremo.

9. Una representación de datos _____ tiene un valor extremo.

10. Tacha las palabras que **NO** son ejemplos de elementos que contienen *datos*.

    Enciclopedia   Alfabeto   Dirección de correo electrónico   Reproductor MP3
    Número telefónico   Lista de compras

Usar el vocabulario al escribir

11. Veinte estudiantes midieron sus estaturas para un experimento de su clase de Ciencias. ¿Cómo puede un diagrama de puntos ayudar a los estudiantes a analizar los resultados?

Nombre _____

Grupo A páginas 699 a 704

El siguiente conjunto de datos muestra la cantidad de goles que anotaron 20 equipos en un torneo de futbol.

4, 8, 7, 0, 3, 3, 7, 4, 6, 1,

2, 7, 6, 4, 2, 7, 2, 6, 7, 4

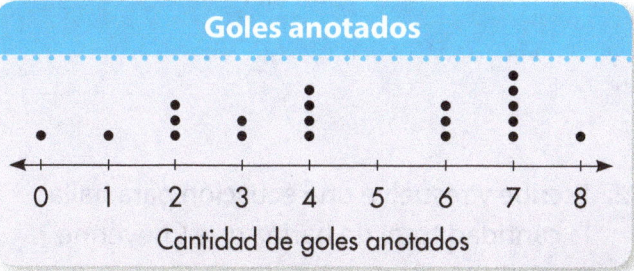

El diagrama de puntos muestra con qué frecuencia ocurre cada valor.

Recuerda que un valor extremo es un valor que es muy diferente de la mayoría de los valores en un diagrama de puntos.

Usa el diagrama de puntos Goles anotados.

1. ¿Cuántos equipos de futbol anotaron 3 goles?

2. ¿Cuántos equipos anotaron más de 5 goles?

3. ¿Cuál fue la mayor cantidad de goles anotados por un equipo?

4. ¿Cuántos equipos anotaron solo 2 goles?

5. ¿Cuál es la diferencia entre la mayor cantidad de goles anotados y la menor cantidad de goles anotados?

Grupo B páginas 705 a 710

Doce personas fueron encuestadas sobre la cantidad de horas que pasan un sábado leyendo libros. Los resultados son:

$\frac{3}{4}$ $1\frac{1}{2}$ 1 $\frac{1}{2}$ $1\frac{1}{2}$ $2\frac{3}{4}$

$1\frac{3}{4}$ $\frac{1}{2}$ $2\frac{1}{2}$ 2 $1\frac{1}{2}$ 2

Dibuja una recta numérica de 0 a 3. Marca la recta numérica en cuartos, porque los resultados de la encuesta se dan en $\frac{1}{4}$ de hora. Luego por cada respuesta, marca un punto arriba del valor en la recta numérica.

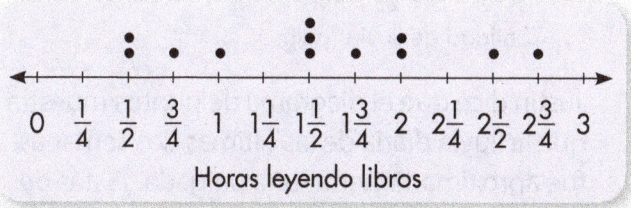

Recuerda que puedes hacer un diagrama de puntos para mostrar y comparar datos.

Usa la siguiente información para hacer un diagrama de puntos sobre las plantas de Patrick.

Patrick hizo una lista de cuántas pulgadas crecieron sus plantas en una semana:
1 $\frac{1}{2}$ $\frac{3}{4}$ $1\frac{1}{2}$ $\frac{1}{2}$ $1\frac{1}{4}$ $1\frac{1}{4}$ $\frac{1}{2}$ 1

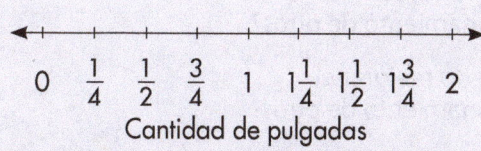

1. Completa el diagrama de puntos.

2. ¿Cuántos puntos hay en el diagrama de puntos?

3. ¿Qué crecimiento de las plantas, en pulgadas, fue el más común?

Grupo C páginas 711 a 716

Este diagrama de puntos muestra la cantidad de harina que Cheyenne necesita para varias recetas diferentes. Cheyenne organiza los datos en una tabla de frecuencias para calcular la cantidad total de harina que necesita.

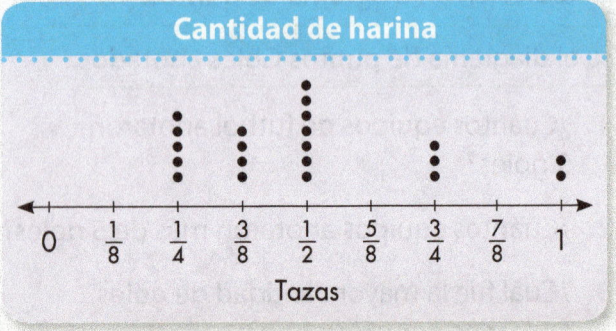

Cantidad de harina (tazas)	Frecuencia	Multiplicación
$\frac{1}{4}$	5	$5 \times \frac{1}{4} = 1\frac{1}{4}$
$\frac{3}{8}$	4	$4 \times \frac{3}{8} = 1\frac{1}{2}$
$\frac{1}{2}$	7	$7 \times \frac{1}{2} = 3\frac{1}{2}$
$\frac{3}{4}$	3	$3 \times \frac{3}{4} = 2\frac{1}{4}$
1	2	$2 \times 1 = 2$

Recuerda que puedes multiplicar cada valor por su frecuencia para hallar la cantidad total.

Usa el diagrama de puntos y la tabla de frecuencias de la izquierda.

1. ¿Qué valores están multiplicados en la tercera columna de la tabla?

2. Escribe y resuelve una ecuación para hallar la cantidad total de harina que Cheyenne necesita.

Grupo D páginas 717 a 722

Piensa en tus respuestas a estas preguntas como ayuda para **evaluar el razonamiento de otros**.

Hábitos de razonamiento
- ¿Qué preguntas puedo hacer para entender el razonamiento de otros?
- ¿Hay errores en el razonamiento de otros?
- ¿Puedo mejorar el razonamiento de otros?

Recuerda que debes considerar cuidadosamente todas las partes de un argumento.

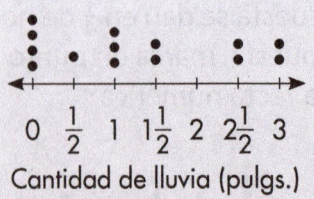
Cantidad de lluvia (pulgs.)

1. Justin dice que el diagrama de puntos muestra que la lluvia diaria de las últimas dos semanas fue aproximadamente una pulgada. ¿Estás de acuerdo con su razonamiento? ¿Por qué?

Nombre _____

TEMA 12 · Evaluación

1. ¿Qué diagrama de puntos muestra los datos?

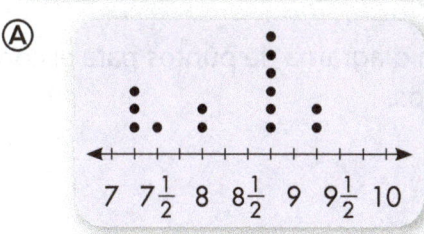

Ⓐ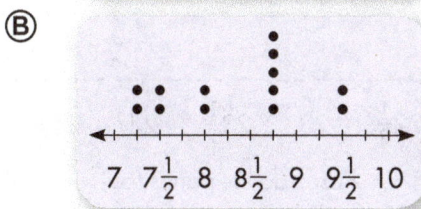

Ⓑ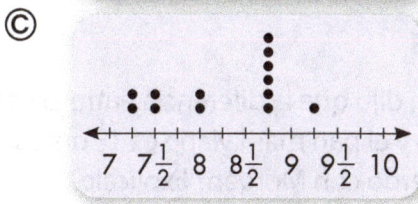

Ⓒ
Ⓓ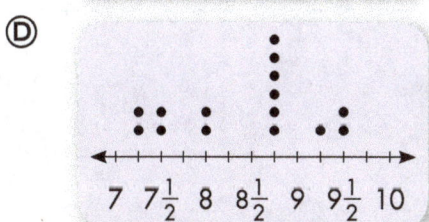

2. El diagrama de puntos muestra los resultados de una encuesta que se les hizo a los padres sobre cuántos niños tienen en la escuela. ¿Cuántos padres tienen dos niños en la escuela?

3. Georgiana hizo un diagrama de puntos de la cantidad de tiempo que pasó practicando violín cada día de las últimas dos semanas.

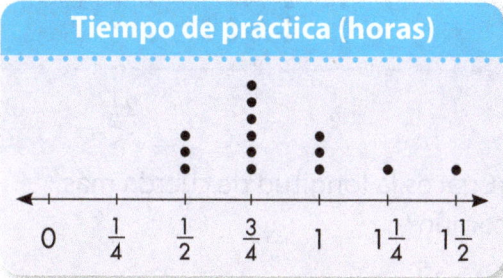

Parte A

¿Cuál es la diferencia entre el mayor tiempo y el menor tiempo que pasó practicando?

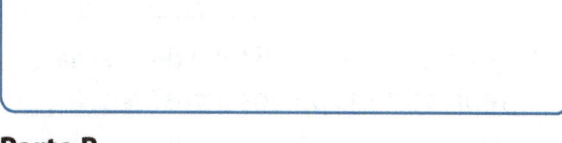

Parte B

¿Cuál es la cantidad más común de tiempo que pasó practicando?

Parte C

¿Cuál es la cantidad total de tiempo que Georgiana practicó? Escribe y resuelve una ecuación para mostrar tu trabajo.

Tema 12 | Evaluación   727

Ashraf y Melanie cortaron cuerdas de diferentes longitudes para un proyecto de arte. Hicieron un diagrama de puntos para mostrar sus datos. Usa el diagrama de puntos para los Ejercicios **4** a **6**.

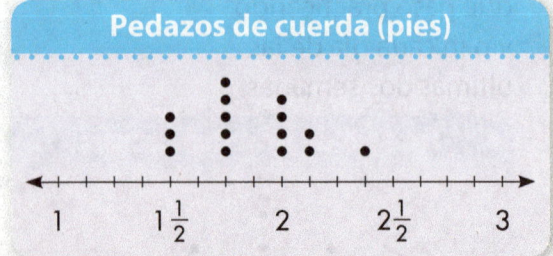

Pedazos de cuerda (pies)

4. ¿Cuál es la longitud de cuerda más común?

   Ⓐ $1\frac{5}{8}$ pies

   Ⓑ $1\frac{3}{4}$ pies

   Ⓒ $1\frac{7}{8}$ pies

   Ⓓ $2\frac{3}{8}$ pies

5. ¿Cuál es la longitud total de cuerda representada por los datos?

   Ⓐ $25\frac{1}{8}$ pies

   Ⓑ $27\frac{5}{8}$ pies

   Ⓒ $27\frac{7}{8}$ pies

   Ⓓ 28 pies

6. ¿Hay un valor extremo en el conjunto de datos? Explica tu razonamiento.

7. Terry trabaja en una panadería. Esta mañana, anotó cuántas onzas pesaba cada pan.

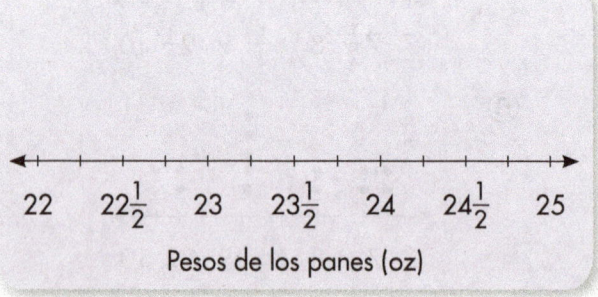

$23\frac{1}{2}$ 24 $23\frac{3}{4}$ $23\frac{1}{2}$ $24\frac{1}{4}$ $23\frac{1}{2}$
24   $23\frac{1}{4}$ $24\frac{1}{2}$ $22\frac{3}{4}$ $24\frac{1}{4}$ $23\frac{1}{2}$

Parte A

Haz un diagrama de puntos para el conjunto de datos.

Pesos de los panes (oz)

Parte B

Morgan dijo que la diferencia entre el pan más pesado y el pan más liviano es $1\frac{1}{2}$ onzas. ¿Estás de acuerdo con Morgan? Explícalo.

Parte C

¿Cuál es el peso combinado de todos los panes? Muestra tu trabajo.

Nombre _____

Medición de insectos

La clase de la Sra. Wolk midió la longitud y el peso de cucarachas silbadoras de Madagascar.

1. El diagrama de puntos **Longitud de las cucarachas** muestra las longitudes que la clase halló.

   Parte A

   ¿Qué longitud halló la mayoría de los estudiantes? ¿Cómo puedes decirlo a partir del diagrama de puntos?

   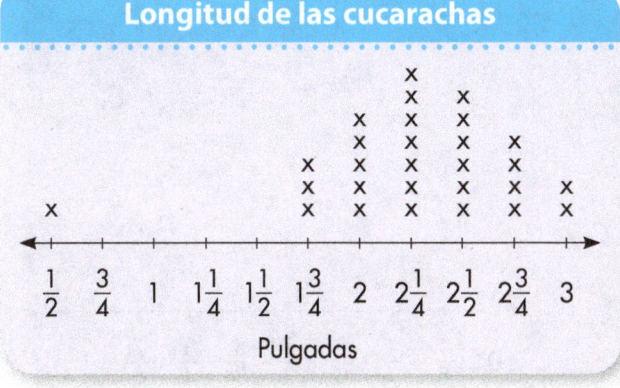

   Parte B

   Jordan dijo que todas las cucarachas silbadoras de Madagascar medían entre 2 y 3 pulgadas de longitud.
   ¿Tiene razón? Explica tu razonamiento.

   Parte C

   Ginny dijo que la cantidad de estudiantes que halló una longitud de $2\frac{1}{2}$ pulgadas es dos veces la cantidad que halló una longitud de $1\frac{3}{4}$ pulgadas. ¿Tiene razón? Explica tu razonamiento.

   Parte D

   ¿Hay un valor extremo? Si lo hay, ¿qué longitud es?

2. La tabla **Peso de las cucarachas** muestra los pesos que la clase halló.

   Parte A

   Completa el diagrama de puntos para representar los pesos de las cucarachas.

   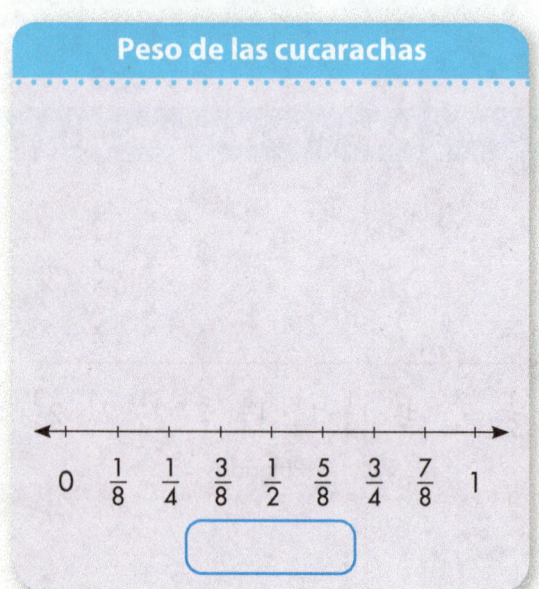

Peso de las cucarachas (en onzas)						
$\frac{3}{8}$	$\frac{5}{8}$	$\frac{1}{2}$	$\frac{3}{4}$	$\frac{5}{8}$	$\frac{1}{2}$	$\frac{5}{8}$
$\frac{1}{2}$	$\frac{3}{4}$	$\frac{3}{8}$	$\frac{3}{4}$	$\frac{1}{2}$	$\frac{3}{8}$	$\frac{3}{4}$
$\frac{3}{4}$	$\frac{3}{8}$	$\frac{3}{4}$	$\frac{5}{8}$	$\frac{1}{4}$	$\frac{3}{4}$	$\frac{1}{2}$
$\frac{5}{8}$	$\frac{1}{4}$	$\frac{1}{2}$	$\frac{1}{2}$	$\frac{3}{4}$	$\frac{3}{8}$	$\frac{5}{8}$

   Parte B

   ¿Cuál es el peso total de todas las cucarachas que los estudiantes pesaron? Completa la tabla para ayudarte. Muestra tu trabajo.

Peso de las cucarachas (en onzas)		
Peso (onzas)	Frecuencia	Multiplicación

TEMA 13

Álgebra: Escribir e interpretar expresiones numéricas

Pregunta esencial: ¿Cómo se halla el valor de una expresión numérica?

Recursos digitales

Entonces, cuando tomo leche soy parte de esa cadena alimentaria. ¡Mmm! Este es un proyecto sobre las cadenas y las redes alimentarias.

Una cadena alimentaria es el recorrido de la energía que se desplaza en un ecosistema.

Por ejemplo, las plantas absorben la luz solar y la convierten en energía alimentaria. Las vacas comen plantas.

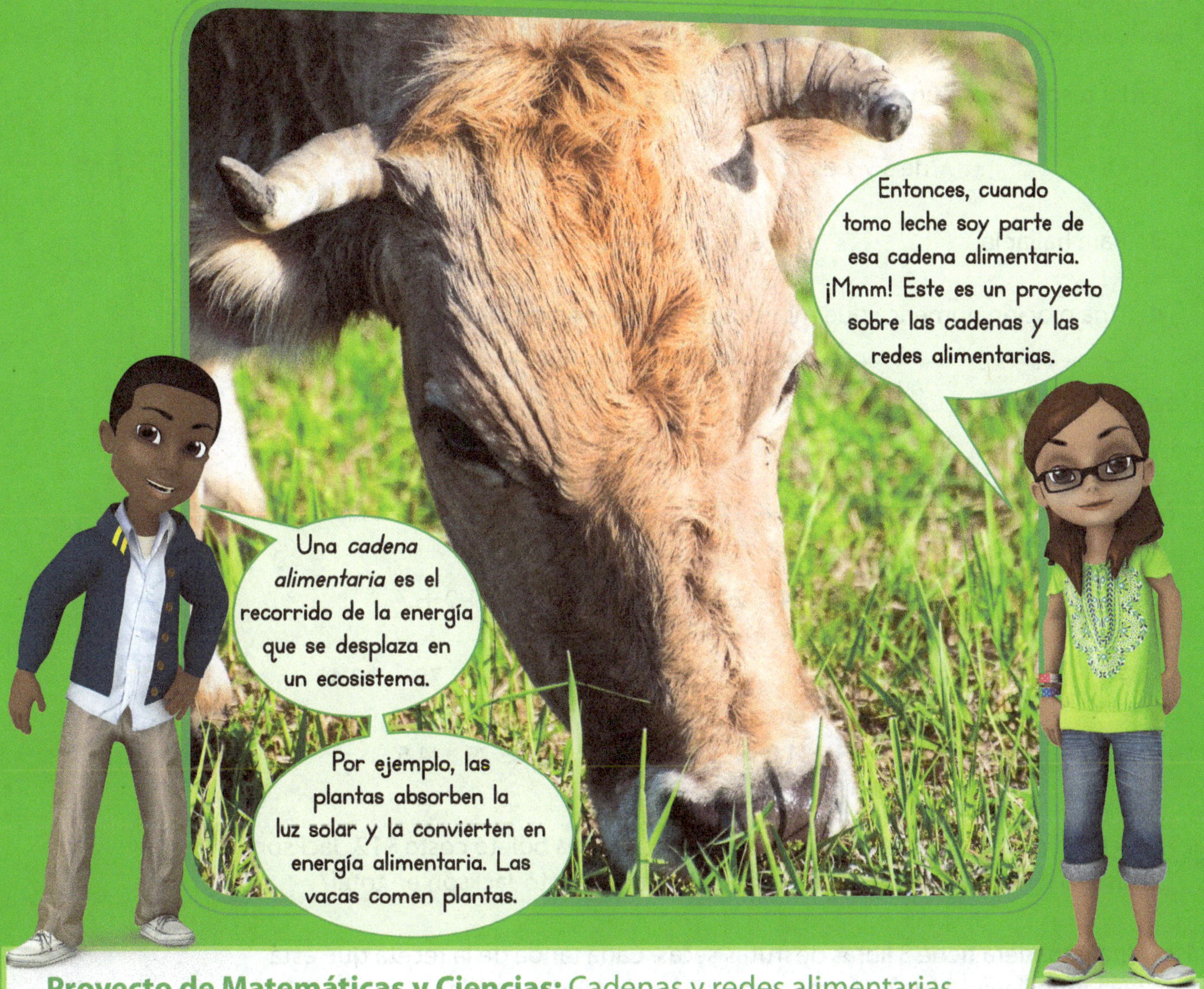

Proyecto de Matemáticas y Ciencias: Cadenas y redes alimentarias

Investigar Usa la Internet u otros recursos para saber más sobre las cadenas y las redes alimentarias. Investiga la función de los productores, los consumidores y los descomponedores. Explica cómo se transfiere la energía de la luz solar a los consumidores.

Diario: Escribir un informe Incluye lo que averiguaste. En tu informe, también:

- dibuja una red alimentaria de un ecosistema que esté cerca de tu casa.
- traza flechas en la red alimentaria para mostrar cómo se desplaza la energía. Explica por qué es importante el orden.
- en una de las cadenas alimentarias de tu red, rotula los organismos según sean productores, consumidores o descomponedores.

Tema 13   731

Nombre _____

Repasa lo que sabes

Vocabulario

Escoge el mejor término del recuadro.
Escríbelo en el espacio en blanco.

- cociente   - ecuación   - suma
- diferencia   - producto

1. La respuesta de un problema de división es el _____.

2. La _____ de 5 y 7 es 12.

3. Para hallar la _____ entre 16 y 14 hay que restar.

4. Una oración numérica que muestra dos valores equivalentes es una _____.

Repaso mixto

Halla las respuestas.

5. $648 \div 18$

6. 35×100

7. $47.15 + 92.9$

8. $\frac{1}{4} + \frac{1}{4} + \frac{1}{4}$

9. $3.4 - 2.7$

10. $1.9 + 7$

11. $3\frac{2}{5} + \frac{1}{2}$

12. $75 \div \frac{1}{5}$

13. $\$3.75 + \$2.49$

14. $8\frac{5}{8} - 1\frac{2}{8}$

15. 31.8×2.3

16. $9 - 4.6$

17. Jackson compró 2 boletos para la feria estatal. Cada boleto costó $12. Jackson gastó $15 en juegos y $8.50 en comida. ¿Cuánto gastó Jackson en total?

18. Una panadera tiene 3 libras de frutas secas. Cada tanda de la receta que está haciendo lleva $\frac{1}{2}$ libra de frutas secas. ¿Cuántas tandas puede hacer?

Ⓐ 9 tandas   Ⓑ 6 tandas   Ⓒ 2 tandas   Ⓓ $1\frac{1}{2}$ tandas

Multiplicación

19. ¿Qué ecuación sigue en este patrón? Explícalo.

$7 \times 10 = 70$
$7 \times 100 = 700$
$7 \times 1{,}000 = 7{,}000$

732   Tema 13 | Repasa lo que sabes

Mis tarjetas de palabras

Usa los ejemplos de las palabras de las tarjetas para ayudarte a completar las definiciones que están al reverso.

---

expresión numérica

$15 - 7$

---

evaluar

$5 \times (6 + 2) = 5 \times 8 = 40$

---

orden de las operaciones

$6 \times 5 + 12 \div 3$

$30 \quad + \quad 4$

34

---

paréntesis

$3 \times (15 - 7)$

---

corchetes

$3 \times [(15 - 7) \div 2]$

---

llaves

$\{6 + [3 \times (15 - 7) \div 2]\} \div 9$

Tema 13 | Mis tarjetas de palabras

Mis tarjetas de palabras

Completa la definición. Para ampliar lo que aprendiste, escribe tus propias definiciones.

_____ significa hacer los cálculos para hallar el valor de una expresión.

Una _____ es una frase matemática que contiene números y al menos una operación.

Los símbolos curvos que se usan en las expresiones matemáticas y en las ecuaciones para agrupar números o variables se llaman _____.

El _____ indica los cálculos que hay que hacer antes que otros. Primero, se simplifica dentro de los paréntesis, los corchetes y las llaves. Luego, se multiplica y se divide de izquierda a derecha. Por último, se suma y se resta de izquierda a derecha.

Los símbolos que se usan con los paréntesis y los corchetes en las expresiones matemáticas y las ecuaciones para agrupar números o variables se llaman _____.

Los símbolos rectos que se usan en las expresiones matemáticas y las ecuaciones para agrupar números o variables se llaman _____.

Nombre _____

Resuélvelo y coméntalo Dos estudiantes evaluaron la expresión 15 + 12 ÷ 3 + 5 y obtuvieron respuestas diferentes. Ninguno cometió errores en los cálculos, entonces ¿cómo obtuvieron resultados diferentes? *Resuelve este problema de la manera que prefieras.*

Lección 13-1
Orden de las operaciones

Puedo...
seguir el orden de las operaciones para evaluar expresiones.

También puedo razonar sobre las matemáticas.

$$15 + 12 \div 3 + 5$$

Razonar
Puedes seguir el orden de las operaciones para evaluar expresiones que tengan más de una operación. ¡Muestra tu trabajo!

¡Vuelve atrás! **Construir argumentos** ¿Por qué es importante seguir el orden de las operaciones para evaluar una expresión?

Pregunta esencial: ¿Cómo se puede evaluar una expresión numérica que tiene más de una operación?

A

Dos estudiantes evaluaron la misma expresión numérica pero obtuvieron diferentes respuestas. Para evitar obtener más de una respuesta, se sigue el orden de las operaciones. Rebecca siguió el orden correcto.

La manera de Rebecca

$36 + 9 \div 3 \times 5$
$36 + 3 \times 5$
$36 + 15$
51

La manera de Juan

$36 + 9 \div 3 \times 5$
$45 \div 3 \times 5$
15×5
75

Puedes evaluar, es decir, hallar el valor de $12 \div 4 + (9 - 2) \times (3 + 5)$ siguiendo el orden de las operaciones.

B Paso 1

Para seguir el orden de las operaciones, primero debes resolver las operaciones que están entre paréntesis.

$12 \div 4 + (9 - 2) \times (3 + 5)$
$12 \div 4 + \quad 7 \quad \times \quad 8$

Recuerda que debes volver a escribir los cálculos que todavía no hiciste.

C Paso 2

Luego, multiplica y divide en orden de izquierda a derecha.

$12 \div 4 + 7 \times 8$
$\quad 3 \quad + \quad 56$

D Paso 3

Por último, suma y resta en orden de izquierda a derecha.

$3 + 56$
59

$12 \div 4 + (9 - 2) \times (3 + 5) = 59$

¡Convénceme! Evaluar el razonamiento En el primer ejemplo, ¿por qué la respuesta de Juan era incorrecta?

736 Tema 13 | Lección 13-1

Nombre _____

Práctica guiada

¿Lo entiendes?

1. Inserta paréntesis para que el siguiente enunciado sea verdadero.
   $3 + 5 \times 2 - 10 = 6$

2. **Vocabulario** Escribe una expresión numérica con **paréntesis**. Luego, halla el valor de la expresión.

Recuerda que siempre debes seguir el orden de las operaciones.

¿Cómo hacerlo?

Nombra la operación que debes hacer primero en los Ejercicios **3** a **7**.

3. $6 + 27 \div 3$

4. $5 \times 2 + 12 \div 6$

5. $17.25 - (4.5 + 3.75)$

6. $(14 - 7) + (3 + 5)$

7. $4 \div 2 \times 8$

Práctica independiente

Sigue el orden de las operaciones para hallar el valor de las expresiones en los Ejercicios **8** a **19**.

8. $3 + 7 \times 6 \div 3$

9. $2 \times 9 + (2 \times 14)$

10. $64 \div 8 \times \frac{1}{2}$

11. $(19 - 5) \times 3 + 4$

12. $15.3 - 12 + 2.5$

13. $36 - 5 + (16 - 11)$

14. $8 \times (3 + 2) - 6$

15. $3 \div (9 - 6) + 4 \times 2$

16. $(3 + 4) \times (3 + 5)$

17. $0.7 + 1.8 \div 6$

18. $4 \times (3 - 2) + 18$

19. $8 \times 6 - 4 \times 3$

Inserta paréntesis para que los enunciados sean verdaderos en los Ejercicios **20** a **25**.

20. $30 - 4 \times 2 + 5 = 2$

21. $17 - 8 - 5 = 14$

22. $10 \div 2 - 3 + 1 = 3$

23. $30 - 4 \times 2 + 5 = 57$

24. $17 - 8 - 5 = 4$

25. $10 \div 2 - 3 + 1 = 1$

*Puedes encontrar otro ejemplo en el Grupo A, página 767.

Tema 13 | Lección 13-1   **737**

Resolución de problemas

26. Representar con modelos matemáticos Halla la diferencia. Usa el modelo.

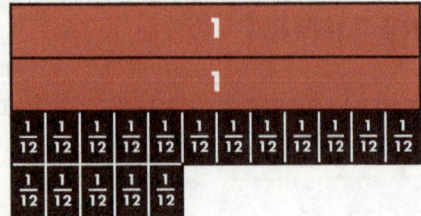

$3\frac{5}{12} - 1\frac{7}{12}$

27. Un transatlántico pequeño tiene 220 pasajeros. En el puerto de San Juan, desembarcaron 2 grupos de 12 pasajeros para ir de compras y 5 grupos de 6 pasajeros para visitar sitios de interés. Evalúa $220 - (2 \times 12) - (5 \times 6)$ para hallar la cantidad de pasajeros que quedaron en el barco.

28. Razonamiento de orden superior José dice que el siguiente enunciado es verdadero. ¿Estás de acuerdo? Explícalo.
$4 \times (3 + 5) - 10 = 4 \times 3 + 5 - 10$

29. Sentido numérico ¿Cuántas centésimas hay en cinco décimas? ¿Cuántas milésimas hay en cinco centésimas? Explícalo.

30. Razonar Ralph compró 3 cajas de 20 lápices cada una y 4 cajas de 10 bolígrafos cada una. Para hallar la cantidad total de lápices y bolígrafos, Ralph evaluó $3 \times 20 + 4 \times 10 = 100$. ¿Su respuesta es razonable? Explícalo.

31. Usar herramientas apropiadas Nati quiere usar cuerda para decorar un marco de fotos rectangular. El marco mide 18 pulgadas de ancho y 12 pulgadas de alto. Nati tiene 4 pies de cuerda. ¿Tiene suficiente cuerda para rodear el perímetro del marco? Explícalo.

Recuerda que 1 pie = 12 pulgadas.

Evaluación

32. ¿Cuál es el valor de la expresión $3 \times 5 + (3 \times 9)$?

Ⓐ 35
Ⓑ 42
Ⓒ 96
Ⓓ 162

33. ¿Qué expresión tiene un valor de 8?

Ⓐ $11 - 6 - 3$
Ⓑ $4 + 30 \div 6$
Ⓒ $(9 + 7) \div 2$
Ⓓ $1 + 1 \times (2 + 2)$

Nombre _____

Tarea y práctica 13-1
Orden de las operaciones

¡Revisemos!

Evalúa $8 \div 2 + 3 \times (6 - 1) - 7$.

Debes seguir el orden de las operaciones para obtener la respuesta correcta.

Paso 1

Resuelve las operaciones que están entre paréntesis.

$(6 - 1) = 5$
$8 \div 2 + 3 \times 5 - 7$

Paso 2

Multiplica y divide de izquierda a derecha.

$8 \div 2 = 4$ y $3 \times 5 = 15$
$4 + 15 - 7$

Paso 3

Suma y resta de izquierda a derecha.

$4 + 15 = 19$ y $19 - 7 = 12$
Por tanto,
$8 \div 2 + 3 \times (6 - 1) - 7 = 12$.

Sigue el orden de las operaciones para hallar el valor de las expresiones en los Ejercicios **1** a **12**.

1. $6 \times (3 + 2) \div 10$
2. $12 - (3 \times 3) + 11$
3. $(10 \times 0.4) + (10 \times 0.8)$

4. $(8 \div 4) \times (4 - 2)$
5. $8.5 - 10 \div 2$
6. $18 - (8 \div 2) + 25$

7. $12 \div 3 + 4 \times 5$
8. $50 - (5 \times 5) + 13$
9. $(14 - 8) \times (15 - 4)$

10. $\frac{3}{4} + \frac{1}{2} \times 2$
11. $20 - 12 + 8 \times 5$
12. $31 - (75 \div 3) \div 5$

Inserta paréntesis para que los enunciados sean verdaderos en los Ejercicios **13** a **18**.

13. $15 - 3 \times 4 + 9 = 12$
14. $21 - 8 - 6 = 7$
15. $18 \div 3 - 5 + 1 = 2$

16. $15 - 3 \times 4 + 9 = 57$
17. $21 - 8 - 6 = 19$
18. $18 \div 3 - 5 + 1 = 0$

19. Dion compró 3 libras de naranjas y 2 libras de toronjas. Escribe una expresión para representar la cantidad de dinero que gastó Dion en la fruta. Luego, evalúa la expresión. ¿Cuánto gastó Dion?

Precio de las frutas	
Fruta	Costo (por libra)
Limones	$0.79
Naranjas	$0.99
Mandarinas	$1.09
Toronjas	$1.59

20. Dion pagó con un billete de $20. ¿Cuánto cambio recibió?

21. Inserta paréntesis en la expresión $6 + 10 \times 2$ para que

  a la expresión sea igual a 32.

  b la expresión sea igual a $(12 + 1) \times 2$.

22. Razonamiento de orden superior Carlos evaluó $20 - (2 \times 6) + 8 \div 4$ y obtuvo 29. ¿La respuesta es correcta? Si no lo es, explica en qué se equivocó Carlos y halla la respuesta correcta.

23. Sentido numérico El punto más alto de Colorado es el monte Elbert, a 14,433 pies. Aproximadamente, ¿cuántas millas son?

24. Razonar Susan mide 50 pulgadas de estatura. Mirta mide 3 pulgadas más que Elaine, que mide 2 pulgadas menos que Susan. ¿Cuánto mide Mirta?

Recuerda que hay 5,280 pies en 1 milla.

✓ Evaluación

25. ¿Cuál es el valor de la expresión $(25 - 7) \times 2 \div 4 + 2$?

Ⓐ 18
Ⓑ 11
Ⓒ 6
Ⓓ 5

26. ¿Qué expresión tiene un valor de 11?

Ⓐ $13 - 5 - 3$
Ⓑ $1 + (8 \times 2)$
Ⓒ $5 + 2 \times (4 - 1)$
Ⓓ $15 - 1 + (6 \div 2)$

Nombre _____

Resuélvelo y coméntalo

Evalúa la expresión 3 + (6 − 2) × 4. *Resuelve este problema siguiendo el orden de las operaciones.*

$$3 + (6 - 2) \times 4$$

Lección 13-2
Evaluar expresiones

Puedo...
evaluar expresiones con paréntesis, corchetes y llaves.

También puedo buscar patrones para resolver problemas.

Puedes usar la estructura para evaluar expresiones de más de un término. ¡Muestra tu trabajo!

¡Vuelve atrás! **Construir argumentos** ¿Se necesitan paréntesis en la expresión (8 × 5) − 9 + 6? Explica tu respuesta.

Tema 13 | Lección 13-2   741

Pregunta esencial: ¿Qué orden se debe seguir cuando se evalúa una expresión?

A

Jack evaluó
$[(7 \times 2) - 3] + 8 \div 2 \times 3$.

Para evitar obtener más de una respuesta, Jack siguió el orden de las operaciones que está a la derecha.

Los paréntesis, los corchetes y las llaves se usan para agrupar números en las expresiones numéricas.

Orden de las operaciones

1. Evalúa lo que está entre paréntesis ( ), corchetes [ ] y llaves { }.
2. Multiplica y divide de izquierda a derecha.
3. Suma y resta de izquierda a derecha.

B Paso 1

Primero, resuelve las operaciones que están entre paréntesis.

$[(7 \times 2) - 3] + 8 \div 2 \times 3$

$[14 - 3] + 8 \div 2 \times 3$

Luego, evalúa los términos que están entre corchetes.

$[14 - 3] + 8 \div 2 \times 3$

$11 \quad + 8 \div 2 \times 3$

C Paso 2

Después, multiplica y divide en orden, de izquierda a derecha.

$11 + 8 \div 2 \times 3$

$11 + \quad 4 \times 3$

$11 + \quad 12$

D Paso 3

Por último, suma y resta en orden, de izquierda a derecha.

$11 + 12 = 23$

Por tanto, el valor de la expresión es 23.

¡Convénceme! Construir argumentos ¿Cambiará el valor de $\{2 + [(15 - 3) - 6]\} \div 2$ si se quitan las llaves? Explícalo.

Nombre _____

☆ Práctica guiada

¿Lo entiendes?

1. Explica los pasos necesarios para evaluar la expresión [(4 + 2) − 1] × 3.

2. ¿Cambiará el valor de (12 − 4) ÷ 4 + 1 si se quitan los paréntesis? Explícalo.

¿Cómo hacerlo?

Sigue el orden de las operaciones para evaluar las expresiones en los Ejercicios **3** a **6**.

3. [7 × (6 − 1)] + 100

4. 17 + 4 × 3

5. (8 + 1) + 9 × 7

6. {[(4 × 3) ÷ 2] + 3} × 6

☆ Práctica independiente

Práctica al nivel Sigue el orden de las operaciones para evaluar las expresiones en los Ejercicios **7** a **21**.

Recuerda que debes evaluar primero lo que está entre paréntesis, corchetes y llaves.

7. 8 × (3 + 4) ÷ 2

8 × ____ ÷ 2

____ ÷ 2 = 28

8. 39 + 6 ÷ 2

39 + ____ = 42

9. 24 ÷ [(3 + 1) × 2]

____ ÷ [____ × ____]

____ ÷ ____ = 3

10. 5 ÷ 5 + 4 × 12

11. [6 − (3 × 2)] + 4

12. (4 × 8) ÷ 2 + 8

13. (18 + 7) × (11 − 7)

14. 2 + [4 + (5 × 6)]

15. (9 + 11) ÷ (5 + 4 + 1)

16. 90 − 5 × 5 × 2

17. 120 − 40 ÷ 4 × 6

18. 22 + (96 − 40) ÷ 8

19. (7.7 + 0.3) ÷ 0.1 × 4

20. 32 ÷ (12 − 4) + 7

21. {8 × [1 + (20 − 6)]} ÷ $\frac{1}{2}$

*Puedes encontrar otro ejemplo en el Grupo A, página 767.

Tema 13 | Lección 13-2   **743**

Resolución de problemas

22. Dani y 4 amigos quieren compartir el costo de una comida en partes iguales. Pidieron 2 pizzas grandes y 5 bebidas pequeñas. Si dejan una propina de $6.30, ¿cuánto debe pagar cada uno?

Menú	
Pizza pequeña	$8.00
Pizza grande	$12.00
Bebida pequeña	$1.50
Bebida grande	$2.25

23. Razonamiento de orden superior Usa los símbolos de operaciones +, −, × y ÷ una vez en las siguientes expresiones para que la oración numérica sea verdadera.

6 ▢ (3 ▢ 1) ▢ 5 ▢ 1 = 17

24. Hacerlo con precisión Carlota necesita $12\frac{1}{2}$ yardas de cinta para un proyecto. Tiene $5\frac{1}{4}$ yardas de cinta en un carrete y $2\frac{1}{2}$ yardas en otro carrete. ¿Cuánta cinta más necesita Carlota?

25. Teresa compró tres envases de pelotas de tenis a $2.98 cada uno. Tenía un cupón de descuento de $1. Su mamá pagó la mitad del costo menos el descuento. ¿Cuánto pagó Teresa? Evalúa la expresión $[(3 \times 2.98) - 1] \div 2$.

26. Matemáticas y Ciencias Las jirafas son *herbívoras*, es decir, se alimentan de plantas. Una jirafa puede comer hasta 75 libras de hojas por día. Escribe y evalúa una expresión para hallar cuántas libras de hojas pueden comer 5 jirafas en una semana.

Evalúa primero la expresión que está entre paréntesis. Luego, resta dentro de los corchetes.

✓ Evaluación

27. Siguiendo el orden de las operaciones, ¿qué operación debes resolver por último para evaluar esta expresión?

$(1 \times 2.5) + (52 \div 13) + (6.7 - 5) - (98 + 8)$

Ⓐ Suma
Ⓑ Resta
Ⓒ Multiplicación
Ⓓ División

28. Traza líneas para unir las expresiones con su valor.

$29 - (5 - 3)$		4
$25 - 5 \div 5$		21
$(2 \times 6) - (2 \times 4)$		24
$[5 \times (6 - 2)] + 1$		27

Nombre _____

Tarea y práctica 13-2
Evaluar expresiones

¡Revisemos!

Cuando una expresión contiene más de una operación, se pueden usar **paréntesis** () para mostrar qué operación se debe resolver primero. Los paréntesis son un tipo de **símbolo de agrupación**.

Resuelve primero la operación que está entre paréntesis.

Las operaciones dentro de los símbolos de agrupación siempre se resuelven primero.

Evalúa $(2 + 8) \times 3$.

$10 \times 3 = 30$

Evalúa $2 + (8 \times 3)$.

$2 + 24 = 26$

Los **corchetes** y las **llaves** son otro tipo de **símbolo de agrupación**.

Evalúa los términos que están entre corchetes después de resolver la operación entre paréntesis.

Evalúa $[(4 + 9) - (30 \div 5)] \times 10$.

$[13 - 6] \times 10$

$7 \times 10 = 70$

Evalúa las expresiones en los Ejercicios **1** a **12**.

Sigue el orden de las operaciones para escoger con qué cálculo seguir. Multiplica y divide de izquierda a derecha. Suma y resta de izquierda a derecha.

1. $(16 + 4) \div 10$

   _____ $\div 10 =$ _____

2. $60 \div (3 \times 4)$

   $60 \div$ _____ $=$ _____

3. $(16 \div 4) + (10 - 3)$

4. $64 \div (10 \times 0.8)$

5. $27 - (7.5 \times 2)$

6. $[(4 \times 6) + 6] \div 6$

7. $(5 + 2) \times (14 - 9) - 1$

8. $5 + \{[2 \times (14 - 9)] - 1\}$

9. $(52 + 48) \div (8 + 17)$

10. $[52 + (48 \div 8)] + 17$

11. $(80 + 16) \div (4 + 12)$

12. $80 + 16 \div 4 + 12$

Tema 13 | Lección 13-2   745

13. Keisha compró un par de esquíes nuevos a $450. Hizo un pago de $120 y recibió un descuento para estudiantes de $40. Su mamá pagó $\frac{1}{2}$ saldo. ¿Cuánto le falta pagar a Keisha?

14. **Hacerlo con precisión** Ellen mide $5\frac{1}{2}$ pies de estatura. Su hermana mide $\frac{3}{4}$ de pie menos que Ellen. ¿Cuánto mide la hermana de Ellen?

15. **Razonamiento de orden superior** Vuelve a escribir las expresiones usando paréntesis para que los enunciados sean verdaderos.

    a $42 + 12 \div 6 = 9$

    b $33 - 14\frac{1}{2} + 3\frac{1}{2} = 15$

    c $32 \div 8 \times 2 = 2$

16. **Álgebra** ¿Qué pasos seguirías para resolver la ecuación $n = 7 + (32 \div 16) \times 4 - 6$? Resuelve la ecuación.

17. **Entender y perseverar** Milton hace una mezcla de nueces y frutas secas para su grupo de senderismo. Mezcla $1\frac{1}{4}$ libras de maníes, 14 onzas de pasas, 12 onzas de nueces y 10 onzas de chispas de chocolate. Si Milton divide la mezcla en cantidades iguales entre los 8 senderistas del grupo, ¿cuántas onzas de mezcla recibe cada uno?

Recuerda que hay 16 onzas en 1 libra.

 Evaluación

18. Siguiendo el orden de las operaciones, ¿qué operación debes resolver por último para evaluar esta expresión?

    $8 + \{[14 \div 2 \times (3 - 1)] - 1\}$

    Ⓐ Suma
    Ⓑ División
    Ⓒ Multiplicación
    Ⓓ Resta

19. Traza líneas para unir las expresiones con su valor.

$16 + 6 \div 3$	18
$20 - (4 \times 2)$	15
$(3 \times 3) + (3 \times 2)$	12
$[(8 - 3) \times 4] - 12$	8

746   Tema 13 | Lección 13-2

Nombre _____

Resuélvelo y coméntalo

Un panadero prepara cajas de 12 bizcochitos. Sergio encarga 5 cajas para la fiesta de graduación de su hermana y 3.5 cajas para la fiesta del espectáculo de variedades. Escribe una expresión que muestre los cálculos que puedes resolver para hallar la cantidad de bizcochitos que encargó Sergio.

Lección 13-3
Escribir expresiones numéricas

Puedo...
escribir expresiones simples que muestren cálculos con números.

También puedo representar con modelos matemáticos para resolver problemas.

Representar con modelos matemáticos
Puedes escribir una expresión numérica para representar la situación.

¡Vuelve atrás! Representar con modelos matemáticos
Escribe una expresión diferente para representar el pedido de Sergio. Evalúa ambas expresiones para comprobar que sean equivalentes. ¿Cuántos bizcochitos encargó Sergio?

Tema 13 | Lección 13-3   **747**

Pregunta esencial: ¿Cómo se puede escribir una expresión numérica para anotar cálculos?

A

El auditorio de la escuela tiene 546 asientos en la platea baja y 102 asientos en la platea alta. Todos los asientos estarán ocupados en todas las funciones del Espectáculo de variedades. Escribe una expresión que muestre los cálculos que podrías resolver para determinar cuántos boletos se vendieron.

B Piensa en cómo calcularías la cantidad total de boletos.

Suma 546 + 102 para hallar la cantidad total de asientos.
Luego, **multiplica** por la cantidad de funciones, 4.

Por tanto, debes escribir una expresión numérica que represente:

"Hallar 4 veces la suma de 546 y 102".

C Usa números y símbolos para escribir la expresión numérica.

La suma de 546 y 102: 546 + 102

4 veces la suma: 4 × (546 + 102)

> Recuerda que los paréntesis muestran los cálculos que hay que hacer primero.

La expresión 4 × (546 + 102) muestra los cálculos para hallar la cantidad de boletos vendidos.

¡Convénceme! Razonar Dos estudiantes escribieron expresiones diferentes para hallar la cantidad de boletos vendidos. ¿Son correctas las expresiones? Explícalo.

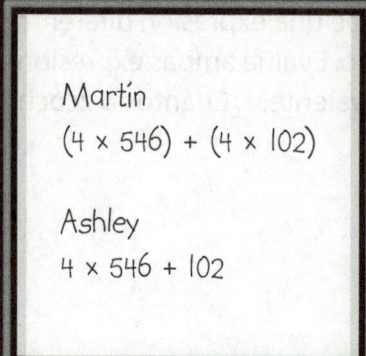

Martín
(4 × 546) + (4 × 102)

Ashley
4 × 546 + 102

748 | Tema 13 | Lección 13-3

Nombre _____

Práctica guiada

¿Lo entiendes?

1. **Generalizar** ¿Por qué algunas expresiones numéricas contienen paréntesis?

2. **Razonar** Muestra cómo usar una propiedad para escribir una expresión equivalente a $9 \times (7 + 44)$. ¿Puedes usar otra propiedad para escribir otra expresión equivalente? Explícalo.

¿Cómo hacerlo?

Escribe una expresión numérica para los cálculos en los Ejercicios **3** a **6**.

3. Suma 8 y 7, y, luego, multiplica por 2.

4. Halla el triple de la diferencia entre 44.75 y 22.8.

5. Multiplica 4 por $\frac{7}{8}$ y, luego, suma 12.

6. Suma 49 al cociente de 125 y 5.

Práctica independiente

Escribe una expresión numérica para los cálculos en los Ejercicios **7** a **11**.

7. Suma 91, 129 y 16, y, luego, divide por 44.

8. Halla 8.5 veces la diferencia entre 77 y 13.

9. Resta 55 de la suma de 234 y 8.

10. Multiplica $\frac{2}{3}$ por 42 y, luego, multiplica el producto por 10.

11. Escribe una expresión para mostrar los cálculos que usarías para determinar el área total de los rectángulos de la derecha.

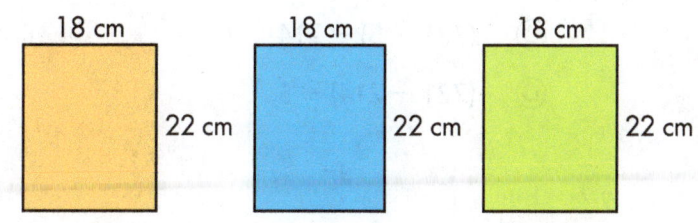

*Puedes encontrar otro ejemplo en el Grupo B, página 767.

Tema 13 | Lección 13-3   **749**

Resolución de problemas

12. Representar con modelos matemáticos Alquileres Ronnie cobra $25 más $15 por hora el alquiler de una motosierra. David alquiló una motosierra por 5 horas. Escribe una expresión para mostrar cómo podrías calcular cuánto pagó David en total.

13. Representar con modelos matemáticos Catorce estudiantes compraron un caballete por $129 y un juego de lienzos por $46 para su maestra de arte. El impuesto sobre la venta fue $10.50. Los estudiantes compartieron el costo en partes iguales. Escribe una expresión para mostrar cómo calcular la cantidad que gastó cada uno.

14.  **Vocabulario** Cuando evalúas una expresión, ¿por qué es importante seguir el **orden de las operaciones**?

15. Un depósito tiene forma de prisma rectangular. El ancho es 8 yardas, la altura es 4 yardas y el volumen es 288 yardas cúbicas. Explica cómo hallar la longitud del depósito.

16. Razonamiento de orden superior Danielle tiene un tercio de la cantidad que necesita para pagar los gastos de su viaje con el coro. ¿La expresión (77 + 106 + 34) ÷ 3 muestra cómo podrías calcular la cantidad de dinero que tiene Danielle? Explícalo.

Gastos del viaje del coro
Boleto de tren $77
Hotel $106
Comidas $34

✓ Evaluación

17. ¿Qué expresión representa el siguiente cálculo?
Resta 214 de 721 y, luego, divide por 5.

Ⓐ (721 ÷ 214) − 5
Ⓑ 721 − 214 ÷ 5
Ⓒ (721 ÷ 5) − 214
Ⓓ (721 − 214) ÷ 5

18. El invierno pasado, Kofi ganó $47.50 barriendo nieve y $122 dando clases de patinaje sobre hielo. Durante el verano, ganó el doble haciendo trabajos de jardinería.

¿Qué expresión muestra cómo podrías calcular la cantidad de dinero que ganó Kofi durante el verano?

Ⓐ 2 + (47.50 + 122)
Ⓑ 2 × 47.50 + 122
Ⓒ 2 × (47.50 + 122)
Ⓓ 2 × (47.50 × 122)

750   Tema 13 | Lección 13-3

Nombre _____

Tarea y práctica 13-3
Escribir expresiones numéricas

¡Revisemos!

Juan tiene $11\frac{1}{2}$ años. El tío Frank tiene 4 veces la edad de Juan. Escribe una expresión que muestre cómo podrías calcular la edad del tío Frank dentro de 6 años.

Edad actual del tío Frank:

$4 \times 11\frac{1}{2}$

Edad del tío Frank dentro de 6 años:

$\left(4 \times 11\frac{1}{2}\right) + 6$

La expresión $\left(4 \times 11\frac{1}{2}\right) + 6$ muestra los cálculos que determinarán la edad del tío Frank dentro de 6 años.

Puedes usar propiedades para escribir otra expresión para la edad del tío Frank.

Escribe una expresión numérica para los cálculos en los Ejercicios **1** a **7**.

1. Multiplica 16, 3 y 29, y, luego, resta 17.

2. Suma 13.2 y 0.9, y, luego, divide por 6.

3. Resta $12\frac{1}{2}$ del producto de $\frac{9}{10}$ y 180.

4. Suma el cociente de 120 y 60 al cociente de 72 y 9.

5. Multiplica 71 por 8, y, luego, suma 379.

6. Halla 3 veces la diferencia entre 7.25 y 4.5.

7. Escribe una expresión que muestre los cálculos que podrías resolver para determinar cuánto más grande que el área del rectángulo verde es el área del rectángulo amarillo.

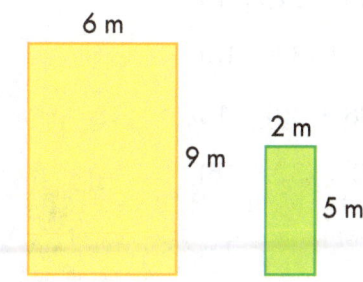

Tema 13 | Lección 13-3   751

8. **Representar con modelos matemáticos** Lola usa 44 cuentas para hacer una pulsera y 96 cuentas para hacer un collar. Escribe una expresión que muestre cómo podrías calcular la cantidad total de cuentas que usó Lola para hacer 13 pulseras y 8 collares.

9. **Construir argumentos** Bart trabaja 36 horas por semana y gana $612. Charles trabaja 34 horas por semana y gana $663. ¿Quién gana más por hora? ¿Cómo lo sabes?

10. **Razonar** Usa una propiedad para escribir una expresión equivalente a $12 \times (100 - 5)$. ¿Qué propiedad usaste?

11. Doreen resolvió el siguiente problema:
$\frac{1}{6} \div 5 = \frac{1}{30}$
Muestra cómo usar la multiplicación para comprobar la respuesta de Doreen.

12. **Razonamiento de orden superior** Stephen mezcla los jugos de la ilustración para hacer refresco de frutas. ¿La expresión $(64 + 28 + 76) \div 6$ muestra cómo podrías calcular la cantidad de porciones de $\frac{3}{4}$ de taza? Explícalo.

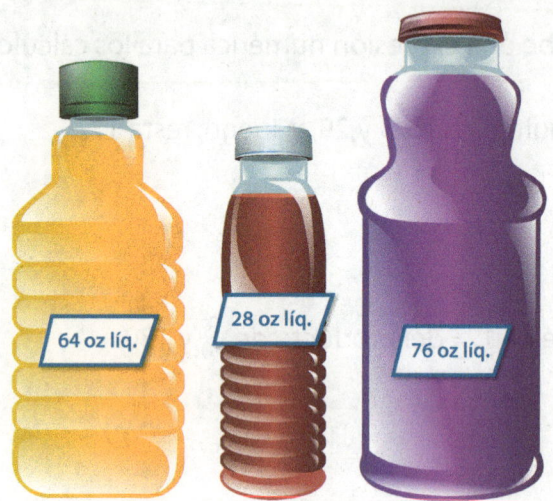

 Evaluación

13. ¿Qué expresión representa el siguiente cálculo?

    Divide 688 por 32 y, luego, suma 16.

    Ⓐ $(688 \div 32) + 16$

    Ⓑ $688 + (32 \div 16)$

    Ⓒ $(688 + 32) \div 16$

    Ⓓ $688 \div (32 + 16)$

14. Missy compró 7 pares de calcetines por $2.85 cada par. Tenía un cupón de $2.25 de descuento sobre la compra total.

    ¿Qué cálculo muestra la cantidad total que pagó Missy por los calcetines, sin incluir el impuesto sobre la venta?

    Ⓐ $7 \times (2.85 - 2.25)$

    Ⓑ $2.85 \times (7 - 2.25)$

    Ⓒ $(2.85 \times 7) - 2.25$

    Ⓓ $(2.85 \times 7) \div 2.25$

Nombre _____

Resuélvelo y coméntalo

La Sra. Katz planea un viaje familiar al museo. Hizo una lista de los gastos. Luego, escribió la siguiente expresión para mostrar cómo se puede calcular el costo total.

6 × (4.20 + 8 + 12 + 3.50)

¿Cuántas personas piensas que hay en la familia? ¿Cómo lo sabes?

Lección 13-4
Interpretar expresiones numéricas

Puedo...
interpretar expresiones numéricas sin evaluarlas.

También puedo buscar patrones para resolver problemas.

Gastos del viaje al museo (por persona)

Recorrido en autobús: $4.20
Almuerzo: $8
Boletos: $12
Charla sobre dinosaurios: $3.50

Usar la estructura
Puedes interpretar las relaciones de las expresiones numéricas sin hacer ningún cálculo.

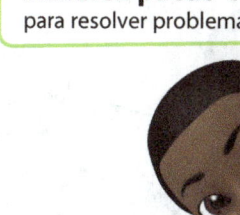

¡Vuelve atrás! **Usar la estructura** En el museo, la familia decide mirar una película sobre terremotos que cuesta $2.75 por persona. Jana y Kay no están de acuerdo sobre cómo deberían modificar la expresión de la Sra. Katz para hallar el total de gastos del viaje.

Jana dice que la expresión debería ser 6 × (4.20 + 8 + 12 + 3.50) + 2.75.
Kay dice que la expresión debería ser 6 × (4.20 + 8 + 12 + 3.50 + 2.75).

¿Quién tiene razón? Explícalo.

Pregunta esencial: ¿Cómo se pueden interpretar expresiones numéricas sin evaluarlas?

A

El traje de payaso de Jimmy lleva $\frac{7}{8} + \frac{1}{2} + 1\frac{3}{4}$ yardas de tela.

El traje de payaso de su papá lleva $3 \times \left(\frac{7}{8} + \frac{1}{2} + 1\frac{3}{4}\right)$ yardas de tela.

¿Cuánta tela hace falta para el traje del papá en comparación con la cantidad de tela para el traje de Jimmy?

Traje de payaso para niños

Tela	
Azul	$\frac{7}{8}$ yd
Amarilla	$\frac{1}{2}$ yd
A lunares	$1\frac{3}{4}$ yd

Puedes comparar las expresiones y resolver el problema sin hacer ningún cálculo.

B Interpreta la parte que es igual en ambas expresiones.

$\frac{7}{8} + \frac{1}{2} + 1\frac{3}{4}$

$3 \times \left(\frac{7}{8} + \frac{1}{2} + 1\frac{3}{4}\right)$

Ambas expresiones contienen la suma $\frac{7}{8} + \frac{1}{2} + 1\frac{3}{4}$. Esa es la cantidad de tela necesaria para el traje de Jimmy.

C Interpreta la parte que es diferente en cada expresión.

$\frac{7}{8} + \frac{1}{2} + 1\frac{3}{4}$

$3 \times \left(\frac{7}{8} + \frac{1}{2} + 1\frac{3}{4}\right)$

Recuerda que multiplicar por 3 significa "3 veces la cantidad".

La segunda expresión muestra que la suma se multiplica por 3.

Por tanto, el traje del papá lleva 3 veces la cantidad de tela que lleva el traje de Jimmy.

¡Convénceme! Razonar Los 7 estudiantes de una clase de costura comparten en partes iguales el costo de la tela y otros materiales. El mes pasado, cada estudiante pagó ($167.94 + $21.41) ÷ 7. Este mes, cada estudiante pagó ($77.23 + $6.49) ÷ 7. Sin hacer los cálculos, ¿en qué mes los estudiantes pagaron más? Explícalo.

754   Tema 13 | Lección 13-4

Nombre _____

Práctica guiada

¿Lo entiendes?

1. La cantidad de yardas necesarias para el traje de Rob es $\left(\frac{7}{8} + \frac{1}{2} + 1\frac{3}{4}\right) \div 2$. ¿Cuánta tela hace falta para el traje de Rob en comparación con la cantidad de tela para el traje de Jimmy? Explícalo.

2. Razonar Sin resolver los cálculos, explica por qué la siguiente oración numérica es verdadera.

$14 + (413 \times 7) > 6 + (413 \times 7)$

¿Cómo hacerlo?

Sin resolver los cálculos, describe la Expresión A en comparación con la Expresión B.

3. **A** $8 \times (41{,}516 - 987)$
B $41{,}516 - 987$

Sin resolver los cálculos, escribe $>$, $<$ o $=$ en los Ejercicios **4** y **5**.

4. $7 \times \left(4\frac{3}{8} + 3\frac{1}{2}\right)$ ◯ $22 \times \left(4\frac{3}{8} + 3\frac{1}{2}\right)$

5. $8.2 + (7.1 \div 5)$ ◯ $(7.1 \div 5) + 8.2$

Práctica independiente

Sin resolver los cálculos, describe la Expresión A en comparación con la Expresión B en los Ejercicios **6** y **7**.

6. **A** $(613 + 15{,}090) \div 4$
B $613 + 15{,}090$

7. **A** $\left(418 \times \frac{1}{4}\right) + \left(418 \times \frac{1}{2}\right)$
B $418 \times \frac{3}{4}$

Sin resolver los cálculos, escribe $>$, $<$ o $=$ en los Ejercicios **8** a **11**.

8. $(284 + 910) \div 30$ ◯ $(284 + 7{,}816) \div 30$

9. $\frac{1}{3} \times (5{,}366 - 117)$ ◯ $5{,}366 - 117$

10. $71 + (13{,}888 - 4{,}296)$ ◯ $70 + (13{,}888 - 4{,}296)$

11. $15 \times (3.6 + 9.44)$ ◯ $(15 \times 3.6) + (15 \times 9.44)$

*Puedes encontrar otro ejemplo en el Grupo C, página 768.

Tema 13 | Lección 13-4

Resolución de problemas

12. Usar la estructura Un estacionamiento de 4 pisos tiene espacio para 240 + 285 + 250 + 267 carros. Cuando uno de los pisos está cerrado por reparaciones, el estacionamiento tiene espacio para 240 + 250 + 267 carros. ¿Cuántos carros caben en el piso que está cerrado? Explícalo.

13. Construir argumentos Peter compró $4 \times \left(2\frac{1}{4} + \frac{1}{2} + 2\frac{7}{8}\right)$ yardas de cinta. Marilyn compró $4 \times \left(2\frac{1}{4} + \frac{1}{2} + 3\right)$ yardas de cinta. Sin resolver los cálculos, determina quién compró más cinta. Explícalo.

14. La puntuación de Brook en un juego de mesa es 713 + 102 + 516. Cuando le toca el turno, Brook saca una de las siguientes tarjetas. Ahora, su puntuación es (713 + 102 + 516) ÷ 2. ¿Qué tarjeta sacó Brook? Explícalo.

15. Marta compró una caja de 0.25 kilogramos de alimento para peces. Usa 80 gramos por semana. ¿Una caja de alimento es suficiente para 4 semanas? Explícalo.

16. Razonamiento de orden superior ¿Cómo sabes que (496 + 77 + 189) × 10 es el doble de (496 + 77 + 189) × 5 sin hacer cálculos complicados?

✓ Evaluación

17. El área de la clase de Sally es 21.5 × 41 pies cuadrados. El área de la clase de Georgia es (21.5 × 41) − 56 pies cuadrados. Sin hacer los cálculos, determina cómo es el área de la clase de Georgia en comparación con el área de la clase de Sally. Explícalo.

Nombre _____

Tarea y práctica
13-4
Interpretar expresiones numéricas

¡Revisemos!

Audrey y Donald jugaron a un videojuego. Las siguientes expresiones muestran la cantidad de puntos que hizo cada uno.

Audrey: 32,700 + 6,140 + 5,050

Donald: (32,700 + 6,140 + 5,050) − 8,815

¿Cómo es la puntuación de Donald en comparación con la de Audrey?

Puedes comparar algunas expresiones sin hacer ningún cálculo.

Ambas expresiones contienen la misma suma.

Audrey: 32,700 + 6,140 + 5,050

Donald: (32,700 + 6,140 + 5,050) − 8,815

La expresión de la puntuación de Donald muestra 8,815 que se restan de la suma.

Por tanto, la puntuación de Donald tiene 8,815 puntos menos que la de Audrey.

Sin resolver los cálculos, describe la Expresión A en comparación con la Expresión B en los Ejercicios **1** y **2**.

1. **A** (23,000 − 789) × 19
   B 23,000 − 789

2. **A** $6\frac{4}{5} + \left(88 \times \frac{3}{10}\right)$
   B $88 \times \frac{3}{10}$

Sin resolver los cálculos, escribe >, < o = en los Ejercicios **3** a **6**.

3. (714 ÷ 32) − 20 ◯ (714 ÷ 32) − 310

4. 0.1 × (716 + 789) ◯ 716 + 789

5. $\frac{1}{2}$ × (228 + 4,316) ◯ (228 + 4,316) ÷ 2

6. (3.9 × 8) + (3.9 × 4) ◯ 3.9 × 15

7. ¿Qué expresión es 16 veces 18,233 − 4,006?

　Ⓐ (18,233 − 4,006) + 16

　Ⓑ (18,233 − 4,006) × 16

　Ⓒ (18,233 − 4,006) ÷ 16

　Ⓓ (18,233 × 16) − 4,006

8. **Usar la estructura** Sid pagó $6.80 por un papel de regalo y $7.35 por una cinta. Envolvió regalos idénticos para todos sus primos. Sid escribió la expresión $(6.80 + 7.35) \div 8$ para calcular cuánto le costó envolver cada regalo. ¿Cuántos regalos envolvió Sid? Explícalo.

9. **Construir argumentos** Yolanda compró $3 \times \left(\frac{1}{4} + \frac{7}{8} + 1\frac{1}{2}\right)$ libras de queso. Sam compró $2 \times \left(\frac{1}{4} + \frac{7}{8} + 1\frac{1}{2}\right)$ libras de queso. Sin hacer los cálculos, determina quién compró más queso. Explícalo.

10. Jack compró el equipo de pesca de la ilustración. El impuesto sobre la venta se calculó multiplicando el costo total del equipo de pesca por 0.07 y redondeando el resultado al centavo más cercano. ¿Cuánto pagó Jack por el equipo de pesca, con el impuesto incluido?

$54.50

$12.99

$6.79

11. Cy compró una computadora portátil, una impresora y un *router*. Usó un cupón de $35 para hacer la compra. Escribió $(1{,}415.00 + 277.50 + 44.95) - 35$ para mostrar cómo calculó el costo total sin incluir el impuesto. Escribe una expresión que se pueda usar para hallar el precio total de los artículos que compró Cy sin contar el impuesto ni el cupón.

12. **Razonamiento de orden superior** Ordena las expresiones A, B, C, D y E de menor a mayor.

   A $(9{,}311 + 522) \times 4.8$

   B $9{,}311 + 522$

   C $(9{,}311 + 522) \times \frac{1}{2}$

   D $25 \times (9{,}311 + 522)$

   E $(9{,}311 \times 5) + (522 \times 5)$

✓ Evaluación

13. El mes pasado, la Srta. Jeffers voló $1{,}716 + 984 + 2{,}058$ millas por trabajo. Este mes, voló $4 \times (1{,}716 + 984 + 2{,}058)$ millas. Sin hacer los cálculos, determina cómo es la cantidad de millas de este mes en comparación con la cantidad de millas del mes pasado. Explícalo.

Nombre _____

Resuélvelo y coméntalo

El cocinero del campamento tiene 6 docenas de huevos. Usa 18 huevos para hacer unos *brownies*. Luego, usa el doble de huevos para hacer panqueques. ¿Cuántos huevos le quedaron al cocinero? Razona para escribir y evaluar una expresión que represente el problema.

Resolución de problemas
Lección 13-5
Razonar

Puedo...
entender las cantidades y las relaciones en situaciones o problemas.

También puedo escribir expresiones numéricas.

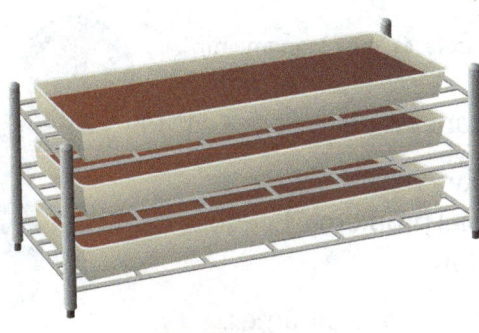

Hábitos de razonamiento

¡Razona correctamente! Estas preguntas te pueden ayudar.

- ¿Qué significan los números y los signos o símbolos del problema?
- ¿Cómo están relacionados los números o las cantidades?
- ¿Cómo puedo representar un problema verbal usando dibujos, números o ecuaciones?

¡Vuelve atrás! **Razonar** Explica cómo los números, los signos y las operaciones de tu expresión representan este problema.

Tema 13 | Lección 13-5   759

Pregunta esencial: ¿Cómo se puede razonar para resolver problemas?

A

Rose tiene 3 álbumes con tarjetas de futbol. En su cumpleaños, recibe 7 tarjetas más para cada álbum. ¿Cuántas tarjetas tiene Rose en total?

22 tarjetas en cada álbum

¿Qué tengo que hacer para resolver el problema?

Tengo que hallar cuántas tarjetas, incluidas las tarjetas nuevas, habrá en cada álbum. Luego, tengo que multiplicar para hallar la cantidad de tarjetas que hay en los 3 álbumes.

Puedes usar herramientas o dibujar un diagrama para ayudarte a resolver el problema.

B

¿Cómo puedo razonar para resolver este problema?

Puedo

- identificar las cantidades que conozco.
- usar propiedades, signos y operaciones matemáticas para mostrar relaciones.
- usar diagramas como ayuda para resolver el problema.

C

Este es mi razonamiento...

Tengo que hallar cuántas tarjetas tiene Rose en total.

Puedo usar un diagrama para mostrar cómo se relacionan las cantidades del problema. Luego, puedo escribir una expresión.

Hay 22 tarjetas en cada uno de los 3 álbumes. Rose recibe 7 tarjetas más para cada álbum.

| 22 | 7 | | 22 | 7 | | 22 | 7 |

$3 \times (22 + 7) = 3 \times 29$
$= 87$

Rose tiene 87 tarjetas.

¡Convénceme! **Razonar** ¿Cómo puedes usar la propiedad distributiva para escribir una expresión equivalente a la expresión de arriba? Razona para explicar cómo sabes que las expresiones son equivalentes.

Nombre

Práctica guiada

Razonar

Todd tiene 4 álbumes de tarjetas de beisbol como el que se ve en la ilustración. Deja que su mejor amigo, Franco, escoja 5 tarjetas de cada álbum. ¿Cuántas tarjetas tiene ahora Todd?

42 tarjetas en cada álbum

1. Escribe una expresión para representar la cantidad total de tarjetas en los álbumes antes de que Todd le regalara algunas a Franco. Explica cómo tu expresión representa las cantidades y la relación entre las cantidades.

2. Escribe una expresión para representar la cantidad total de tarjetas en los álbumes después de que Todd le regalara algunas a Franco.

3. ¿Cuántas tarjetas tiene Todd después de regalarle algunas a Franco? Explica cómo resolviste el problema.

Práctica independiente

Razonar

Brandon prepara un pedido de flores para un banquete. Necesita 3 arreglos grandes y 12 arreglos pequeños. Los arreglos grandes contienen 28 rosas cada uno. Los arreglos pequeños contienen 16 rosas cada uno. ¿Cuántas rosas necesita Brandon en total?

Recuerda que debes pensar en lo que significa cada número antes de resolver el problema.

4. Escribe una expresión para representar la cantidad total de rosas que necesita Brandon. Puedes usar un diagrama para ayudarte.

5. Explica cómo representan el problema los números, los signos y las operaciones de tu expresión.

6. ¿Cuántas rosas necesita Brandon? Explica cómo resolviste el problema.

*Puedes encontrar otro ejemplo en el Grupo D, página 768.   Tema 13 | Lección 13-5

Resolución de problemas

Evaluación del rendimiento

Útiles de matemáticas
La Srta. Kim encargará juegos de bloques de valor de posición para los grados 3.°, 4.° y 5.°. Quiere que cada estudiante tenga un juego, y hay 6 juegos de bloques en cada paquete. ¿Cuántos paquetes debe encargar la Srta. Kim?

Grado	Cantidad de estudiantes
3.°	48
4.°	43
5.°	46
6.°	50

7. **Entender y perseverar** ¿Qué información del problema necesitas?

8. **Razonar** ¿Exige el problema hacer más de una operación? ¿Es importante el orden de las operaciones? Explícalo.

9. **Representar con modelos matemáticos** Escribe una expresión para representar la cantidad total de paquetes que debe encargar la Srta. Kim. Puedes usar un diagrama para ayudarte.

Razona para entender la relación entre los números.

10. **Construir argumentos** ¿Usaste símbolos de agrupación en tu expresión? Si fue así, explica por qué son necesarios.

11. **Hacerlo con precisión** Halla la cantidad total de paquetes que debe encargar la Srta. Kim. Explica cómo hallaste la respuesta.

Nombre _____

Tarea y práctica
13-5
Razonar

¡Revisemos!

Hay 37 carros en el estacionamiento de la escuela a las 5:00. Hay 9 carros más a las 5:30. A las 6:00, hay el doble de carros que a las 5:30. ¿Cuántos carros hay en el estacionamiento a las 6:00?

Usa expresiones para representar las cantidades y las relaciones del problema. Puedes usar un diagrama para ayudarte.

37 carros a las 5:00   **9 más a las 5:30**   **El doble a las 6:00**

| 37 | | 37 | 9 | | 37 | 9 | 37 | 9 |

37   37 + 9   (37 + 9) × 2

(37 + 9) × 2 = 46 × 2 = 92

Por tanto, hay 92 carros a las 6:00.

> Razonar te ayuda a entender cómo se relacionan las cantidades de un problema.

Razonar

La Srta. Lang vive en St. Paul, Minnesota. El año pasado, hizo 4 viajes de ida y vuelta a Madison, Wisconsin, y 3 viajes de ida y vuelta a Bismarck, North Dakota. ¿Cuántas millas más que en los viajes a Madison recorrió en los viajes a Bismarck?

(Mapa: Bismarck, North Dakota — 437 millas — St. Paul, Minnesota — 260 millas — Madison, Wisconsin)

1. Escribe una expresión para representar la diferencia entre la cantidad total de millas de los viajes a Bismarck y el total de millas de los viajes a Madison. Puedes usar el diagrama para ayudarte.

2. Explica cómo representan el problema los números, los signos y las operaciones de tu expresión.

3. ¿Cuántas millas más que en sus viajes a Madison recorrió la Srta. Lang en sus viajes a Bismarck? Explica cómo resolviste el problema.

Recursos digitales en SavvasRealize.com   Tema 13 | Lección 13-5   763

✓ Evaluación del rendimiento

De campamento
Ross planea ir de campamento con 136 scouts. Reservó 4 autobuses. Los scouts dormirán en tiendas y en cabañas. Si se ocupan todas las camas de las cabañas, ¿cuántos scouts dormirán en tiendas?

Parque estatal
14 cabañas
Cada cabaña tiene 4 camas individuales.

4. **Entender y perseverar** ¿Qué información del problema necesitas?

5. **Razonar** Describe los cálculos necesarios para resolver el problema y explica el orden en que debes hacerlos. Puedes usar un diagrama como ayuda para resolver el problema.

6. **Representar con modelos matemáticos** Escribe una expresión para representar la cantidad de scouts que dormirán en tiendas.

Cuando razonas, puedes usar propiedades y diagramas para ayudarte a entender las cantidades.

7. **Evaluar el razonamiento** Ross dice que no necesita símbolos de agrupación en la expresión que representa este problema. ¿Tiene razón? Explícalo.

8. **Hacerlo con precisión** Halla la cantidad de scouts que dormirán en tiendas. Explica cómo hallaste la respuesta.

Nombre _____

Emparéjalo

TEMA 13 — Actividad de práctica de fluidez

Trabaja con un compañero. Señala una pista y léela.

Mira la tabla de la parte de abajo de la página y busca la pareja de esa pista. Escribe la letra de la pista en la casilla al lado de su pareja.

Halla una pareja para cada pista.

Puedo... multiplicar números enteros de varios dígitos.

Pistas

A El producto es 3,456.

B El producto es 100,000.

C El producto es 123,321.

D El producto es 225,000.

E El producto es 45,432.

F El producto tiene un 6 en el lugar de los millares.

G El producto tiene un 9 en el lugar de los millares.

H El producto tiene un 3 en el lugar de las centenas de millares.

| 10,000 × 10 | 5,000 × 45 | 11,211 × 11 | 144 × 24 |
| 5,038 × 63 | 2,643 × 87 | 327 × 21 | 1,262 × 36 |

Tema 13 | Actividad de práctica de fluidez   765

TEMA 13 — Repaso del vocabulario

Lista de palabras
- corchetes
- evaluar
- expresión numérica
- llaves
- orden de las operaciones
- paréntesis
- variable

Comprender el vocabulario

Escoge el mejor término de la Lista de palabras. Escríbelo en el espacio en blanco.

1. El conjunto de reglas que describe el orden en que se deben hacer las operaciones se llama _____ .

2. Los _____, los _____ y las _____ son símbolos que se usan en expresiones matemáticas para agrupar números o variables.

3. Una _____ es una frase matemática que contiene números y al menos una operación.

Da un ejemplo y un contraejemplo para cada término.

	Ejemplo	Contraejemplo
4. Expresión numérica	_____	_____
5. Expresión con paréntesis	_____	_____

Traza una línea desde los números de la columna A hasta el valor correcto de la columna B.

Columna A	Columna B
6. $3 + 6 \times 2$	49
7. $12 \times (8 - 5) - 7$	20
8. $7 \times [5 + (3 - 1)]$	15
9. $20 \div 5 + (13 - 6) \times 2$	29
10. $\{10 \times [11 - (36 \div 4)]\}$	18

Usar el vocabulario al escribir

11. Explica por qué es importante el orden de las operaciones. Usa al menos tres términos de la Lista de palabras en tu explicación.

Nombre _____

TEMA 13 Refuerzo

Grupo A páginas 735 a 740, 741 a 746

Sigue el orden de las operaciones para evaluar
$50 + (8 + 2) \times (14 - 4)$.

Orden de las operaciones
1. Haz los cálculos dentro de los paréntesis, los corchetes y las llaves.
2. Multiplica y divide de izquierda a derecha.
3. Suma y resta de izquierda a derecha.

Resuelve las operaciones que están entre paréntesis, corchetes y llaves.

$50 + (8 + 2) \times (14 - 4) = 50 + 10 \times 10$

Multiplica y divide en orden de izquierda a derecha.

$50 + 10 \times 10 = 50 + 100$

Suma y resta en orden de izquierda a derecha.

$50 + 100 = 150$

Recuerda que si los paréntesis están dentro de corchetes o llaves, primero debes resolver las operaciones entre paréntesis.

Evalúa las expresiones.

1. $(78 + 47) \div 25$
2. $4 + 8 \times 6 \div 2 + 3$
3. $[(8 \times 25) \div 5] + 120$
4. $312 \times (40 + 60) \div 60$
5. $80 - (0.4 + 0.2) \times 10$
6. $(18 - 3) \div 5 + 4$
7. $8 \times 5 + 7 \times 3 - (10 - 5)$
8. $22 - \{[(87 - 32) \div 5] \times 2\}$

Grupo B páginas 747 a 752

Escribe una expresión numérica para la frase "Resta 15 del producto de 12 y 7".

Piensa:

Suma → Suma (+)

Diferencia → Resta (−)

Producto → Multiplicación (×)

Cociente → División (÷)

Producto de 12 y 7: 12×7

Resta 15 del producto: $(12 \times 7) - 15$

Por tanto, una expresión numérica para la frase es: $(12 \times 7) - 15$.

Recuerda que puedes usar paréntesis para mostrar qué cálculos hay que hacer primero.

Escribe una expresión numérica para las frases.

1. Suma 15 al producto de $\frac{3}{4}$ y 12.
2. Halla la diferencia de 29 y 13, y, luego, divide por 2.
3. Suma $1\frac{1}{2}$ y $\frac{3}{4}$, y, luego, resta $\frac{1}{3}$.
4. Multiplica 1.2 por 5 y, luego, resta 0.7.
5. Suma el cociente de 120 y 3 al producto de 15 y 10.

Grupo C páginas 753 a 758

Las siguientes expresiones muestran cuántas millas corrió cada estudiante esta semana. ¿Cómo es la distancia de Alex en comparación con la distancia de Kim?

Kim: $\left(4 \times 3\frac{1}{2}\right)$

Alex: $\left(4 \times 3\frac{1}{2}\right) + 2\frac{1}{2}$

¿En qué **se parecen** las expresiones? Ambas contienen el producto $4 \times 3\frac{1}{2}$.

¿En qué **se diferencian** las expresiones? En la expresión de Alex, se suma $2\frac{1}{2}$.

Por tanto, Alex corrió $2\frac{1}{2}$ millas más que Kim esta semana.

Recuerda que a veces puedes comparar expresiones numéricas sin hacer ningún cálculo.

Sin hacer los cálculos, escribe >, < o =.

1. $72 \times (37 - 9)$ ○ $69 \times (37 - 9)$

2. $(144 \div 12) - 6$ ○ $144 \div 12$

3. $\left(4 + \frac{1}{2} + 3\right) \times 2$ ○ $2 \times \left(4 + \frac{1}{2} + 3\right)$

4. Describe la expresión A en comparación con la expresión B.

   A $\$3.99 + (\$9.50 \times 2)$ **B** $\$9.50 \times 2$

Grupo D páginas 759 a 764

Piensa en estas preguntas para ayudarte a **razonar de manera abstracta y cuantitativa**.

Hábitos de razonamiento

- ¿Qué significan los números y los signos o símbolos del problema?
- ¿Cómo están relacionados los números o las cantidades?
- ¿Cómo puedo representar un problema verbal usando dibujos, números o ecuaciones?

Recuerda que puedes usar diagramas como ayuda para resolver el problema.

1. Kerry tiene 5 pisapapeles de metal y 3 de madera en su colección. Kerry tiene el doble de pisapapeles de vidrio que de metal. Escribe una expresión para representar la cantidad total de pisapapeles en la colección de Kerry. Luego, halla la cantidad total de pisapapeles.

2. Reese tiene 327 tarjetas de beisbol. Perdió 8 tarjetas y regaló 15 a su hermano. Escribe una expresión para representar la cantidad total de tarjetas de beisbol que le quedan a Reese. Luego, halla la cantidad total de tarjetas de beisbol.

768 Tema 13 | Refuerzo

Nombre _____

TEMA 13 Evaluación

1. ¿La expresión es igual a 10 en las preguntas 1a a 1d? Escoge Sí o No.

   1a. $2 \times (45 \div 9)$ ○ Sí ○ No

   1b. $24 - 7 \times 2$ ○ Sí ○ No

   1c. $1 + 4 \times 2$ ○ Sí ○ No

   1d. $(2 \times 25) \div (9 - 5)$ ○ Sí ○ No

2. Marca todas las expresiones que equivalgan a 8×65.

   ☐ $3 + 5 \times 60$

   ☐ $8 \times (60 + 5)$

   ☐ $8 \times (50 + 15)$

   ☐ $(8 + 60) \times (8 + 5)$

   ☐ $(8 \times 60) + (8 \times 5)$

3. ¿Cuál es el valor de la expresión $[7 + (3 \times 4)] - 2$?

   Ⓐ 38

   Ⓑ 20

   Ⓒ 17

   Ⓓ 12

4. ¿Qué expresión representa el siguiente cálculo?

   Suma 16 al cociente de 72 y 8.

   Ⓐ $(72 - 8) + 16$

   Ⓑ $(72 \div 8) + 16$

   Ⓒ $(16 + 72) \div 8$

   Ⓓ $(16 + 72) + 8$

5. Una fábrica envió 100 cajas con 15 patinetas en cada una y 10 cajas con 15 cascos en cada una.

   Parte A

   Escribe una expresión para la cantidad total de artículos enviados.

   Parte B

   Evalúa la expresión que representa la cantidad total de artículos enviados.

6. Describe el valor de la expresión A en comparación con el valor de la expresión B.

   A $1\frac{1}{2} + \left(54 \div \frac{2}{5}\right)$

   B $54 \div \frac{2}{5}$

7. Escribe >, < o = en el círculo para que el enunciado sea verdadero.

   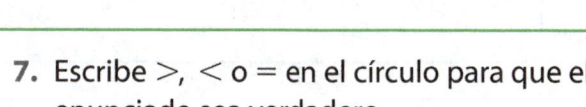

   $(368 \times 19) - 24 \bigcirc (368 \times 19) - 47$

8. Inserta paréntesis para que el enunciado sea verdadero.

   $7 + 6 \times 14 - 9 = 37$

Tema 13 | Evaluación   769

9. ¿Qué expresión representa el siguiente cálculo?

Resta 1.9 del producto de 7.4 y 3.

Ⓐ $(7.4 + 3) - 1.9$

Ⓑ $7.4 \times (3 - 1.9)$

Ⓒ $(7.4 \times 3) - 1.9$

Ⓓ $(7.4 \times 1.9) - 3$

10. Maia leyó 9 libros el mes pasado y 3 libros este mes. Su maestra leyó el doble de libros que Maia. Escribe una expresión para hallar la cantidad de libros que leyó la maestra de Maia. Luego, halla la cantidad de libros que leyó la maestra.

11. Janice dice que el valor de la expresión $6 + 12 \div 2 + 4$ es 13.

Parte A

¿Por qué la respuesta de Janice es incorrecta?

Parte B

¿Cuál es el valor correcto de la expresión? Muestra tu trabajo.

12. Escribe >, < o = en el círculo para que el enunciado sea verdadero.

$(249 + 1{,}078) \times \frac{1}{3}$ ◯ $(249 + 1{,}078) \div 3$

13. La tabla muestra el costo de la guardería del perro de Lucy. Esta semana, el perro estuvo en la guardería 3 días completos y 2 medios días. Escribe una expresión para hallar el costo total de la guardería esta semana. Luego, evalúa la expresión para hallar el costo total.

Guardería	Costo
Día completo	$28
Medio día	$15

14. El Sr. Haugh escribió la siguiente expresión en el pizarrón.

$6 + (24 - 4) + 8 \div 2$

Parte A

¿Cuál es el primer paso para evaluar la expresión?

Parte B

¿Cuál es el segundo paso para evaluar la expresión?

Parte C

¿Cuál es el valor de la expresión?

Nombre _____

Decoración

Jackie está decorando su cuarto. Quiere poner un borde alrededor del techo. Empapelará una pared y pintará las otras tres paredes.

1. El dibujo **Cuarto de Jackie** muestra el ancho del cuarto. La expresión [13.2 − (2 × 2.8)] ÷ 2 representa la longitud del cuarto.

   Parte A

   ¿Cuánto borde necesita Jackie para rodear todo el techo de su cuarto? Explica cómo puedes saberlo observando la expresión.

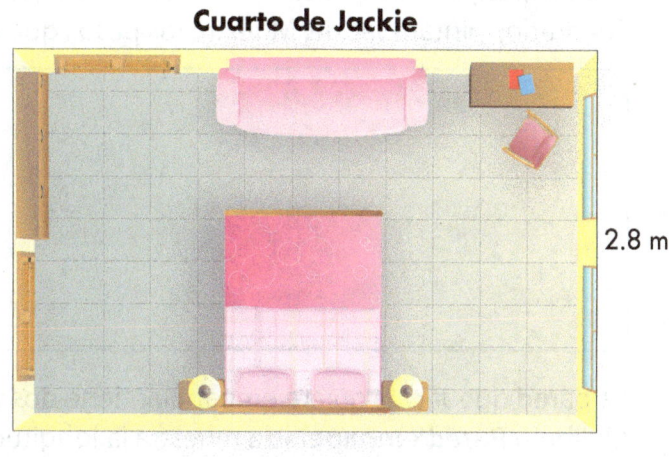

Cuarto de Jackie

2.8 m

   Parte B

   ¿Cuál es la longitud del cuarto de Jackie? Muestra los pasos que seguiste para evaluar la expresión.

2. El dibujo **Paredes pintadas** muestra las tres paredes que Jackie quiere pintar. Una pared mide 2.8 metros de largo. La longitud de las otras paredes es la respuesta que hallaste en la Pregunta 1, parte B.

Paredes pintadas

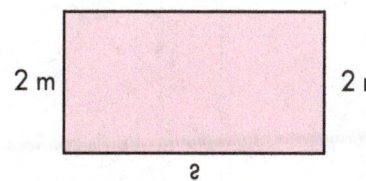 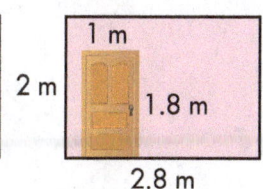 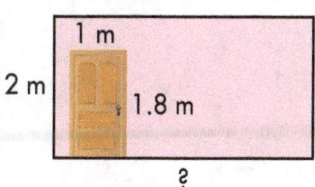

Tema 13 | Evaluación del rendimiento 771

Parte A

Escribe una expresión para representar cuántos metros cuadrados pintará Jackie.

Parte B

Evalúa la expresión que escribiste en la parte A para hallar cuántos metros cuadrados pintará Jackie. Muestra los pasos que seguiste para evaluar la expresión.

3. La pared que Jackie quiere empapelar tiene dos ventanas. El dibujo **Pared empapelada** muestra la longitud y el ancho de la pared y las ventanas. Cada rollo de papel cubre 0.8 metros cuadrados.

   Pared empapelada

   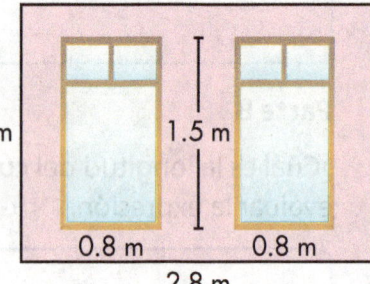

   Parte A

   ¿Qué representa la expresión $2 \times (1.5 \times 0.8)$? ¿Qué representa la expresión $(2.8 \times 2) - [2 \times (1.5 \times 0.8)]$?

   Parte B

   Escribe una expresión para hallar cuántos rollos de papel necesita comprar Jackie. Muestra los pasos que seguiste para evaluar la expresión.

772 Tema 13 | Evaluación del rendimiento

TEMA 14
Graficar puntos en un plano de coordenadas

Preguntas esenciales: ¿Cómo puedes representar los puntos en una gráfica? ¿Cómo se muestran las relaciones en una gráfica?

Recursos digitales

El día y la noche son producto de las vueltas de la Tierra.

La línea imaginaria que atraviesa el centro de la Tierra es el *eje* de la Tierra. Las vueltas que da la Tierra sobre su eje se llaman *rotación*.

¡Me estoy mareando de solo pensar en eso! Este es un proyecto sobre la rotación de la Tierra.

Proyecto de Matemáticas y Ciencias: La rotación de la Tierra

Investigar Usa la Internet u otras fuentes para averiguar más sobre la rotación de la Tierra. Investiga por qué parece que el Sol se mueve en el cielo. Diseña un modelo para explicar el ciclo del día y la noche en la Tierra. Compara la rotación de la Tierra con la rotación de otro planeta.

Diario: Escribir un informe Incluye lo que averiguaste. En tu informe, también:

- escribe un procedimiento paso a paso de cómo usar una pelota y una linterna para representar el ciclo del día y la noche.
- explica qué ocurre si la pelota rota lentamente. ¿Y qué ocurre si la pelota rota rápidamente?
- inventa y resuelve problemas para marcar puntos y usar gráficas para mostrar relaciones.

Tema 14   773

Nombre _____

Repasa lo que sabes

Vocabulario

Escoge el mejor término de la Lista de palabras. Escríbelo en el espacio en blanco.

- diagrama de puntos
- factor
- variable
- ecuación
- expresión numérica

1. Una _____ contiene números y al menos una operación.

2. Una letra o un símbolo que representa una cantidad desconocida es una _____.

3. Una oración numérica que usa el símbolo = es una _____.

4. Una representación que muestra X o puntos arriba de una recta numérica es un _____.

Evaluar expresiones

Evalúa las expresiones numéricas.

5. $3 \times 4 \times (10 - 7) \div 2$

6. $(8 + 2) \times 6 - 4$

7. $8 + 2 \times 6 - 4$

8. $40 \div 5 + 5 \times (3 - 1)$

9. $15 \div 3 + 2 \times 10$

10. $21 \times (8 - 6) \div 14$

Escribir expresiones

Escribe una expresión numérica para las frases en palabras.

11. Tres menos que el producto de ocho y seis

12. Trece más que el cociente de veinte y cuatro

13. Cuatro veces la diferencia entre siete y dos

Comparar expresiones

14. Usa < o > para comparar $13 \times (54 + 28)$ y $13 \times 54 + 28$ sin calcular. Explica tu razonamiento.

Mis tarjetas de palabras

Usa los ejemplos de las palabras de las tarjetas para ayudarte a completar las definiciones que están al reverso.

gráfica de coordenadas

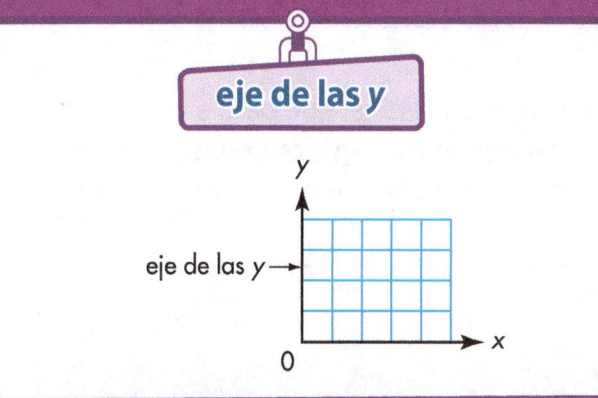

eje de las x

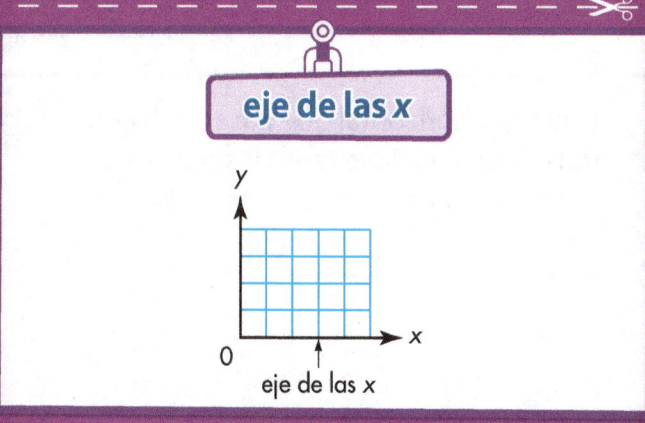

eje de las y

origen

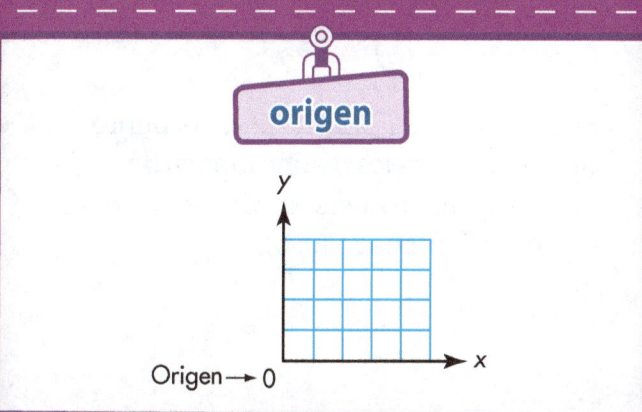

par ordenado

(4, 2)

coordenada x

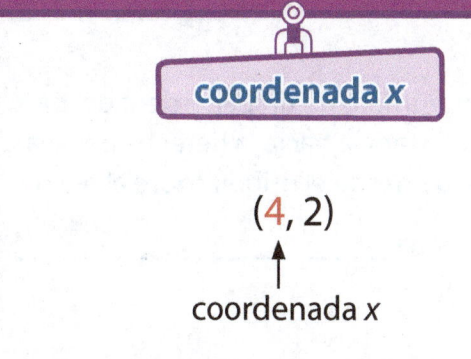

coordenada y

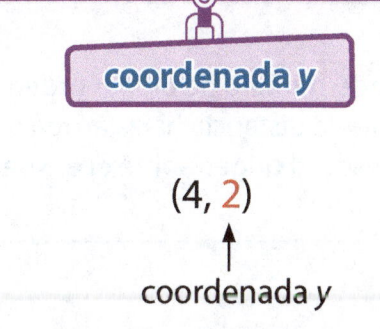

Tema 14 | Mis tarjetas de palabras

Mis tarjetas de palabras

Completa cada definición. Para ampliar lo que aprendiste, escribe tus propias definiciones.

Una línea horizontal que pasa a través del origen e incluye tanto los números positivos como los negativos se llama _____.

Una _____ se usa para ubicar puntos en un plano usando un par ordenado de números.

El _____ es el punto donde los dos ejes de una gráfica de coordenadas se intersecan. Se representa con el par ordenado (0, 0).

Una línea vertical que pasa a través del origen e incluye tanto los números positivos como los negativos se llama _____.

El primer número de un par ordenado, que indica la distancia hacia la derecha o hacia la izquierda desde el origen sobre el eje de las *x*, se llama _____.

Un _____ es un par de números que se usa para ubicar un punto en una gráfica de coordenadas.

El segundo número de un par ordenado, que indica la distancia hacia arriba o hacia abajo desde el origen sobre el eje de las *y*, se llama _____.

Nombre _____

Lección 14-1
Sistema de coordenadas

Resuélvelo y coméntalo

En la primera gráfica, marca un punto donde dos líneas se intersecan. Nombra la ubicación del punto. Marca y nombra otro punto. Trabaja con un compañero. Túrnense para describir las ubicaciones de los puntos de sus primeras gráficas. Luego, marca los puntos que tu compañero describe en la segunda gráfica. Compara la primera gráfica con la segunda gráfica de tu compañero para ver si coinciden. *Usa las siguientes gráficas para resolver el problema.*

Puedo... ubicar puntos en una gráfica de coordenadas.

También puedo escoger y usar una herramienta matemática para resolver problemas.

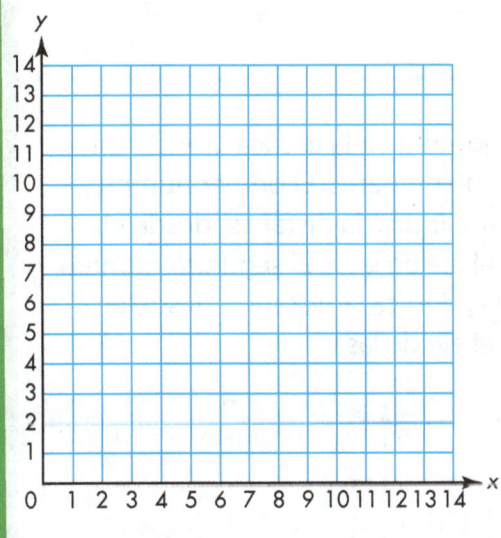
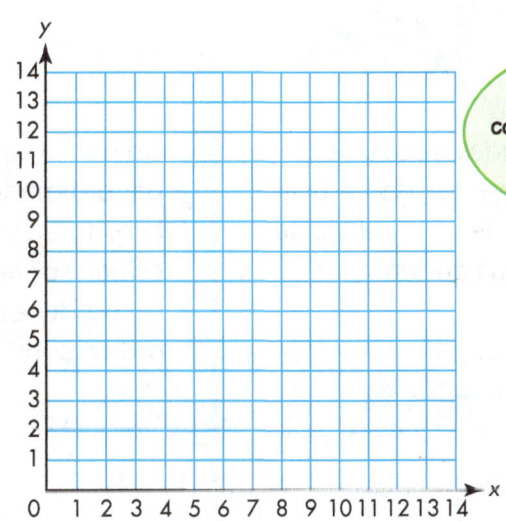

Puedes usar herramientas apropiadas, como un papel cuadriculado, para graficar pares ordenados. ¡Muestra tu trabajo!

¡Vuelve atrás! **Construir argumentos** ¿Por qué importa el orden de los dos números que representan un punto? Explica tu razonamiento.

Pregunta esencial: ¿Cómo se puede nombrar un punto en una gráfica de coordenadas?

A

Un mapa muestra las ubicaciones de puntos de referencia y tiene indicaciones para hallarlos. De forma similar, una **gráfica de coordenadas** se usa para graficar y nombrar la ubicación de puntos en un plano.

Puedes usar **pares ordenados** para ubicar puntos en una gráfica de coordenadas.

B Una gráfica de coordenadas tiene un **eje de las x** horizontal y un **eje de las y** vertical. El punto en el que el eje de las x y el eje de las y se intersecan se llama **origen**.

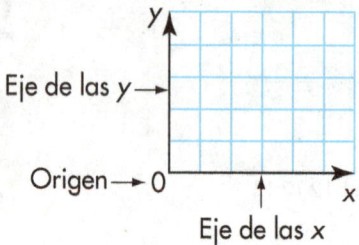

C Un punto se nombra en la gráfica usando un par ordenado de números. El primer número, **la coordenada x**, indica la distancia desde el origen sobre el eje de las x. El segundo número, **la coordenada y**, indica la distancia desde el origen sobre el eje de las y.

A (1, 3)

¡Convénceme! **Razonar** En el ejemplo de arriba, nombra el par ordenado para el Punto B si está 3 unidades hacia la derecha del Punto A. Indica cómo lo decidiste.

778 Tema 14 | Lección 14-1   Copyright © Savvas Learning Company LLC. All Rights Reserved.

Nombre _____

Práctica guiada

¿Lo entiendes?

1. Estás graficando el Punto E en (0, 5). ¿Debes ir cero unidades hacia la derecha o hacia arriba? Explícalo.

2. **Vocabulario** ¿Qué par ordenado nombra el origen de cualquier gráfica de coordenadas?

3. **Hacerlo con precisión** Describe cómo graficar el Punto K en (5, 4).

¿Cómo hacerlo?

Escribe el par ordenado para los puntos en los Ejercicios **4** y **5**. Usa la gráfica.

4. B

5. A

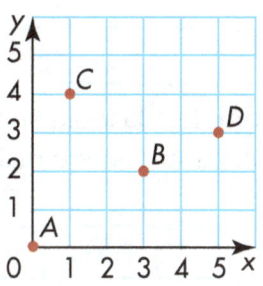

Nombra el punto para los pares ordenados de la gráfica de arriba en los Ejercicios **6** y **7**.

6. (5, 3)   7. (1, 4)

Práctica independiente

Escribe el par ordenado para los puntos en los Ejercicios **8** a **13**. Usa la gráfica.

8. T   9. X

10. Y   11. W

12. Z   13. S

Nombra el punto para los pares ordenados de la gráfica de arriba en los Ejercicios **14** a **18**.

14. (2, 2)   15. (5, 4)   16. (1, 5)   17. (0, 3)   18. (4, 0)

*Puedes encontrar otro ejemplo en el Grupo A, página 803.   Tema 14 | Lección 14-1   779

Resolución de problemas

19. **Razonamiento de orden superior** Descríbele a un amigo cómo hallar y nombrar un par ordenado para el Punto R de la gráfica.

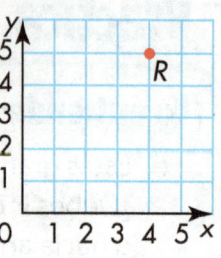

Completa la tabla en los Ejercicios **20** a **24**. Haz una lista del punto y el par ordenado de los vértices del pentágono de la derecha.

	Punto	Par ordenado
20.		
21.		
22.		
23.		
24.		

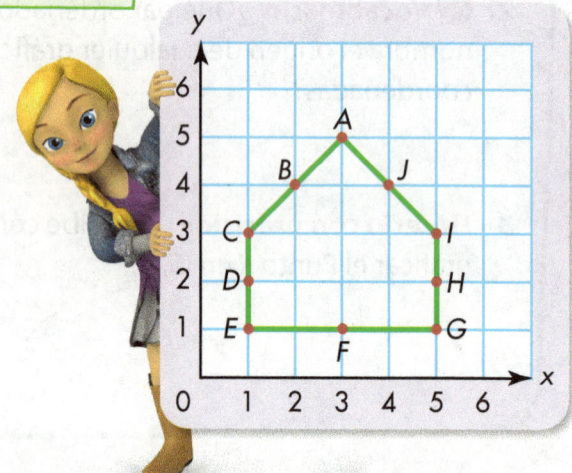

25. **Razonar** ¿Por qué es importante el orden cuando nombras o haces una gráfica de las coordenadas de un punto?

26. ¿Cómo se relacionan el eje de las x y el eje de las y en una gráfica de coordenadas?

✓ Evaluación

27. La familia de Dina va a visitar un lugar ubicado en (4, 2) en el mapa de la ciudad. ¿Cuál de los siguientes lugares está ubicado en (4, 2)?

Ⓐ Estadio
Ⓑ Museo
Ⓒ Puente
Ⓓ Parque

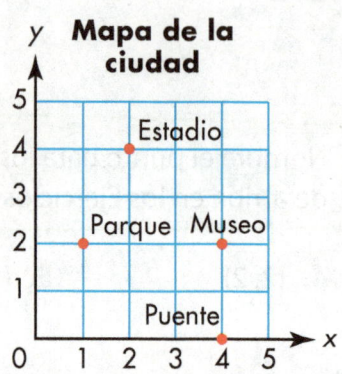

780 Tema 14 | Lección 14-1

Nombre _____

Tarea y práctica 14-1
Sistema de coordenadas

¡Revisemos!

El Punto J indica la ubicación del área de juego. Halla las coordenadas del Punto J.

Comienza en (0, 0). Muévete una distancia de 4 unidades hacia la derecha sobre el eje de las x.

Muévete una distancia de 3 unidades hacia arriba.

Las coordenadas del Punto J son (4, 3).

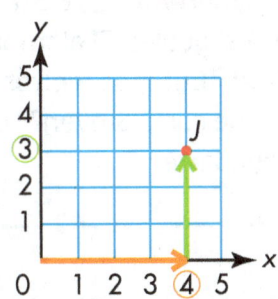

Escribe el par ordenado para los puntos de la gráfica en los Ejercicios **1** a **6**.

1. A
2. B
3. C
4. D
5. E
6. F

Nombra el punto que se ubica en los pares ordenados en los Ejercicios **7** a **18**.

7. (4, 3) Punto _____
8. (3, 7) Punto _____
9. (0, 3) Punto _____

10. (5, 2) Punto _____
11. (6, 8) Punto _____
12. (6, 4) Punto _____

13. (4, 5) Punto _____
14. (2, 8) Punto _____
15. (5, 5) Punto _____

16. (2, 6) Punto _____
17. (2, 3) Punto _____
18. (3, 2) Punto _____

Recursos digitales en SavvasRealize.com — Tema 14 | Lección 14-1 — 781

19. Descríbele a un amigo cómo graficar un punto en (2, 5).

20. Razonar ¿En qué se diferencia la ubicación en una gráfica de coordenadas de los pares ordenados (7, 0) y (0, 7)?

21. Representar con modelos matemáticos Steven cortó un alambre en 5 partes iguales. El alambre tenía 6.8 metros de longitud. ¿Cuántos metros de longitud mide cada pieza que cortó Steven? Usa el diagrama de barras para ayudarte.

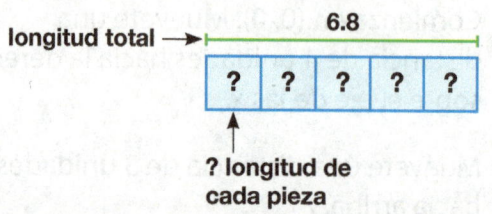

Usa el tablero de ajedrez en los Ejercicios **22** y **23**.

22. Razonamiento de orden superior Un tablero de ajedrez es similar a una gráfica de coordenadas. Un grupo de piezas son los caballos. ¿Qué combinación de letras y números nombran las ubicaciones de los caballos blancos?

23. André mueve el peón que se ubica en (e, 7) 2 unidades hacia abajo. ¿Qué combinación de letras y números nombra la nueva ubicación del peón? Explícalo.

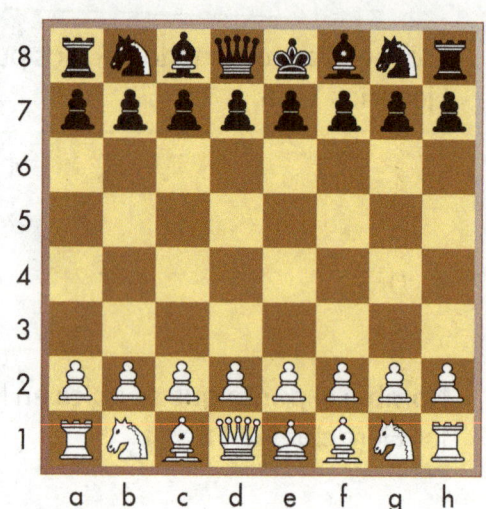

 Evaluación

24. Jeremy quiere visitar el Estanque de los Patos. ¿Cuál es la descripción correcta para hallar el par ordenado del Estanque de los Patos?

Ⓐ Desde (0, 0), avanza 4 unidades sobre el eje de las x. Sube 2 unidades. Escribe (4, 2).

Ⓑ Desde (0, 2), sube 2 unidades sobre el eje de las y. Avanza 2 unidades hacia la derecha. Escribe (2, 2).

Ⓒ Desde (0, 0), avanza 2 unidades sobre el eje de las x. Sube 4 unidades. Escribe (2, 4).

Ⓓ Desde (0, 0), sube 2 unidades sobre el eje de las y. Avanza 4 unidades hacia la derecha. Escribe (4, 2).

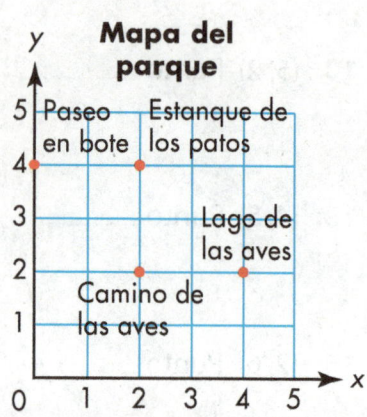

Nombre _____

Resuélvelo y coméntalo

Grafica y rotula los puntos para los pares ordenados en la siguiente gráfica. Luego, conecta los puntos con segmentos de recta para formar una figura. ¿Qué figura dibujaste?

Lección 14-2
Hacer gráficas de datos usando pares ordenados

Puedo...
graficar puntos en una gráfica de coordenadas.

También puedo escoger y usar una herramienta matemática para resolver problemas.

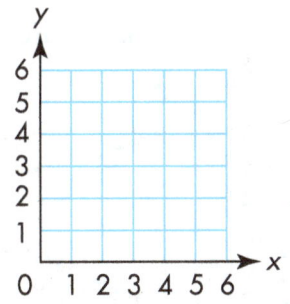

Usar herramientas apropiadas Puedes graficar puntos en una gráfica de coordenadas. ¡Muestra tu trabajo!

A (2, 1)   B (5, 1)   C (5, 4)   D (2, 4)

¡Vuelve atrás! **Usar herramientas apropiadas** ¿Qué herramienta podrías usar como ayuda para conectar los puntos A, B, C y D? Explícalo.

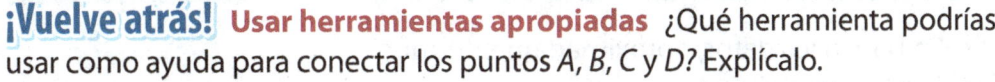

Tema 14 | Lección 14-2   783

Pregunta esencial: ¿Cómo se puede graficar un punto en una gráfica de coordenadas?

A

La siguiente tabla muestra el crecimiento de una planta en un período de varios días. Grafica pares ordenados para mostrar el crecimiento de la planta.

DATOS

Tiempo (días)	1	3	5	7	9
Altura (cm)	4	8	10	11	14

Sea x la cantidad de días y sea y la altura de la planta en centímetros.

Los pares ordenados son (1, 4), (3, 8), (5, 10), (7, 11) y (9, 14).

B Paso 1

Grafica el primer punto (1, 4).

Comienza en (0, 0). Muévete 1 unidad hacia la derecha sobre el eje de las x. Luego, muévete 4 unidades hacia arriba.

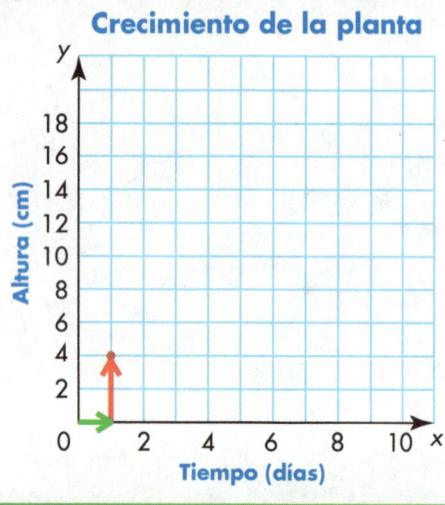

C Paso 2

Marca el resto de los pares ordenados de la tabla. Usa una regla para conectar los puntos.

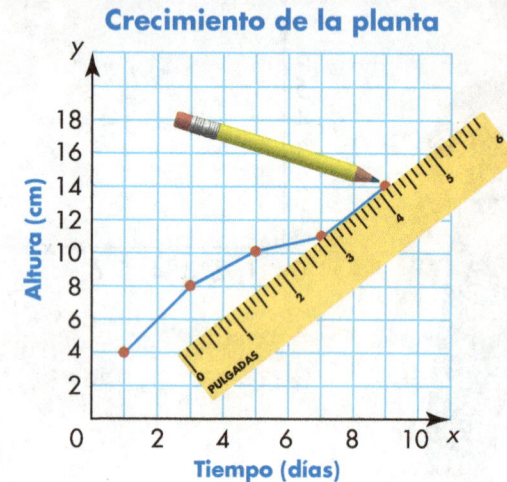

¡Convénceme! **Razonar** En base a los datos, aproximadamente ¿qué altura tiene la planta en el día 4? ¿Y en el día 8?

784 Tema 14 | Lección 14-2

Nombre _____

Práctica guiada

¿Lo entiendes?

1. **Construir argumentos** Natalie grafica el Punto T en (1, 8). ¿Se debería mover 8 unidades hacia la derecha o hacia arriba? Explícalo.

2. **Generalizar** Describe cómo graficar el punto (c, d).

¿Cómo hacerlo?

Marca los puntos en la gráfica y rotúlalos con la letra apropiada en los Ejercicios **3** a **6**.

3. E (1, 3)
4. F (4, 4)
5. G (5, 2)
6. H (0, 2)

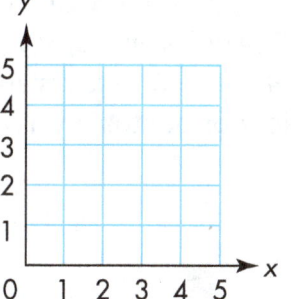

Práctica independiente

Grafica y rotula los puntos en la gráfica de la derecha en los Ejercicios **7** a **18**.

7. J (2, 6)
8. K (6, 2)
9. L (4, 5)
10. M (0, 8)
11. N (3, 9)
12. V (6, 6)
13. P (1, 4)
14. Q (5, 0)
15. R (7, 3)
16. S (7, 8)
17. T (8, 1)
18. U (3, 3)

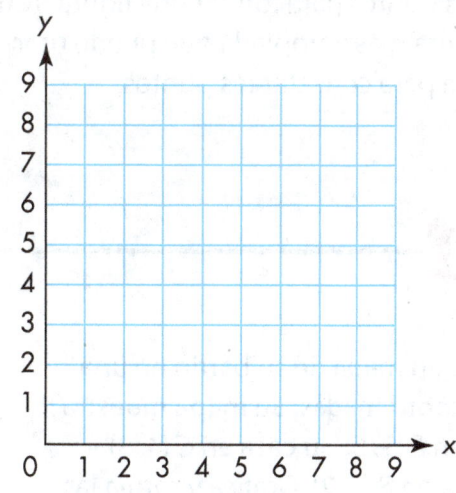

*Puedes encontrar otro ejemplo en el Grupo B, página 803.

Tema 14 | Lección 14-2   **785**

Resolución de problemas

19. Razonar ¿En qué se diferencia graficar (0, 2) de graficar (2, 0)?

20. Sentido numérico Shane hizo una prueba que tenía en total 21 ejercicios. Hizo bien aproximadamente $\frac{3}{4}$ de los ejercicios. Aproximadamente, ¿cuántos ejercicios hizo bien?

21. Razonamiento de orden superior El Punto C se ubica en (10, 3) y el Punto D se ubica en (4, 3). ¿Cuál es la distancia horizontal entre los dos puntos? Explícalo.

22. Laura compra 3 ovillos de lana. Cada uno cuesta $4.75. También compra 2 pares de agujas de tejer. Cada par cuesta $5.75. Laura paga con dos billetes de 20 dólares. ¿Cuánto recibe de vuelto?

23. Grafica los siguientes puntos en la gráfica de la derecha.

A (2, 4)   B (1, 2)   C (2, 0)
D (3, 0)   E (4, 2)   F (3, 4)

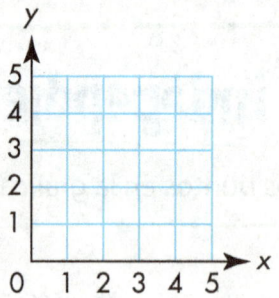

24. Usar herramientas apropiadas Alejandro quiere conectar los puntos para formar una figura. ¿Cuál es la herramienta más apropiada que puede usar? Usa la herramienta para conectar los puntos.

✓ Evaluación

25. Talia dibuja un mapa de su barrio en una gráfica de coordenadas. Su mapa muestra la escuela en E (1, 6), su casa en C (4, 3) y la biblioteca en B (7, 2). Grafica y rotula las ubicaciones en la gráfica de la derecha.

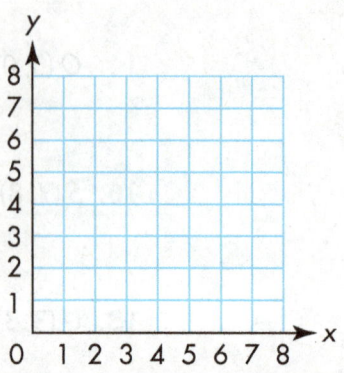

Nombre _____

Tarea y práctica 14-2
Hacer gráficas de datos usando pares ordenados

¡Revisemos!

Haz una gráfica de los siguientes puntos y conéctalos para formar un paralelogramo.

M (2, 1)   N (4, 1)   O (5, 4)   P (3, 4)

Primero, grafica (2, 1). Comienza en (0, 0). Muévete 2 unidades hacia la derecha sobre el eje de las *x*. Luego, muévete una unidad hacia arriba. Dibuja un punto para representar (2, 1) y rotula el punto M.

Grafica los otros 3 puntos de la misma forma. Luego, traza segmentos de recta entre los puntos para formar un paralelogramo.

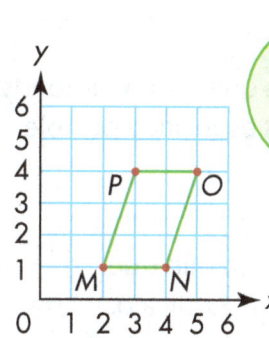

Recuerda que el primer número de un par ordenado indica la coordenada *x* y el segundo número indica la coordenada *y*.

1. Explícale a un amigo cómo graficar el punto (1, 5).

Grafica y rotula los puntos en la gráfica de la derecha en los Ejercicios **2** a **13**.

2. A (1, 2)

3. B (0, 7)

4. C (3, 3)

5. D (8, 9)

6. E (6, 0)

7. F (5, 4)

8. G (2, 8)

9. H (1, 6)

10. I (7, 4)

11. J (0, 0)

12. K (1, 4)

13. L (4, 1)

14. Explica la diferencia entre las maneras de graficar los puntos K y L en la gráfica de coordenadas.

Recursos digitales en SavvasRealize.com   **Tema 14** | Lección 14-2   **787**

15. Marca los siguientes puntos en la gráfica de la derecha.

    D (1, 1)   E (4, 1)   F (3, 3)   G (2, 3)

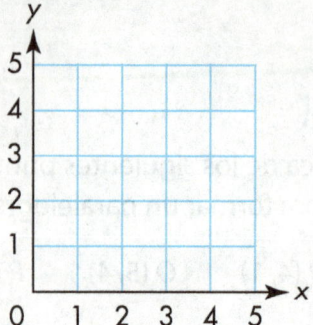

16. **Usar herramientas apropiadas** Kimberly quiere trazar segmentos de recta para conectar los puntos y formar una figura. ¿Cuál es la herramienta más apropiada que puede usar?

17. ¿Cuál es el nombre de la figura que forma Kimberly al conectar los puntos? Sé lo más específico posible.

18. **Evaluar el razonamiento** Franco dijo que $5 + 2 \times 30 = 210$. ¿Tiene razón? Explícalo.

19. **Entender y perseverar** En una telesilla de una pista de esquí hay 47 personas esperando para subirse a un carro. En cada carro entran 6 personas. ¿Cuántos carros se pueden llenar? ¿Cuántas personas quedan para subirse al último carro?

20. **Razonamiento de orden superior** Un lado de un rectángulo es paralelo al eje de las x. Un vértice del rectángulo se ubica en (5, 2) y otro en (1, 4). ¿Cuáles son las coordenadas de los otros dos vértices?

21. **Hacerlo con precisión** Andi necesita $5\frac{1}{2}$ yardas de tela para un proyecto. Tiene una pieza de $3\frac{1}{4}$ yardas en la escuela y una pieza de $1\frac{1}{2}$ yardas en su casa. ¿Cuánta más tela necesita?

✓ Evaluación

22. Connor visita las siguientes ubicaciones: museo en M (4, 0), centro deportivo en C (5, 2) y librería en L (7, 8). Grafica y rotula las ubicaciones en la gráfica de la derecha.

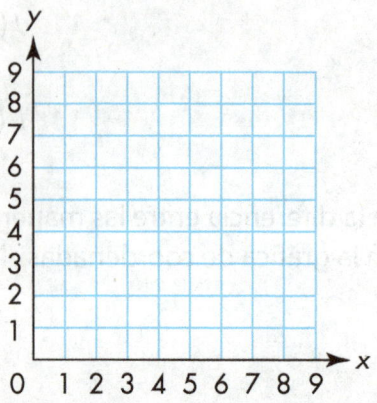

Nombre _____

 En la siguiente tabla se usan patrones numéricos para describir cambios en el ancho y la longitud de un rectángulo. Sea *x* el ancho y sea *y* la longitud. Marca los pares ordenados de la tabla en la gráfica de coordenadas. ¿Cuál piensas que será la longitud si el ancho es 5?

Lección 14-3
Resolver problemas usando pares ordenados

Puedo...
resolver problemas de la vida diaria graficando puntos.

También puedo representar con modelos matemáticos para resolver problemas.

	Regla	Comienzo				
Ancho	Sumar 1	1	2	3	4	
Longitud	Restar 1	11	10	9	8	

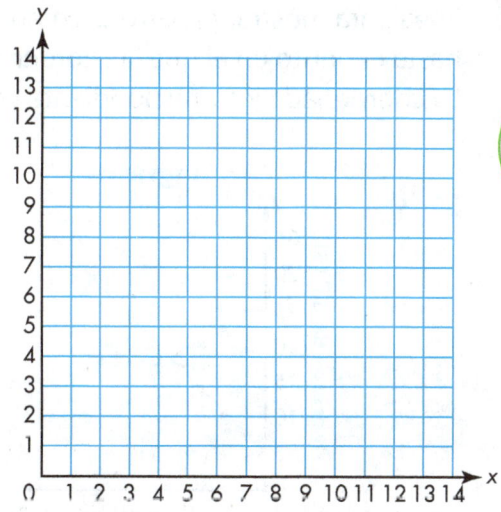

Representar con modelos matemáticos Puedes hacer una gráfica para ayudarte a resolver el problema. ¡Muestra tu trabajo!

¡Vuelve atrás! Buscar relaciones ¿Qué patrón forman los puntos en tu gráfica?

Tema 14 | Lección 14-3   789

Pregunta esencial: ¿Cómo se pueden usar pares ordenados para resolver problemas?

A

Ann y Bill ganan la cantidad de dinero que se muestra por semana. Al comienzo, Ann no tiene dinero y Bill tiene $5. ¿Cuánto dinero tendrá Bill cuando Ann tenga $30? Representa esta situación usando una tabla y una gráfica.

Sabes que cuando Ann tiene $0, Bill tiene $5.

B Haz una tabla para mostrar cuánto dinero tienen Ann y Bill después de cada semana.

Semana	Comienzo	1	2	3	4	5
Ingresos de Ann en $	0	3	6	9	12	15
Ingresos de Bill en $	5	8	11	14	17	20

Sea x = los ingresos de Ann y sea y = los ingresos de Bill.

C Marca los pares ordenados de la tabla. Traza una línea para mostrar el patrón. Extiende tu línea hasta el punto en el que la coordenada x es 30. La coordenada y correspondiente es 35.

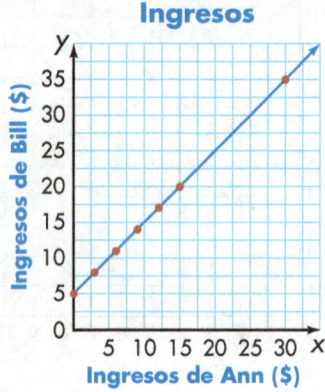

Por tanto, Bill tiene $35 cuando Ann tiene $30.

¡Convénceme! Buscar relaciones ¿Cuál es la relación entre los ingresos de Bill y los ingresos de Ann?

790 Tema 14 | Lección 14-3

Nombre _____

Práctica guiada

¿Lo entiendes?

1. En el ejemplo de la página 790, halla otro punto en la línea. ¿Qué representa el punto?

2. **Álgebra** En el ejemplo de la página 790, escribe una ecuación para mostrar la relación entre los ingresos de Ann y los ingresos de Bill. Recuerda que x = ingresos de Ann y y = ingresos de Bill.

¿Cómo hacerlo?

Escribe la coordenada que falta e indica qué representa el punto.

3.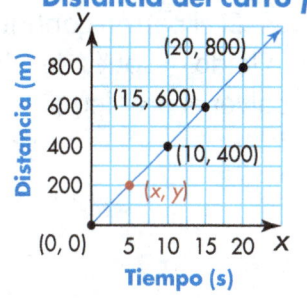

Distancia del carro jet

Práctica independiente

Halla las coordenadas que faltan e indica qué representa el punto en los Ejercicios 4 y 5.

4.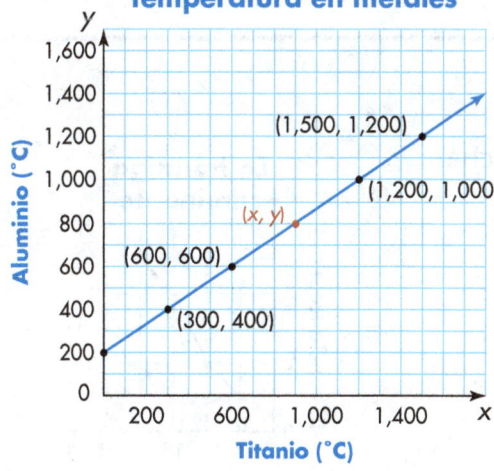

Comparación de cambios de temperatura en metales

5.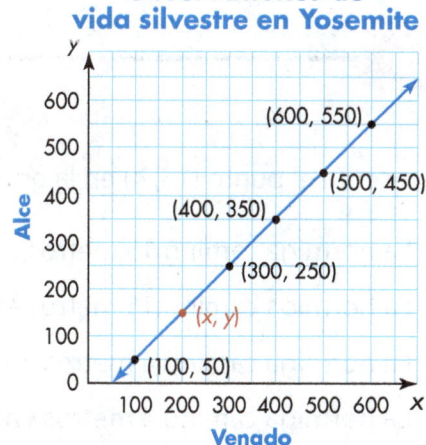

Observaciones de vida silvestre en Yosemite

6. Para el Ejercicio 5, halla otros dos puntos en la línea. Luego, grafícalos y rotúlalos. Describe la relación entre las observaciones de venados y las de alces.

*Puedes encontrar otro ejemplo en el Grupo B, página 803.   Tema 14 | Lección 14-3   791

Resolución de problemas

Usa la tabla de la derecha en los Ejercicios **7** y **8**.

Registro de lectura					
Tiempo (h)	1	2	3	4	5
Páginas leídas	20	40	60	80	100

7. Grafica los puntos de la tabla en la gráfica de la derecha. Luego, traza una línea para unir los puntos.

8. Buscar relaciones Si el patrón continúa, ¿cuántas páginas se habrán leído después de 6 horas? Amplía la gráfica para resolver el problema.

9. Razonamiento de orden superior Supón que tienes una gráfica de velocidad que muestra que un león puede correr cuatro veces la velocidad a la que corre una ardilla. Nombra un par ordenado que muestre esta relación. ¿Qué representa el par ordenado?

10. Sentido numérico Candace conduce 48 millas por día para llegar al trabajo y volver a su casa. Trabaja 5 días por semana. Su carro rinde 21 millas por galón de gasolina. Aproximadamente, ¿cuántos galones de gasolina por semana necesita para conducir al trabajo y volver a su casa?

 Evaluación

11. ¿Qué representa el punto (15, 4) en la gráfica de la derecha?

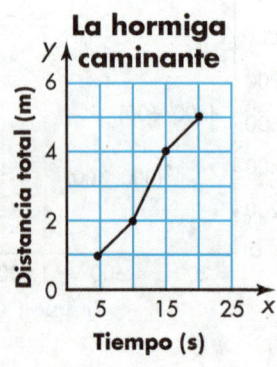

    Ⓐ   La hormiga caminó 15 metros en 19 segundos.

    Ⓑ   La hormiga caminó 15 metros en 4 segundos.

    Ⓒ   La hormiga caminó 4 metros en 19 segundos.

    Ⓓ   La hormiga caminó 4 metros en 15 segundos.

12. ¿Qué representa el punto (20, 5) en la gráfica?

    Ⓐ   En 20 segundos, la hormiga caminó 5 centímetros.

    Ⓑ   En 20 segundos, la hormiga caminó 5 metros.

    Ⓒ   En 5 segundos, la hormiga caminó 20 metros.

    Ⓓ   En 5 segundos, la hormiga caminó 15 metros.

Nombre _____

Tarea y práctica 14-3
Resolver problemas usando pares ordenados

¡Revisemos!

Alison puede caminar 2 millas por hora. A esa velocidad, ¿qué distancia puede caminar en 7 horas?

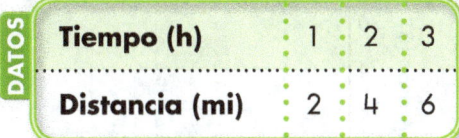

Marca los pares ordenados de la tabla. Traza una línea para mostrar el patrón. Luego, extiende la línea hasta la ubicación donde la coordenada x es 7. Lee la coordenada y cuando la coordenada x es 7. La coordenada y es 14.

Por tanto, en 7 horas Alison puede caminar 14 millas.

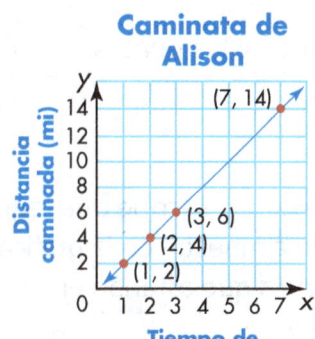

Sea x la cantidad de horas que camina Alison y sea y la cantidad de millas que camina.

Halla la coordenada que falta e indica qué representa el punto en los Ejercicios **1** y **2**.

1.
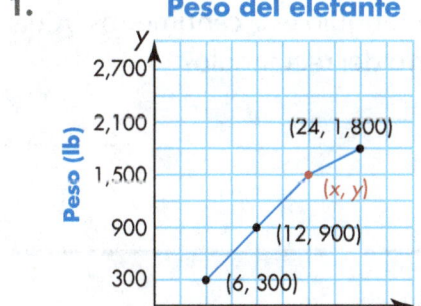

2.
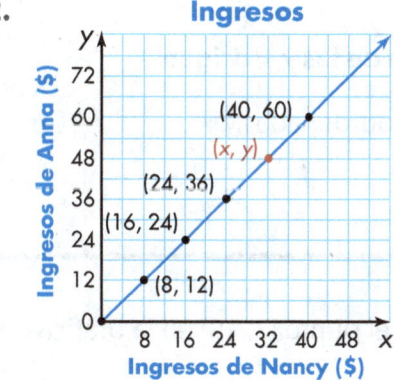

3. Para el Ejercicio 2, halla otro punto en la línea. Luego, grafica y rotula el punto.

4. ¿Qué representa el par ordenado del punto que hallaste en el Ejercicio 3?

Recursos digitales en SavvasRealize.com Tema 14 | Lección 14-3 793

Usa la gráfica de la derecha para los Ejercicios **5** a **7**.

5. Jamie hace una gráfica para mostrar el total de sus ingresos, *y*, después de trabajar como niñera durante *x* horas. Marca los siguientes cuatro puntos en la gráfica de la derecha. Usa una regla para trazar una línea que conecte los puntos.

    (1, 6)   (2, 12)   (3, 18)   (4, 24)

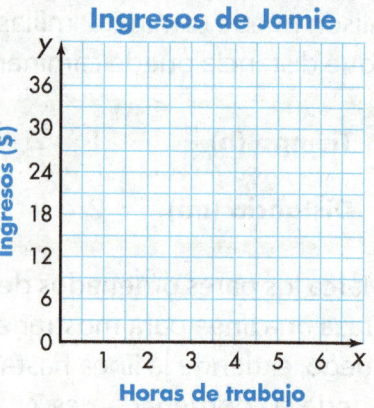

6. Describe lo que representa uno de los puntos.

7. **Razonamiento de orden superior** Escribe una regla para describir la relación que se muestra en la gráfica. Luego, nombra otros dos puntos que estarían en la gráfica si la línea se extendiera.

8. **Vocabulario** Completa la oración usando uno de los siguientes términos.

    eje de las *x*   eje de las *y*   origen

    En la gráfica de coordenadas, el _____ es horizontal.

9. **Hacerlo con precisión** El área de un rectángulo es 105 centímetros cuadrados. El ancho del rectángulo es 7 centímetros. ¿Cuál es el perímetro del rectángulo?

✓ **Evaluación**

10. ¿Qué representa el punto (3, 10) en la gráfica de la derecha?

    Ⓐ Después de 3 meses, el total de lluvia fue 7 pulgadas.

    Ⓑ Después de 3 meses, el total de lluvia fue 10 pulgadas.

    Ⓒ Después de 10 meses, el total de lluvia fue 3 pulgadas.

    Ⓓ Después de 10 meses, el total de lluvia fue 7 pulgadas.

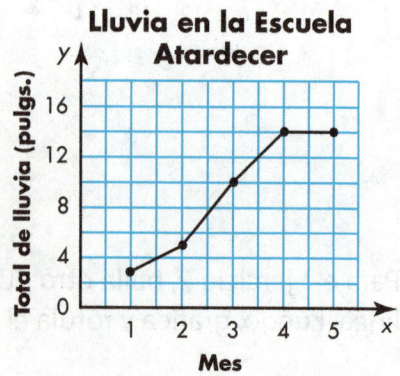

Nombre _____

Resuélvelo y coméntalo

Seis payasos se presentan para un puesto de trabajo en un circo. El trabajo requiere que los payasos tengan una talla de zapatos de payaso menor a 15 pulgadas y midan menos de 5 pies 8 pulgs. de alto.

¿Cuántos payasos cumplen con los requisitos para el trabajo? Completa la siguiente gráfica como ayuda para decidir.

Resolución de problemas
Lección 14-4
Razonar

Puedo... razonar para resolver problemas.

También puedo graficar datos usando pares ordenados.

DATOS

Payaso	Tippy	Yippy	Dippy	Zippy	Fippy	Gippy
Zapato	15	13	13	16	12	16
Altura	5'9"	5"10"	5'3"	5'2"	5'4"	5'11"

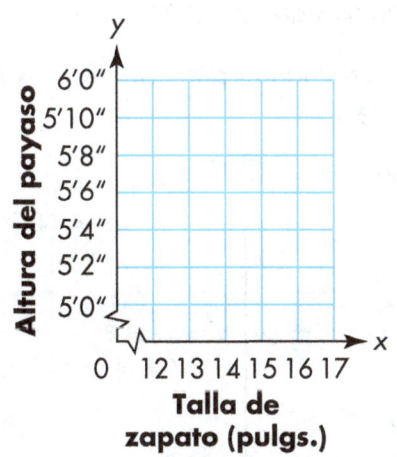

Hábitos de razonamiento

¡Razona correctamente! Estas preguntas te pueden ayudar.

- ¿Qué significan los números y los signos o símbolos del problema?
- ¿Cómo están relacionados los números o las cantidades?
- ¿Cómo puedo representar un problema verbal usando dibujos, números o ecuaciones?

¡Vuelve atrás! **Razonar** ¿Cómo puedes razonar para hallar la cantidad de payasos que cumplen los requisitos? Explícalo.

Tema 14 | Lección 14-4   795

A

Pregunta esencial: ¿Cómo se puede usar el razonamiento para resolver problemas matemáticos?

En 1705, un barco se hundió en el océano en el punto que se muestra. Las corrientes del océano movieron el barco 1 milla al este y 2 millas al norte por año. ¿Dónde estaba ubicado el barco después de 4 años? ¿Dónde estaba ubicado el barco después de 10 años? Indica cómo lo decidiste.

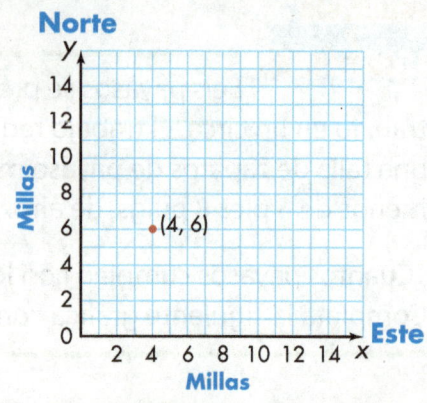

¿Qué tienes que hacer para resolver el problema?

Tengo que hallar la ubicación del barco después de 4 años y después de 10 años.

B **¿Cómo puedo usar el razonamiento para resolver este problema?**

Puedo

- usar lo que sé sobre graficar puntos.
- graficar pares ordenados.
- buscar relaciones entre las coordenadas.
- decidir si mi respuesta tiene sentido.

C Usaré una gráfica para mostrar la ubicación del barco cada año durante 4 años. Cada punto está 1 milla al este y 2 millas al norte con respecto al punto anterior.

Después de 4 años, el barco estaba en (8, 14).

Observo un patrón. La coordenada x aumenta de a 1 y la coordenada y aumenta de a 2.

(4, 6), (5, 8), (6, 10), (7, 12), (8, 14)

Puedo continuar el patrón durante 6 años más:

(9, 16), (10, 18), (11, 20), (12, 22), (13, 24), (14, 26)

Después de 10 años, el barco estaba en (14, 26).

Este es mi razonamiento...

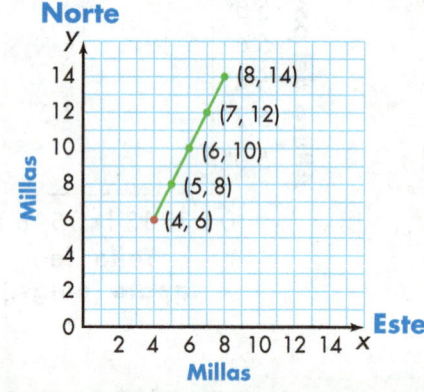

¡Convénceme! **Entender y perseverar** ¿Cómo puedes decidir si tus respuestas tienen sentido?

796 | Tema 14 | Lección 14-4

Nombre _____

Razonar

Tanya hizo una gráfica de su jardín. Plantó un rosal en (3, 1). Se movió 2 pies al este y 1 pie al norte y plantó el segundo rosal. Continuó plantando rosales de manera que cada rosal estuviera 2 pies al este y 1 pie al norte del resto.

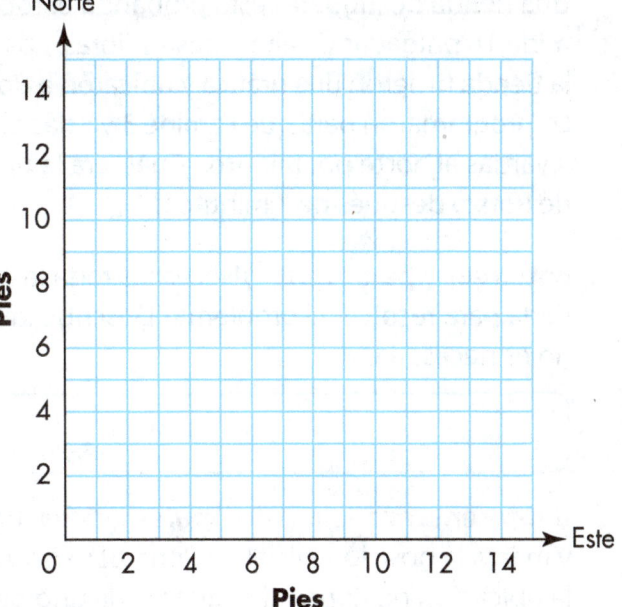

1. ¿De qué manera una gráfica de coordenadas te ayuda a razonar acerca del problema?

2. Marca y rotula la ubicación de los primeros cuatro rosales en la gráfica. ¿Los rosales de Tanya se ubican en una línea recta? ¿Cómo lo sabes?

3. ¿Cuál es la ubicación del quinto y del noveno rosal?

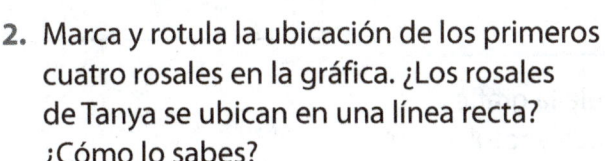

Razonar

Una banda de música usa una gráfica para determinar la posición de sus miembros. Juan comienza en (2, 2). Cada 15 segundos, se mueve 4 yardas al este y 3 yardas al norte.

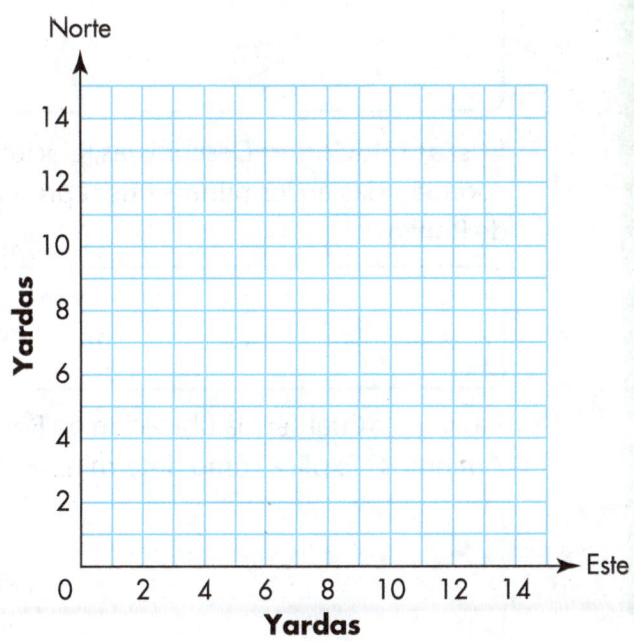

4. ¿Cómo puedes representar este problema?

5. Marca y rotula las primeras cuatro posiciones de Juan. ¿Los puntos forman un patrón? ¿Cómo lo sabes?

6. ¿Cuál será la ubicación de Juan después de 60 segundos? ¿Y después de 90 segundos? ¿Cómo te ayuda la gráfica de coordenadas a razonar acerca de las ubicaciones?

*Puedes encontrar otro ejemplo en el Grupo C, página 804.

Tema 14 | Lección 14-4   797

Resolución de problemas

✓ Evaluación del rendimiento

Ronzo, el robot
Una tienda de juguetes está probando el robot Ronzo. Ronzo mide 18 pulgadas de alto y pesa 2 libras. Los empleados de la tienda hicieron una gráfica y ubicaron a Ronzo en (2, 5). Lo programaron para que camine 3 yardas al este y 4 yardas al norte por minuto. ¿Cuál será la ubicación de Ronzo después de 7 minutos?

7. **Entender y perseverar** ¿Necesitas toda la información dada para resolver el problema? Describe la información que no es necesaria.

8. **Representar con modelos matemáticos** Rotula la gráfica y marca la posición inicial de Ronzo. Luego, marca y rotula la ubicación de Ronzo al final de cada uno de los primeros 4 minutos.

9. **Usar herramientas apropiadas** ¿Qué herramienta escogerías para trazar un segmento de recta entre los puntos de la gráfica de coordenadas? Explica tu razonamiento.

10. **Buscar relaciones** Describe las relaciones entre las coordenadas en los puntos que representan las ubicaciones de Ronzo.

11. **Razonar** ¿Cuál será la ubicación de Ronzo después de 7 minutos? Explica cómo determinaste tu respuesta.

Nombre _____

Tarea y práctica 14-4
Razonar

¡Revisemos!

Una pileta azul contiene 5 pulgadas de agua. Se le agregan 2 pulgadas de agua por hora. Una pileta roja contiene 25 pulgadas de agua. Se drenan 3 pulgadas de agua por hora. ¿Cuánta agua habrá en la pileta roja cuando la pileta azul tenga 19 pulgadas de agua?

Puedes usar una tabla y una gráfica para representar el problema.

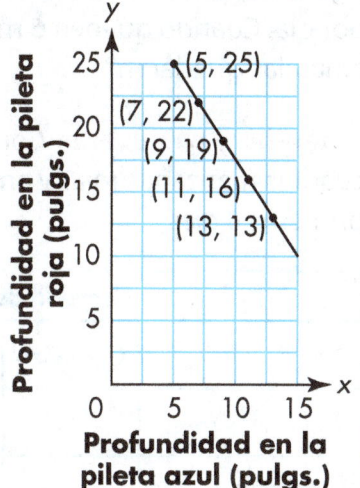

DATOS

Profundidad del agua (pulgs.)

Hora	Comienzo	1	2	3	4
Pileta azul	5	7	9	11	13
Pileta roja	25	22	19	16	13

Los pares ordenados muestran un patrón. Cada hora, la coordenada *x* aumenta de a 2 y la coordenada *y* disminuye de a 3.

Sigue el patrón hasta que la coordenada *x* sea 19:
(15, 10), (17, 7), (19, 4)

Cuando la pileta azul tenga 19 pulgadas de agua, la pileta roja tendrá 4 pulgadas de agua.

Razonar

El dueño de un vivero de árboles usa una gráfica para marcar dónde plantar los árboles en la primavera. El primer árbol se planta en (2, 3). Los siguientes árboles se plantan 3 pies al este y 2 pies al norte con respecto al que lo precede.

1. Marca y rotula la ubicación de los primeros cuatro árboles en la gráfica.

2. Describe el patrón de los puntos que representan la ubicación de los árboles.

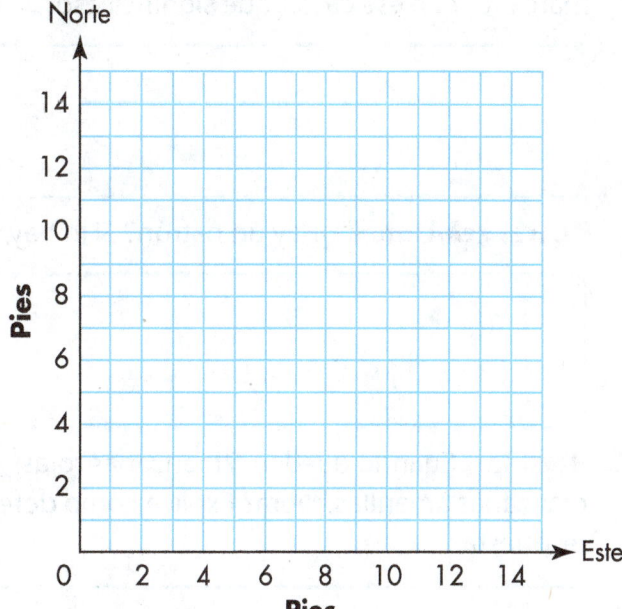

3. ¿Cuál es la ubicación del séptimo árbol? Explica cómo determinaste tu respuesta.

Evaluación del rendimiento

Recolección de manzanas
La familia Bransen recolectó 20 manzanas rojas, 28 manzanas amarillas y $\frac{1}{2}$ fanega de manzanas verdes. A partir del día siguiente, comieron 2 manzanas rojas y 3 manzanas amarillas por día. Cuando queden 6 manzanas rojas, ¿cuántas manzanas amarillas quedarán?

Puedes usar la gráfica de coordenadas para razonar acerca de la relación entre los puntos.

4. **Entender y perseverar** Completa la tabla para mostrar cuántas manzanas rojas y amarillas hay cada día durante los primeros 4 días.

Cantidad de manzanas					
Día	Comienzo	1	2	3	4
Manzanas rojas	20				
Manzanas amarillas	28				

5. **Representar con modelos matemáticos** Rotula la gráfica y, luego, marca los puntos de la tabla.

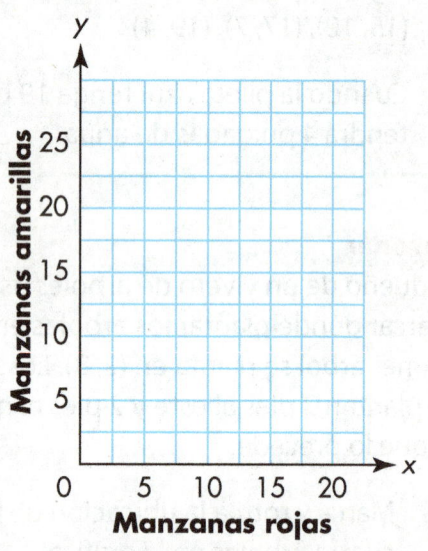

6. **Razonar** ¿Puedes trazar una línea entre los puntos marcados? En ese caso, ¿qué significa eso?

7. **Buscar relaciones** ¿Hay un patrón? Si lo hay, descríbelo.

8. **Razonar** Cuando queden 6 manzanas rojas, ¿cuántas manzanas amarillas habrá? Explica cómo determinaste tu respuesta.

Nombre _____

Trabaja con un compañero. Necesitan papel y lápiz. Cada uno escoge un color diferente: celeste o azul.

El Compañero 1 y el Compañero 2 apuntan a uno de los números negros al mismo tiempo. Ambos hallan el producto de los dos números.

El que escogió el color donde aparece el producto recibe una marca de conteo. Sigan la actividad hasta que uno de los dos tenga siete marcas de conteo.

Puedo...
multiplicar números enteros de varios dígitos.

Compañero 1

| 85 |
| 79 |
| 91 |
| 44 |
| 59 |

24,024	94,435	11,616	90,100
101,101	8,712	20,856	11,682
30,345	18,018	22,440	83,740
15,576	87,769	21,063	28,203
15,642	62,540	32,487	96,460
48,884	16,830	65,549	46,640

Compañero 2

| 264 |
| 198 |
| 357 |
| 1,060 |
| 1,111 |

Marcas de conteo del Compañero 1

Marcas de conteo del Compañero 2

Tema 14 | Actividad de práctica de fluidez   801

TEMA 14 Repaso del vocabulario

Lista de palabras
- coordenada x
- coordenada y
- eje de las x
- eje de las y
- gráfica de coordenadas
- origen
- par ordenado

Comprender el vocabulario

Escoge el mejor término de la Lista de palabras. Escríbelo en el espacio en blanco.

1. El punto en el cual los ejes de una gráfica de coordenadas se intersecan es el _____.

2. Un _____ indica una ubicación exacta en una gráfica de coordenadas.

3. El primer número de un par ordenado describe la distancia desde el origen sobre el _____.

4. El segundo número de un par ordenado es la _____.

5. Una _____ está formada por dos rectas numéricas que se intersecan en un ángulo recto.

Traza una línea desde las letras que nombran un punto en la Columna A hasta el par ordenado que representan.

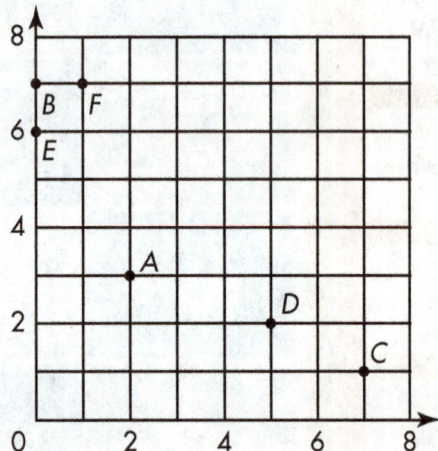

	Columna A	Columna B
6.	A	(5, 2)
7.	B	(1, 7)
8.	C	(2, 3)
9.	D	(0, 7)
10.	E	(7, 1)
11.	F	(0, 6)

Usar el vocabulario al escribir

12. ¿Por qué es importante el orden de las coordenadas en un par ordenado? Usa términos de la Lista de palabras en tu explicación.

Nombre _____

Grupo A páginas 777 a 782

¿Qué par ordenado nombra al Punto A?

Comienza en el origen. La coordenada x es la distancia horizontal sobre el eje de las x. La coordenada y es la distancia vertical sobre el eje de las y.

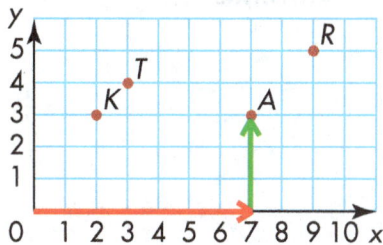

El Punto A está en (7, 3).

Recuerda que primero debes hallar la coordenada x. Luego, halla la coordenada y. Escribe las coordenadas en orden (x, y).

Usa la gráfica para responder las preguntas.

1. ¿Qué punto está ubicado en (9, 5)?

2. ¿Qué punto está ubicado en (2, 3)?

3. ¿Qué par ordenado nombra al Punto T?

4. ¿Cuál es el par ordenado del origen?

Grupo B páginas 783 a 788, 789 a 794

En la tabla, la coordenada x está en la columna izquierda y la coordenada y está en la columna derecha. Usa la tabla para marcar los pares ordenados. Luego, traza una línea para conectar los puntos.

x	y
1	1
2	4
3	7

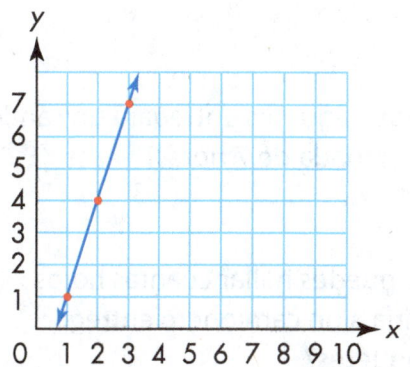

Recuerda que puedes usar una herramienta, como una regla, para trazar la línea y conectar los puntos en la gráfica.

1. Usa la siguiente tabla para marcar los pares ordenados. Luego, completa la gráfica conectando los puntos.

x	y
2	1
4	2
6	3
8	4

2. Escribe dos pares ordenados con coordenadas x mayores a 10 que estén en la gráfica.

Tema 14 | Refuerzo 803

Grupo C páginas 795 a 800

Piensa en estas preguntas para ayudarte a **usar el razonamiento para resolver problemas**.

Hábitos de razonamiento

- ¿Qué significan los números y los signos o símbolos del problema?
- ¿Cómo están relacionados los números o las cantidades?
- ¿Cómo puedo representar un problema verbal usando dibujos, números o ecuaciones?

Recuerda que puedes usar una gráfica o una tabla para razonar y resolver problemas verbales.

Una compañía usa la gráfica para mostrar cuántos paquetes entrega cada camionero. ¿Cuántos paquetes entregará un camionero en una jornada de 7 horas?

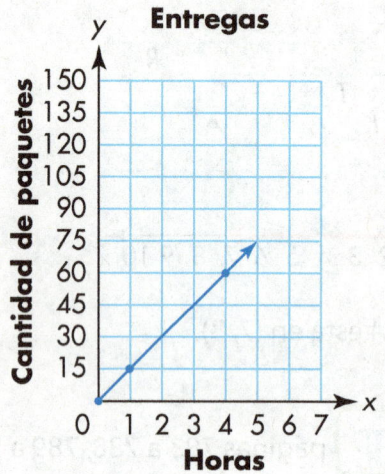

1. ¿Qué información te puede ayudar a resolver el problema?

2. ¿Cómo puedes hallar la cantidad de paquetes que entrega un camionero en 3 horas?

3. ¿Cuántos paquetes entregará un camionero en una jornada de 7 horas?

4. ¿Cómo puedes hallar cuántas horas le llevaría a un camionero entregar 120 paquetes?

804 | Tema 14 | Refuerzo

Nombre _____

TEMA 14

Evaluación

Usa la siguiente gráfica de coordenadas para responder los Ejercicios **1** a **4**.

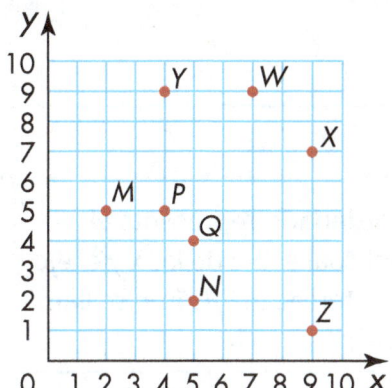

1. ¿Cuál es el par ordenado para el Punto Y?

  Ⓐ (4, 5)

  Ⓑ (4, 9)

  Ⓒ (7, 9)

  Ⓓ (9, 4)

2. Martín graficó un punto en (5, 2). ¿Qué punto graficó?

  Ⓐ M

  Ⓑ N

  Ⓒ Q

  Ⓓ P

3. ¿Cuál es el par ordenado para el Punto Z?

4. ¿Cuál es el par ordenado para el Punto P?

5. Todos los años, Ginny anota la altura de un árbol que crece en su patio. La siguiente gráfica muestra sus datos.

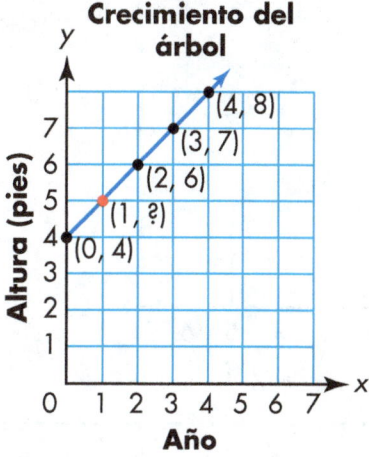

Parte A

¿Cuál es la altura del árbol luego del primer año?

Parte B

¿Qué representa el punto (3, 7) en la gráfica?

6. Explica cómo graficar el punto (6, 4) en un plano de coordenadas.

Tema 14 | Evaluación   805

7. Varsha dibuja un mapa de su vecindario en un plano de coordenadas. En su mapa, el parque está en P (3, 1), su casa en C (5, 6) y el campo de futbol en F (2, 4). Grafica y rotula las ubicaciones en el siguiente gráfico.

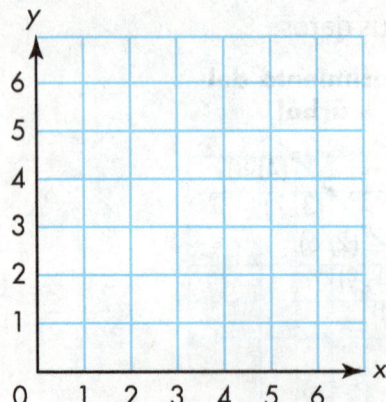

8. Ayer, Bill ganó $30 cortando los arbustos de la Sra. Gant. Hoy, ganará $10 por hora por quitar las malezas del jardín de la Sra. Gant. Si trabaja en el jardín durante 8 horas, ¿cuánto ganará en total por trabajar para la Sra. Gant?

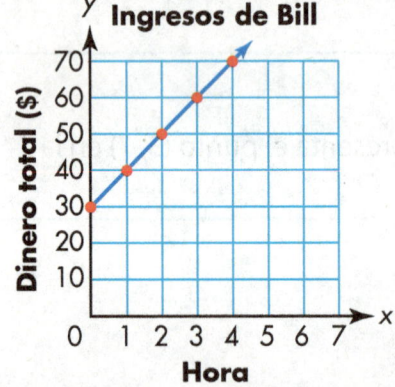

Ⓐ $40

Ⓑ $80

Ⓒ $110

Ⓓ $120

9. ¿En qué se diferencia graficar (0, 12) de graficar (12, 0)?

10. ¿Qué par ordenado representa el punto en el cual el eje de las x y el eje de las y se intersecan? ¿Cómo se llama ese punto?

11. Tres vértices de un rectángulo se ubican en (1, 4), (1, 2) y (5, 2).

Parte A

A continuación, grafica y rotula cada uno de los vértices.

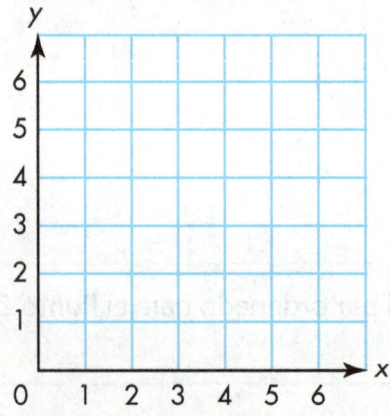

Parte B

¿Cuál es la coordenada del cuarto vértice del rectángulo?

806 Tema 14 | Evaluación

Nombre _____

Excavando en busca de huesos de dinosaurio

La madre de Omar es paleontóloga. Busca y estudia huesos de dinosaurios. Omar está ayudando en el sitio de excavación.

1. La gráfica **Excavación para huesos de dinosaurio 1** muestra la ubicación de la carpa y el esqueleto de triceratops que halló la madre de Omar.

   Parte A

   ¿Qué par ordenado indica la ubicación del esqueleto de triceratops? Explica cómo lo sabes.

   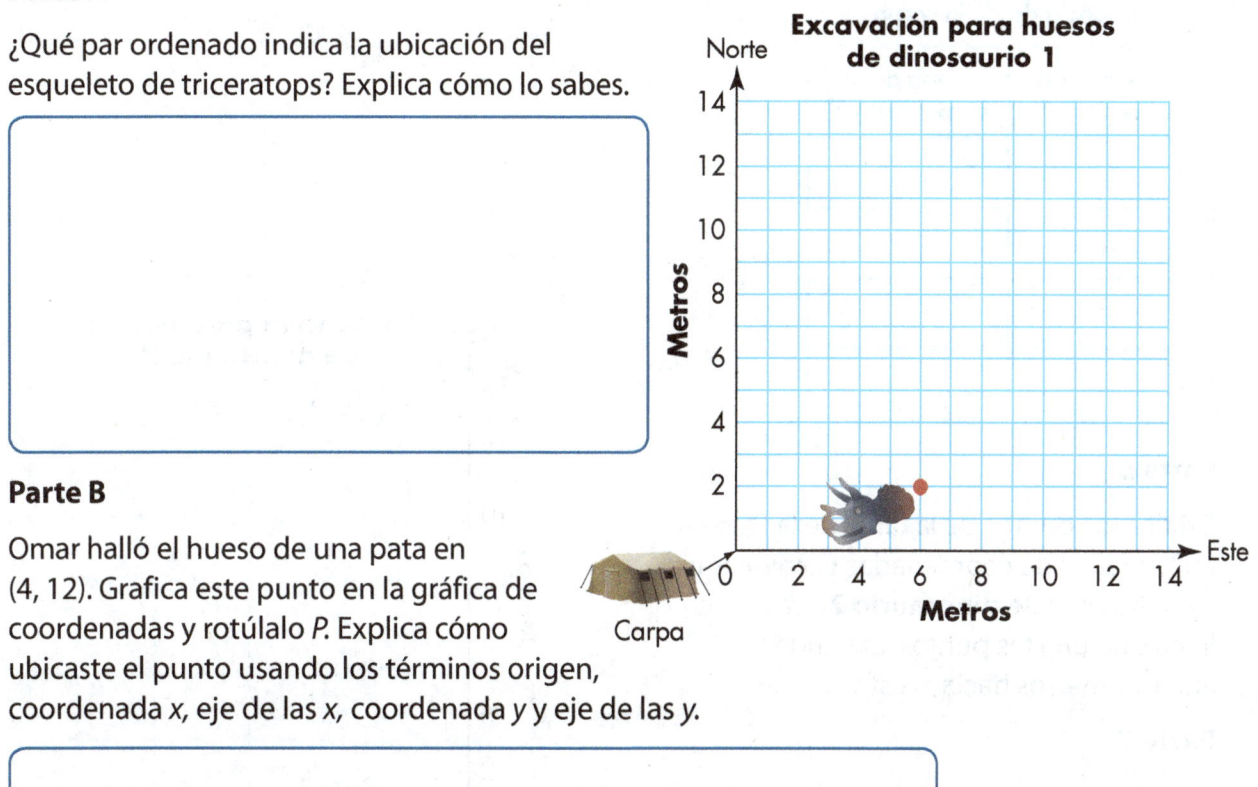

   Parte B

   Omar halló el hueso de una pata en (4, 12). Grafica este punto en la gráfica de coordenadas y rotúlalo *P*. Explica cómo ubicaste el punto usando los términos origen, coordenada *x*, eje de las *x*, coordenada *y* y eje de las *y*.

   Parte C

   Luego, Omar excavó en un punto ubicado 3 metros hacia el este y 1 metro hacia el sur desde el hueso de la pata. Grafica el punto en el cual excavó Omar y rotúlalo *A*. ¿Qué par ordenado nombra ese punto?

2. La madre de Omar avanzó desde el esqueleto de triceratops. Fue moviéndose 1 metro hacia el este y 2 metros hacia el norte para excavar en busca de más huesos de dinosaurio. Completa la tabla y la gráfica para hallar qué tan al norte estaba después de avanzar 11 metros al este de la carpa.

Parte A

Completa la tabla de pares ordenados.

Distancia desde la carpa	
Este de la carpa (metros)	Norte de la carpa (metros)
6	
7	
8	
9	

Parte B

Grafica los puntos de la tabla de la Parte A en la gráfica de coordenadas **Excavación para huesos de dinosaurio 2.** Traza una línea que una los puntos. Extiende la línea 11 metros hacia el este.

Parte C

¿Qué tan al norte estaba la madre de Omar después de avanzar 11 metros hacia el este de la carpa? Explica cómo usar la gráfica para resolverlo y por qué tu respuesta tiene sentido.

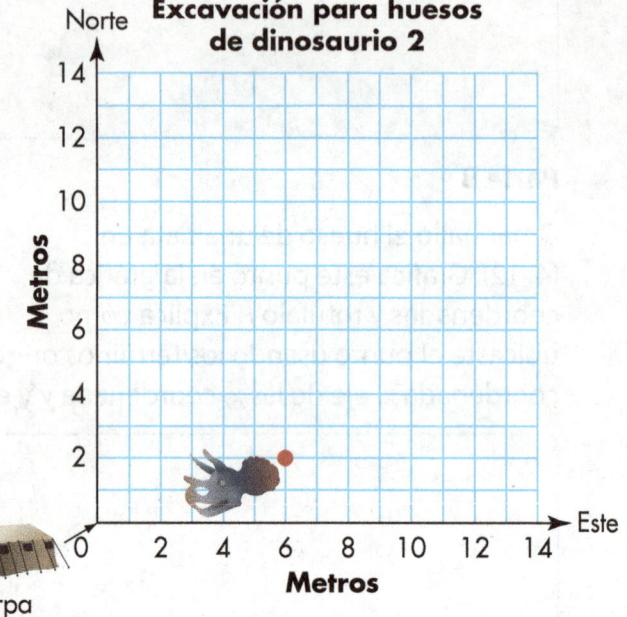

808 | Tema 14 | Evaluación del rendimiento

TEMA 15

Álgebra: Analizar patrones y relaciones

Preguntas esenciales: ¿Cómo se pueden analizar los patrones numéricos y representarlos en una gráfica? ¿Cómo se pueden usar los patrones numéricos para resolver problemas?

Recursos digitales

Los edificios pueden ser de muchas formas diferentes y pueden tener hasta 100 pisos.

Muchos edificios tienen un patrón de vidrio y concreto en cada piso.

Los patrones se hallan en diferentes lugares y objetos. Este es un proyecto sobre encontrar patrones.

Proyecto de Matemáticas y Ciencias: Analizar patrones

Investigar Usa la Internet u otros recursos para buscar patrones en ciudades y edificios de otras partes del mundo.

Diario: Escribir un informe Incluye lo que averiguaste. En tu informe, también:

- describe tipos de patrones que se puedan encontrar en la naturaleza.
- describe tipos de patrones que se puedan encontrar en las ciudades.
- haz una gráfica para representar las relaciones entre algunos de los patrones que hallaste.

Tema 15 809

Nombre _____

Repasa lo que sabes

Vocabulario

- ecuación
- expresión
- variable
- evaluar
- par ordenado

Escoge el mejor término del recuadro. Escríbelo en el espacio en blanco.

1. Una _____ numérica es una frase matemática que contiene números y al menos una operación.

2. Un _____ se puede usar para mostrar la posición de un punto en un plano de coordenadas.

3. La letra n en $\$10 \times n$ se llama _____ y es una cantidad que puede cambiar.

Expresiones

Escribe una expresión numérica para los cálculos.

4. Suma 230 más 54 y, luego, divide por 7.

5. Resta 37 al producto de 126 por 4.

Resolver ecuaciones

Resuelve las ecuaciones.

6. $7{,}200 + x = 13{,}000$

7. $6{,}000 = 20 \times g$

8. $105 + 45 = w \times 3$

9. $38 + 42 = 480 \div b$

10. Janine tiene 85 tarjetas de hockey en un álbum y 105 en otro álbum. Las tarjetas de hockey vienen en paquetes de 5. Si Janine compró todas sus tarjetas de hockey en paquetes, ¿cuántos paquetes compró?

    Ⓐ 21 paquetes Ⓑ 38 paquetes Ⓒ 190 paquetes Ⓓ 195 paquetes

Evaluar expresiones

11. Explica cómo evalúas la expresión $9 + (45 \times 2) \div 10$.

Mis tarjetas de palabras

Usa los ejemplos de las palabras de las tarjetas para ayudarte a completar las definiciones que están al reverso.

progresión numérica

0, 3, 6, 9, 12, 15

términos correspondientes

0, 3, 6, 9, 12, 15
0, 4, 8, 12, 16, 20

12 y 16 son un ejemplo de términos correspondientes.

Tema 15 | Mis tarjetas de palabras 811

Mis tarjetas de palabras

Completa cada definición. Para ampliar lo que aprendiste, escribe tus propias definiciones.

Los términos que se encuentran en la misma posición relativa en un par de progresiones numéricas son _____.

Un conjunto de números que siguen una regla es una _____.

Nombre _____

Lección 15-1
Patrones numéricos

Resuélvelo y coméntalo

Emma tiene $100 en su cuenta de ahorros y Jorge tiene $50 en la suya. Cada uno deposita $10 en su cuenta al final de cada semana. Completa las tablas para ver cuánto habrá ahorrado cada uno luego de 5 semanas. ¿Qué patrones observas?

Puedo... analizar patrones numéricos.

También puedo buscar patrones para resolver problemas.

Semana	Emma
Comienzo	$100
1	
2	
3	
4	
5	

Semana	Jorge
Comienzo	$50
1	
2	
3	
4	
5	

Busca relaciones para ver en qué se parecen y en qué se diferencian las dos tablas.

¡Vuelve atrás! Construir argumentos Si los patrones de ahorro se mantienen, ¿podrá Jorge llegar a tener tantos ahorros como Emma? Explícalo.

Tema 15 | Lección 15-1   813

Pregunta esencial: ¿Cómo se pueden resolver problemas que tienen patrones numéricos?

A

Lindsey tiene una planta de salvia de 3.5 pulgadas de altura. También tiene una planta de romero de 5.2 pulgadas de altura. Las dos plantas crecen 1.5 pulgadas por semana. ¿Cuánto medirán las plantas luego de 5 semanas? ¿Cuál es la relación entre las alturas de las plantas?

Puedes **representar con modelos matemáticos** creando tablas para identificar relaciones entre los **términos correspondientes** en una **progresión numérica**.

B Puedes usar la regla "Sumar 1.5" para completar las tablas.

DATOS

Planta de salvia	
Semana	Altura (en pulgadas)
Comienzo	3.5
1	5
2	6.5
3	8
4	9.5
5	11

DATOS

Planta de romero	
Semana	Altura (en pulgadas)
Comienzo	5.2
1	6.7
2	8.2
3	9.7
4	11.2
5	12.7

¡La planta de romero siempre es 1.7 pulgadas más alta que la planta de salvia!

¡Convénceme! **Razonar** Si los patrones se mantienen, ¿cómo sabes que la planta de romero siempre será más alta que la planta de salvia?

814 Tema 15 | Lección 15-1

Nombre _____

⭐ Práctica guiada

¿Lo entiendes?

1. Anthony dice: "El patrón es que la planta de salvia siempre es 1.7 pulgadas más baja que la planta de romero". ¿Estás de acuerdo? Explícalo.

2. **Buscar relaciones** ¿En qué te ayuda hacer tablas para identificar relaciones entre los términos de los patrones?

¿Cómo hacerlo?

3. Si las plantas continúan creciendo 1.5 pulgadas por semana, ¿cuál será la altura de cada planta luego de 10 semanas?

4. Si las plantas continúan creciendo 1.5 pulgadas por semana, ¿cuál será la altura de cada planta luego de 15 semanas?

⭐ Práctica independiente

Usa la regla "Sumar $0.50" como ayuda en los Ejercicios 5 a 7.

5. **Representar con modelos matemáticos** Tim y Jill tienen una alcancía cada uno. Tim comienza con $1.25 en su alcancía y deposita $0.50 cada semana. Jill comienza con $2.75 en su alcancía y también deposita $0.50 cada semana. Completa la tabla para mostrar cuánto habrá ahorrado cada uno luego de cinco semanas.

Ahorros en la alcancía		
Semana	Tim	Jill
Comienzo	$1.25	$2.75
1		
2		
3		
4		
5		

6. ¿Qué relación observas entre la cantidad que ahorra Tim y la cantidad que ahorra Jill por semana?

7. **Construir argumentos** Si Tim y Jill continúan ahorrando de esta manera, ¿cuánto habrán ahorrado luego de 10 semanas? Explica cómo lo determinaste.

*Puedes encontrar otro ejemplo en el Grupo A, página 839.

Tema 15 | Lección 15-1   815

Resolución de problemas

Usa la tabla en los Ejercicios **8** a **10**.

8. **Matemáticas y Ciencias** El roble y el nogal americano son árboles de hoja caduca, es decir, pierden las hojas estacionalmente. El roble mide $25\frac{1}{2}$ pies y crece $1\frac{1}{2}$ pies por año. El nogal americano mide 30 pies y crece $1\frac{1}{2}$ pies por año. Completa la tabla para mostrar las alturas de los dos árboles cada año, durante cinco años.

Altura de los árboles (en pies)		
Año	Roble	Nogal americano
Comienzo	$25\frac{1}{2}$	30
1		
2		
3		
4		
5		

9. Si cada árbol continúa creciendo $1\frac{1}{2}$ pies por año, ¿cuánto medirá cada árbol luego de 15 años?

10. **Razonamiento de orden superior** ¿Qué relación observas entre la altura del roble y la altura del nogal americano cada año? Explícalo.

11. **Razonar** Cada cuadrado pequeño del tablero de ajedrez tiene el mismo tamaño. La longitud de lado de un cuadrado pequeño es 2 pulgadas. ¿Cuál es el área del tablero de ajedrez? Explícalo.

✓ Evaluación

12. Jessica ahorró $50 y cada semana agregará $25 a sus ahorros. Roy ahorró $40 y cada semana agregará $25 a sus ahorros. ¿Cuánto habrá ahorrado cada uno luego de 5 semanas?

    Ⓐ Jessica: $275; Roy: $225
    Ⓑ Jessica: $250; Roy: $240
    Ⓒ Jessica: $175; Roy: $165
    Ⓓ Jessica: $165; Roy: $175

13. ¿Cuáles de los siguientes enunciados son verdaderos?

    ☐ Jessica siempre habrá ahorrado $25 más que Roy.

    ☐ Jessica siempre habrá ahorrado $10 más que Roy.

    ☐ Roy siempre habrá ahorrado $25 menos que Jessica.

    ☐ Roy siempre habrá ahorrado $10 menos que Jessica.

Nombre _____

Tarea y práctica 15-1
Patrones numéricos

¡Revisemos!

Carla comenzó con $2. Su hermana Chloe comenzó con $7. Cada una gana $2 por día por hacer tareas domésticas. ¿Cuánto dinero tendrá cada una luego de 5 días? ¿Qué relación observas entre las cantidades que tienen las hermanas luego de cada día?

Paso 1

Completa la tabla. Usa la regla "Sumar $2" como ayuda para completarla.

Ingresos totales		
Día	Carla	Chloe
Comienzo	$2	$7
1	$4	$9
2	$6	$11
3	$8	$13
4	$10	$15
5	$12	$17

Por tanto, luego de cinco días, Carla tiene $12 y Chloe tiene $17.

Paso 2

Mira las filas para comparar los términos correspondientes.

Luego de cada día, Chloe tiene $5 más que Carla.

Usa la tabla en los Ejercicios **1** y **2**.

1. Becky y Anton trabajan en una plantación de manzanas. Al mediodía, Becky había recogido 75 manzanas y Anton había recogido 63. Después del mediodía cada uno recogió 20 manzanas por hora. ¿Cuántas manzanas habrá recogido cada uno a las 5 *p. m.*? Usa la regla "Sumar 20" como ayuda para completar la tabla.

2. **Construir argumentos** ¿Qué relación observas entre la cantidad de manzanas que recogió Becky y la cantidad de manzanas que recogió Anton al final de cada hora? Explícalo.

Total de manzanas recogidas		
	Becky	Anton
Mediodía	75	63
1 *p. m.*		
2 *p. m.*		
3 *p. m.*		
4 *p. m.*		
5 *p. m.*		

3. Susie había recibido 9 mensajes de texto cuando activó su teléfono y, luego, recibió 15 mensajes por hora. Víctor había recibido 27 mensajes de texto cuando activó su teléfono y, luego, recibió 15 mensajes por hora. ¿Cuántos mensajes recibió cada uno luego de 4 horas? Usa la regla "Sumar 15" como ayuda para completar la tabla.

Total de mensajes de texto recibidos		
Hora	Susie	Víctor
Comienzo	9	27
1		
2		
3		
4		

4. **Razonamiento de orden superior** ¿Qué relación observas entre la cantidad de mensajes de texto que recibió cada uno luego de cada hora? Explícalo.

5. **Sentido numérico** El Sr. Kim tiene una jarra que contiene 16 tazas de jugo. ¿Cuántas porciones de un tercio de taza hay en 16 tazas?

6. **Usar herramientas apropiadas** Pierre está usando cubos de 1 centímetro para construir un modelo. Hace un prisma rectangular que tiene 20 cubos de longitud, 8 cubos de altura y 12 cubos de ancho. ¿Cuál es el volumen del modelo de Pierre?

✓ Evaluación

7. Brian y Christina comenzaron a llevar la cuenta de sus sesiones de ejercicio físico. Brian hizo 85 abdominales la primera semana y, luego, hizo 90 abdominales por semana. Christina hizo 65 abdominales la primera semana y, luego, hizo 90 abdominales por semana.

   ¿Cuántos abdominales habrá hecho cada uno luego de 5 semanas?

   Ⓐ Brian: 425 abdominales
   Christina: 325 abdominales

   Ⓑ Brian: 450 abdominales
   Christina: 450 abdominales

   Ⓒ Brian: 425 abdominales
   Christina: 445 abdominales

   Ⓓ Brian: 445 abdominales
   Christina: 425 abdominales

8. ¿Cuáles de los siguientes enunciados sobre la cantidad de abdominales que hicieron Brian y Christina por semana son verdaderos?

   ☐ Christina siempre habrá hecho 20 abdominales más que Brian.

   ☐ Brian siempre habrá hecho 25 abdominales más que Christina.

   ☐ Christina siempre habrá hecho 20 abdominales menos que Brian.

   ☐ Brian siempre habrá hecho 20 abdominales más que Christina.

Nombre _____

Durante las vacaciones de verano, Julie leyó 45 páginas por día. Su hermano Bret leyó 15 páginas por día. Completa las tablas para mostrar cuántas páginas leyó cada uno luego de 5 días. ¿Qué relación observas entre los términos de cada patrón?

Lección 15-2
Más sobre patrones numéricos

Puedo...
usar tablas para identificar relaciones entre patrones.

También puedo buscar patrones para resolver problemas.

Total de páginas leídas	
Día	Julie
1	45
2	
3	
4	
5	

Total de páginas leídas	
Día	Bret
1	15
2	
3	
4	
5	

Buscar relaciones
Busca una regla que te ayude a completar las tablas.

¡Vuelve atrás! **Razonar** Explica por qué existe esta relación entre los términos.

Pregunta esencial: ¿Cómo se pueden identificar las relaciones entre patrones?

A

Jack se está preparando para una carrera. Todas las semanas corre 30 millas y monta en bicicleta 120 millas. Creó una tabla para anotar su progreso. ¿Cuántas millas en total habrá corrido y montado en bicicleta luego de 5 semanas? ¿Puedes identificar alguna relación entre las millas que corrió y las millas que montó en bicicleta?

Puedes usar las reglas "Sumar 30" y "Sumar 120" como ayuda para completar la tabla.

B Dado que Jack corre 30 millas por semana, suma 30 para calcular el término que sigue en el total de millas que corrió. Suma 120 para calcular los términos en el patrón de la cantidad total de millas que montó en bicicleta.

Semana	Total de millas que corrió	Total de millas que montó en bicicleta
1	30	120
2	60	240
3	90	360
4	120	480
5	150	600

C Compara los términos correspondientes de los patrones:

$30 \times 4 = 120$
$60 \times 4 = 240$
$90 \times 4 = 360$
$120 \times 4 = 480$
$150 \times 4 = 600$

Por tanto, la cantidad total de millas que montó en bicicleta siempre es 4 veces la cantidad total de millas que corrió.

¡Convénceme! **Generalizar** ¿Piensas que la relación entre los términos correspondientes de la tabla que creó Jack siempre será verdadera? Explícalo.

820   Tema 15 | Lección 15-2   Copyright © Savvas Learning Company LLC. All Rights Reserved.

Nombre _____

Práctica guiada

¿Lo entiendes?

Usa la tabla de la página 820 en los Ejercicios **1** a **3**.

1. **Evaluar el razonamiento** Neko dice que la relación entre los términos es que la cantidad de millas corridas es $\frac{1}{4}$ de la cantidad de las millas montadas en bicicleta. ¿Estás de acuerdo? Explícalo.

¿Cómo hacerlo?

2. ¿Cuántas millas en total habrá corrido y montado en bicicleta Jack luego de 10 semanas? ¿Y luego de 15 semanas?

3. **Razonar** Miguel dice que puede usar la multiplicación para calcular los términos de los patrones. ¿Estás de acuerdo? Explícalo.

Práctica independiente

Usa las reglas "Sumar 250" y "Sumar 125" como ayuda en los Ejercicios **4** a **6**.

4. María y Henry abren una cuenta de ahorros cada uno. María deposita en su cuenta $250 por mes y Henry deposita en la suya $125 por mes. ¿Cuánto dinero habrá ahorrado cada uno luego de 6 meses? Completa la tabla para resolverlo.

Cantidad total ahorrada ($)		
Mes	María	Henry
1		
2		
3		
4		
5		
6		

5. ¿Qué relación observas entre la cantidad total que ahorra María por mes y la cantidad que ahorra Henry por mes?

6. Si María y Henry continúan ahorrando de esta manera durante un año completo, ¿cuánto dinero más que Henry habrá ahorrado María?

*Puedes encontrar otro ejemplo en el Grupo B, página 839.

Tema 15 | Lección 15-2   821

Resolución de problemas

7. Sheila y Patrick están haciendo una tabla para comparar galones, cuartos de galón y pintas. Usa la regla "Sumar 4" para completar la columna de la cantidad de cuartos de galón. Luego, usa la regla "Sumar 8" para completar la columna de la cantidad de pintas.

Galones	Cuartos de galón	Pintas
1		
2		
3		
4		
5		
6		

8. Patrick tiene una pecera de 12 galones en su casa. ¿Con cuántos cuartos de galón llenará su pecera? ¿Y con cuántas pintas?

9. Buscar relaciones ¿Qué relación observas entre la cantidad de cuartos de galón y la cantidad de pintas?

10. Razonamiento de orden superior En su pizzería familiar, Dani hace 8 pizzas durante la primera hora de trabajo y, luego, hace 6 pizzas por hora. Susan hace 12 pizzas durante la primera hora y, luego, hace 6 pizzas por hora. Si la pizzería está abierta 6 horas, ¿cuántas pizzas harán en total? Completa la tabla usando la regla "Sumar 6" como ayuda.

Cantidad de pizzas hechas		
Hora	Dani	Susan
1		
2		
3		
4		
5		
6		

11. Buscar relaciones Compara la cantidad total de pizzas que habrá hecho cada uno al final de cada hora. ¿Qué relación observas?

✓ Evaluación

12. Mike y Sarah embalan cajas en una fábrica. Mike embala 30 cajas por hora y Sarah embala 15 cajas por hora.

¿Cuántas cajas habrá embalado cada uno después de un turno de 8 horas?

Ⓐ Mike: 38 cajas; Sarah: 23 cajas
Ⓑ Mike: 86 cajas; Sarah: 71 cajas
Ⓒ Mike: 120 cajas; Sarah: 240 cajas
Ⓓ Mike: 240 cajas; Sarah: 120 cajas

13. ¿Cuáles de los siguientes enunciados sobre la cantidad de cajas que habrán embalado Mike y Sarah luego de cada hora son verdaderos?

☐ Mike siempre habrá embalado un total de 15 cajas más que Sarah.

☐ Mike siempre habrá embalado dos veces la cantidad de cajas que Sarah.

☐ Sarah siempre habrá embalado dos veces la cantidad de cajas que Mike.

☐ Sarah siempre habrá embalado la mitad de cajas que Mike.

Nombre _____

Tarea y práctica 15-2
Más sobre patrones numéricos

¡Revisemos!

Pía hace una tabla para mostrar la relación entre la cantidad de yardas, pies y pulgadas. ¿Cuántos pies y cuántas pulgadas hay en 6 yardas? ¿Qué observas sobre la cantidad de pies y de pulgadas?

Paso 1

Completa la tabla.

Yardas	Pies	Pulgadas
1	3	36
2	6	72
3	9	108
4	12	144
5	15	180
6	18	216

Hay 18 pies o 216 pulgadas en 6 yardas.

Paso 2

Compara la cantidad de pies con la cantidad de pulgadas para hallar una relación.

$3 \times 12 = 36$
$6 \times 12 = 72$
$9 \times 12 = 108$
$12 \times 12 = 144$
$15 \times 12 = 180$
$18 \times 12 = 216$

Por tanto, hay 12 pulgadas por cada pie.

Usa las reglas "Sumar 12" y "Sumar 6" como ayuda en los Ejercicios **1** y **2**.

1. En las ligas menores de hockey, cada equipo tiene 12 delanteros y 6 defensores. Completa la tabla para mostrar cuántos delanteros y cuántos defensores hay en 6 equipos.

Equipo	Delanteros	Defensores
1		
2		
3		
4		
5		
6		

2. ¿Qué relación observas entre la cantidad de delanteros y la cantidad de defensores?

3. Jamie hace una tabla para mostrar la relación entre metros, centímetros y milímetros. Usa la regla "Sumar 100" para completar la columna de los centímetros. Luego, usa la regla "Sumar 1,000" para completar la columna de los milímetros. ¿Cuántos centímetros hay en 15 metros? ¿Y cuántos milímetros?

Metros	Centímetros	Milímetros
1	100	1,000
2		
3		
4		
5		

4. **Razonamiento de orden superior** La distancia entre la casa de Jamie y la casa de su amigo es 75 metros. Si Jamie camina ida y vuelta a la casa de su amigo, ¿cuántos centímetros camina? Explícalo.

5. **Buscar relaciones** ¿Qué relación observas entre la cantidad de centímetros y la cantidad de milímetros?

6. **Representar con modelos matemáticos** Una receta para hacer pan lleva $5\frac{3}{4}$ tazas de harina blanca y $3\frac{1}{3}$ tazas de harina de trigo. ¿Cuántas tazas más de harina blanca que de harina de trigo lleva la receta? Escribe una ecuación y completa el diagrama de barras para resolverlo.

 Evaluación

En el vivero de Ashley hay 12 filas de árboles. En cada fila hay 21 pinos y 7 abetos. Haz una tabla como ayuda para resolver el problema.

7. ¿Cuántos árboles de cada tipo hay en total?

Ⓐ 252 pinos; 84 abetos
Ⓑ 231 pinos; 74 abetos
Ⓒ 84 pinos; 252 abetos
Ⓓ 33 pinos; 19 abetos

8. ¿Cuáles de los siguientes enunciados acerca de la relación entre la cantidad de pinos y la cantidad de abetos son verdaderos?

☐ Siempre hay 14 pinos más que abetos.
☐ La cantidad de abetos siempre es 3 veces la cantidad de pinos.
☐ La cantidad de pinos siempre es 3 veces la cantidad de abetos.
☐ La cantidad de abetos siempre es $\frac{1}{3}$ de la cantidad de pinos.

Nombre _____

Lección 15-3
Analizar y hacer gráficas de relaciones

Resuélvelo y coméntalo

Una panadería puede acomodar 6 pastelitos normales o 4 pastelitos grandes en cada caja. En cada caja habrá pastelitos normales o grandes. Completa la tabla para mostrar cuántos pastelitos de cada tipo caben en 2, 3 o 4 cajas. Luego, genera pares ordenados y represéntalos en una gráfica.

Puedo...
analizar patrones y hacer gráficas de pares ordenados surgidos de una progresión numérica.

También puedo buscar patrones para resolver problemas.

	1 caja	2 cajas	3 cajas	4 cajas
Pastelitos normales	6			
Pastelitos grandes	4			

Buscar relaciones
Halla una regla que describa la relación entre la cantidad de cajas y la cantidad de pastelitos.

¡Vuelve atrás! **Buscar relaciones** La panadería puede acomodar 12 mini pastelitos en una caja. ¿Cuántos mini pastelitos caben en 4 cajas? Sin ampliar la tabla, ¿qué relación observas entre la cantidad de mini pastelitos y la cantidad de cajas?

 **¿Cómo se pueden generar y graficar patrones numéricos?**

A

Jill gana $5 por hora por trabajar cuidando niños. Robin gana $15 por hora dando lecciones de patinaje sobre hielo. Las niñas hicieron una tabla usando la regla "Sumar 5" para mostrar los ingresos de Jill y la regla "Sumar 15" para mostrar los ingresos de Robin. Completa la tabla, compara los ingresos y grafica los pares ordenados de términos correspondientes.

Puedes buscar relaciones entre los términos correspondientes de un patrón.

Horas	0	1	2	3	4
Ingresos de Jill	$0	$5	$10	$15	
Ingresos de Robin	$0	$15	$30	$45	

B
Compara las cantidades en las progresiones de Jill y Robin.

Cada progresión empieza con cero. Luego, cada término del patrón de Robin es tres veces el término correspondiente del patrón de Jill.

Genera pares ordenados con las cantidades totales que ganaron Jill y Robin luego de cada hora.

(0, 0), (5, 15), (10, 30), (15, 45), (20, 60)

C
Representa en una grafica los pares ordenados.

Ingresos de Jill (x)	Ingresos de Robin (y)
0	0
5	15
10	30
15	45
20	60

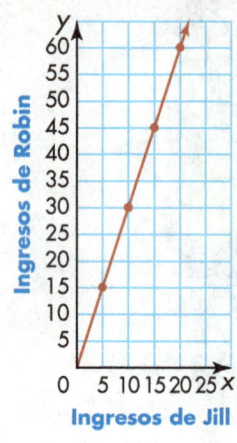

¡Convénceme! **Entender y perseverar** ¿Qué representa el punto (0, 0)?

826 Tema 15 | Lección 15-3

Nombre _____

Práctica guiada

¿Lo entiendes?

1. En el ejemplo de la página 826, ¿qué par ordenado escribirías para indicar cuánto ganaron Jill y Robin luego de 5 horas?

2. **Evaluar el razonamiento** Ben dice que la relación es que Jill gana $\frac{1}{3}$ de lo que gana Robin. ¿Estás de acuerdo? Explícalo.

¿Cómo hacerlo?

Sam y Eric anotan la cantidad total de millas que caminan en una semana. Sam camina 2 millas por día. Eric camina 4 millas por día.

3. ¿Qué par ordenado representa la cantidad de millas que caminó cada uno luego de 7 días?

4. **Buscar relaciones** ¿Qué relación observas entre la cantidad total de millas que caminó cada uno?

Práctica independiente

Usa la regla "Sumar 4" como ayuda en los Ejercicios 5 a 8.

5. Durante un campamento, Megan y Scott van de pesca. Megan atrapa 3 peces durante la primera hora y, luego, 4 peces por hora. Scott atrapa 5 peces durante la primera hora y, luego, 4 peces por hora. Completa la tabla para mostrar la cantidad total de peces que atrapó cada uno luego de cada hora.

Total de peces atrapados		
Horas	Megan	Scott
1	3	5
2		
3		
4		

6. ¿Qué par ordenado representa la cantidad total de peces que atrapó cada uno luego de 4 horas?

7. ¿Qué relación observas entre la cantidad total de peces que atrapó cada uno luego de cada hora?

8. Haz una gráfica con los pares ordenados que muestren la cantidad total de peces que atrapó cada uno luego de cada hora.

9. El patrón continúa hasta que el total de peces de Scott es 29. ¿Qué par ordenado representa la cantidad total de peces que atrapó cada uno cuando el total de Scott es 29?

*Puedes encontrar otro ejemplo en el Grupo C, página 840.

Tema 15 | Lección 15-3   827

Resolución de problemas

> Usa las reglas "Sumar 15" y "Sumar 10" como ayuda en los Ejercicios 10 a 12.

10. En una tienda de bocaditos hicieron una tabla para anotar los ingresos por las ventas de yogur helado y ensalada de frutas durante cuatro horas. ¿Qué valores faltan en la tabla?

	9 a. m.	10 a. m.	11 a. m.	12 p. m.
Ingresos por las ventas de yogur	$0	$15		$45
Ingresos por las ventas de ensalada de frutas	$0		$20	$30

11. **Usar la estructura** Si las ventas continúan de la misma manera, ¿qué par ordenado representará los ingresos por las ventas de yogur y ensalada de frutas a la 1 p. m.? Explica cómo lo sabes.

12. Representa en una gráfica los pares ordenados de los ingresos por las ventas de yogur y ensalada de frutas de 9 a. m. a 1 p. m.

13. **Vocabulario** Escribe dos **progresiones numéricas**. Luego, encierra en un círculo los **términos correspondientes** de las dos progresiones.

14. **Razonamiento de orden superior** Pedro corre $2\frac{1}{2}$ millas por día durante 5 días. Melissa corre 4 millas por día durante 5 días. ¿Cuántas millas más que Pedro correrá Melissa en 5 días? Haz una tabla como ayuda para resolver el problema.

✓ Evaluación

15. Cada mes, Leonard paga $240 por su carro y $60 por ser socio de un gimnasio.

    Escribe un par ordenado para representar cuánto gasta Leonard en 12 meses por el pago del carro y el pago del gimnasio.

16. ¿Qué relación observas entre lo que gasta Leonard en 12 meses por el pago del carro y por ser socio del gimnasio?

Nombre _____

Tarea y práctica 15-3
Analizar y hacer gráficas de relaciones

¡Revisemos!

Mary y Sasha llevaron la cuenta del dinero que ganaron en su trabajo por semana. Usaron las reglas "Sumar 100" y "Sumar 50" para completar la tabla. Luego, representaron en una gráfica los pares ordenados de las cantidades totales que ganaron por semana.

Total de dinero ganado ($)		
Semana	Mary	Sasha
1	100	50
2	200	100
3	300	150
4	400	200

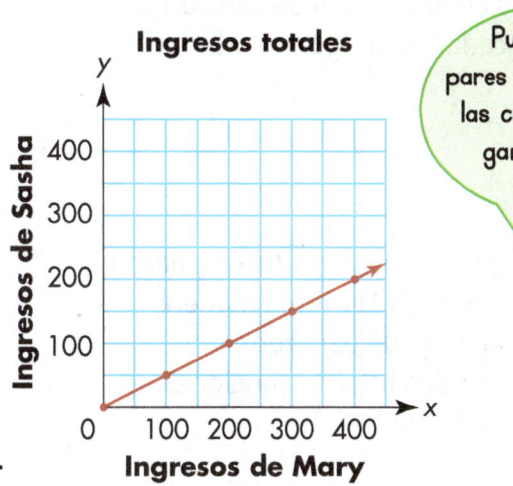

Puedes hacer pares ordenados con las cantidades que ganaron Mary y Sasha.

Mary ganó $400 luego de 4 semanas.
Sasha ganó $200 luego de 4 semanas.
Mary ganó dos veces lo que ganó Sasha.

Usa las reglas "Sumar 6" y "Sumar 12" como ayuda en los Ejercicios **1** a **4**.

1. En su panadería, Dennis hace 6 roscas de sésamo y 12 roscas de arándanos por hora. Completa la tabla para mostrar cuántas roscas de cada sabor hizo luego de cada hora.

2. ¿Qué par ordenado representa la cantidad de roscas de cada tipo que hace Dennis en 8 horas?

Total de roscas hechas		
Hora	Sésamo	Arándanos
1		
2		
3		
4		

3. ¿Qué relación observas entre la cantidad total de roscas de sésamo y la cantidad total de roscas de arándanos que hace Dennis por hora?

4. Grafica los pares ordenados de la cantidad total de roscas de cada tipo hechas luego de cada hora.

Tema 15 | Lección 15-3

Usa las reglas "Sumar 5" y "Sumar 15" como ayuda en los Ejercicios 5 a 7.

5. Thurston y Kim llevaron la cuenta de cuántas canciones descargó cada uno por semana durante un mes. Thurston descargó 5 canciones por semana y Kim descargó 15 canciones por semana. Completa la tabla para mostrar la cantidad total de canciones que descargó cada uno luego de cada semana.

Total de canciones descargadas		
Semana	Thurston	Kim
1		
2		
3		
4		

6. **Usar la estructura** Thurston y Kim siguieron descargando música de la misma manera durante 8 semanas. ¿Qué par ordenado representa la cantidad total de canciones que descargó cada uno?

7. Representa en una gráfica los pares ordenados de la cantidad total de canciones que descargó cada uno luego de cada semana.

8. **Representar con modelos matemáticos** Diego hace un prisma rectangular que tiene 2 cubos de longitud, 2 cubos de ancho y 2 cubos de altura. Cada dimensión del prisma rectangular de June tiene 2 veces la cantidad de cubos que cada dimensión del prisma de Diego. ¿Cuál es el volumen del prisma de June? Usa una ecuación para mostrar tu trabajo.

9. **Razonamiento de orden superior** A una excursión asisten 347 estudiantes. Cada autobús lleva 44 estudiantes. Si la escuela paga $95 por autobús, ¿tendrá que pagar más de $1,000 por los autobuses? ¿Cómo puedes decidir sin usar la división?

Evaluación

10. Claire hace pulseras con cuentas rojas y azules. Cada pulsera tiene 20 cuentas rojas y 5 azules. Escribe un par ordenado que represente la cantidad de cuentas rojas y azules que usará Claire para hacer 8 pulseras.

11. ¿Qué relación observas entre la cantidad de cuentas rojas y cuentas azules que usó Claire para hacer todas las pulseras?

Nombre _____

Resuélvelo y coméntalo

Val está organizando una fiesta de bolos y pizza. Con ella incluida, no serán más de 10 invitados. Val quiere saber qué salón de bolos ofrece la opción más económica para la fiesta.

Completa las tablas de "El salón de Leonard" y de "Bolos del Sur". En la misma gráfica, representa los pares ordenados de cada tabla. Usa colores diferentes para los valores de cada tabla. ¿Cuál de los dos salones de bolos será menos costoso? Explica cómo lo sabes.

Resuelve

Resolución de problemas
Lección 15-4
Entender y perseverar

Puedo... entender los problemas y seguir trabajando si no puedo seguir adelante.

También puedo graficar datos usando pares ordenados.

El salón de Leonard
Bolos y pizza: $25 más $10 por persona

Invitados	1	2	3	4	5	6	7	8	9	10
Costo ($)	35	45								

Bolos del Sur
Bolos y pizza: $15 por persona

Invitados	1	2	3	4	5	6	7	8	9	10
Costo ($)	15	30								

Hábitos de razonamiento

*Piensa en estas preguntas como ayuda para **entender y perseverar**.*

- ¿Qué necesito hallar?
- ¿Qué sé?
- ¿Qué más puedo intentar si no puedo seguir adelante?
- ¿Cómo puedo comprobar si mi solución tiene sentido?

¡Vuelve atrás! **Entender y perseverar** ¿Cómo te ayudó la gráfica a entender la pregunta?

Pregunta esencial: ¿Cómo se puede entender un problema y perseverar en resolverlo?

A

Entender el problema

En la granja de Aiden, hay 12 acres de soja y 8 acres de maíz. Aiden planea plantar más acres de soja y maíz para reemplazar sus otros cultivos. ¿Habrá alguna vez en su granja la misma cantidad de acres de soja que de maíz? Explícalo.

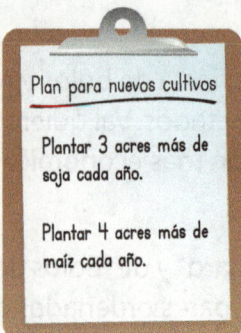

Plan para nuevos cultivos

Plantar 3 acres más de soja cada año.

Plantar 4 acres más de maíz cada año.

Puedes **entender** el problema respondiendo a estas preguntas: ¿Qué sabes? ¿Qué se te pide que halles?

B

¿Cómo puedo entender y resolver este problema?

Puedo

- escoger e implementar una estrategia apropiada.
- usar pares ordenados para hacer gráficas.
- identificar y analizar patrones.
- comprobar si mi trabajo y mi respuesta tienen sentido.

C

Para cada cultivo, puedo escribir una regla, hacer una tabla y marcar los pares ordenados. Luego, puedo ver si la cantidad de acres coincidirá alguna vez.

Este es mi razonamiento...

Soja
Regla: Iniciar en 12 y sumar 3.

Años	Inicio	1	2	3	4	5
Acres	12	15	18	21	24	27

Maíz
Regla: Iniciar en 8 y sumar 4.

Años	Inicio	1	2	3	4	5
Acres	8	12	16	20	24	28

Donde se intersecan las rectas, a los 4 años, la granja de Aiden tiene 24 acres de cada cultivo.

¡Convénceme! **Entender y perseverar** ¿Cómo puedes comprobar tu trabajo? ¿Tiene sentido tu respuesta? Explícalo.

832 Tema 15 | Lección 15-4

Nombre _____

★Práctica guiada★

Entender y perseverar

Mindy ya tiene $20 ahorrados y planea ahorrar $8 por mes. Georgette aún no tiene dinero ahorrado pero planea ahorrar $5 por mes. ¿Tendrán alguna vez las niñas la misma cantidad de dinero ahorrado? Explícalo.

Mes	Inicio	1	2	3		
$ ahorrado	20	28	36	44		

Mes	Inicio	1	2	3	4	
$ ahorrado						

1. Escribe una regla y completa las tablas.

   Regla: _____

   Regla: _____

2. En la misma gráfica, representa los pares ordenados de las tablas.

3. Explica si alguna vez las niñas tendrán ahorrada la misma cantidad de dinero.

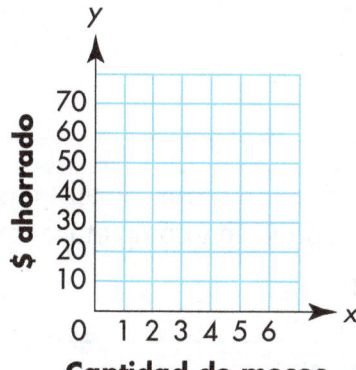

★Práctica independiente★

Entender y perseverar

"Jardinería ornamental O'Brien" paga a sus empleados $15 más $12 por césped. "Jardinería ornamental Carter" paga $25 más $10 por césped. ¿Qué compañía paga más? Explícalo.

Céspedes	Inicio					
Paga ($)	15					

Céspedes	Inicio					
Paga ($)	25					

4. Escribe una regla y completa las tablas.

   Regla: _____

   Regla: _____

5. Representa en la gráfica los pares ordenados de cada tabla. Explica qué compañía paga más.

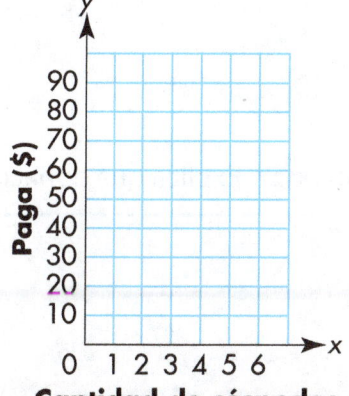

Puedes encontrar otro ejemplo en el Grupo D, página 840.

Resolución de problemas

✓ **Evaluación del rendimiento**

Carrera solidaria
Jordan participa en una carrera solidaria para recaudar dinero para caridad. ¿Quién hará una donación mayor, la tía Meg o la abuela Diane? Explícalo.

Donaciones para la carrera solidaria	
Tía Meg	$8 más $2 por vuelta
Abuela Diane	$15 + $1 por vuelta

6. **Entender y perseverar** ¿Cómo puedes usar tablas y una gráfica para resolver el problema?

7. **Usar herramientas apropiadas** Escribe una regla para cada donación y completa las tablas.

Regla: _____

Vueltas	Inicio							
Donación ($)	8							

Regla: _____

Vueltas	Inicio							
Donación ($)	15							

8. **Usar herramientas apropiadas** Marca en la gráfica los pares ordenados de las tablas.

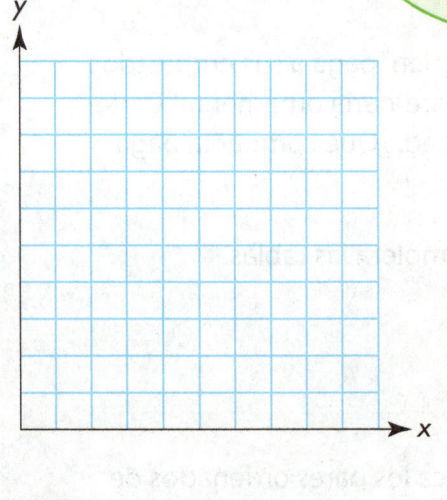

Cuando **entiendes y perseveras**, escoges e implementas una estrategia apropiada.

9. **Razonar** Explica qué donación será mayor.

Nombre _____

Tarea y práctica 15-4
Entender y perseverar

¡Revisemos!

Simón tiene 28 tarjetas de beisbol y 16 tarjetas de futbol. Planea conseguir 6 tarjetas más de beisbol y 4 tarjetas más de futbol por mes. ¿Tendrá alguna vez la misma cantidad de tarjetas de beisbol que de futbol? Explícalo.

Escribe una regla y haz una tabla para cada tipo de tarjeta. En la misma gráfica, representa los pares ordenados de las tablas.

Para **entender y perseverar**, grafica los pares ordenados y, luego, analiza la gráfica.

Tarjetas de beisbol: Iniciar en 28 y sumar 6.

Mes	Inicio	1	2	3	4	5	6
Tarjetas de beisbol	28	34	40	46	52	58	64

Tarjetas de futbol: Iniciar en 16 y sumar 4.

Mes	Inicio	1	2	3	4	5	6
Tarjetas de futbol	16	20	24	28	32	36	40

Nunca tendrá la misma cantidad de tarjetas de beisbol que de futbol. Las rectas se apartan; por tanto, la cantidad de tarjetas nunca será igual.

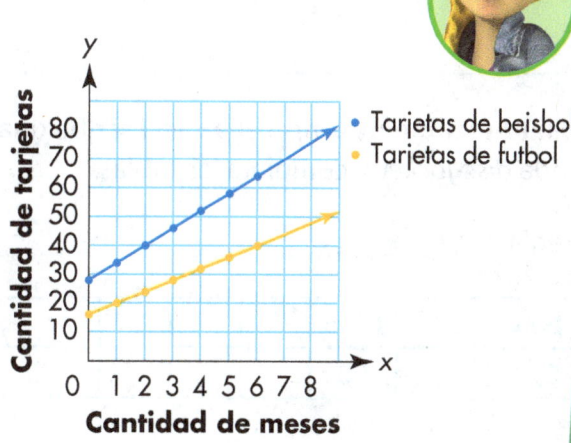

Entender y perseverar

El acuario de la raya contiene 6 pulgadas de agua y el acuario del tiburón está vacío. Cada hora, se agregan 4 pulgadas de agua al acuario de la raya y 6 pulgadas al acuario del tiburón. ¿Tendrá alguna vez la misma profundidad el agua de los dos acuarios? Explícalo.

Horas	Inicio					
Profundidad (pulgs.)	6					

Horas	Inicio					
Profundidad (pulgs.)	0					

1. Escribe una regla y completa las tablas.

    Regla: _____

    Regla: _____

2. Grafica los pares ordenados de las tablas.

3. Explica si alguna vez el agua de los dos acuarios tendrá la misma profundidad.

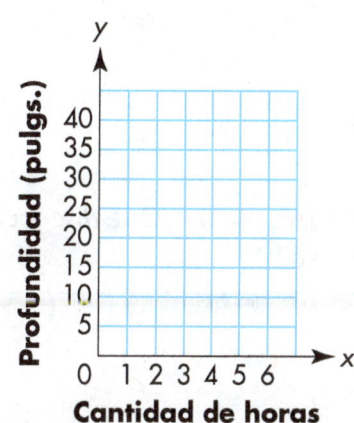

Tema 15 | Lección 15-4   835

Evaluación del rendimiento

Festival de otoño
El distrito del parque quiere contratar un *disc-jockey* para el Festival de otoño. Se espera que el festival dure al menos 6 horas. ¿Qué *disc-jockey* será menos costoso?

4. **Entender y perseverar** ¿Cómo puedes usar tablas y una gráfica para resolver el problema?

5. **Usar herramientas apropiadas** Escribe una regla para cada *disc-jockey* y completa las tablas.

Regla: _____

Horas	Inicio					
Costo ($)	90					

Regla: _____

Horas	Inicio					
Costo ($)	20					

6. **Usar herramientas apropiadas** Representa en la gráfica los pares ordenados de las tablas.

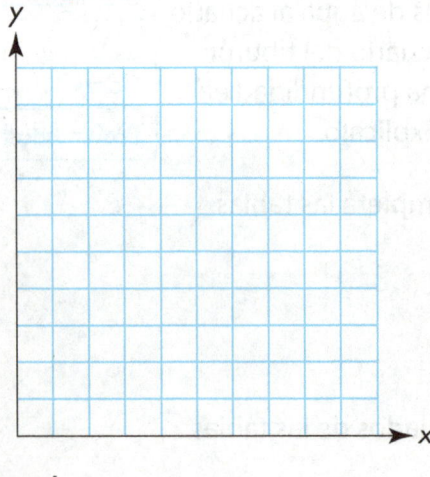

Cuando **entiendes y perseveras**, usas una estrategia para encontrar el sentido del problema.

7. **Hacerlo con precisión** ¿Qué *disc-jockey* será menos costoso?

Nombre _____

TEMA 15 — **Actividad de práctica de fluidez**

Resuelve los problemas. Sigue los que tienen el resultado 72,072 para sombrear una ruta que vaya desde la **SALIDA** hasta la **META**. Solo te puedes mover hacia arriba, hacia abajo, hacia la derecha o hacia la izquierda.

Puedo...
multiplicar números enteros de varios dígitos.

Salida

5,544 × 13	819 × 88	1,144 × 63	1,716 × 42	792 × 91
2,012 × 36	4,059 × 18	2,007 × 36	6,562 × 11	1,287 × 56
728 × 99	1,092 × 66	3,432 × 21	2,772 × 26	936 × 77
2,574 × 28	4,504 × 16	1,002 × 71	6,311 × 12	4,039 × 18
1,386 × 52	924 × 78	1,638 × 44	1,848 × 39	1,001 × 72

Meta

Tema 15 | Actividad de práctica de fluidez 837

TEMA 15: Repaso del vocabulario

Lista de palabras
- coordenada *x*
- coordenada *y*
- eje de las *x*
- eje de las *y*
- gráfica de coordenadas
- origen
- par ordenado
- progresión numérica
- términos correspondientes

Comprender el vocabulario

Escribe *siempre, a veces* o *nunca* en los espacios en blanco.

1. Los términos correspondientes ocupan _____ la misma posición en un par de progresiones numéricas.

2. Un par ordenado _____ se puede marcar en el origen de una gráfica de coordenadas.

3. En una gráfica de coordenadas, el origen _____ puede estar ubicado en una posición distinta de (0, 0).

4. Dos rectas numéricas que forman una gráfica de coordenadas _____ se intersecan en un ángulo recto.

5. El segundo número de un par ordenado _____ describe la distancia hacia la derecha o hacia la izquierda del origen.

Usa las listas de números en los Ejercicios **6** a **8**.

| 0 4 9 12 15 | 0 5 10 15 20 | 0 10 20 30 40 |
| 1 4 7 10 10 | 7 11 15 19 23 | |

	Ejemplo	Contraejemplo
6. Progresión numérica	_____	_____
7. Otra progresión numérica	_____	_____
8. Identifica un par de términos correspondientes en tus ejemplos de los Ejercicios 6 y 7.	_____	_____

Usar el vocabulario al escribir

9. Explica cómo identificar términos correspondientes en dos progresiones numéricas. Usa términos de la Lista de palabras en tu explicación.

Nombre _____

TEMA 15

Refuerzo

Grupo A — páginas 813 a 818

María tiene $4 y ahorrará $10 por semana. Stephen tiene $9 y también ahorrará $10 por semana.

María usa la regla "Sumar 10" para crear tablas para ver cuánto habrá ahorrado cada uno luego de cada semana. ¿Qué relación observas entre los **términos correspondientes**?

Semana	María
Inicio	$4
1	$14
2	$24
3	$34
4	$44

Semana	Stephen
Inicio	$9
1	$19
2	$29
3	$39
4	$49

Luego de cada semana, Stephen tiene ahorrados $5 más que María. O María tiene $5 menos que Stephen.

Recuerda que debes comparar los términos correspondientes para ver si hay una relación.

1. Dos grupos de estudiantes salieron a caminar. Luego de 1 hora, el Grupo A había caminado $1\frac{1}{2}$ millas y el Grupo B, $2\frac{1}{2}$ millas. Luego, cada grupo caminó 2 millas por hora. Completa las tablas para mostrar qué distancia caminó cada grupo luego de 3 horas.

Hora	Grupo A (mi)
1	$1\frac{1}{2}$
2	
3	

Hora	Grupo B (mi)
1	$2\frac{1}{2}$
2	
3	

2. ¿Qué relación observas entre los términos correspondientes?

Grupo B — páginas 819 a 824

André levanta pesas dos veces por semana y corre 4 veces por semana. André usa la regla "Sumar 2" y "Sumar 4" para completar la tabla. ¿Qué relación observas entre los términos correspondientes?

Semana	Levantar pesas	Correr
1	2	4
2	4	8
3	6	12
4	8	16

La cantidad de veces que André corre es siempre 2 veces la cantidad de veces que levanta pesas.

Recuerda que debes usar las reglas como ayuda para completar las tablas.

1. Un centro de jardinería vende 15 árboles y 45 arbustos por día durante una semana. Completa la tabla para mostrar cuántos árboles y cuántos arbustos en total se vendieron en 4 días. Usa las reglas "Sumar 15" y "Sumar 45" como ayuda.

Días	Árboles	Arbustos
1	15	45
2		
3		
4		

2. ¿Cuál es la relación entre los términos correspondientes de las progresiones?

Tema 15 | Refuerzo 839

Grupo C páginas 825 a 830

Kelly usa 3 libras de frutos secos y 2 libras de cereal para preparar una tanda de granola. La tabla muestra cuántas libras totales de cada ingrediente necesitará para 4 tandas. Grafica los pares ordenados de los términos correspondientes. ¿Qué representa el punto (12, 8)?

Tanda	Frutos secos (lb)	Cereal (lb)
1	3	2
2	6	4
3	9	6
4	12	8

La tabla y la gráfica representan el problema. El punto (12, 8) muestra que cuando Kelly use 12 libras de frutos secos, usará 8 libras de cereal.

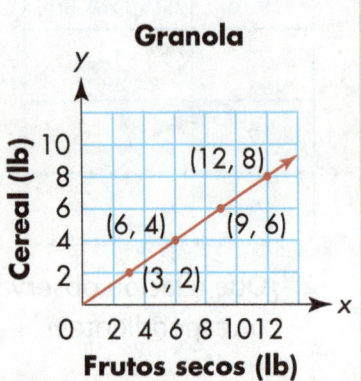

Recuerda que debes hacer pares ordenados con los términos correspondientes.

1. Lauren tiene $6 y ahorra $5 por semana. Derrick tiene $3 y ahorra $5 por semana. ¿Cuánto habrá ahorrado cada uno luego de 4 semanas? Usa la regla "Sumar 5" para completar la tabla.

Semana	Lauren	Derrick
Inicio	$6	$3
1		
2		
3		
4		

2. ¿Qué representa el punto (26, 23)?

3. ¿Cuál es la relación entre los términos correspondientes?

Grupo D páginas 831 a 836

Piensa en estas preguntas como ayuda para **entender y perseverar** en la resolución de los problemas.

Hábitos de razonamiento
- ¿Qué necesito hallar?
- ¿Qué sé?
- ¿Qué más puedo intentar si no puedo seguir adelante?
- ¿Cómo puedo comprobar si mi solución tiene sentido?

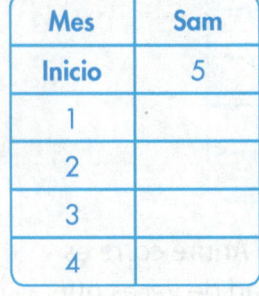

Recuerda que puedes usar patrones, tablas y gráficas para representar y resolver problemas.

1. Sam comienza con 5 estampillas y compra 10 más por mes. Pat comienza con 9 estampillas y compra 9 más por mes. Completa la tabla usando las reglas "Sumar 10" y "Sumar 9".

Mes	Sam
Inicio	5
1	
2	
3	
4	

Mes	Pat
Inicio	9
1	
2	
3	
4	

2. Haz una gráfica con los datos de las tablas. ¿Tendrá Sam alguna vez más estampillas que Pat?

Nombre _____

TEMA 15 — Evaluación

1. Liz y Fareed abren una cuenta de ahorros cada uno. Liz inicia su cuenta con $75 y Fareed inicia la suya con $100. Cada mes los dos ahorran otros $50.

   Parte A

   Completa la tabla para mostrar cuánto ha ahorrado cada uno en total luego de cada mes. Usa la regla "Sumar 50".

Mes	Liz	Fareed
Inicio	$75	$100
1		
2		
3		
4		

   Parte B

   Marca todos los pares ordenados que representan las cantidades que Liz y Fareed ahorraron cada mes.

   ☐ (50, 75)
   ☐ (75, 100)
   ☐ (125, 150)
   ☐ (150, 200)
   ☐ (275, 300)

   Parte C

   Describe la relación entre las cantidades que ahorró cada uno luego de dos meses.

2. En cada juego de ajedrez hay 16 peones y 2 reyes.

   Parte A

   Completa la tabla para mostrar cuántos peones y cuántos reyes hay en total en diferentes cantidades de juegos de ajedrez. Usa las reglas "Sumar 16" y "Sumar 2".

Juegos	Peones	Reyes
1		
2		
3		
4		
5		

   Parte B

   Usa la cantidad total de peones y reyes para formar pares ordenados. Grafica los pares ordenados a continuación.

   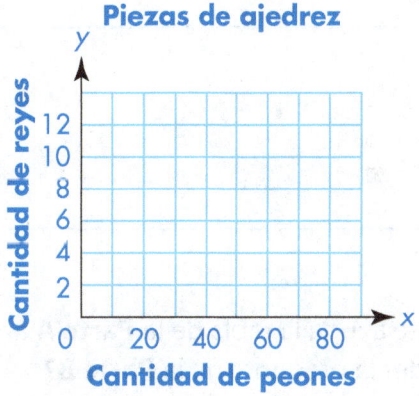

   Parte C

   ¿Qué representa el par ordenado (96, 12)?

Tema 15 | Evaluación   841

3. Luis llevó la cuenta de las alturas de su planta de albahaca y su planta de cebollino. La planta de albahaca medía 15.5 cm y creció 1.5 por semana. La planta de cebollino medía 18.5 cm y creció 0.5 por semana.

Parte A

Completa la tabla para mostrar la altura de cada planta luego de cada semana. Usa las reglas "Sumar 1.5" y "Sumar 0.5".

Altura de las plantas (cm)		
Semana	Albahaca	Cebollino
Inicio	15.5	18.5
1		
2		
3		
4		

Parte B

¿Alguna vez la planta de albahaca será más alta que la planta de cebollino? Si así fuera, ¿cuándo?

Parte C

¿Cómo te ayuda la tabla de la **Parte A** a responder la pregunta de la **Parte B**?

4. La panadería de Bonnie hace 12 pasteles y 36 pastelitos por hora.

Parte A

Completa la tabla para mostrar cuántos pasteles y cuántos pastelitos en total se hacen en la panadería después de cada hora. Usa las reglas "Sumar 12" y "Sumar 36".

Hora	Pasteles	Pastelitos
1		
2		
3		
4		
5		

Parte B

Matías dice: "La cantidad total de pastelitos que se hacen es siempre 24 más que la cantidad total de pasteles". ¿Estás de acuerdo? Explica tu razonamiento.

Parte C

Bonnie quiere graficar esta información. ¿Qué par ordenado representa la cantidad total que se hizo de cada producto luego de 6 horas?

Ⓐ (36, 12)

Ⓑ (18, 42)

Ⓒ (60, 180)

Ⓓ (72, 216)

Nombre _____

Los patrones de las mariposas
Usa la imagen de las **Mariposas** para explorar patrones.

Mariposas

Las mariposas tienen 4 alas y 6 patas.

Evaluación del rendimiento

1. Jessie y Jason usan sus celulares para fotografiar mariposas. Jessie tenía 3 fotografías almacenadas en su teléfono celular y Jason tenía 1 en el suyo. El sábado, cada uno fotografió una mariposa por hora.

   Parte A

   ¿Cuántas alas de mariposa hay en cada colección de fotografías luego de 3 horas?

Alas de mariposa		
Hora	Fotografías de Jessie	Fotografías de Jason
0		
1		
2		
3		

   Parte B

   ¿Cuál es la relación entre los términos correspondientes de los dos patrones de la Parte A?

   Parte C

   Escribe reglas para la cantidad de alas de mariposa que hay en las fotografías de Jessie y en las de Jason.

2. Compara la cantidad de alas con la cantidad de patas en distintas cantidades de mariposas.

   Parte A

   Completa la tabla.

Cantidad de mariposas	Alas	Patas
0	0	0
1		
2		
3		

Tema 15 | Evaluación del rendimiento   843

Parte B

¿Cuál es la relación entre la cantidad de alas y la cantidad de patas que hallaste en la Parte A?

3. Tomika no tiene fotografías de mariposas en su teléfono celular, pero Kyle tiene 3 fotografías en el suyo. El sábado, Tomika toma 2 fotografías de mariposas por hora y Kyle toma 1 fotografía por hora. Responde lo siguiente para hallar si alguna vez sus colecciones de fotografías de mariposas tendrán la misma cantidad de alas o no.

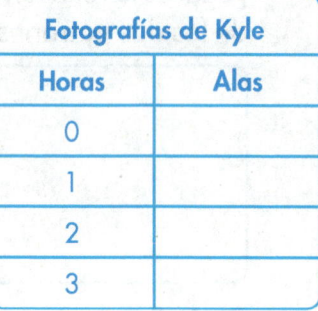

Parte A

Escribe una regla y completa la tabla de **Fotografías de Tomika**.

Parte B

Escribe una regla y completa la tabla de **Fotografías de Kyle**.

Parte C

Representa los pares ordenados de la Parte A y la Parte B en la misma gráfica de coordenadas y traza rectas para los conjuntos.

Parte D

¿Tendrán alguna vez Tomika y Kyle la misma cantidad de alas en sus fotografías? Explícalo.

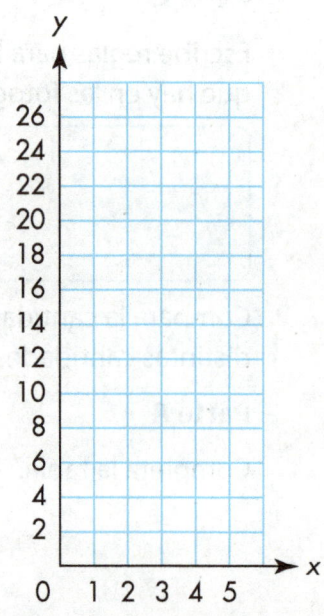

TEMA 16

Medición geométrica: Clasificar figuras bidimensionales

Pregunta esencial: ¿Cómo se pueden describir, clasificar y nombrar los triángulos y los cuadriláteros?

Recursos digitales

Resuelve Aprende Glosario Amigo de práctica
Herramientas Evaluación Ayuda Juegos

Los nopales, los coyotes, los escorpiones, la arena y las rocas forman parte del ecosistema del desierto en las montañas de Guadalupe.

Un *ecosistema* es una interacción de todos los organismos vivos de un medio ambiente en particular.

¿Pensaste alguna vez en la escuela como un tipo de ecosistema? Este es un proyecto sobre los ecosistemas.

Proyecto de Matemáticas y Ciencias: Ecosistemas

Investigar Usa la Internet u otros recursos para aprender más acerca de los ecosistemas. Busca ejemplos de cambios que pueden causar los organismos vivos. Haz una lista de tres ecosistemas y describe cualquier cambio que los seres humanos puedan haber provocado en cada uno.

Diario: Escribir un informe Incluye lo que averiguaste. En tu informe, también:

- compara dos ecosistemas. Haz una lista de 10 seres vivos y 5 objetos inertes que puedas encontrar en cada uno.
- piensa en los cambios que pueden ocurrir en un ecosistema. ¿Los cambios son positivos o negativos? ¿Por qué?
- usa figuras bidimensionales para hacer un mapa o un diagrama de un ecosistema.

Tema 16   845

Nombre_____

Repasa lo que sabes

Vocabulario

Escoge el mejor término del recuadro.
Escríbelo en el espacio en blanco.

- cuadrilátero
- polígono
- grado
- segmento de recta
- paralelos
- perímetro
- vértice

1. Un _____ es un polígono que tiene cuatro lados.

2. El punto donde dos lados de un polígono se intersecan es un _____.

3. La distancia entre los lados _____ de un polígono es siempre la misma.

4. El _____ es una unidad de medida para los ángulos.

Decimales

Halla las respuestas.

5. $2.75 + 9.08$

6. $17.6 - 3.08$

7. 83.2×0.1

8. 24.27×10^3

Fracciones

Halla las respuestas.

9. $3\frac{2}{3} + 6\frac{9}{10}$

10. $8\frac{1}{2} - 4\frac{4}{5}$

11. $8 \div \frac{1}{2}$

12. $\frac{1}{3} \div 6$

Escribe una ecuación

13. Louisa dibujó un polígono con seis lados de la misma longitud. Si el perímetro del polígono de Louisa es 95.4 centímetros, ¿cuánto mide cada lado? Usa una ecuación para resolverlo.

14. El área de un rectángulo es 112 pulgadas cuadradas. Si la longitud del rectángulo es 16 pulgadas, ¿cuál es el ancho del rectángulo? Usa una ecuación para resolverlo.

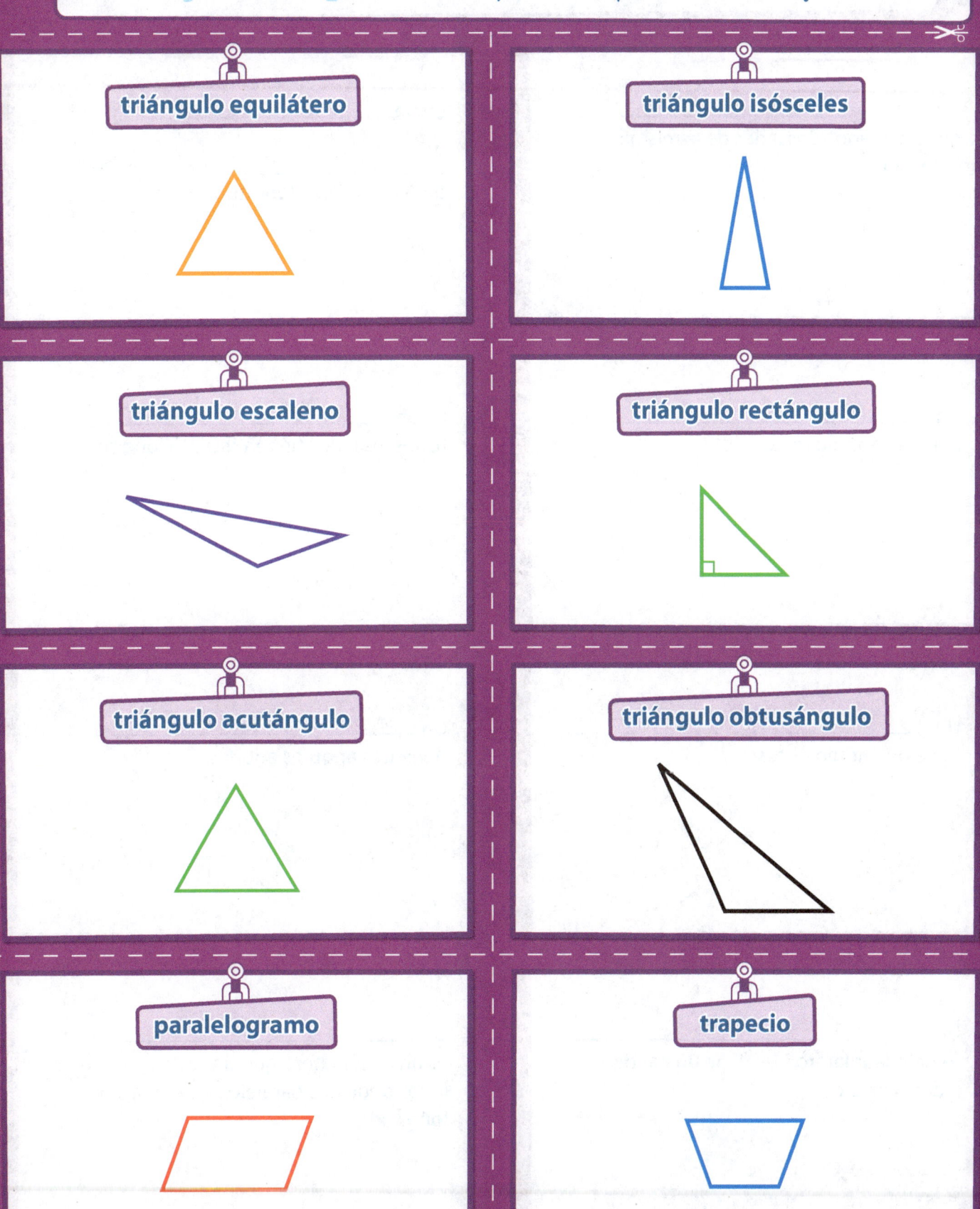

Mis tarjetas de palabras

Completa cada definición. Para ampliar lo que aprendiste, escribe tus propias definiciones.

Un _____ tiene al menos dos lados de la misma longitud.

En un _____ _____, todos los lados tienen la misma longitud.

Un _____ tiene un ángulo recto.

En un _____, todos los lados tienen distinta longitud.

Un _____ tiene un ángulo obtuso.

Un _____ tiene tres ángulos agudos.

Un _____ es un cuadrilátero que tiene un par de lados paralelos.

Un _____ es un cuadrilátero que tiene dos pares de lados opuestos paralelos y de la misma longitud.

Mis tarjetas de palabras

Completa cada definición. Para ampliar lo que aprendiste, escribe tus propias definiciones.

Un _____ es un paralelogramo que tiene cuatro ángulos rectos.

Un _____ es un rectángulo que tiene todos los lados de la misma longitud.

Un _____ es un paralelogramo que tiene todos los lados de la misma longitud.

Nombre _____

Resuélvelo y coméntalo

A continuación se muestra un triángulo. Dibuja cinco triángulos más con diferentes propiedades. Junto a cada triángulo, haz una lista de las propiedades, como 2 lados iguales, 1 ángulo recto, 3 ángulos agudos, etc. *Trabaja con un compañero para resolver este problema.*

Lección 16-1
Clasificar triángulos

Puedo...
clasificar triángulos por sus ángulos y lados.

También puedo construir argumentos matemáticos.

Construir argumentos
¿Cómo sabes qué propiedades describen un triángulo? ¡Muestra tu trabajo!

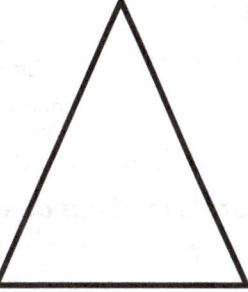

¡Vuelve atrás! **Razonar** ¿Puedes clasificar los triángulos que creaste según sus propiedades? ¿Algunos triángulos tienen más de una clasificación? Indica cómo lo sabes.

Tema 16 | Lección 16-1   851

Pregunta esencial: ¿Cómo se pueden clasificar los triángulos?

A

Los triángulos se pueden clasificar por la longitud de sus lados.

Triángulo equilátero
Todos los lados tienen la misma longitud.

Triángulo isósceles
Al menos dos lados tienen la misma longitud.

Triángulo escaleno
Todos los lados tienen distinta longitud.

¿Puedes saber si los lados de un triángulo tienen la misma longitud sin medirlos?

B

La medida total de todos los ángulos de un triángulo es 180°.

Los triángulos también se pueden clasificar por las medidas de sus ángulos.

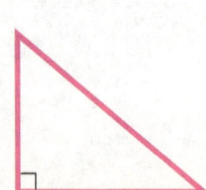
Triángulo rectángulo
Un ángulo es un ángulo recto.

Triángulo acutángulo
Los tres ángulos son ángulos agudos.

Triángulo obtusángulo
Un ángulo es un ángulo obtuso.

¡Convénceme! Construir argumentos ¿Puedes dibujar un triángulo rectángulo equilátero? Explícalo usando lenguaje matemático preciso.

Para justificar un argumento matemático, debes usar un lenguaje matemático preciso e ideas para explicar tu razonamiento.

852 | Tema 16 | Lección 16-1   Copyright © Savvas Learning Company LLC. All Rights Reserved.

Nombre _____

Práctica guiada

¿Lo entiendes?

1. Construir argumentos ¿Puede un triángulo rectángulo tener un ángulo obtuso? ¿Por qué?

2. ¿Puede un triángulo equilátero tener solo dos lados de la misma longitud? ¿Por qué?

¿Cómo hacerlo?

Clasifica los triángulos por sus lados y, luego, por sus ángulos en los Ejercicios **3** y **4**.

3.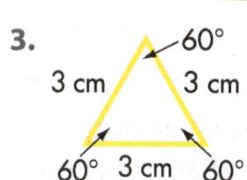

4.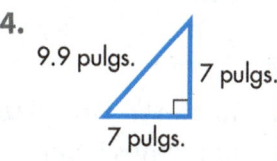

Práctica independiente

Clasifica los triángulos por sus lados y, luego, por sus ángulos en los Ejercicios **5** a **10**.

5. 30°, 6 pulgs., 6 pulgs., 75°, 3.1 pulgs., 75°

6. 9 yd, 12 yd, 15 yd (ángulo recto)

7. 11 cm, 60°, 11 cm, 60°, 60°, 11 cm

8. 15.1 m, 9.2 m, 110°, 9.2 m

9. 6 m, 10 m, 8 m (ángulo recto)

10. 12 cm, 6.5 cm, 12 cm

Piensa en lo que necesitas comparar para clasificar el triángulo correctamente.

*Puedes encontrar otro ejemplo en el Grupo A, página 877.

Tema 16 | Lección 16-1   853

Resolución de problemas

11. La Pirámide del Louvre es una entrada al Museo del Louvre en París. La base de la pirámide mide 35 metros de largo y los lados miden 32 metros de largo. Clasifica el triángulo del frente de la Pirámide del Louvre por la longitud de sus lados y las medidas de sus ángulos.

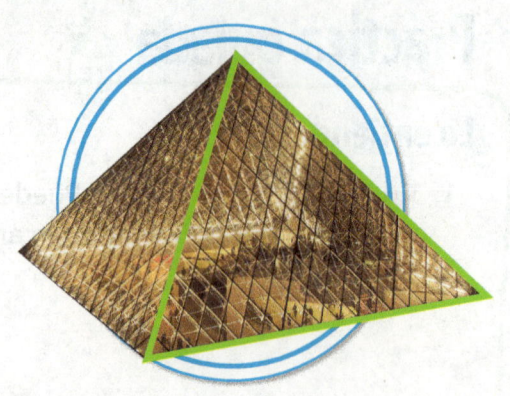

12. Razonar Una pizza se divide en doce porciones iguales. Glenn y Ben comieron cada uno $\frac{1}{6}$ de la pizza el lunes. Al día siguiente, Ben comió $\frac{1}{2}$ de la pizza que quedó. ¿Cuántas porciones de pizza quedan? Explica tu razonamiento.

13. Durante una liquidación en la librería, los libros se vendían a $3 y las revistas a $2.50. Jan gastó $16 y compró en total 6 libros y revistas. ¿Cuántos compró de cada uno?

14. Razonamiento de orden superior Las medidas de dos ángulos de un triángulo son 23° y 67°. ¿El triángulo es acutángulo, rectángulo u obtusángulo? Usa términos geométricos en tu explicación.

15. Entender y perseverar Un refugio para animales alberga perros, gatos y conejos. Hay 126 animales en el refugio. De los animales, $\frac{1}{3}$ son gatos. Tres cuartos del resto de los animales son perros. ¿Cuántos conejos hay? Muestra tu trabajo.

✓ Evaluación

16. Dos lados de un triángulo miden 5 pulgadas y 6 pulgadas. Jason dice que el triángulo debe ser escaleno. ¿Tiene razón Jason? Explícalo.

Nombre _____

Tarea y práctica
16-1
Clasificar triángulos

¡Revisemos!

Puedes clasificar triángulos por las longitudes de sus lados y las medidas de sus ángulos.

Medidas de ángulos	Longitudes de lados
Acutángulo Todos los ángulos miden menos de 90°.	**Equilátero** Todos los lados tienen la misma longitud.

Este triángulo es a la vez equilátero y acutángulo.

Rectángulo Un ángulo recto	**Isósceles** Dos lados tienen la misma longitud.

Este triángulo es a la vez isósceles y rectángulo.

Obtusángulo Un ángulo obtuso	**Escaleno** Todos los lados tienen distinta longitud.

Este triángulo es a la vez escaleno y obtusángulo.

Recuerda que la suma de las medidas de los ángulos de un triángulo es 180°.

Clasifica los triángulos por sus lados y, luego, por sus ángulos en los Ejercicios **1** a **9**.

1. 8 cm, 128°, 8 cm, 26°, 26°, 14 cm

2. 5 pulgs., 3 pulgs., 4 pulgs.

3. 3 pies, 60°, 3 pies, 60°, 60°, 3 pies

4. 14 m, 14 m, 19.8 m

5. 3¼ pulgs., 2 pulgs., 26°, 135°, 1½ pulgs.

6. 8.2 cm, 35°, 70°, 8 cm, 75°, 5 cm

7. 1 m, 60°, 1 m, 60°, 60°, 1 m

8. 2 m, 70°, 70°, 3 m, 40°, 3 m

9. 8 pies, 11.3 pies, 8 pies

Tema 16 | Lección 16-1   855

10. Judy compró una carpa nueva para un viaje de campamento. Mira el lado de la carpa donde está la entrada. Clasifica el triángulo por sus lados y sus ángulos.

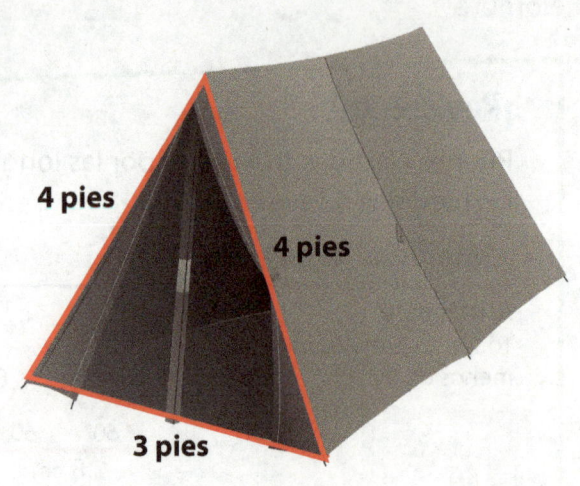

11. **Representar con modelos matemáticos** Judy compró su carpa en una rebaja. El precio de oferta era $70 de descuento del precio original. Judy también usó un cupón por $15 de descuento adicional. Si Judy pagó $125 por la carpa, ¿cuál era el precio original? Escribe una ecuación para mostrar tu trabajo.

12. **Evaluar el razonamiento** Ted dice que el siguiente triángulo no se puede clasificar porque todos los lados tienen distinta longitud. ¿Tiene razón Ted? Explica por qué.

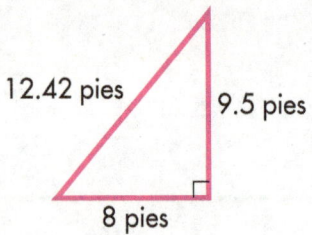

13. **Razonamiento de orden superior** Las longitudes de dos lados de un triángulo son 15 pulgadas cada uno. El tercer lado mide 10 pulgadas. ¿Qué tipo de triángulo es? Explica tu respuesta usando términos geométricos.

14. **Representar con modelos matemáticos** Una fábrica envía pequeños aparatos electrónicos en contenedores. En cada contenedor caben 12 cajas. En cada caja hay 275 aparatos. ¿Cuántos aparatos hay en un contenedor?

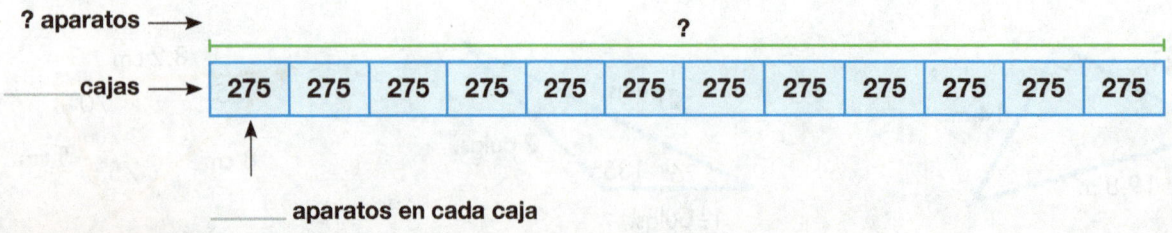

Evaluación

15. Claire dice que puede dibujar un triángulo equilátero obtusángulo. ¿Tiene razón? Explícalo.

Nombre _____

Resuélvelo y coméntalo

Traza un segmento de recta de cualquier longitud que quepa en el siguiente espacio. El segmento de recta puede ir en cualquier dirección, pero debe ser recto. Traza otro segmento de recta de cualquier longitud paralelo al primero. Une los extremos de cada segmento de recta con segmentos de recta para formar una figura cerrada de cuatro lados. ¿Qué aspecto tiene tu figura? ¿Puedes clasificarla? *Comenta tus ideas con un compañero.*

 Resuelve

Lección 16-2
Clasificar cuadriláteros

Puedo...
clasificar cuadriláteros por sus propiedades.

También puedo razonar sobre las matemáticas.

Puedes razonar para hallar las diferencias y semejanzas entre figuras cuando clasificas cuadriláteros. ¡Muestra tu trabajo!

¡Vuelve atrás! Razonar ¿Cómo puedes dibujar un cuadrilátero distinto del que hiciste arriba? Describe qué puedes cambiar y por qué esos cambios modifican el cuadrilátero.

Recursos digitales en SavvasRealize.com Tema 16 | Lección 16-2 857

Pregunta esencial: ¿Cuáles son algunas de las propiedades de los cuadriláteros?

A

Los cuadriláteros se clasifican en categorías según sus propiedades.

- ¿Cuántos pares de lados opuestos son paralelos?
- ¿Qué lados tienen la misma longitud?
- ¿Cuántos ángulos rectos tiene?

Piensa en las siguientes preguntas cuando clasificas cuadriláteros.

B Un **trapecio** tiene un par de lados paralelos.

Un **paralelogramo** tiene dos pares de lados opuestos paralelos y de la misma longitud.

C Un **rectángulo** tiene cuatro ángulos rectos.

Un **rombo** tiene todos los lados de la misma longitud.

D Un **cuadrado** tiene todos los lados de la misma longitud.

Un cuadrado tiene cuatro ángulos rectos.

¡Convénceme! **Generalizar** ¿En qué se diferencia un paralelogramo de un rombo? ¿En qué se parecen?

858 Tema 16 | Lección 16-2

Nombre _____

Práctica guiada

¿Lo entiendes?

1. **Vocabulario** ¿En qué se parecen un cuadrado y un rombo?

2. **Vocabulario** ¿En qué se diferencia un trapecio de un paralelogramo?

Usa las preguntas de la parte superior de la página 858 como ayuda para clasificar los cuadriláteros.

¿Cómo hacerlo?

Usa tantos nombres como puedas para identificar los polígonos en los Ejercicios **3** a **6**. Indica cuál es el nombre más específico.

3.

4.

5.

6.

Práctica independiente

7. Identifica el polígono usando tantos nombres como puedas.

8. Identifica el polígono usando tantos nombres como puedas.

9. ¿Por qué un cuadrado es también un rectángulo?

10. ¿Qué cuadrilátero especial es tanto un rectángulo como un rombo? Explica cómo lo sabes.

Puedes encontrar otro ejemplo en el Grupo B, página 877.

Tema 16 | Lección 16-2

Resolución de problemas

11. Cada vez que Sophie hace un corte a un polígono, puede formar una clase nueva de polígono. ¿Qué clase de polígono se formaría si Sophie corta la punta del triángulo isósceles que se muestra?

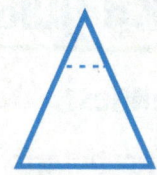

12. **Sentido numérico** El carro de Donald rinde unas 30 millas por galón. Aproximadamente ¿cuántas millas puede recorrer Donald con 9.2 galones de gasolina? A $3.15 el galón, aproximadamente ¿cuánto dinero costaría esa cantidad de gasolina?

13. **Razonar** ¿Es posible dibujar un cuadrilátero que no sea un rectángulo pero que tenga al menos un ángulo recto? Explícalo.

14. El área de un cuadrilátero es 8.4 pies cuadrados. Halla dos números decimales que den un producto cercano a 8.4.

15. **Hacerlo con precisión** Imagina que cortas un cuadrado en dos triángulos idénticos. ¿Qué tipo de triángulos formarás?

16. **Razonamiento de orden superior** Un paralelogramo tiene cuatro lados de la misma longitud. ¿Es un cuadrado? Explica cómo lo sabes.

¿Qué sabes acerca de los lados de un paralelogramo?

 **Evaluación**

17. ¿Qué opción indica las longitudes de los lados de un paralelogramo?

    Ⓐ 5 m, 5 m, 5 m, 1 m
    Ⓑ 1 m, 5 m, 1 m, 5 m
    Ⓒ 4 m, 1 m, 1 m, 1 m
    Ⓓ 1 m, 1 m, 1 m, 5 m

18. ¿Cuál de los siguientes enunciados **NO** es verdadero?

    Ⓐ Un rombo tiene todos los lados de la misma longitud.
    Ⓑ Un cuadrado tiene 4 ángulos rectos.
    Ⓒ Un trapecio no tiene lados paralelos.
    Ⓓ Un rectángulo tiene 4 ángulos rectos.

Nombre _____

Tarea y práctica 16-2
Clasificar cuadriláteros

¡Revisemos!

Algunos cuadriláteros tienen propiedades especiales.

Un **trapecio** tiene un par de lados paralelos.

Un **paralelogramo** tiene dos pares de lados opuestos paralelos e iguales.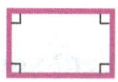

Un **rectángulo** es un paralelogramo que tiene 4 ángulos rectos.

Un **rombo** es un paralelogramo que tiene 4 lados iguales.

Un **cuadrado** es un paralelogramo que tiene 4 ángulos rectos y 4 lados iguales.

Identifica los polígonos en los Ejercicios **1** a **6**. Describe los polígonos con tantos nombres como puedas.

1.

2.

3.

4.

5.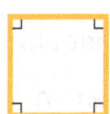

6.

Recursos digitales en SavvasRealize.com   Tema 16 | Lección 16-2   861

7. **Hacerlo con precisión** Un paralelogramo tiene un lado que mide 4 centímetros de largo y un lado que mide 6 centímetros de largo. ¿Cuál es el perímetro del paralelogramo? Explícalo.

8. **Matemáticas y Ciencias** En 2013 un incendio fuera de control cerca del Parque Nacional Yosemite quemó aproximadamente 400 millas cuadradas de bosque. Si una milla cuadrada equivale a 640 acres, aproximadamente ¿cuántos acres de bosques se quemaron? Muestra tu trabajo.

¿Cómo puedes hallar el perímetro de un paralelogramo?

9. **Razonamiento de orden superior** Marvin dice que todos los rombos son cuadrados. Aretha dice que todos los cuadrados son rombos. ¿Quién tiene razón? Explícalo.

10. **Construir argumentos** ¿Qué características te ayudan a distinguir la diferencia entre un rombo y un rectángulo? Explícalo.

11. Ana está colocando 576 cigarras en 8 terrarios diferentes. Colocará la misma cantidad de cigarras en cada terrario. ¿Cuántas cigarras habrá en cada terrario?

576 cigarras
| ? | ? | ? | ? | ? | ? | ? | ? |

12. **Entender y perseverar** Una tienda tiene gorras en exhibición. Cinco gorras son rojas. Hay 4 gorras azules más que gorras verdes. Hay 3 gorras amarillas menos que gorras verdes. Si hay 24 gorras en total, ¿cuántas gorras de cada color hay?

✓ Evaluación

13. ¿Cuál es la longitud del lado *a*?

    Ⓐ 9 mm
    Ⓑ 13 mm
    Ⓒ 22 mm
    Ⓓ 44 mm

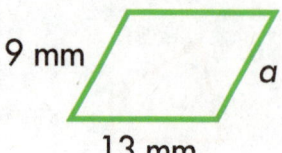

14. ¿Cuál de los siguientes enunciados **NO** es verdadero?

    Ⓐ Un trapecio es un rectángulo.
    Ⓑ Un cuadrado es también un rectángulo.
    Ⓒ Un rectángulo es un cuadrilátero.
    Ⓓ Un cuadrado es también un rombo.

Nombre _____

Lección 16-3
Más sobre clasificar cuadriláteros

Resuélvelo y coméntalo Observa los siguientes cuadriláteros. Escribe las letras de todas las figuras que son trapecios en la tabla. Luego, haz lo mismo con los otros cuadriláteros. *Trabaja con un compañero para resolver este problema.*

Puedo... clasificar cuadriláteros usando una jerarquía.

También puedo razonar sobre las matemáticas.

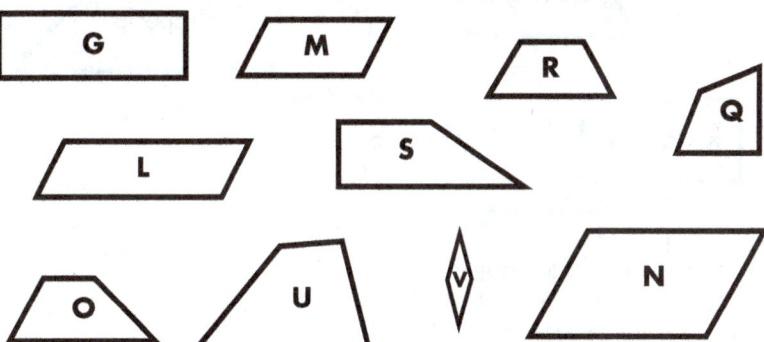

Puedes **razonar** para clasificar cuadriláteros que tienen más de una propiedad. ¡Muestra tu trabajo!

Escribe la letra de las figuras en cada grupo.

Trapecios	
Paralelogramos	
Rectángulos	
Cuadrados	
Rombos	

¡Vuelve atrás! Construir argumentos ¿Qué cuadrilátero tenía más figuras en la lista? Explica por qué este grupo tenía más figuras.

Recursos digitales en SavvasRealize.com Tema 16 | Lección 16-3 863

¿Cómo se pueden relacionar entre sí los cuadriláteros especiales?

A

Este "árbol genealógico" muestra cómo se relacionan entre sí los cuadriláteros especiales.

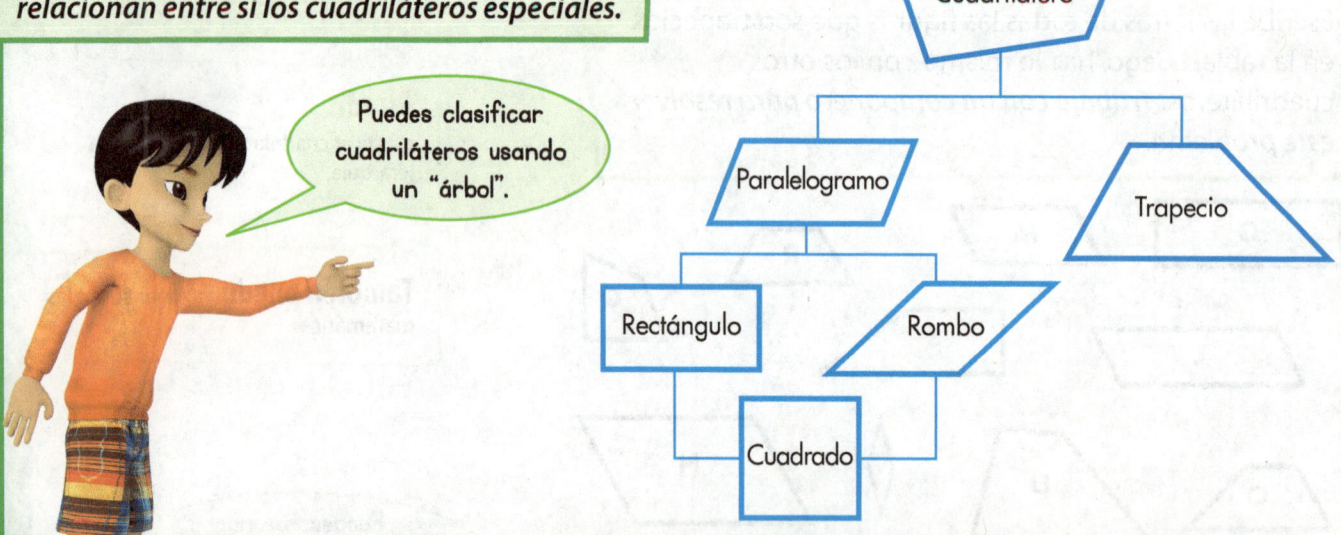

Puedes clasificar cuadriláteros usando un "árbol".

B Cada rama del árbol muestra una subcategoría de la figura ubicada arriba.

Un cuadrado es un tipo de rectángulo. Todos los rectángulos son paralelogramos.

Una categoría puede tener más de una subcategoría.

Las figuras comparten todas las propiedades de las que se ubican sobre ellas.

Un cuadrado y un rectángulo tienen cuatro ángulos rectos.

C Todas las figuras ubicadas debajo del paralelogramo tienen dos pares de lados opuestos paralelos.

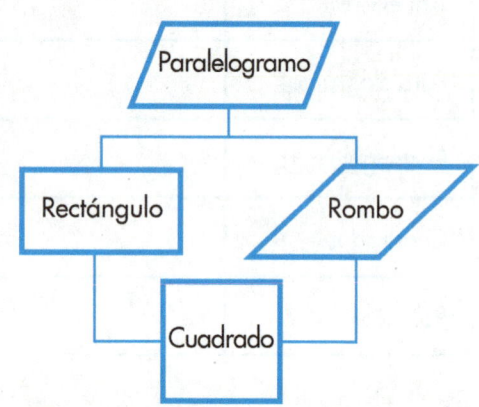

¡Convénceme! Construir argumentos ¿Cuándo puede un rectángulo ser un rombo? ¿Puede un rombo ser un rectángulo? Explícalo usando ejemplos.

864 Tema 16 | Lección 16-3

Nombre

Práctica guiada

¿Lo entiendes?

1. Explica cómo muestra el diagrama de árbol de la página 864 que todos los cuadrados son rectángulos.

2. ¿En qué se parecen un rectángulo y un rombo?

¿Cómo hacerlo?

Indica si los enunciados son verdaderos o falsos en los Ejercicios **3** a **6**.

3. Todos los rectángulos son cuadrados.

4. Todo rombo es un paralelogramo.

5. Los paralelogramos son rectángulos especiales.

6. Un trapecio puede ser un cuadrado.

Práctica independiente

Escribe si los enunciados son verdaderos o falsos en los Ejercicios **7** a **10**.

7. Todos los rombos son rectángulos.

8. Todo trapecio es un cuadrilátero.

9. Los rombos son paralelogramos especiales.

10. Todos los rectángulos son cuadriláteros.

11. ¿Qué propiedades tiene la figura? ¿Por qué no es un paralelogramo?

12. ¿Por qué un cuadrado es también un rombo?

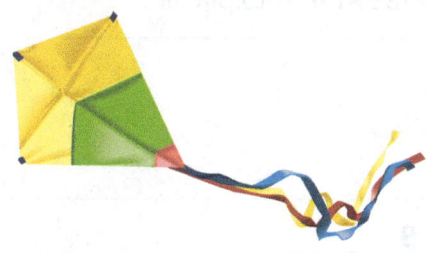

Puedes encontrar otro ejemplo en el Grupo C, página 878.

Tema 16 | Lección 16-3   865

Resolución de problemas

13. Construir argumentos Dibuja un cuadrilátero con un par de lados paralelos y dos ángulos rectos. Explica por qué esta figura es un trapecio.

14. Usar herramientas apropiadas Una piscina tiene forma de rombo con una longitud de lado de 6 metros. ¿Cuál es el perímetro de la piscina? Explica cómo hallaste la respuesta.

Piensa en las propiedades de un rombo para resolver el problema.

15. Representar con modelos matemáticos Una panadería vendió 31 roscas la primera hora que abrió el negocio y 42 roscas la segunda hora. Si la panadería tenía 246 roscas al comienzo, ¿cuántas roscas le quedaron después de la segunda hora?

246 roscas		
31	42	?

16. Razonamiento de orden superior Ann dice que la siguiente figura es un cuadrado. Pablo dice que es un paralelogramo. Félix dice que es un rectángulo. ¿Pueden todos tener razón? Explícalo.

✓ Evaluación

17. Jeff dice que la siguiente figura es un rombo.

Parte A

¿Tiene razón Jeff? Explícalo.

Parte B

¿Qué nombres podría usar para describir la figura?

866 | Tema 16 | Lección 16-3

Nombre _____

Tarea y práctica 16-3
Más sobre clasificar cuadriláteros

¡Revisemos!
Puedes usar el diagrama de árbol para clasificar cuadriláteros y comprender las relaciones que hay entre ellos.

Todos los cuadrados son rectángulos.
Todos los cuadrados son rombos.
Todos los rectángulos son paralelogramos.
Todos los rombos son paralelogramos.
Todos los paralelogramos son cuadriláteros.
Todos los trapecios son cuadriláteros.

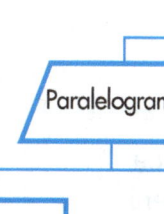

Escribe si los enunciados son verdaderos o falsos en los Ejercicios **1** a **4**.

1. Todos los trapecios son paralelogramos.

2. Todo trapecio es un rectángulo.

3. Los cuadrados son paralelogramos especiales.

4. Todos los cuadriláteros son cuadrados.

5. La figura que se muestra a continuación es un trapecio isósceles. Los dos lados que no son paralelos tienen la misma longitud. ¿Cómo puedes agregar esta forma al diagrama de árbol?

6. ¿Por qué un paralelogramo no es la misma clase de cuadrilátero que un trapecio? Explica cómo lo sabes.

Mira las relaciones en el diagrama de árbol para responder.

7. **Construir argumentos** Harriet dice que no es posible dibujar un cuadrilátero que no sea un trapecio ni un paralelogramo. ¿Tiene razón Harriet? Explica por qué.

¿Qué sabes sobre los trapecios y los paralelogramos que te pueda ayudar?

8. **Usar la estructura** La tabla muestra los ahorros de Henry durante varias semanas. Si el patrón continúa, ¿cuánto habrá ahorrado Henry en la semana 10? Indica cómo lo sabes.

Semana	Ahorros
0	$6.50
1	$7.50
2	$8.50
3	$9.50

DATOS

9. **Álgebra** Sharona planea una barbacoa para 42 personas. Cada invitado comerá 1 hamburguesa vegetariana. Sharona pondrá 1 feta de queso en la mitad de las hamburguesas. Las fetas de queso vienen en paquetes de 8. Escribe y resuelve una ecuación para hallar la cantidad de paquetes de queso, *p*, que tiene que comprar Sharona.

10. **Razonamiento de orden superior** Imagina que un trapecio se define como un cuadrilátero que tiene al menos un par de lados paralelos. ¿Cómo cambiaría el "árbol genealógico" de los cuadriláteros?

✓ **Evaluación**

11. Marisa dice que la siguiente figura es un rectángulo.

Parte A

¿Tiene razón Marisa? Explícalo.

Parte B

¿Qué nombres podría usar para describir la figura?

868 Tema 16 | Lección 16-3

Nombre

Resuélvelo y coméntalo

Alfie piensa que si corta un paralelogramo por una diagonal, tendrá dos triángulos de la misma forma y tamaño. ¿Tiene razón? *Resuelve este problema de la manera que prefieras.* Construye un argumento matemático para justificar tu respuesta.

Resolución de problemas
Lección 16-4
Construir argumentos

Puedo... construir argumentos sobre figuras geométricas.

También puedo clasificar polígonos.

Hábitos de razonamiento

¡Razona correctamente! Estas preguntas te pueden ayudar.

- ¿Cómo puedo usar números, objetos, dibujos o acciones para justificar mi argumento?
- ¿Estoy usando los números y los símbolos correctamente?
- ¿Es mi explicación clara y completa?
- ¿Puedo usar contraejemplos en mi argumento?

¡Vuelve atrás! **Construir argumentos** Imagina que cortas por una diagonal un rombo, un rectángulo o un cuadrado. ¿Obtendrías dos triángulos que tienen la misma forma y el mismo tamaño? Construye un argumento para justificar tu respuesta.

Tema 16 | Lección 16-4   869

Pregunta esencial: ¿Cómo se pueden construir argumentos?

A

Anika dice: "Si trazo una diagonal en un paralelogramo, formaré siempre dos triángulos rectángulos". ¿Tiene razón? Construye un argumento matemático para justificar tu respuesta.

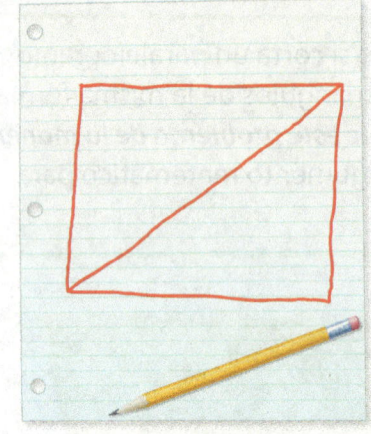

¿Qué tengo que hacer para resolver este problema?

Tengo que examinar varios casos, incluidos paralelogramos especiales. Luego, necesito expresar mi conclusión y escribir un buen argumento para justificarla.

Puedes construir un argumento usando lo que sabes sobre los triángulos y los cuadriláteros.

B ¿Cómo puedo **construir un argumento**?

Puedo
- usar las matemáticas para explicar mi razonamiento.
- usar las palabras y los símbolos correctos.
- dar una explicación completa.
- usar un contraejemplo en mi argumento.

C

Este es mi razonamiento...

Anika no tiene razón. Los triángulos son triángulos rectángulos solo cuando el paralelogramo es un rectángulo o un cuadrado.

Los rectángulos y los cuadrados tienen cuatro ángulos rectos. Por tanto, cada triángulo que se forma al dibujar una diagonal tendrá un ángulo recto y será un triángulo rectángulo. Pero si el paralelogramo no tiene ángulos rectos, ninguno de los triángulos tendrá un ángulo recto.

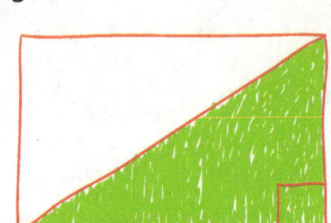

¡Convénceme! Construir argumentos ¿Cómo pueden los contraejemplos ser útiles para construir un argumento?

870 Tema 16 | Lección 16-4

Nombre _____

Práctica guiada

Construir argumentos

Jamal dice: "Dos triángulos equiláteros del mismo tamaño se pueden unir para formar un rombo".

1. ¿Cuál es la definición de un triángulo equilátero? ¿Cuál es la definición de un rombo?

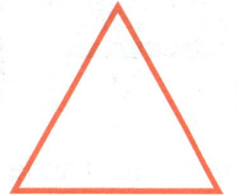 

2. ¿De qué manera conocer estas definiciones te ayuda a construir tu argumento?

3. ¿Tiene razón Jamal? Construye un argumento para justificar tu respuesta.

Práctica independiente

Construir argumentos

Lauren dice: "Si trazo una diagonal en un trapecio, ninguno de los triángulos que se forman tendrá un ángulo recto".

4. ¿Cuál es la definición de un trapecio?

5. Traza ejemplos de una diagonal en un trapecio.

6. ¿Cómo puedes usar un dibujo para construir un argumento?

7. ¿Tiene razón Lauren? Construye un argumento matemático para justificar tu respuesta.

¿No puedes seguir adelante? Responder esta pregunta te puede ayudar. ¿Interpreté correctamente todos los significados de las palabras?

Un diagrama te puede ayudar a construir argumentos.

*Puedes encontrar otro ejemplo en el Grupo D, página 878.

Tema 16 | Lección 16-4

Resolución de problemas

✓ Evaluación del rendimiento

Crear banderas
La clase del Sr. Herrera está estudiando los cuadriláteros. La clase trabajó en grupo, y cada uno hizo una "bandera de cuadriláteros".

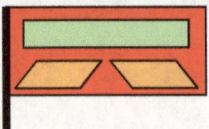
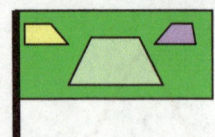
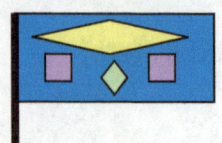
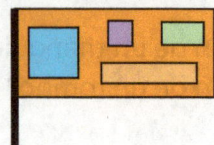

8. **Construir argumentos** ¿Qué banderas muestran paralelogramos? Construye un argumento matemático para justificar tu respuesta.

9. **Razonar** Explica cómo clasificarías los cuadriláteros de la bandera verde y los de la bandera azul.

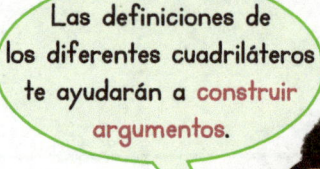
Las definiciones de los diferentes cuadriláteros te ayudarán a construir argumentos.

10. **Evaluar el razonamiento** El grupo de Marcia hizo la bandera roja. El grupo de Bev hizo la bandera anaranjada. Ambas niñas dicen que su bandera tiene solo rectángulos. Evalúa el razonamiento de las dos niñas y explica quién tiene razón.

11. **Entender y perseverar** ¿Tiene sentido que este cuadrilátero esté en alguna de las banderas?

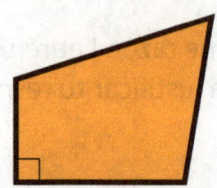

872 Tema 16 | Lección 16-4

Nombre _____

Tarea y práctica 16-4
Construir argumentos

¡Revisemos!

Si dos ángulos de un triángulo miden cada uno 40°, el triángulo es un triángulo obtusángulo.

Indica cómo puedes construir un argumento matemático para justificar el enunciado anterior.

- Puedo hacer un dibujo para apoyar mi argumento.
- Puedo dar una explicación clara y completa.

Construye un argumento matemático para justificar tu enunciado.

La suma de las medidas de dos ángulos es 2 × 40° = 80°. La medida del tercer ángulo es 180° − 80° = 100°. Un ángulo que mide más de 90° es un ángulo obtuso; por tanto, el tercer ángulo es obtuso. Como el triángulo contiene un ángulo obtuso, es un triángulo obtusángulo.

Para hallar la medida del tercer ángulo, recuerda que la suma de las medidas de los ángulos de un triángulo es 180°.

Construir argumentos

Samantha dice: "Un triángulo puede tener tres ángulos rectos".

1. Haz una lista de algunas propiedades de un triángulo. ¿De qué manera conocer las propiedades de un triángulo te ayuda a construir tu argumento?

2. ¿Cómo puedo usar un dibujo para construir un argumento?

3. ¿Tiene razón Samantha? Construye un argumento matemático para justificar tu respuesta.

Piensa si las propiedades, definiciones y diagramas te ayudarán a construir argumentos.

Recursos digitales en SavvasRealize.com   Tema 16 | Lección 16-4   873

Evaluación del rendimiento

Vitral
Quentin tomó una foto de un vitral que vio en la biblioteca. Ahora usa lo que aprendió sobre los triángulos para clasificar los triángulos del vitral.

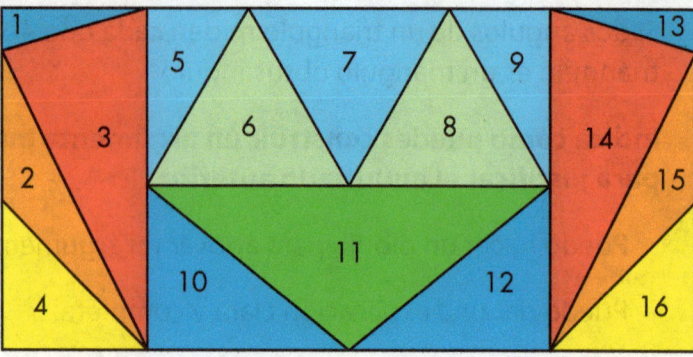

4. **Construir argumentos** ¿Qué triángulos son triángulos rectángulos? Construye un argumento matemático para justificar tu respuesta.

5. **Construir argumentos** ¿Qué triángulos son triángulos rectángulos isósceles? Construye un argumento matemático para justificar tu respuesta.

6. **Construir argumentos** ¿Qué triángulos son triángulos obtusángulos isósceles? Construye un argumento matemático para justificar tu respuesta.

> Usar definiciones de figuras geométricas te ayuda a construir argumentos.

7. **Hacerlo con precisión** ¿Cómo debe clasificar Quentin los Triángulos 6, 7 y 8? Usa el nombre más preciso que puedas.

8. **Usar la estructura** Escoge un triángulo que no se haya incluido en las listas de los Ejercicios 4 a 7. Usa la estructura para clasificarlo por sus ángulos y por sus lados.

Nombre _____

TEMA 16 — Actividad de práctica de fluidez

Trabaja con un compañero. Necesitan papel y lápiz. Cada uno escoge un color diferente: celeste o azul.

El Compañero 1 y el Compañero 2 apuntan a uno de sus números negros al mismo tiempo. Ambos hallan el producto de los dos números.

El compañero que escogió el color donde está ese producto anota una marca de conteo. Sigan la actividad hasta que uno de los compañeros tenga siete marcas de conteo.

Puedo...
multiplicar números enteros de varios dígitos.

Compañero 1					Compañero 2
29	12,264	77,532	204,204	70,499	17
76	612,339	64,752	195,141	14,600	146
84	4,234	672,900	13,286	11,096	852
91	85,200	1,292	71,568	243,100	2,431
100	184,756	565,236	493	221,221	6,729
	1,547	24,708	511,404	1,428	

Marcas de conteo del Compañero 1

Marcas de conteo del Compañero 2

Tema 16 | Actividad de práctica de fluidez   875

TEMA 16 — Repaso del vocabulario

Lista de palabras
- cuadrado
- paralelogramo
- rectángulo
- rombo
- trapecio
- triángulo acutángulo
- triángulo equilátero
- triángulo escaleno
- triángulo isósceles
- triángulo obtusángulo
- triángulo rectángulo

Comprender el vocabulario

Escoge el mejor término de la Lista de palabras. Escríbelo en el espacio en blanco.

1. Un polígono de 3 lados que tiene al menos dos lados de la misma longitud es un _____.

2. Un polígono que tiene un par de lados paralelos es un _____.

3. Un _____ tiene cuatro ángulos rectos y los cuatro lados tienen la misma longitud.

4. Los tres lados de un _____ tienen distintas longitudes.

5. La medida de cada uno de los tres ángulos de un _____ es menor que 90°.

6. Un rectángulo es un tipo especial de _____.

Dibuja un ejemplo y un contraejemplo para los siguientes términos.

	Ejemplo	Contraejemplo
7. Triángulo obtusángulo		
8. Rombo sin ningún ángulo recto		
9. Triángulo rectángulo isósceles		

Usar el vocabulario al escribir

10. Alana dice que no todos los polígonos de 4 lados con 2 pares de lados iguales son paralelogramos. ¿Tiene razón Alana? Usa términos de la Lista de palabras en tu respuesta.

Nombre _____

TEMA 16

Grupo A páginas 851 a 856

Refuerzo

Clasifica el triángulo por las medidas de sus ángulos y las longitudes de sus lados.

Como uno de los ángulos es recto, este es un triángulo rectángulo. Como dos de los lados tienen la misma longitud, es un triángulo isósceles.

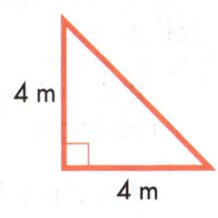

Es un triángulo rectángulo isósceles.

Recuerda que los términos *rectángulo*, *obtusángulo* y *acutángulo* describen un triángulo según sus ángulos. Los términos *equilátero*, *escaleno* e *isósceles* describen un triángulo según sus lados.

Clasifica los triángulos por las medidas de sus ángulos y las longitudes de sus lados.

1.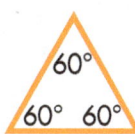
2.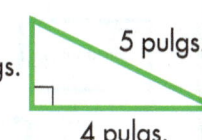
3.
4.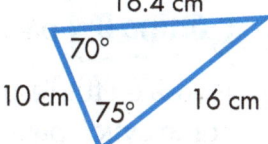

Grupo B páginas 857 a 862

Los cuadriláteros se clasifican por sus propiedades.

Un **trapecio** tiene un par de lados paralelos.

Un **paralelogramo** tiene dos pares de lados iguales paralelos.

Un **rectángulo** es un paralelogramo que tiene 4 ángulos rectos.

Un **rombo** es un paralelogramo que tiene 4 lados iguales.

Un **cuadrado** es un paralelogramo que tiene 4 ángulos rectos y 4 lados iguales.

Recuerda que algunos cuadriláteros se pueden identificar con más de un nombre.

Identifica los cuadriláteros. Descríbelos con tantos nombres como puedas.

1.
2.
3.
4.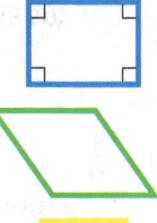

Tema 16 | Refuerzo **877**

Grupo C   páginas 863 a 868

Este diagrama de árbol muestra cómo se relacionan entre sí los cuadriláteros especiales.

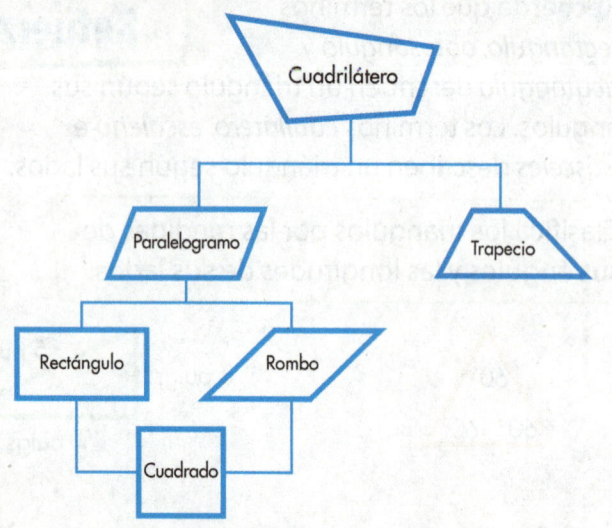

Recuerda que cada rama del diagrama de árbol muestra un subgrupo de la figura que se ubica arriba.

Indica si los enunciados son verdaderos o falsos.

1. Todos los cuadrados son rectángulos.
2. Todo paralelogramo es un rectángulo.
3. Los rombos son paralelogramos especiales.
4. Todos los trapecios son cuadriláteros.

Grupo D   páginas 869 a 874

Piensa en tus respuestas a estas preguntas como ayuda para **construir argumentos**.

Hábitos de razonamiento

- ¿Cómo puedo usar números, objetos, dibujos o acciones para justificar mi argumento?
- ¿Estoy usando los números y los símbolos correctamente?
- ¿Es mi explicación clara y completa?
- ¿Puedo usar contraejemplos en mi argumento?

Recuerda que usar las definiciones de las figuras geométricas te puede ayudar a construir argumentos.

Malcolm dice: "La suma de las medidas de los ángulos de cualquier rectángulo es 180°".

1. ¿Cuál es la definición de un rectángulo?

2. Haz un dibujo de un rectángulo y rotula sus ángulos.

3. ¿Malcolm tiene razón? Construye un argumento matemático para justificar tu respuesta.

878   Tema 16 | Refuerzo

Nombre _____

Evaluación

1. Harry dibujó los triángulos que se muestran. ¿Qué opción describe correctamente los triángulos?

   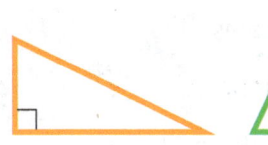 

   Ⓐ Los dos triángulos tienen un ángulo recto.

   Ⓑ Un solo triángulo tiene un ángulo agudo.

   Ⓒ Los dos triángulos tienen al menos dos ángulos obtusos.

   Ⓓ Los dos triángulos tienen al menos dos ángulos agudos.

2. Un triángulo rectángulo tiene un ángulo cuya medida es 35°. ¿Cuál es la medida del tercer ángulo del triángulo?

   Ⓐ 35°
   Ⓑ 55°
   Ⓒ 72.5°
   Ⓓ 145°

3. Marca todas las figuras que sean paralelogramos.

4. El dije que se muestra tiene un par de lados paralelos. ¿Qué tipo de cuadrilátero es el dije?

   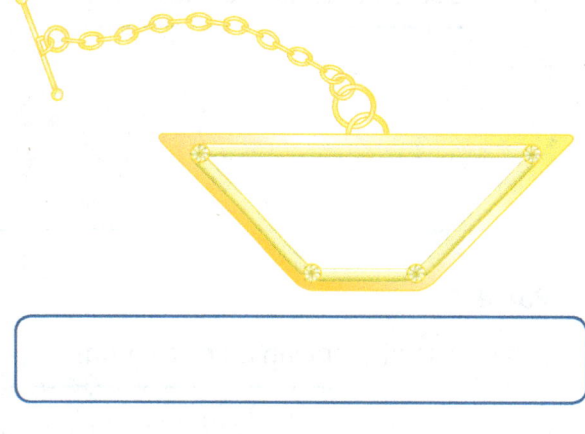

5. ¿Qué opción se puede usar para describir el siguiente cuadrado?

   Ⓐ Los lados opuestos son perpendiculares.
   Ⓑ Todos los ángulos son obtusos.
   Ⓒ Tiene 2 ángulos agudos.
   Ⓓ Todos los lados tienen la misma longitud.

6. Nat dice que un cuadrado es un rectángulo porque tiene 4 ángulos rectos. Amy dice que un cuadrado es un rombo porque tiene 4 lados iguales. ¿Quién tiene razón? Explícalo.

Tema 16 | Evaluación

7. Mira el rombo y el cuadrado siguientes.

Parte A

¿En qué se parecen las dos figuras?

Parte B

¿En qué se diferencian las dos figuras?

8. Identifica la siguiente figura usando tantos nombres como puedas.

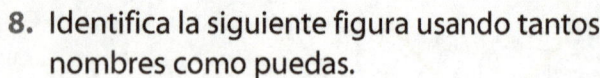

9. Identifica la siguiente figura usando tantos nombres como puedas.

10. La vela de un velero es un triángulo que tiene dos lados perpendiculares y cada lado tiene una longitud diferente. ¿Qué dos términos describen la vela del triángulo?

    Ⓐ Rectángulo isósceles

    Ⓑ Acutángulo isósceles

    Ⓒ Rectángulo escaleno

    Ⓓ Obtusángulo escaleno

11. Anwar dice que la siguiente figura es un paralelogramo. ¿Tiene razón? Explícalo.

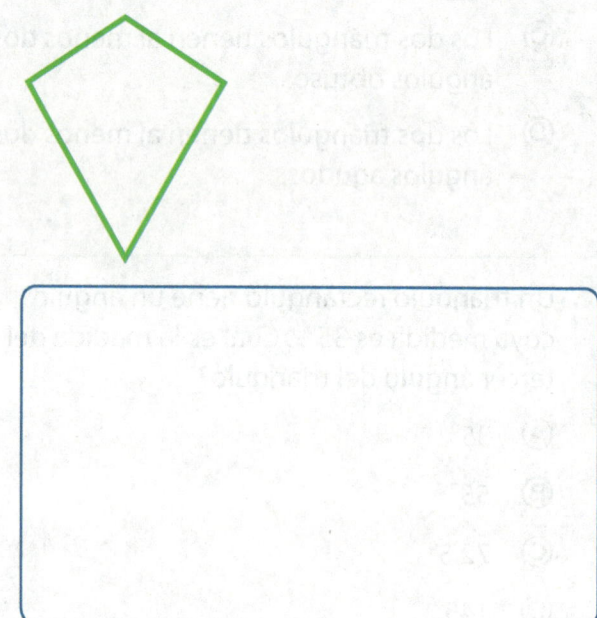

12. El triángulo HJK es un triángulo isósceles. Las medidas de los ángulos J y K son iguales. La medida del ángulo H es 100°. ¿Cuál es la medida en grados del ángulo J?

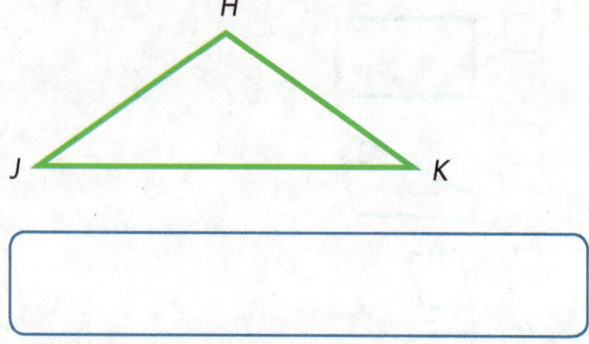

Nombre _____

Geometría en el arte

Los artistas suelen usar triángulos y cuadriláteros en sus obras.

1. Usa el **Cartel** para responder las siguientes preguntas.

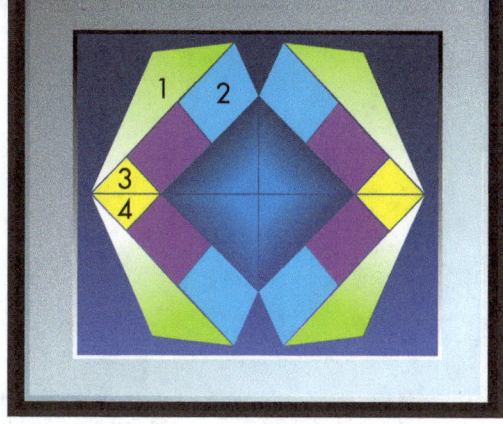

Parte A

Clasifica el Triángulo 1 del **Cartel** por sus ángulos y sus lados.

Parte B

¿Cuáles son todos los nombres que puedes usar para describir la Figura 2 del **Cartel**?

Parte C

Los Triángulos 3 y 4 son idénticos. Están unidos en el **Cartel** para formar un cuadrado. Construye un argumento matemático para mostrar por qué los Triángulos 3 y 4 son triángulos rectángulos isósceles.

Parte D

Si el Triángulo 3 se une con otro triángulo del mismo tamaño y forma, ¿los dos triángulos siempre forman un cuadrado? Construye un argumento matemático para explicar tu razonamiento.

Tema 16 | Evaluación del rendimiento 881

Parte E

¿Cuáles son las medidas de los ángulos del Triángulo 3? Observa que dos ángulos de un triángulo isósceles siempre tienen la misma medida. Explícalo.

2. Clasifica los triángulos y los cuadriláteros del dibujo **Casas** para responder las siguientes preguntas.

Parte A

¿Todos los triángulos que se muestran en el diseño son isósceles? ¿Son todos equiláteros? Construye un argumento matemático, usando propiedades, para explicar por qué.

Parte B

Todos los cuadriláteros del dibujo **Casas** son rectángulos. ¿Significa eso que todos los cuadriláteros son paralelogramos? ¿Significa eso que son todos cuadrados? Construye un argumento matemático, usando propiedades, para explicar tu razonamiento.

Un paso adelante hacia el Grado 6

Estas lecciones son un vistazo al próximo año y te ayudarán a dar un paso adelante hacia el Grado 6.

Lecciones

1 Enteros 885
2 Comparar y ordenar enteros 889
3 Números racionales en el plano de coordenadas ... 893
4 Razones 897
5 Tasas 901
6 Porcentajes 905
7 Fracciones, números decimales y porcentajes 909
8 División de fracciones 913
9 Dividir números enteros por fracciones 917
10 Área de los paralelogramos y los rombos 921

Nombre _____

Resuélvelo y coméntalo

Leila y Erik anotaron estas temperaturas durante un experimento: 10 °C, 4 °C, 0 °C, −4 °C y −10 °C. Haz una marca en el termómetro en cada una de esas temperaturas. Indica cómo decidiste dónde harías cada marca. *Resuelve este problema de la manera que prefieras.*

Un paso adelante hacia el Grado 6

Lección 1
Enteros

Puedo...
reconocer números positivos y sus opuestos.

También puedo escoger y usar una herramienta matemática para resolver problemas.

Usar herramientas apropiadas
Puedes usar una herramienta, como un termómetro, para entender cómo están relacionadas las cantidades.

¡Vuelve atrás! **Razonar** ¿En qué otras situaciones que conoces se usan números negativos?

Un paso adelante | Lección 1   885

Pregunta esencial: ¿De qué maneras diferentes se pueden representar enteros?

A

Puedes comparar enteros con grados de temperatura medidos en un termómetro. Cuando la temperatura es menor que cero, se escribe con un signo negativo.

6 °C es 6° más cálido que 0 °C.
−6 °C es 6° más frío que 0 °C.
La distancia desde 0 °C es la misma.

Los números negativos se escriben con un signo negativo.

B

Una recta numérica también puede mostrar números mayores y menores que 0.

Los **enteros** son el conjunto de números que incluye los números para contar, sus opuestos y el cero.

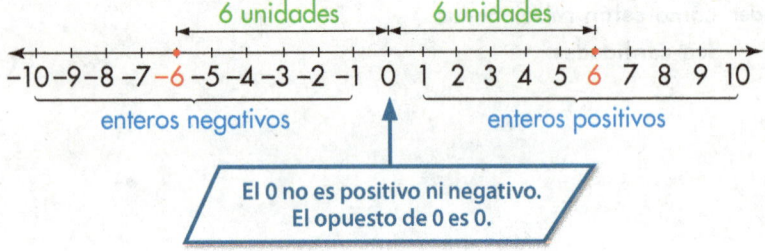

El 0 no es positivo ni negativo.
El opuesto de 0 es 0.

C

El opuesto del opuesto de un número es el mismo número.

Por ejemplo, el opuesto del número 3 es −3, y el opuesto de −3 es 3.

¡Convénceme! Razonar ¿Cuál es el valor de −(−9)? Explica tu razonamiento.

886 | Un paso adelante | Lección 1

Nombre _____

Práctica guiada

¿Lo entiendes?

1. **Razonar** ¿Qué temperatura es más cálida: 2 °C o −5 °C? Indica cómo lo sabes.

2. ¿Qué enteros usas para contar?

3. ¿Cómo leerías el número −30?

¿Cómo hacerlo?

Usa la siguiente recta numérica en los Ejercicios **4** a **9**. Escribe el entero que representa cada punto. Luego, escribe el opuesto e indica a cuántas unidades de 0 está ese número.

4. A   5. B   6. C

7. D   8. E   9. F

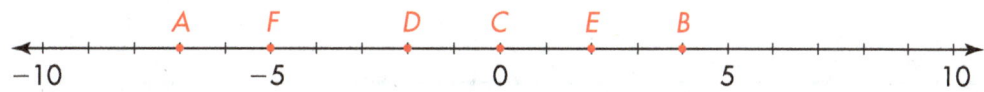

Práctica independiente

Escribe el opuesto de los enteros en los Ejercicios **10** a **25**. Indica a cuántas unidades de 0 está ese número.

10. 10   11. −17   12. 22   13. −(−24)

14. −160   15. 48   16. 45   17. −70

18. 80   19. −21   20. 125   21. −5,846

22. −(−100)   23. 472   24. −225   25. −35,425

Un paso adelante | Lección 1   887

Resolución de problemas

26. Elsa escogió el polígono que tiene el perímetro mayor. ¿Cuál de los siguientes polígonos escogió Elsa?

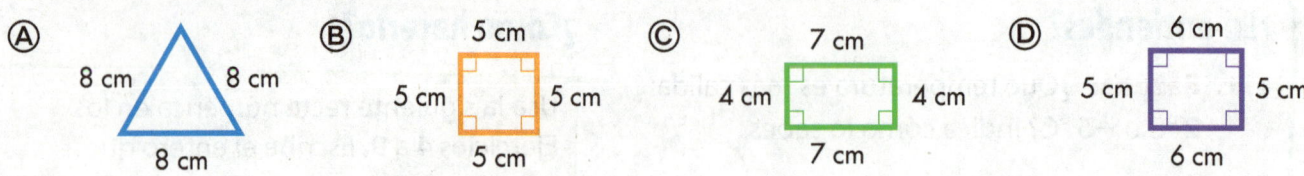

Ⓐ triángulo 8 cm, 8 cm, 8 cm
Ⓑ cuadrado 5 cm
Ⓒ rectángulo 7 cm, 4 cm
Ⓓ cuadrado 6 cm, 5 cm

27. Evaluar el razonamiento Sam dijo que cualquier entero está a la misma distancia de cero que el opuesto de su opuesto. ¿Tiene razón? Evalúa el razonamiento de Sam.

28. Razonamiento de orden superior ¿Qué podría representar el número -18? En la misma situación, ¿qué representaría el opuesto? ¿Qué representaría 0?

29. Un delfín salta 3 pies sobre el nivel del mar para pasar por un aro. El delfín comienza en la distancia opuesta bajo el nivel del mar. ¿Qué distancia recorre el delfín desde la posición inicial hasta el punto más alto de su salto? Indica cómo lo sabes.

Un delfín puede nadar hasta 150 pies bajo el nivel del mar.

✓ Evaluación

30. Marca todas las ecuaciones que son verdaderas.

- ☐ $-5 = 5$
- ☐ $-(9) = -9$
- ☐ $-(-2) = 2$
- ☐ $-3 = -(-3)$
- ☐ $-[-(-6)] = 6$

31. Marca todos los enunciados que son verdaderos.

- ☐ 3 pasos hacia atrás se escribe -3.
- ☐ 12 pies sobre el nivel del mar se escribe -12.
- ☐ Lía debe $5 a Katy; por tanto, Katy tiene $-$5$.
- ☐ Thomas debe $6 a Doug; por tanto, Thomas tiene $-$6$.
- ☐ 356 pies bajo el nivel del mar se escribe -356.

888 Un paso adelante | Lección 1

Nombre _____

Resuélvelo y coméntalo Escribe los enteros −7, 4, −2 y 5 en orden de menor a mayor. Explica cómo lo decidiste. *Resuelve este problema de la manera que prefieras.*

Un paso adelante hacia el Grado 6

Lección 2
Comparar y ordenar enteros

Puedo...
comparar y ordenar enteros.

También puedo escoger y usar una herramienta matemática para resolver problemas.

Usar herramientas apropiadas ¿Cómo puedes usar una recta numérica o un termómetro para resolver este problema? ¡Muestra tu trabajo!

¡Vuelve atrás! **Razonar** ¿Cómo puedes usar una recta numérica para comparar dos enteros?

Recursos digitales en SavvasRealize.com | **Un paso adelante** | Lección 2 | **889**

Pregunta esencial: ¿Cómo se pueden comparar y ordenar enteros?

A

La tabla muestra las temperaturas bajas de una semana de invierno. Halla qué día tuvo la temperatura más baja. Luego, ordena las temperaturas de menor a mayor.

Puedes usar una recta numérica para comparar y ordenar enteros.

Día	Temperatura
Lunes	3 °C
Martes	−6 °C
Miércoles	5 °C
Jueves	1 °C
Viernes	−5 °C

B Primero, ubica los enteros en una recta numérica.

Cuando comparas enteros en una recta numérica, el entero que está más a la izquierda es el menor.

−6 está más a la izquierda que −5; por tanto, −6 es menor.

Hizo más frío el martes que el viernes.

Puedes usar símbolos para comparar enteros. Escribe:

$$-6 < -5, \text{ o } -5 > -6$$

C El valor de los enteros en una recta numérica aumenta a medida que te desplazas de izquierda a derecha.

La temperatura que está más a la izquierda es −6.

Si te desplazas de izquierda a derecha, puedes escribir las temperaturas de menor a mayor.

−6, −5, 1, 3, 5

El martes fue el día más frío.

¡Convénceme! Razonar La temperatura del sábado fue −8 °C. ¿La temperatura fue más fría el sábado o el martes? ¿Cómo lo sabes?

890 | Un paso adelante | Lección 2

Nombre _____

Práctica guiada

¿Lo entiendes?

1. **Usar herramientas apropiadas** ¿−7 está a la derecha o a la izquierda de −2 en una recta numérica? ¿Qué te indica eso sobre sus valores?

2. **Razonar** Si el entero positivo *a* es mayor que el entero positivo *b*, ¿el opuesto de *a* es mayor o menor que el opuesto de *b*? Explica tu respuesta.

3. En la tabla de la página anterior, ¿qué día tuvo la temperatura más cálida?

¿Cómo hacerlo?

Usa <, > o = para comparar los números en los Ejercicios **4** a **7**.

4. 7 ◯ −12 5. −3 ◯ −9

6. −8 ◯ 0 7. −(−2) ◯ −2

Ordena los números de menor a mayor en los Ejercicios **8** a **11**.

8. −6, 5, −7 9. 8, −6, −2

10. −21, −(−15), −12 11. 3, −3, −19, 11

Práctica independiente

Puedes usar una recta numérica como ayuda.

Usa <, > o = para comparar los números en los Ejercicios **12** a **19**.

12. 5 ◯ −18 13. −(−7) ◯ 7 14. 0 ◯ 9 15. 18 ◯ 9

16. −19 ◯ −23 17. 4 ◯ −6 18. −25 ◯ −32 19. −1 ◯ 3

Ordena los números de menor a mayor en los Ejercicios **20** a **25**.

20. −1, 9, −8, 11 21. 19, 12, −21, −3 22. 17, 14, −10, 4, −2, −4

23. 3, −4, 6, −5, 7 24. −37, 15, 11, −3, 8, 12 25. 57, −21, 43, −6, 7, 23

Un paso adelante | Lección 2   891

Resolución de problemas

Usa la tabla en los Ejercicios **26** a **28**.

26. En el minigolf, gana quien tiene el puntaje más bajo. Los puntajes se pueden comparar con el par, que es la cantidad de golpes establecidos para el recorrido. Haz una lista de los primeros cinco ganadores, en orden del primer lugar al quinto lugar.

27. ¿Los puntajes de qué jugadores son opuestos?

28. ¿El puntaje de qué jugador está más lejos de 0 en una recta numérica que el puntaje de Quincy?

Jugador	Puntaje del par
Martha	0 (par)
Madison	−2
Tom	−3
Emma	4
Ben	1
Quincy	−4
Jackson	6

Usa la recta numérica en los Ejercicios **29** y **30**.

29. **Representar con modelos matemáticos** Las variables de la recta numérica representan enteros. Ordena las variables del menor valor al mayor.

30. **Razonamiento de orden superior** Escribe un enunciado usando > o < para comparar x y el opuesto de y, cuando $x = -7$ y $y = 4$. Explícalo.

✓ Evaluación

31. Avery escribió los puntajes de su amigo en orden de menor a mayor. ¿Qué opción escribió Avery?

    Ⓐ −4, −7, −9, 6, 10
    Ⓑ −4, 6, −7, −9, 10
    Ⓒ −4, −7, −9, 6, 10
    Ⓓ −9, −7, −4, 6, 10

32. ¿Qué oración numérica es verdadera?

    Ⓐ −18 > −14
    Ⓑ −29 < −27
    Ⓒ 4 < −4
    Ⓓ −(−5) > 7

Un paso adelante | Lección 2

Nombre _____

Resuélvelo y coméntalo

El siguiente es un mapa cuadriculado de Washington, D.C. Kayla quiere visitar la Casa Blanca y el edificio del FBI. ¿Qué pares ordenados representan esas dos ubicaciones? *Resuelve este problema de la manera que prefieras.*

Un paso adelante hacia el Grado 6

Lección 3
Números racionales en el plano de coordenadas

Puedo... marcar números racionales en un plano de coordenadas.

También puedo entender bien los problemas.

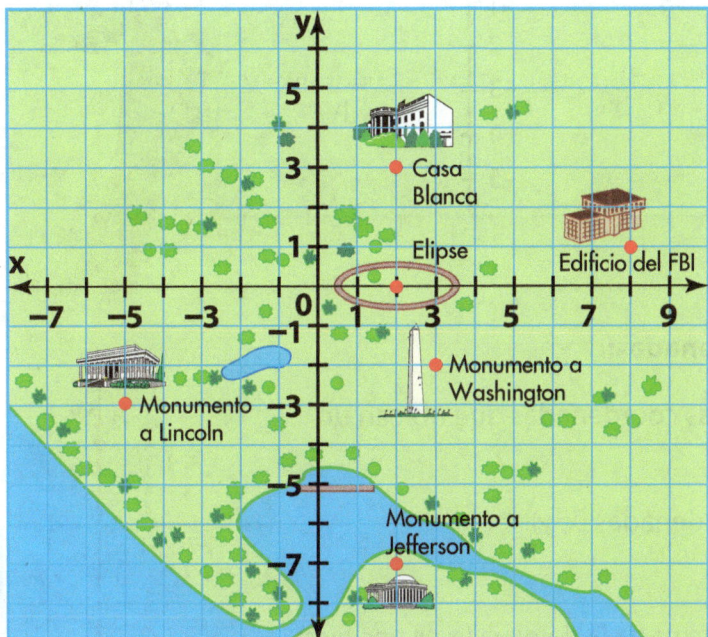

Puedes *entender y perseverar* para resolver este problema. ¡Muestra tu trabajo!

¡Vuelve atrás! **Razonar** Usa la cuadrícula de arriba para dar indicaciones sobre cómo ir del Monumento a Jefferson hasta el Monumento a Washington.

Pregunta esencial: ¿Cómo se pueden marcar los puntos en un plano de coordenadas?

A

Marca los puntos Q(2, −3), R(−1, 1) y S(0, 2) en el plano de coordenadas.

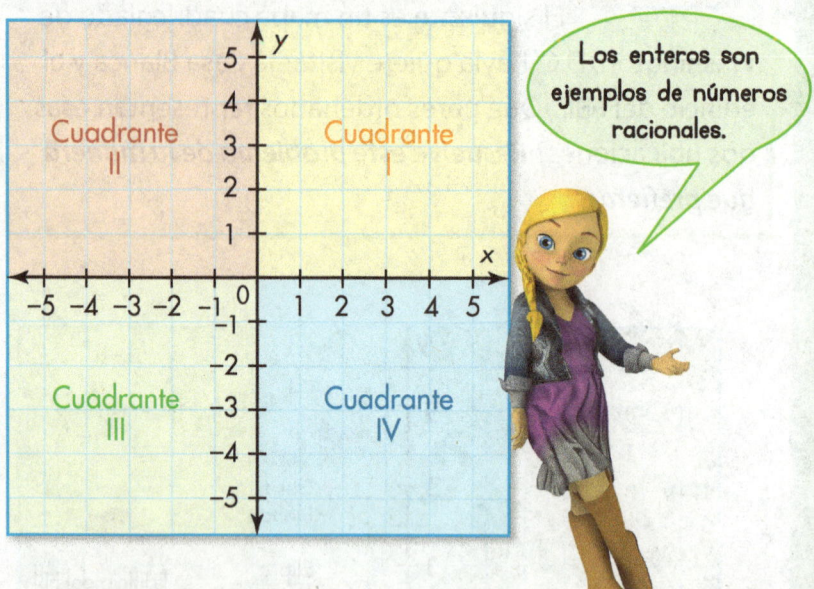

Los enteros son ejemplos de números racionales.

Un **plano de coordenadas** es una cuadrícula con dos rectas numéricas que se intersecan en el cero formando un ángulo recto. Las rectas numéricas, llamadas **ejes de las x y de las y**, dividen el plano en cuatro **cuadrantes**.

B

Marcar puntos en un plano de coordenadas:

Un **par ordenado** (x, y) de números da las coordenadas que ubican un punto con relación a cada eje.

Para marcar cualquier punto P con coordenadas (x, y):

- Comienza en el **origen**, (0, 0).
- Usa la coordenada x para desplazarte hacia la derecha (si es positivo) o hacia la izquierda (si es negativo) a lo largo del eje de las x.
- Luego, usa la coordenada y para desplazarte hacia arriba (si es positivo) o hacia abajo (si es negativo) a lo largo del eje de las y.
- Marca un punto en la gráfica de coordenadas y rotula el punto.

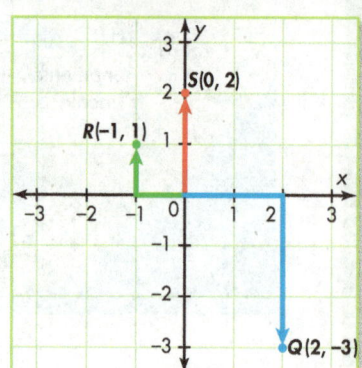

¡Convénceme! **Evaluar el razonamiento** Kayla dice que el Monumento a Lincoln está ubicado en (−3, −5) en el mapa de Washington D.C. ¿Estás de acuerdo? Evalúa el razonamiento de Kayla.

894 | Un paso adelante | Lección 3

Nombre _____

Práctica guiada

¿Lo entiendes?

1. ¿En qué cuadrante está un punto si las coordenadas *x* y *y* son negativas?

2. **Construir argumentos** ¿(4, 5) y (5, 4) están ubicados en el mismo punto? Explícalo.

¿Cómo hacerlo?

Marca y rotula los puntos dados en los Ejercicios **3** a **5**.

3. W (−5, 1)

4. X (4, 3)

5. Z (−2, 0)

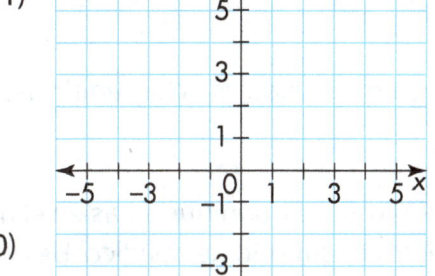

Práctica independiente

Marca y rotula los puntos dados en los Ejercicios **6** a **13**.

6. A (1, −1)
7. B (5, 3)
8. C (−3, 2)
9. D (5, −2)
10. E $\left(-4\frac{1}{2}, -4\right)$
11. F $\left(1, 3\frac{1}{4}\right)$
12. G $\left(-5\frac{1}{3}, 0\right)$
13. H (5, −5)

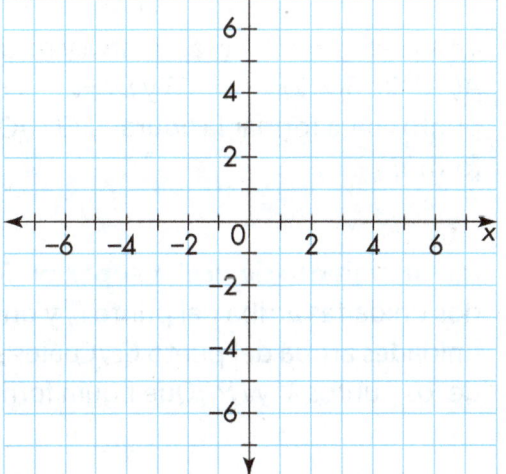

Escribe el par ordenado de los puntos en los Ejercicios **14** a **21**.

14. P
15. Q
16. R
17. S
18. H
19. J
20. K
21. L

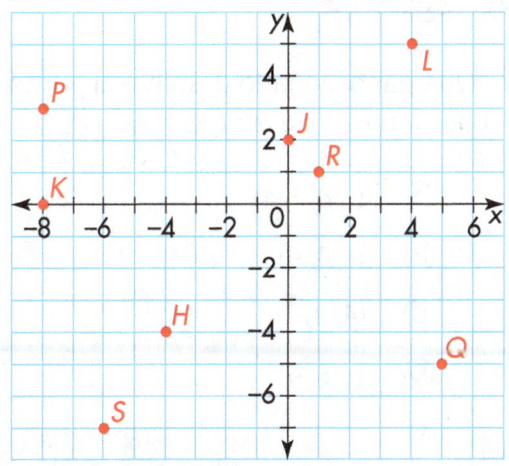

Un paso adelante | Lección 3

Resolución de problemas

Usa el mapa de la derecha en los Ejercicios **22** a **25**. El mercado está en el origen.

Usa los puntos rojos para ubicar las coordenadas de los edificios.

22. Da las coordenadas de la biblioteca.

23. ¿Qué edificio está ubicado en el cuadrante III?

24. ¿En qué cuadrantes hay edificios?

25. Razonar Supón que estás en el mercado y quieres ir al consultorio del médico. Usa el mapa para explicar cómo llegar allí.

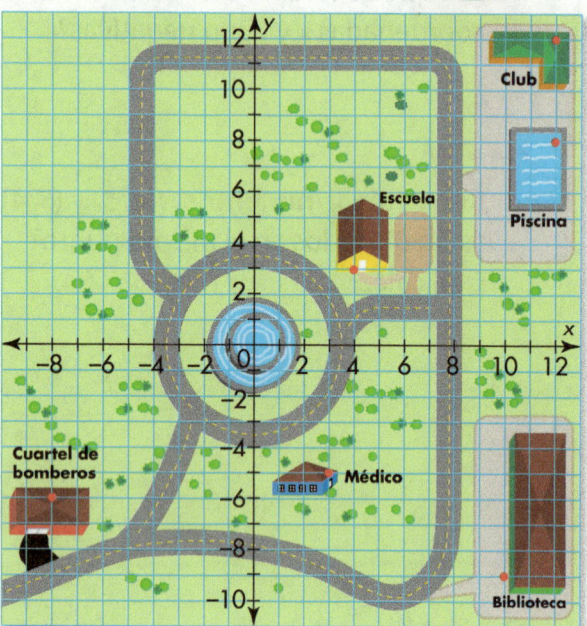

Usa la cuadrícula de la derecha en los Ejercicios **26** y **27**.

26. Entender y perseverar Marca y rotula los puntos $A(-2, 2)$, $B(2, 2)$, $C(2, -2)$ y $D(-2, -2)$. Conecta los puntos para formar la figura $ABCD$. ¿Qué figura se formó?

27. Razonamiento de orden superior Marca el punto M dos unidades arriba del punto B, y un nuevo punto N dos unidades arriba del punto C. ¿Cuáles son las coordenadas de los puntos M y N? ¿Qué figura forma $AMND$?

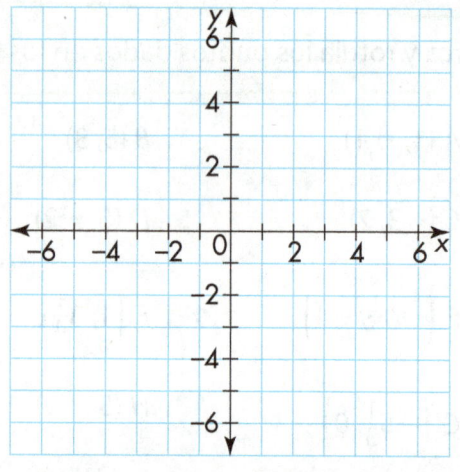

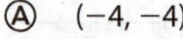 Evaluación

28. ¿Qué par ordenado describe el punto P en el plano de coordenadas de la derecha?

Ⓐ $(-4, -4)$
Ⓑ $(-4, 4)$
Ⓒ $(4, 3)$
Ⓓ $(-3, 4)$

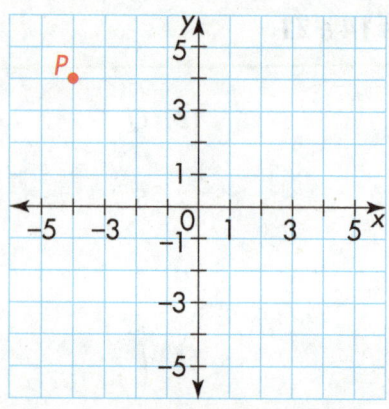

Nombre _____

Resuélvelo y coméntalo

Hay 15 computadoras portátiles en el laboratorio de computación. Hay 45 estudiantes en el laboratorio. Escribe una expresión que represente la relación entre la cantidad de estudiantes y la cantidad de computadoras. *Resuelve este problema de la manera que prefieras.*

Un paso adelante hacia el Grado 6

Lección 4
Razones

Puedo...
usar una razón para describir la relación entre dos cantidades.

También puedo razonar sobre las matemáticas.

Puedes razonar para comparar la cantidad de estudiantes con la cantidad de computadoras.

¡Vuelve atrás! **Hacerlo con precisión** ¿Cómo cambiaría tu expresión si comparas la cantidad de computadoras con la cantidad de estudiantes?

Pregunta esencial: ¿De qué manera matemática se pueden comparar cantidades?

A

El servicio de mascotas de Tom cuida gatos y perros. Actualmente, hay más perros que gatos. Compara la cantidad de gatos con la cantidad de perros. Luego, compara la cantidad de gatos con la cantidad total de mascotas que hay en el servicio de mascotas de Tom.

Puedes usar razones para comparar cantidades.

17 perros

14 gatos

B Una **razón** es una relación en la que por cada x unidades de una cantidad hay y unidades de otra cantidad.

Una razón se puede escribir de tres maneras: x a y, x:y o $\frac{x}{y}$.

Las cantidades x y y de una razón se llaman **términos**.

C Usa una razón para comparar la cantidad de gatos con la cantidad de perros.

14 a 17,

14:17 o

$\frac{14}{17}$

Esta razón compara una parte con otra parte.

D Usa una razón para comparar la cantidad de gatos con la cantidad total de mascotas:

14 a 31,

14:31 o

$\frac{14}{31}$

Esta razón compara una parte con el entero.

¡Convénceme! Razonar ¿La razón de perros a gatos es igual que la razón de gatos a perros? Explícalo.

898 | Un paso adelante | Lección 4

Nombre _____

Práctica guiada

¿Lo entiendes?

1. **Razonar** Algunas razones comparan una parte con una parte. ¿Cuál es la diferencia con otra fracción?

2. En el ejemplo de la página anterior, ¿cuál es la razón del total de animales a perros? Escribe la razón de tres maneras.

¿Cómo hacerlo?

Usa la siguiente información en los Ejercicios **3** a **5**. Escribe una razón para cada comparación de tres maneras diferentes.

Un equipo de básquetbol de quinto grado tiene 2 centros, 3 delanteros y 5 aleros.

3. Delanteros a centros

4. Aleros al total de integrantes

5. Centros a aleros

Práctica independiente

Usa los datos de la tabla en los Ejercicios **6** a **14**. Escribe una razón para cada comparación de tres maneras diferentes.

El tipo de sangre de una persona se designa con las letras A, B y O, y los símbolos + y −. El tipo de sangre A+ se lee *A positivo*. El tipo de sangre B− se lee *B negativo*.

6. Donantes de O+ a donantes de B+

7. Donantes de A− a donantes de B+

8. Donantes de AB+ al total de donantes

9. Donantes de O− al total de donantes

10. Donantes de A+ y AB+ a donantes de O+

11. Donantes de A− y AB− al total de donantes

12. Donantes de A+ y B+ a donantes de A− y B−

13. Donantes de O+ y O− a todos los otros donantes

14. ¿Qué comparación representa la razón 6 a 21?

| Donantes de sangre ||
Tipo	Donantes
A+	45
B+	20
AB+	6
O+	90
A−	21
B−	0
AB−	4
O−	9
Total	195

Un paso adelante | Lección 4   899

Resolución de problemas

15. Hacerlo con precisión Una clase de matemáticas encuestó a 42 estudiantes sobre sus gustos musicales. Usa la tabla para escribir una razón de tres maneras distintas para las comparaciones **a**, **b** y **c**.

a Los estudiantes que prefieren el jazz a los estudiantes que prefieren el *country*.

b Los estudiantes que prefieren el rock clásico al total de estudiantes encuestados.

c Los estudiantes que prefieren el rock o el rock clásico a los estudiantes que prefieren todos los otros tipos de música.

Tipo de música favorita	Cantidad de estudiantes
Rock	12
Rock clásico	4
Country	18
Jazz	2
Heavy metal	6

16. Razonamiento de orden superior Usa los datos de la tabla del Problema 15. Escribe dos razones equivalentes usando cuatro tipos de música diferentes. ¿Cómo sabes que las razones son equivalentes?

17. En promedio, en las cataratas del Niágara fluyen aproximadamente 45,000,000 de galones de agua en 60 segundos. Aproximadamente ¿cuánta agua fluye en las cataratas del Niágara en un segundo?

Evaluación

18. Hay 12 niñas y 18 niños en la clase de Martine. Hay 24 computadoras en el laboratorio de computación. ¿Qué razón representa la cantidad total de estudiantes comparada con la cantidad de computadoras?

Ⓐ 12:18

Ⓑ 12:24

Ⓒ 18:24

Ⓓ 30:24

19. Si la razón de peces dorados a otros peces es 8 a 16, ¿cuál es la razón de los otros peces a todos los peces?

Ⓐ 2 a 3

Ⓑ 3 a 2

Ⓒ 16 a 8

Ⓓ 8 a 24

Nombre _____

Resuélvelo y coméntalo

Supón que caminas 3,540 pies en 20 minutos. ¿Cuántos pies caminas en 1 minuto? *Resuelve este problema de la manera que prefieras.*

Un paso adelante hacia el Grado 6

Lección 5
Tasas

Puedo...
explicar qué es una tasa y resolver problemas con tasas.

También puedo representar con modelos matemáticos para resolver problemas.

Puedes representar con modelos matemáticos usando un diagrama de barras como ayuda para resolver el problema. ¡Muestra tu trabajo!

¡Vuelve atrás! **Entender y perseverar** ¿Cómo sabes que tu respuesta es razonable?

Pregunta esencial: ¿Hay tipos especiales de razones?

A

*Una **tasa** es un tipo especial de razón que compara cantidades que tienen unidades de medida diferentes.*

¿Qué distancia recorre el carro en 1 minuto?

7 km en 4 minutos

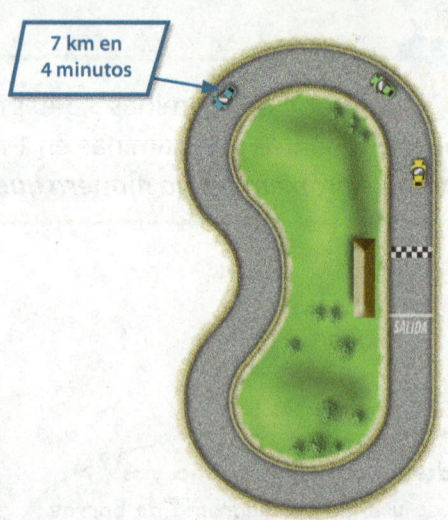

Si la comparación es con 1 unidad, la tasa se llama **tasa por unidad**.

B Primero, escribe la velocidad a la que viaja el carro como una tasa.

Escribe 7 km en 4 minutos como $\frac{7 \text{ km}}{4 \text{ min}}$.

Recuerda que las fracciones representan divisiones.

Divide 7 kilómetros por 4 minutos.

```
    1.75
4)7.00
  − 4
   30
  − 28
    20
  − 20
     0
```

C Para comprender cómo funciona, recuerda que puedes dividir los términos de cualquier razón por el mismo número para hallar una razón equivalente.

$$\frac{7 \div 4}{4 \div 4} = \frac{1.75}{1}$$

La tasa por unidad es $\frac{1.75 \text{ km}}{1 \text{ min}}$.

El carro recorre 1.75 kilómetros en 1 minuto.

¡Convénceme! **Razonar** ¿Cuál es la tasa del carro para 1 hora? Explícalo.

902 Un paso adelante | Lección 5

Nombre _____

⭐ Práctica guiada

¿Lo entiendes?

1. **Hacerlo con precisión** ¿Qué tiene de especial la tasa por unidad?

2. Explica la diferencia de significado entre estas dos tasas: $\frac{5 \text{ árboles}}{1 \text{ chimpancé}}$ y $\frac{1 \text{ árbol}}{5 \text{ chimpancés}}$.

¿Cómo hacerlo?

Escribe las tasas como una tasa por unidad en los Ejercicios **3** a **6**.

3. 20 km en 4 horas

4. 26 cm en 13 s

5. 230 millas con 10 galones

6. $12.50 por 5 lb

⭐ Práctica independiente

Escribe las tasas como una tasa por unidad en los Ejercicios **7** a **18**.

7. 35 minutos para correr 5 vueltas

8. 24 mariposas en 12 flores

9. 112 días para 4 lunas llenas

10. 18 huevos puestos en 3 días

11. 56 puntos anotados en 8 partidos

12. 216 manzanas en 9 manzanos

13. 125 jirafas en 50 millas cuadradas

14. 84 mm en 4 segundos

15. 123 millas recorridas en 3 horas

16. 210 millas en 7 horas

17. 250 calorías en 10 galletas

18. 15 países visitados en 12 días

¿Cómo se relaciona cada tasa con la tasa por unidad?

Un paso adelante | Lección 5   903

Resolución de problemas

Usa la gráfica de barras de la derecha en los Ejercicios **19** a **21**.

19. **Razonar** Da tres tasas equivalentes que describan la velocidad máxima de un atún.

20. ¿Cuánto más rápido que una orca puede nadar un pez espada si ambos nadan a la velocidad máxima?

21. **Construir argumentos** ¿Qué animal nada a una velocidad máxima de 0.5 millas por minuto? Explica cómo hallaste la respuesta.

Velocidades máximas de animales marinos

22. **Razonamiento de orden superior** El avión hipersónico experimental *X-43* es uno de los aviones más rápidos del mundo. Puede alcanzar una velocidad máxima de 6,750 mi/h. ¿Cuál es la tasa de velocidad máxima en millas por segundo?

23. Haz una lista de tres tasas que describan cosas que haces habitualmente. Por ejemplo, puedes describir a cuántas clases asistes en un día. En cada ejemplo, explica por qué es una tasa.

Evaluación

24. Doug pescó 10 peces en un período de 4 horas. ¿Qué opción es una tasa por unidad por cada hora que representa la situación?

    Ⓐ 2.5 peces por cada hora
    Ⓑ 5 peces por cada dos horas
    Ⓒ 2 horas por cada 5 peces
    Ⓓ 4 horas por cada 10 peces

25. Ava halló que pasaron 5 carros por su casa en 10 minutos. ¿Qué opción es una tasa por unidad por cada hora que representa la situación?

    Ⓐ 10 carros por cada hora
    Ⓑ 20 carros por cada hora
    Ⓒ 30 carros por cada hora
    Ⓓ 40 carros por cada hora

Nombre _____

Por cada grupo de 20 estudiantes, 5 traen el almuerzo de casa y 15 compran el almuerzo. ¿Cuántos estudiantes de cada 100 traen el almuerzo? *Resuelve este problema de la manera que prefieras.*

Un paso adelante hacia el Grado 6

Lección 6
Porcentajes

Puedo...
representar y hallar el porcentaje de un entero.

También puedo buscar patrones para resolver problemas.

Puedes usar la estructura y lo que aprendiste sobre fracciones equivalentes para hallar la solución. ¡Muestra tu trabajo!

¡Vuelve atrás! **Representar con modelos matemáticos** Representa tu solución de otra manera. Explica tu estrategia.

Pregunta esencial: ¿Qué es un porcentaje?

A

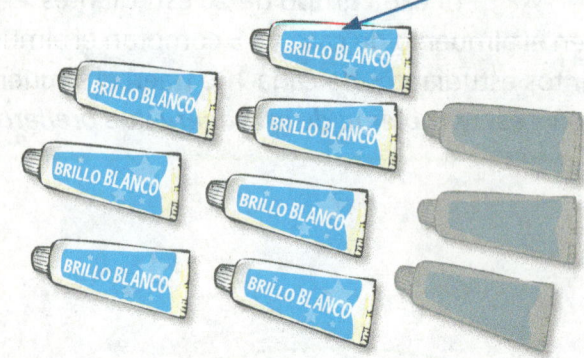

Siete de cada diez personas prefieren la pasta de dientes Brillo Blanco.

Un **porcentaje** es un tipo de razón especial en la que el primer término se compara con 100.

¿Qué porcentaje de la gente prefiere la pasta de dientes Brillo Blanco?

El porcentaje es la cantidad de centésimas que representa la parte del entero.

Hay varias maneras de mostrar un porcentaje.

B Usa una cuadrícula para representar el porcentaje.

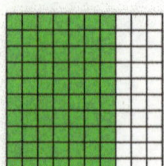

$\frac{7}{10} = \frac{70}{100} = 70\%$

C Usa rectas numéricas para representar el porcentaje.

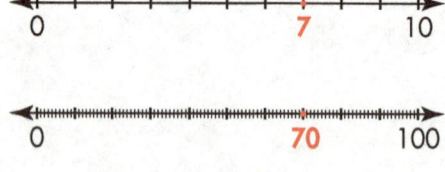

$\frac{7}{10} = \frac{70}{100} = 70\%$

D Usa fracciones equivalentes para hallar el porcentaje.

$\frac{7}{10} = \frac{x}{100}$

$\frac{7}{10} = \frac{70}{100}$

$\frac{7}{10} = \frac{70}{100} = 70\%$

El 70% de la gente prefiere la pasta de dientes Brillo Blanco.

¡Convénceme! **Razonar** ¿Qué porcentaje de la gente no prefiere la pasta de dientes Brillo Blanco? ¿Cómo lo sabes?

Nombre _____

Práctica guiada

¿Lo entiendes?

1. Supón que 4 de cada 5 personas prefieren la pasta de dientes Brillo Blanco. En ese caso ¿qué porcentaje de las personas prefieren la pasta de dientes?

2. ¿En qué otro caso, además de los porcentajes, "ciento" se usa para decir 100?

3. **Generalizar** ¿Qué dos denominadores se pueden convertir fácilmente en un denominador de 100?

¿Cómo hacerlo?

Escribe el porcentaje de las figuras que **NO** está coloreado en los Ejercicios **4** a **6**.

4.    5.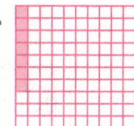

6.

Práctica independiente

Práctica al nivel Escribe el porcentaje de las figuras o los segmentos de recta que está coloreado en los Ejercicios **7** a **11**.

7. 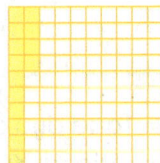   8. 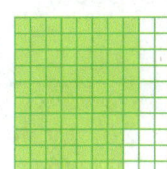   9.

10. ←———————●———→
    0   6   10

11. ←———————————●——→
    0   14   20

Haz un dibujo o usa fracciones equivalentes para hallar los porcentajes en los Ejercicios **12** a **21**.

12. $\frac{2}{5}$ 13. $\frac{1}{2}$ 14. $\frac{8}{10}$ 15. $\frac{17}{20}$ 16. $\frac{22}{25}$

17. $\frac{3}{4}$ 18. $\frac{3}{100}$ 19. $\frac{1}{8}$ 20. $\frac{13}{50}$ 21. $\frac{3}{8}$

Un paso adelante | Lección 6

Resolución de problemas

22. Sentido numérico Cada segmento de recta representa el 100%. Estima los porcentajes que representan los puntos A, B y C.

a
```
  ←——————•——————→
  0       A      100%
```

b
```
  ←——————•——•——•——→
  0      A  B  C   100%
```

23. Un lado del edificio de una escuela tiene 10 ventanas. Cuatro ventanas tienen las persianas bajas. ¿Qué modelo representa el porcentaje de ventanas con las persianas bajas?

Ⓐ 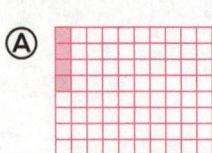 Ⓑ 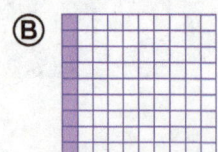 Ⓒ 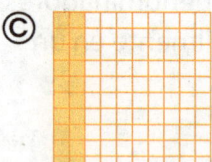 Ⓓ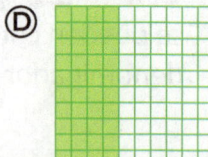

24. Razonamiento de orden superior Marta trazó un segmento de recta que mide 3 pulgadas de longitud. La longitud del segmento de recta de Marta es el 50% de la longitud del segmento de recta que trazó Joan. ¿Cuál es la longitud del segmento de Joan?

25. Razonar El equipo de Tracy ganó el 75% de los partidos el año pasado. El equipo jugó 12 partidos. ¿Cuántos partidos ganó?

26. Evaluar el razonamiento Todd dijo que 50% siempre es la misma cantidad. ¿Tiene razón? Evalúa el razonamiento de Todd.

✓ Evaluación

27. 3 de 20 estudiantes de la clase de Cindy olvidaron sus formularios de permiso. ¿Qué porcentaje de los estudiantes olvidó el formulario de permiso?

☐ %

28. Pedro hace un *hit* el 80% de las veces que batea. ¿Cuántos *hits* hará si batea 5 veces?

☐ hits

Nombre _____

 El 40% de los habitantes de Oak City viaja más de 30 minutos por día para ir al trabajo y volver. Escribe 40% de al menos 3 maneras, entre ellas como fracción y como número decimal. *Resuelve este problema de la manera que prefieras.*

Un paso adelante hacia el Grado 6

Lección 7
Fracciones, números decimales y porcentajes

Puedo...
escribir un valor como una fracción equivalente, un número decimal y un porcentaje.

También puedo razonar sobre las matemáticas.

Puedes razonar para entender la relación entre las cantidades. Usa fracciones equivalentes como ayuda para resolver el problema. ¡Muestra tu trabajo!

¡Vuelve atrás! Razonar ¿En qué se parecen las diferentes maneras de escribir 40%? ¿En qué se diferencian?

A

Pregunta esencial: ¿Cómo se pueden relacionar las fracciones, los números decimales y los porcentajes?

La gráfica circular muestra cada parte de una manera diferente. Escribe 30% como fracción y como número decimal. Escribe 0.10 como fracción y como porcentaje.

Las fracciones, los números decimales y los porcentajes son tres maneras de mostrar la misma cantidad.

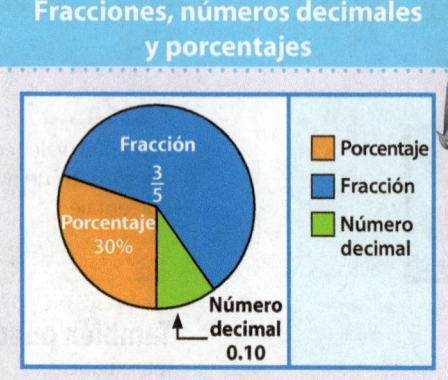

Fracciones, números decimales y porcentajes

Puedes usar cualquiera de esas maneras para representar partes de un entero.

B Un porcentaje compara un número con 100. Puedes escribir 30% como número decimal y como fracción.

$$30\% = \frac{30}{100}$$

Simplifica la fracción:

$$\frac{30 \div 10}{100 \div 10} = \frac{3}{10}$$

30% se puede escribir 0.30 o $\frac{3}{10}$.

C Usa el valor de posición decimal para escribir el número decimal 0.10 como fracción y como porcentaje.

Fracción: $0.10 = \frac{10}{100} = \frac{1}{10}$

Porcentaje: $0.10 = \frac{10}{100} = 10\%$

0.10 se puede escribir $\frac{1}{10}$ o 10%.

¡Convénceme! Generalizar Escribe $\frac{3}{5}$ como número decimal y como porcentaje. ¿Qué notas sobre las dos formas?

910 | Un paso adelante | Lección 7

Nombre _____

Práctica guiada

¿Lo entiendes?

1. **Generalizar** Escribe una fracción para $x\%$.

2. En el ejemplo de la página anterior, ¿por qué sería más fácil escribir $\frac{3}{5}$ como porcentaje?

¿Cómo hacerlo?

Escribe los números de otras dos maneras en los Ejercicios **3** a **8**.

3. 89%   4. 0.59

5. $\frac{7}{100}$ 6. 0.85

7. 3%   8. $\frac{7}{20}$

Práctica independiente

Práctica al nivel Escribe el valor de la parte coloreada como fracción, número decimal y porcentaje en los Ejercicios **9** a **11**.

9. 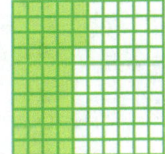   10. 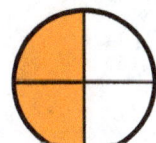   11.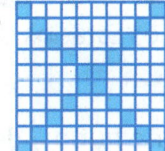

Escribe los números de otras dos maneras en los Ejercicios **12** a **20**.

12. 40%   13. $\frac{1}{2}$ 14. 0.04

15. $\frac{3}{4}$ 16. 65%   17. 0.46

18. 29%   19. 0.01   20. $\frac{5}{100}$

Un paso adelante | Lección 7   911

Resolución de problemas

21. **Matemáticas y Ciencias** En la atmósfera terrestre hay muchos elementos químicos. Usa la gráfica circular para responder a estas preguntas.

    a ¿Qué parte de la atmósfera está formada por nitrógeno? Escribe la parte como número decimal.

    b ¿Qué fracción de la atmósfera está formada por oxígeno?

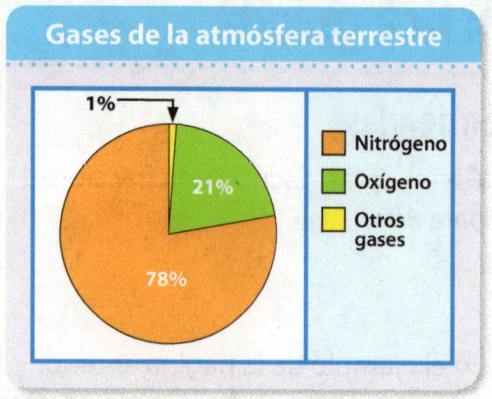

22. **Razonamiento de orden superior** La clase de la Sra. Nellon vendió 18 rollos de papel de regalo. En total, la escuela vendió 82 rollos. Aproximadamente ¿qué porcentaje de las ventas proviene de la clase de la Sra. Nellon?

Usa la tabla de la derecha en los Ejercicios **23** y **24**.

La tabla muestra la cantidad de estados de los Estados Unidos en diferentes momentos de la historia. Actualmente, hay 50 estados en los Estados Unidos.

23. ¿Qué porcentaje de la cantidad actual de estados formaban parte de los Estados Unidos en el año 1863?

24. **Razonar** ¿En qué año hubo $\frac{2}{3}$ de la cantidad de estados que había en 1896?

Año	Estados
1792	15
1817	20
1836	25
1848	30
1863	35
1889	42
1896	45
1959	50

✓ Evaluación

25. Julie pintó el 82% del decorado de la obra de teatro de la escuela. Marca todos los números que sean equivalentes a 82%.

    ☐ $\frac{1}{82}$
    ☐ $\frac{82}{100}$
    ☐ 0.41
    ☐ 0.82
    ☐ $\frac{41}{50}$

26. La razón de niños a niñas en la obra de teatro de la escuela es 4 a 6. Marca todos los números que representen la parte de estudiantes de la obra que son niños.

    ☐ $\frac{2}{3}$
    ☐ 66%
    ☐ $\frac{2}{5}$
    ☐ 40%
    ☐ 60%

912 Un paso adelante | Lección 7

Nombre _____

Resuélvelo y coméntalo

Un jardín cuadrado tiene un perímetro de 10 pies. Duncan usa piedras para bordear el jardín. Cada piedra mide $\frac{1}{2}$ pie de longitud. ¿Cuántas piedras necesita Duncan para bordear el jardín? *Resuelve este problema de la manera que prefieras.*

Un paso adelante hacia el Grado 6

Lección 8
División de fracciones

Puedo...
usar modelos para dividir con fracciones.

También puedo representar con modelos matemáticos para resolver problemas.

Puedes representar con modelos matemáticos y usar una representación para mostrar el borde del jardín. ¡Muestra tu trabajo!

¡Vuelve atrás! **Razonar** ¿Cómo puedes usar operaciones básicas para resolver este problema?

Pregunta esencial: ¿Cómo se puede representar la división de fracciones?

A

El Sr. Roberts usa tablas que miden $\frac{3}{4}$ de pie de longitud cada una para hacer un conjunto de estantes. ¿Cuántas tablas puede obtener el Sr. Roberts si corta una tabla más grande de 3 pies de longitud?

Hay varias maneras de representar la división de fracciones.

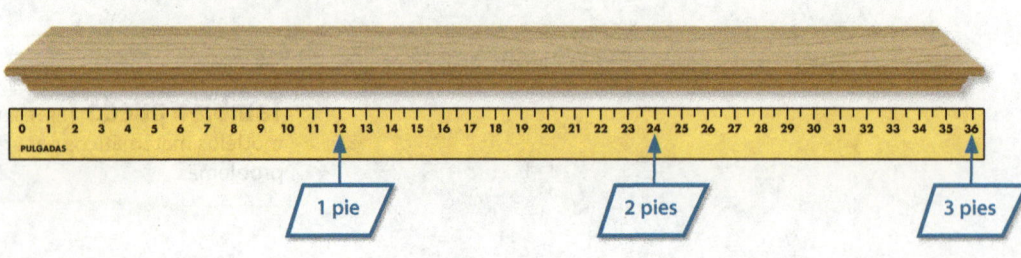

B ¿Cuántas partes de $\frac{3}{4}$ hay en 3?

Usa una recta numérica para mostrar 3 pies. Divide cada pie en 4 partes iguales.

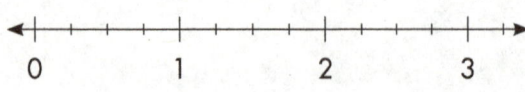

C Divide 3 pies en partes de $\frac{3}{4}$ de pie.

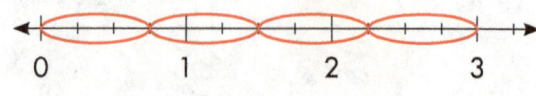

Por tanto, $3 \div \frac{3}{4} = 4$.

El divisor, $\frac{3}{4}$, es menor que 1; por tanto, el cociente, 4, es mayor que el dividendo, 3.

¡Convénceme! Razonar El Sr. Roberts tiene otra tabla que mide 5 pies de longitud. ¿Cuántos estantes de $\frac{3}{4}$ de pie puede hacer con la tabla? Explícalo.

914 Un paso adelante | Lección 8

Nombre _____

Otro ejemplo

Dividir una fracción por otra fracción

Halla $\frac{3}{4} \div \frac{1}{4}$.

Usa una recta numérica para mostrar $\frac{3}{4}$.

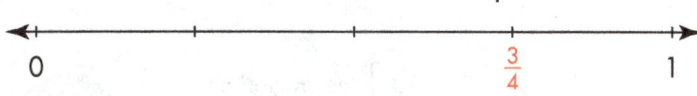

Divide $\frac{3}{4}$ en partes de $\frac{1}{4}$. Hay 3 partes.

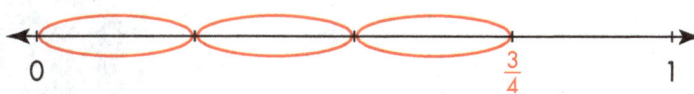

Por tanto, $\frac{3}{4} \div \frac{1}{4} = 3$.

Práctica guiada

¿Lo entiendes?

1. **Razonar** Cuando divides una fracción menor que 1 por un número entero, ¿el cociente será mayor o menor que el número entero?

2. ¿Cuántas partes de $\frac{2}{3}$ de pie puedes cortar de una tabla de 10 pies de longitud?

¿Cómo hacerlo?

Escribe una oración de división para representar los diagramas en los Ejercicios **3** y **4**.

3.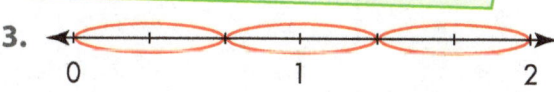

4.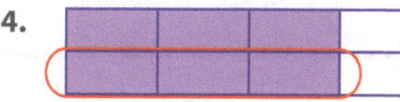

Práctica independiente

Práctica al nivel Resuelve las divisiones en los Ejercicios **5** a **14**.

Dibuja un modelo para visualizar.

5. $4 \div \frac{2}{3} = $ _____ 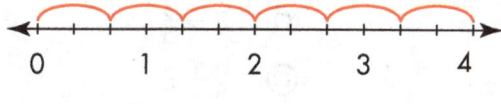   6. $\frac{2}{3} \div 3 = $ _____

7. $\frac{6}{7} \div \frac{3}{7}$ 8. $\frac{7}{8} \div 3$ 9. $8 \div \frac{4}{5}$ 10. $\frac{5}{9} \div 10$

11. $\frac{4}{3} \div \frac{2}{3}$ 12. $\frac{9}{5} \div \frac{3}{10}$ 13. $\frac{1}{2} \div \frac{1}{4}$ 14. $\frac{1}{4} \div \frac{1}{2}$

Un paso adelante | Lección 8

Resolución de problemas

15. Usar herramientas apropiadas Keiko dividió $\frac{3}{8}$ de galón de leche en partes iguales en 5 vasos. Haz un dibujo para hallar qué fracción de un galón hay en cada vaso.

16. Razonamiento de orden superior Sin resolver la división, explica cómo puedes comparar el cociente de $7 \div \frac{3}{10}$ con 7.

¿$\frac{3}{10}$ es mayor o menor que 1?

17. Representar con modelos matemáticos Un viaje en carro lleva 6 horas. Cada $\frac{2}{3}$ de hora, Brian cambia la estación de radio. Usa un diagrama de barras para hallar cuántas veces cambia Brian la estación de radio durante el viaje.

18. Un polígono regular tiene un perímetro de 8 centímetros. Si cada lado mide $\frac{4}{5}$ de centímetro, ¿cuántos lados tiene el polígono?

Pista: Divide para hallar la cantidad de lados.

 Evaluación

19. Una carrera de relevos mide 6 millas. Cada participante corre $\frac{3}{2}$ millas. ¿Cuántos participantes debe haber en cada equipo?

Ⓐ 2
Ⓑ 3
Ⓒ 4
Ⓓ 6

20. ¿Qué expresión de división representa este modelo?

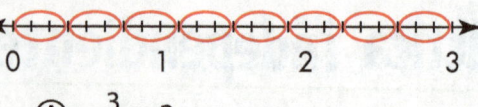

Ⓐ $\frac{3}{8} \div 3$
Ⓑ $3 \div \frac{3}{8}$
Ⓒ $8 \div \frac{3}{5}$
Ⓓ $\frac{3}{5} \div 8$

Nombre _____

Resuélvelo y coméntalo

Nigel tiene una bolsa de 6 libras de nueces surtidas. Quiere poner $\frac{1}{4}$ de libra de nueces en cada tazón. ¿Cuántos tazones podrá llenar Nigel? *Resuelve este problema de la manera que prefieras.*

Un paso adelante hacia el Grado 6

Lección 9
Dividir números enteros por fracciones

Puedo...
convertir una división por una fracción en una expresión equivalente que tenga multiplicación.

También puedo escoger y usar una herramienta matemática para resolver problemas.

Puedes usar herramientas apropiadas o hacer un dibujo para mostrar cuántos tazones se pueden llenar. ¡Muestra tu trabajo!

¡Vuelve atrás! **Razonar** ¿Cómo puedes usar la cantidad de partes de $\frac{1}{4}$ que hay en 1 libra para resolver el problema?

Pregunta esencial: ¿Cómo están relacionadas la multiplicación y la división de fracciones?

A

Observa las divisiones y multiplicaciones. ¿Cuál es el patrón?

Usa el patrón para hallar el cociente de $4 \div \frac{2}{3}$.

$8 \div \frac{4}{1} = 2$	$8 \times \frac{1}{4} = 2$
$6 \div \frac{2}{1} = 3$	$6 \times \frac{1}{2} = 3$
$5 \div \frac{1}{2} = 10$	$5 \times \frac{2}{1} = 10$
$3 \div \frac{3}{4} = 4$	$3 \times \frac{4}{3} = 4$

El patrón de la tabla muestra una regla para dividir por una fracción.

B

Paso 1

Primero, halla el **recíproco** de $\frac{2}{3}$.

Dividir por una fracción da el mismo resultado que multiplicar por el recíproco.

Dos números cuyo producto es 1 se llaman recíprocos.

Por ejemplo, el recíproco de $\frac{2}{3}$ es $\frac{3}{2}$ porque $\frac{2}{3} \times \frac{3}{2} = \frac{6}{6}$, y $\frac{6}{6} = 1$.

Paso 2

Luego, vuelve a escribir $4 \div \frac{2}{3}$ como un problema de multiplicación.

$4 \div \frac{2}{3} = 4 \times \frac{3}{2}$

$= \frac{4}{1} \times \frac{3}{2}$

$= \frac{12}{2} = \frac{6}{1}$, o 6

$4 \div \frac{2}{3} = 6$

Puedes multiplicar y, luego, escribir tu respuesta como un número entero.

¡Convénceme! **Razonar** Explica cómo hallarías el recíproco de un número entero.

918 | Un paso adelante | Lección 9

Nombre _____

✫Práctica guiada

¿Lo entiendes?

1. **Razonar** ¿El cero tiene recíproco? Si es así, ¿cuál es? Si no tiene, ¿por qué?

2. **Generalizar** Mira la tabla de la página anterior. ¿Con qué divisores es el cociente menor que el dividendo y con cuáles es mayor?

   Recuerda que dividendo ÷ divisor = cociente.

¿Cómo hacerlo?

Halla el recíproco de las fracciones o los números enteros en los Ejercicios **3** a **6**.

3. $\frac{7}{8}$ 4. $\frac{1}{9}$

5. 11   6. $\frac{15}{4}$

Halla los cocientes en los Ejercicios **7** y **8**.

7. $12 \div \frac{3}{4}$ 8. $15 \div \frac{10}{9}$

✫Práctica independiente

Halla el recíproco de las fracciones o los números enteros en los Ejercicios **9** a **20**.

9. $\frac{5}{9}$ 10. 8   11. $\frac{5}{6}$ 12. 23

13. $\frac{19}{4}$ 14. $\frac{1}{12}$ 15. 4   16. $\frac{16}{7}$

17. $\frac{7}{8}$ 18. $\frac{56}{17}$ 19. $\frac{1}{82}$ 20. $\frac{9}{10}$

Halla los cocientes en los Ejercicios **21** a **32**.

21. $8 \div \frac{8}{3}$ 22. $48 \div \frac{4}{5}$ 23. $7 \div \frac{2}{3}$ 24. $3 \div \frac{7}{8}$

25. $5 \div \frac{5}{9}$ 26. $6 \div \frac{1}{2}$ 27. $15 \div \frac{5}{4}$ 28. $10 \div \frac{2}{9}$

29. $14 \div \frac{7}{9}$ 30. $11 \div \frac{3}{2}$ 31. $9 \div \frac{6}{5}$ 32. $2 \div \frac{9}{8}$

Un paso adelante | **Lección 9**

Resolución de problemas

Usa las ilustraciones de la derecha en los Ejercicios **33** y **34**.

33. **Entender y perseverar** Aproximadamente, ¿qué distancia recorre cada animal en una hora?

34. ¿Qué animal recorrería la mayor distancia en 3 horas si se moviera a su velocidad máxima?

Una tortuga recorre 300 pies en $\frac{1}{3}$ de h.

Un caracol recorre 40 pies en $\frac{1}{4}$ de h.

Un perezoso recorre 50 pies en $\frac{1}{8}$ de h.

35. **Razonar** Un tazón de sopa contiene 7 onzas líquidas. Si una cucharada contiene $\frac{1}{6}$ de onza líquida, ¿cuántas cucharadas hay en 3 tazones de sopa? Explícalo.

36. **Razonamiento de orden superior** La grabación del estado del tiempo actual dura $\frac{3}{4}$ de minuto. La grabación se repite de manera continua. ¿Cuántas veces se reproducirá la grabación en 1 hora?

37. Valeria compró 9 pies de cinta, de la cual quiere cortar trozos de $\frac{2}{3}$ de pie. ¿Cuántos trozos puede cortar? ¿Cuál será la longitud de la cinta que sobra?

38. **Usar herramientas apropiadas** Kerry divide cada una de 3 manzanas en partes de $\frac{1}{3}$. ¿Cuántas partes obtiene? Dibuja una recta numérica para mostrar $3 \div \frac{1}{3}$.

Evaluación

39. ¿Cuántas hamburguesas de $\frac{1}{4}$ de libra puede hacer Danny con 12 libras de pavo molido?

   Ⓐ 56 hamburguesas
   Ⓑ 48 hamburguesas
   Ⓒ 12 hamburguesas
   Ⓓ 3 hamburguesas

40. Cada libro sobre salud mide $\frac{3}{4}$ de pulgada de grosor. Si el estante de la Sra. Mene mide 2 pies de ancho, ¿cuántos libros puede poner en el estante?

   Ⓐ 6 libros
   Ⓑ 24 libros
   Ⓒ 30 libros
   Ⓓ 32 libros

Nombre _____

Resuélvelo y coméntalo

¿Puede un paralelogramo con una altura de 3 unidades tener la misma área que un rectángulo con un ancho de 3 unidades? *Resuelve este problema de la manera que prefieras.*

Resuelve

Un paso adelante hacia el Grado 6

Lección 10
Área de los paralelogramos y los rombos

Puedo...
usar lo que sé sobre hallar el área de un rectángulo para hallar el área de un paralelogramo o de un rombo.

También puedo representar con modelos matemáticos para resolver problemas.

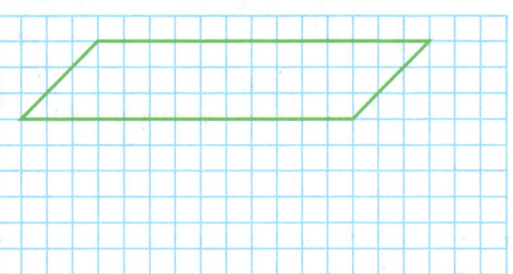

Puedes representar con modelos matemáticos. Un dibujo te puede ayudar a comparar las figuras y resolver el problema. ¡Muestra tu trabajo!

¡Vuelve atrás! Buscar relaciones ¿En qué se parecen las dos figuras? ¿En qué se diferencian?

Un paso adelante | Lección 10   921

A | **Pregunta esencial** ¿Cómo se puede usar la fórmula del área de un rectángulo para hallar la fórmula del área de un paralelogramo?

Observa el siguiente paralelogramo. Si mueves el triángulo al lado opuesto, formas un rectángulo con la misma área que el paralelogramo.

Recuerda que la fórmula del área de un rectángulo es $A = \ell \times a$.

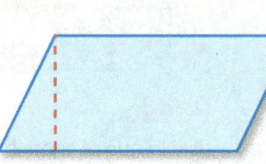 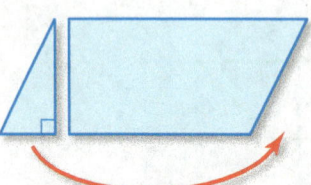 

B La base, *b*, del paralelogramo es igual a la longitud, ℓ, del rectángulo.

La altura, *h*, del paralelogramo, que es perpendicular a la base, es igual al ancho, *a*, del rectángulo.

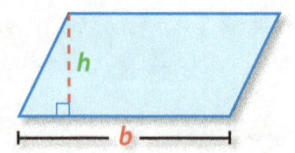 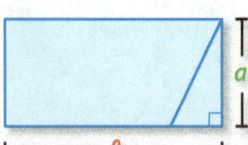

C El área del paralelogramo es igual al área del rectángulo.

Área de un rectángulo → $A = \ell \times a$

Área de un paralelogramo → $A = b \times h$

$A = bh$

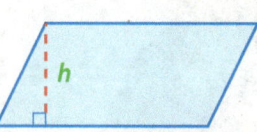

Los rectángulos son tipos especiales de paralelogramos.

¡Convénceme! **Usar la estructura** ¿Cómo puedes hallar el área de un rombo?

922 | Un paso adelante | Lección 10

Nombre _____

Práctica guiada

¿Lo entiendes?

1. La base de un paralelogramo mide 8 metros y la altura es el doble de la base. ¿Cuál es el área del paralelogramo?

2. **Construir argumentos** ¿Puedes usar la fórmula del área de un paralelogramo para hallar el área de un cuadrado? Explica por qué.

¿Cómo hacerlo?

Usa una fórmula para hallar el área de los paralelogramos o los rombos en los Ejercicios **3** a **6**.

3. 21.5 pulgs. / 20 pulgs.

4. Rombo: Cada lado: 15 m, altura: 12 m

5. Paralelogramo: b: 14 cm; h: 23 cm

6. Paralelogramo: b: 27 pies, h: 32 pies

Práctica independiente

Halla el área de los paralelogramos o los rombos en los Ejercicios **7** a **12**.

7. 6 yd / 2 yd

8. Rombo: Cada lado: 1.5 cm, altura: 3 cm

9. 10 pulgs. / 10 pulgs.

10. Rombo: Cada lado: 4 cm, altura: 60 mm

11. Paralelogramo: b: 42 m; h: 33 m

12. Paralelogramo: b: 16 pulgs., h: 2 yd

Resolución de problemas

13. Dibuja un rombo que no sea un cuadrado. Rotula la longitud de los lados y la altura de modo que el dibujo represente un rombo con un área de 20 pulgadas cuadradas.

14. Emma quería hacer un pez de origami para cada uno de sus 22 compañeros de clase. Emma tarda 30 minutos en hacer un pez. ¿Cuánto tardará en hacer todos los peces?

  Ⓐ 320 minutos

  Ⓑ 11 horas

  Ⓒ 600 minutos

  Ⓓ 660 horas

15. Evaluar el razonamiento Joseph dijo que un rombo con longitudes de lado de 6 metros y una altura de 4 metros tiene la misma área que un paralelogramo con una base de 12 metros y una altura de 2 metros. ¿Tiene razón? Evalúa el razonamiento de Joseph.

16. Razonar La Sra. López dibujó el paralelogramo M, con una altura de 6 pulgadas y una base de 6 pulgadas, y el paralelogramo N, con una altura de 4 pulgadas y una base de 8 pulgadas. ¿Qué paralelogramo tiene el área mayor, M o N?

17. Razonamiento de orden superior El área de un rectángulo es 36 centímetros cuadrados. Da todas las dimensiones posibles del rectángulo con números enteros. ¿Qué rectángulo tiene el perímetro mayor?

✓ Evaluación

18. Un banderín con forma de paralelogramo tiene una altura de 8 pulgadas y una longitud de 1.5 pies. ¿Cuántas pulgadas cuadradas de tela se necesitan para hacer el banderín?

☐ pulgadas cuadradas

19. Frederick usó todas sus baldosas para hacer un mosaico en forma de rombo con una base de 10 pulgadas y una altura de 8 pulgadas. Carrie tiene la misma cantidad de baldosas que Frederick. Quiere usar todas sus baldosas para hacer un mosaico en forma de paralelogramo con una altura de 5 pulgadas. ¿Qué longitud debe tener la base del mosaico de Carrie?

☐ pulgadas

Glosario

altura de un polígono Longitud de un segmento desde un vértice de un polígono perpendicular a su base.

altura de un sólido En un prisma, la distancia perpendicular entre la base superior y la base inferior del sólido.

ángulo Figura formada por dos semirrectas que tienen el mismo extremo.

ángulo agudo Ángulo que mide entre 0° y 90°.

ángulo llano Ángulo que mide 180°.

ángulo obtuso Ángulo cuya medida está entre 90° y 180°.

ángulo recto Ángulo que mide 90°.

área Cantidad de unidades cuadradas necesarias para cubrir una superficie o una figura.

arista Segmento de recta en el que se unen dos caras en un sólido.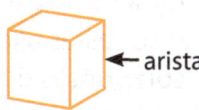

atributo Característica de una figura.

base Número que se usa como factor cuando un número se escribe usando exponentes.

base (de un polígono) Lado de un polígono respecto del cual la altura es perpendicular.

base (de un sólido) Cara de un sólido que se usa para darle el nombre.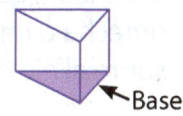

bloque de unidad Un cubo que mide una unidad por cada lado.

capacidad Volumen de un recipiente medido en unidades de medida para líquidos.

cara Superficie plana de un sólido.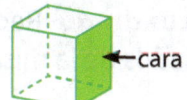

Celsius Escala para medir la temperatura en el sistema métrico.

centésimo Una de las 100 partes iguales de un todo.

centímetro (cm) Unidad métrica de longitud; 100 centímetros son iguales a un metro.

círculo Figura plana cerrada formada por todos los puntos que están a la misma distancia de un punto determinado.

cociente La respuesta de un problema de división.

Glosario G1

compensación Ajuste que facilita un cálculo y que se equilibra cambiando otro número.

común denominador Un número que es el denominador de dos o más fracciones.

coordenada x Primer número de un par ordenado, que indica la distancia hacia la derecha o hacia la izquierda desde el origen sobre el eje de las *x*.

coordenada y Segundo número de un par ordenado, que indica la distancia hacia arriba o hacia abajo desde el origen sobre el eje de las *y*.

coordenadas Los dos números de un par ordenado.

corchetes Los símbolos [y], que se usan para agrupar números o variables en expresiones matemáticas.

correspondientes Términos que coinciden en un patrón.

cuadrado Rectángulo que tiene todos los lados de la misma longitud.

cuadrado perfecto Número que es el producto de un número para contar multiplicado por sí mismo.

cuadrilátero Polígono de 4 lados.

cuarto (cto.) Unidad usual de capacidad igual a 2 pintas.

cubo Sólido con seis cuadrados idénticos como caras.

cucharada (cda.) Unidad usual de capacidad; dos cucharadas son iguales a una onza líquida.

datos Información recopilada.

datos discretos Datos que solo admiten números enteros.

datos numéricos Datos relacionados con números, incluidos los datos de mediciones.

decimales equivalentes Números decimales que representan la misma cantidad.
Ejemplo: $0.7 = 0.70$

décimo Una de las diez partes iguales de un todo.

denominador El número que está abajo de la barra de fracción en una fracción.

descomponer Método de cálculo mental que se usa para volver a escribir un número como una suma de números para resolver un problema más sencillo.

diagrama de barras Herramienta que se usa como ayuda para entender y resolver problemas verbales; también se conoce como diagrama de tiras o diagrama con tiras.

diagrama de puntos Representación de respuestas a lo largo de una recta numérica, con puntos o X anotados arriba de cada respuesta para indicar la cantidad de veces que ocurrió cada una.

diagrama de tallo y hojas Una manera de organizar datos numéricos usando el valor de posición.

diferencia El resultado de restar un número a otro.

dígitos Símbolos que se usan para mostrar números: 0, 1, 2, 3, 4, 5, 6, 7, 8, 9.

dividendo El número que se divide.

divisible Un número es divisible por otro número si no hay un residuo después de dividir.

divisor El número por el que se divide otro número.
Ejemplo: En 32 ÷ 4 = 8, 4 es el divisor.

ecuación Oración numérica en la que se usa un signo igual para mostrar que dos expresiones tienen el mismo valor.
Ejemplo: 9 + 3 = 12

eje Cualquiera de las dos rectas perpendiculares entre sí en una gráfica.

eje de las *x* Recta numérica horizontal en una gráfica de coordenadas.

eje de las *y* Recta numérica vertical en una gráfica de coordenadas.

eje de simetría Recta por la que se puede doblar una figura de modo tal que las dos mitades sean iguales.

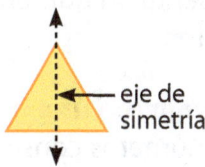 eje de simetría

en palabras Una manera de escribir un número con palabras; ver también *nombre de un número*.

encuesta Una o más preguntas que se usan para reunir información.

escala (en una gráfica) Serie de números a intervalos iguales en un eje de una gráfica.

estimación por defecto Estimación que es menor que la respuesta real.

estimación por exceso Estimación que es mayor que la respuesta real.

estimar Dar un valor aproximado en lugar de una respuesta exacta.

evaluar Reemplazar una expresión con un valor equivalente.

exponente Número que indica cuántas veces se usa un número base como factor.

expresión algebraica Frase matemática que tiene una o más variables, números y operaciones.
Ejemplo: x − 3

expresión numérica Frase matemática que contiene números y, al menos, una operación.
Ejemplo: 325 + 50

factores Números que se multiplican para obtener un producto.

Fahrenheit Escala del sistema usual para medir la temperatura.

figura compuesta Figura formada por dos o más figuras.

figura tridimensional Sólido de tres dimensiones que tiene volumen, como un prisma rectangular.

Glosario **G3**

forma desarrollada Una manera de escribir un número que muestra el valor de posición de cada dígito.
Ejemplo: $3 \times 1{,}000 + 5 \times 100 + 6 \times 10 + 2 \times 1$, o $3 \times 10^3 + 5 \times 10^2 + 6 \times 10^1 + 2 \times 10^0$

forma estándar Una manera común de escribir un número con comas que separan grupos de tres dígitos empezando por la derecha.
Ejemplo: 3,458,901

fórmula Regla que usa símbolos para relacionar dos o más cantidades.

fracción Un símbolo, como $\frac{2}{3}$, $\frac{5}{1}$ u $\frac{8}{5}$, que se usa para describir una o más partes de un entero dividido en partes iguales. Una fracción puede representar una parte de un entero, una parte de un conjunto, una ubicación en una recta numérica o una división de números enteros.

fracción de referencia Fracciones comunes que se usan para hacer estimaciones, como $\frac{1}{4}$, $\frac{1}{3}$, $\frac{1}{2}$, $\frac{2}{3}$ y $\frac{3}{4}$.

fracción unitaria Fracción con un numerador de 1.

fracciones equivalentes Fracciones que representan la misma parte de una región, longitud o grupo entero.

galón (gal.) Unidad para medir capacidad del sistema usual; un galón es igual a cuatro cuartos.

grado (°) Unidad de medida de los ángulos; también es una unidad de medida de temperatura.

gráfica de barras Representación en la que se usan barras para mostrar y comparar datos.

gráfica de coordenadas Gráfica que se usa para ubicar puntos en un plano usando un par ordenado de números.

gráfica lineal Gráfica que une puntos para mostrar cómo cambian los datos en el tiempo.

gramo (g) Unidad métrica de masa; un gramo es igual a 1,000 miligramos.

hexágono Polígono de 6 lados.

incógnita Un símbolo o letra, como *x*, que representa un número en una expresión o ecuación.

intervalo (en una gráfica) La diferencia entre números consecutivos en un eje de una gráfica.

inverso multiplicativo (recíproco) Dos números cuyo producto es uno.

kilogramo (kg) Unidad métrica de masa; un kilogramo es igual a 1,000 gramos.

kilómetro (km) Unidad métrica de longitud; un kilómetro es igual a 1,000 metros.

lados (de un ángulo) Las dos semirrectas que forman un ángulo.

lados de un polígono Los segmentos de recta que forman un polígono.

libra (lb) Unidad usual de peso igual a 16 onzas.

litro (L) Unidad métrica de capacidad; un litro es igual a 1,000 mililitros.

llaves Los símbolos { y }, que se usan con los paréntesis y los corchetes en las expresiones matemáticas y las ecuaciones para agrupar números o variables.

masa Medida de la cantidad de materia que hay en un objeto.

matriz Una manera de representar objetos en filas y columnas.

metro (m) Unidad métrica de longitud; un metro es igual a 100 centímetros.

milésimo Una de las 1,000 partes iguales de un todo.

miligramo (mg) Unidad métrica de masa; 1,000 miligramos son iguales a un gramo.

mililitro (mL) Unidad métrica de capacidad; 1,000 mililitros son iguales a un litro.

milímetro (mm) Unidad métrica de longitud; 1,000 milímetros son iguales a un metro.

milla (mi) Unidad usual de longitud igual a 5,280 pies.

muestra Una parte representativa de un grupo más grande.

múltiplo Producto de un número entero dado y cualquier número entero distinto de cero.

múltiplo común Un número que es múltiplo de dos o más números.

múltiplo de 10 Número que tiene el 10 como factor.

nombre de un número Una manera de escribir un número con palabras.

notación desarrollada Un número escrito como la suma de los valores de sus dígitos.

numerador El número que está arriba de la barra de fracción en una fracción.

número compuesto Número entero mayor que uno con más de dos factores.

Glosario G5

número decimal Número con uno o más lugares a la derecha de un punto decimal.

número mixto Número que tiene una parte entera y una parte fraccionaria.

número primo Número entero mayor que 1 que tiene exactamente dos factores, el número y 1.

números compatibles Números que son fáciles de usar para calcular mentalmente.

números enteros Los números 0, 1, 2, 3, 4, etc.

octágono Polígono de 8 lados.

onza (oz) Unidad usual de peso; 16 onzas son iguales a una libra.

onza líquida (oz líq.) Unidad usual de capacidad igual a 2 cucharadas.

operaciones inversas Operaciones que se cancelan entre sí.
Ejemplo: Sumar 6 y restar 6 son operaciones inversas.

orden de las operaciones El orden en el que se resuelven las operaciones en los cálculos. Los cálculos entre paréntesis, corchetes y llaves se resuelven primero. Luego, se evalúan los términos con exponentes. Luego, se multiplica y se divide en orden de izquierda a derecha y, por último, se suma y se resta en orden de izquierda a derecha.

origen Punto en el que los dos ejes de una gráfica de coordenadas se intersecan; el par ordenado (0, 0) representa el origen.

par ordenado Par de números que se usa para ubicar un punto en una gráfica de coordenadas.

paralelogramo Cuadrilátero que tiene los dos pares de lados opuestos paralelos y de la misma longitud.

paréntesis Los símbolos (y), que se usan para agrupar números o variables en expresiones matemáticas.
Ejemplo: 3(15 − 7)

pentágono Polígono de 5 lados.

perímetro La distancia alrededor de una figura.

período En un número, un grupo de tres dígitos, separados por comas, empezando por la derecha.

peso Una medida de qué tan liviano o pesado es algo.

pie Unidad usual de longitud igual a 12 pulgadas.

pinta (pt) Unidad usual de capacidad igual a 2 tazas.

pirámide Sólido con una base que es un polígono cuyas caras son triángulos con un vértice en común.

plano Superficie plana infinita.

polígono Plano cerrado formado por segmentos de recta.

polígono regular Polígono cuyos lados tienen la misma longitud y sus ángulos tienen la misma medida.

potencia El producto que resulta de multiplicar el mismo número una y otra vez.

prisma Sólido con dos bases paralelas idénticas y caras que son paralelogramos.

prisma rectangular Sólido con 6 caras rectangulares.

producto Número que se obtiene al multiplicar dos o más factores.

productos parciales Productos que se hallan al descomponer uno de dos factores en unidades, decenas, centenas, y así sucesivamente, y luego multiplicar cada uno de estos por el otro factor.

progresión numérica Conjunto de números que siguen una regla.

propiedad asociativa de la multiplicación Los factores se pueden reagrupar y el producto sigue siendo el mismo.
Ejemplo: $2 \times (4 \times 10) = (2 \times 4) \times 10$

propiedad asociativa de la suma Los sumandos se pueden reagrupar y la suma sigue siendo la misma.
Ejemplo: $1 + (3 + 5) = (1 + 3) + 5$

propiedad conmutativa de la multiplicación El orden de los factores se puede cambiar y el producto sigue siendo el mismo.
Ejemplo: $3 \times 5 = 5 \times 3$

propiedad conmutativa de la suma El orden de los sumandos se puede cambiar y la suma sigue siendo la misma.
Ejemplo: $3 + 7 = 7 + 3$

propiedad de división de la igualdad Ambos lados de una ecuación se pueden dividir por el mismo número distinto de cero y los lados siguen siendo iguales.

propiedad de identidad de la multiplicación El producto de cualquier número y uno es el mismo número.

propiedad de identidad de la suma La suma de cualquier número y cero es el mismo número.

propiedad de resta de la igualdad Se puede restar el mismo número de ambos lados de una ecuación y los lados siguen siendo iguales.

propiedad de suma de la igualdad Se puede sumar el mismo número a ambos lados de una ecuación y los lados siguen siendo iguales.

propiedad del cero en la multiplicación El producto de cualquier número y 0 es 0.

propiedad distributiva Multiplicar una suma (o diferencia) por un número es lo mismo que multiplicar cada número de la suma (o diferencia) por el número y sumar (o restar) los productos.
Ejemplo: $3 \times (10 + 4) = (3 \times 10) + (3 \times 4)$

propiedad multiplicativa de la igualdad Ambos lados de una ecuación se pueden multiplicar por el mismo número distinto de cero y los lados siguen siendo iguales.

pulgada (pulg.) Unidad usual de longitud; 12 pulgadas son iguales a un pie.

punto Una ubicación exacta en el espacio.

Glosario **G7**

recíproco Un número dado es el recíproco de otro número si el producto de los números es uno.
Ejemplo: Los números $\frac{1}{8}$ y $\frac{8}{1}$ son recíprocos porque $\frac{1}{8} \times \frac{8}{1} = 1$.

recta Camino recto de puntos que se extiende sin fin en dos direcciones.

rectángulo Paralelogramo que tiene cuatro ángulos rectos.

rectas intersecantes Rectas que pasan por el mismo punto.

rectas paralelas En un plano, rectas que nunca se cruzan y mantienen la misma distancia entre sí.

rectas perpendiculares Dos rectas que se intersecan y forman esquinas cuadradas o ángulos rectos.

redondeo Proceso que determina de qué múltiplo de 10, 100, 1,000, etc. está más cerca un número.

residuo Cantidad que queda después de dividir un número en partes iguales.

rombo Paralelogramo que tiene todos los lados de la misma longitud.

segmento de recta Parte de una recta que tiene dos extremos.

semirrecta Parte de una recta que tiene un extremo y se extiende sin fin en una dirección.

símbolo mayor que (>) Símbolo que apunta en sentido contrario a un número o expresión que es mayor.
Ejemplo: 450 > 449

símbolo menor que (<) Símbolo que apunta hacia el número o expresión que es menor.
Ejemplo: 305 < 320

simétrico Una figura es simétrica si se puede doblar sobre una línea para formar dos mitades que coinciden exactamente al superponerlas.

sólido Figura que tiene tres dimensiones (longitud, ancho y altura).

solución El valor de la variable que hace que la ecuación sea verdadera.

suma El resultado de sumar dos o más sumandos.

tabla de frecuencias Tabla que se usa para mostrar la cantidad de veces que ocurre cada respuesta en un conjunto de datos.

taza (t) Unidad usual de capacidad; una taza es igual a ocho onzas líquidas.

tendencia Una relación entre dos conjuntos de datos que aparece como un patrón en una gráfica.

términos Números de una progresión o variables, como *x* e *y*, en una expresión algebraica.

términos correspondientes Términos que coinciden entre sí en un par de progresiones numéricas.

tiempo transcurrido El tiempo que pasa entre el comienzo y el final de un evento.

tonelada (T) Unidad usual de peso igual a 2,000 libras.

transportador Herramienta que se usa para medir y trazar ángulos.

trapecio Cuadrilátero que tiene exactamente un par de lados paralelos.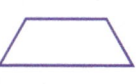

triángulo Polígono de 3 lados.

triángulo acutángulo Triángulo cuyos ángulos son todos agudos.

triángulo equilátero Triángulo cuyos lados tienen la misma longitud.

triángulo escaleno Triángulo cuyos lados tienen todos distinta longitud.

triángulo isósceles Triángulo que tiene al menos dos lados de la misma longitud.

triángulo obtusángulo Triángulo que tiene un ángulo obtuso.

triángulo rectángulo Triángulo en el que uno de los ángulos es un ángulo recto.

unidad cuadrada Cuadrado con lados de una unidad de longitud que se usa para medir el área.

unidad cúbica Volumen de un cubo que mide 1 unidad por cada lado.

unidades de medida del sistema usual Unidades de medida que se usan en los Estados Unidos.

unidades métricas de medición Unidades de medición que usan habitualmente los científicos.

valor (de un dígito) El número que representa un dígito y que está determinado por el lugar que ocupa el dígito; ver también *valor de posición*.

valor de posición La posición de un dígito en un número, que se usa para hallar el valor del dígito.
Ejemplo: En 5,318, el 3 está en el lugar de las centenas. Por tanto, el valor de 3 es 300.

valor extremo Valor que es mucho más grande o mucho más pequeño que otros valores en un conjunto de datos.

variable Una letra, como *n*, que representa un número en una expresión o ecuación.

Glosario G9

vértice a. El extremo que tienen en común las dos semirrectas de un ángulo; **b.** Punto en el que se unen dos lados de un polígono; **c.** Punto en el que se unen tres o más aristas de un sólido.

volumen Cantidad de unidades cúbicas que se necesitan para llenar un sólido.

yarda (yd) Unidad usual de longitud igual a 3 pies.

Fotografías

Photo locators denoted as follows: Top (T), Center (C), Bottom (B), Left (L), Right (R), Background (Bkgd)

001 Daniel Prudek/Shutterstock; **006** Risteski Goce/Shutterstock; **014** John Foxx/Thinkstock; **024** Vladislav Gajic/Fotolia; **030C** Hemera Technologies/Getty Images; **030L** James Steidl/Fotolia; **030R** Ivelin Radkov/Fotolia; **055** Ilyas Kalimullin/Shutterstock; **084L** Corbis; **084R** Robert Marien/Corbis; **109** Leungchopan/Shutterstock; **132** Cphoto/Fotolia; **143** Tatiana Popova/Shutterstock; **163** Smileus/Shutterstock; **183** Viacheslav Krylov/Fotolia; **195** Alisonhancock/Fotolia; **237** Tom Wang/Shutterstock; **264** Visions of America/Alamy; **299** Lisastrachan/Fotolia; **336L** Getty Images; **336R** Getty Images; **367** Marcio Jose Bastos Silva/Shutterstock; **414R** Esanbanhao/Fotolia; **426** Image Source/Jupiter images; **437B** by-studio/Fotolia; **437T** Paul Orr/Shutterstock; **455** Simone van den Berg/Fotolia; **462** Bikeriderlondon/Shutterstock; **523** Zest_Marina/Fotolia; **558** Bev/Fotolia; **583** Morgan Lane Photography/Shutterstock; **631** Iktomi/Fotolia; **633R** Pavlo Sachek/Fotolia; **652** Getty Images; **670L** Marianne de Jong/Shutterstock; **670R** Brocreative/Fotolia; **693B** Volff/Fotolia; **693T** Evgeny Karandaev/Shutterstock; **695** Jon Beard/Shutterstock; **731** Natalia Pavlova/Fotolia; **773** Solarseven/Shutterstock; **809** kalafoto/Fotolia; **843** leekris/Fotolia; **845** Michael J Thompson/ShutterStock; **854** 2010/Photos to Go/Photolibrary; **888** Corbis; **920B** hotshotsworldwide/Fotolia; **920TL** Jupiter Images; **920TR** Jupiter Images.